东字征军
十字军东征

计划与组织 理性与信仰

HOW TO PLAN A SUCCESSFUL CRUSADE
Reason and Religious War in the High Middle Ages

[美]克里斯托弗·蒂尔曼 著
Christopher Tyerman

林盛 译

上海社会科学院出版社
SHANGHAI ACADEMY OF SOCIAL SCIENCES PRESS

献给埃莉诺

序

1979年3月初,牛津的一个阴冷潮湿的夜晚,一位初出茅庐的历史学家正在考试学院战战兢兢地进行着一场讲座,零星的听众有的点着头,这位演讲者则在疑惑他为什么要开始讲。门开了。进来的有中世纪的骑士、穿着锁甲的士兵、吟游诗人、堕落的修女(穿着渔网装,衣服开叉到大腿)、麻风病患者(效果是用蜜蜡做的),还有其他奇装异服的人。他们高唱着"这是上帝的旨意!"(Deus lo volt!),递给演讲者一块木片(装在一个鼻烟盒里),恳请他带他们去耶路撒冷,然后就涌向了隔壁的酒吧。演讲者和听众们也很快加入了他们,一同为打断他的思绪而松了一口气。后来,在当地报纸的头版头条显著刊载了这场微不足道却充满年轻活力的小闹剧的原因,就是这场讲座的标题:"如何计划一场成功的十字军东征"。

在随后的30年间,类似的闹剧会尽量被避免。后来我被人伏击,要我为一场以计划为主题的研讨会准备论文,旧时的回忆突然就从尘封中涌现。正是这番邀请激励我搜集想法和素材,结集成本书,所以我必须要感谢伏击我的那两个人——马克·惠托(Mark Whittow)和尼古拉斯·科尔(Nicholas Cole)。后来在牛津、剑桥、都柏林、圣路易斯、纽约的听众们为我的想法提供了赞同意见。我必须要感谢约翰·斯梅德利(John Smedley)为我提供了第一次机会,来发表我关于十字军战士酬劳的观点。我很高兴也有义务要记下我在某些方面欠下杰萨林·伯德(Jessalynn

Bird)、提姆·格尔德（Tim Guard）和凯文·刘易斯（Kevin Lewis）的人情。我还有责任要感谢从事本书相关主题研究的其他学者，我将在尾注中列出，不过有几位要特别提一下：马丁·奥雷尔（Martin Aurell）、大卫·克劳奇（David Crouch）、大卫·阿夫勒（David d'Avray）、皮尔斯·米切尔（Piers Mitchell）、阿兰·穆雷（Alan Murray）、约翰·普莱尔（John Pryor）。没有牛津的图书馆和其中的工作人员，就不会有这本书。我在两个学院中的同事——托比·巴纳德（Toby Barnard）、罗伊·福斯特（Roy Foster）、鲁斯·哈里斯（Ruth Harris）、大卫·霍普金（David Hopkin）、罗宾·莱恩·福克斯（Robin Lane Fox）和大卫·帕罗特（David Parrott），都可能是在不经意间就向我提供了许多支持和灵感。我的经纪人乔纳森·劳埃德（Jonathan Lloyd）一如既往高效，无人能敌。我的编辑西蒙·温德尔（Simon Winder）让我可以保持率直。他及他在艾伦·莱恩（Aller Lane）和企鹅的团队再次树立了一个既照顾感受又保持高效的出版榜样。这本书要献给那些目前能比大多数人更强烈地理解充足供应有多重要的人。

克里斯托弗·蒂尔曼
牛津
2014 年 11 月 11 日

年表

约 400 年　希波的奥古斯丁（Augustine of Hippo）提出基督教的正义战争理论

638 年　耶路撒冷被哈里发奥马尔（Caliph Umar）所率领的阿拉伯人攻占

800 年　法兰克人查理曼（Charlemagne）加冕为西方的罗马帝国的皇帝

9 世纪　向入侵意大利的穆斯林宣布发动"圣战"

11 世纪　教会同意向地中海西岸的穆斯林统治者发动战争

1053 年　教皇利奥九世（Leo IX）向在意大利南部与诺曼人作战的军队宣布赦免他们的罪行

11 世纪 50—70 年代　塞尔柱突厥人入侵近东

1061—1091 年　在教皇的支持和精神特权的鼓励下，诺曼人攻占穆斯林治下的西西里（Sicily）

1071 年　塞尔柱突厥人在曼奇克特（Manzikert）战胜拜占庭人，他们入侵小亚细亚（Asia Minor），并定都尼西亚（Nicaea）

1074 年　教皇格列高利七世（Gregory VII）提出由西方派军帮助拜占庭对抗突厥人，并解放圣墓（Holy Sepulchre）

1095 年　拜占庭请求教皇乌尔班二世（Urban II）予以军事援助，以对抗突厥人；乌尔班二世前往法国布道（1096 年结束）；克莱芒会议（Council of Clermont）宣布发动十字军东征

1096—1099 年　第一次十字军东征；攻占耶路撒冷（1099 年 7 月 15 日）

1101 年起　多次前往圣地的小规模十字军东征

1104 年　攻占阿卡（Acre）

1107—1108 年　第一次十字军东征中的英雄塔兰托的博希蒙德（Bohemund of Taranto）向拜占庭发动十字军东征

约 1113 年　圣约翰医院骑士团（Order of the Hospital of St John）在耶

路撒冷得到承认

1114 年起 十字军出征西班牙

1120 年 在耶路撒冷建立圣殿骑士团（Order of the Temple），以保护朝圣者

12 世纪 20 年代 圣约翰医院骑士团开始军事化

1123 年 第一次拉特兰公会议（First Lateran Council）将耶路撒冷的特权延伸到西班牙十字军，并且对教会为十字军战士提供的保护加以定义

1144 年 阿勒颇的赞吉（Zengi of Aleppo）攻占埃德萨（Edessa），使教皇尤金尼乌斯三世在 1145 年或 1146 年发表教皇诏书《吾等之前辈》（*Quantum praedecessores*），其中也提出了一系列十字军战士的特权

1145—1149 年 法国国王路易七世（Louis VII）和德意志国王康拉德三世（Conrad III）发动第二次十字军东征；达特茅斯公社（Dartmouth Commune）与 1147 年的里斯本（Lisbon）围城

1149 年起 更多十字军出征西班牙，从 12 世纪 90 年代开始，出征波罗的海；多次前往圣地的小规模十字军东征

1163—1169 年 在耶路撒冷的法兰克人争夺埃及的控制权

1169 年 萨拉丁（Saladin）成功成为埃及的统治者

1174 年 萨拉丁开始统一叙利亚与埃及

1187 年 哈丁战役（Battle of Hattin）；耶路撒冷落入萨拉丁之手；格列高利八世发表教皇诏书《听闻重大的事》（*Audita Tremendi*）

1188—1192 年 德意志皇帝腓特烈一世（Frederick I）、法国国王腓力二世（Philip II）和英格兰国王理查一世（Richard I）发动第三次十字军东征；1190 年，腓力二世与热那亚（Genoa）签订协议；1189—1191 年，阿卡围城；1191 年，理查一世攻占塞浦路斯（Cyprus）

1190—1191 年 条顿骑士团成立（Teutonic Order）

1193—1230 年 十字军远征波罗的海的利沃尼亚（Livonia）

1195—1196 年 德意志皇帝亨利六世（Henry VI）发动德国十字军东征

1198 年 教皇英诺森三世（Innocent III）宣布发动第四次十字军东征

1199 年 英诺森三世为十字军东征征收教会税

1201—1204 年 第四次十字军东征；1201 年，《威尼斯协定》（Treaty of Venice）；1204 年，君士坦丁堡（Constantinople）陷落并遭洗劫

年表

13 世纪 波罗的海的十字军东征：条顿骑士团（普鲁士），宝剑骑士团（利沃尼亚）；丹麦人（普鲁士、利沃尼亚、爱沙尼亚）和瑞典人（爱沙尼亚和芬兰）

13 世纪 针对德国农民和波斯尼亚人等的十字军东征

1208—1209 年 阿尔比十字军

1212 年 儿童十字军

1213 年 英诺森三世宣布发动第五次十字军东征，发表诏书《事出紧急》(*Quia Maior*)，将十字军特权延伸至那些对十字军有所贡献但没有参军的人

1215 年 第四次拉特兰公会议授权定期征收十字军税

1217—1221 年 第五次十字军东征；1218—1219 年达米埃塔（Damietta）围城

1228—1229 年 德意志皇帝腓特烈二世发动十字军东征

1231 年起 向拜占庭发动十字军东征，以守卫西方在希腊的领地

1234 年 格列高利九世发表教皇十字军诏书《拉结看到》(*Rachel suum videns*)，强化誓言赎回体系

1239—1268 年 向德国和西西里的霍亨斯陶芬统治者（Hohenstaufen rulers）发动十字军东征

1239—1241 年 香槟伯爵西奥博尔德（Theobald, count of Champagne）和康沃尔伯爵理查（Richard, earl of Cornwall）向圣地发动十字军东征；蒙古人攻入东欧

1244 年 耶路撒冷落入穆斯林之手；法国国王路易九世加入十字军

1245 年 英诺森四世举行第一次里昂公会议（First Council of Lyons），开征十字军税

1248—1254 年 法国国王路易九世的第一次十字军东征；1249—1250 年入侵埃及并战败

1251 年 第一次牧人十字军

1260 年 马穆鲁克人把蒙古人赶出叙利亚

1261 年 希腊人收复君士坦丁堡

1267 年 路易九世再次加入十字军

1270 年 路易九世向突尼斯发动第二次十字军东征，并在那里去世

1271—1272 年 未来的英格兰国王爱德华一世向圣地发动十字军东征

1274 年　格列高利十世举行第二次里昂公会议；寻求建议；就十字军税达成一致；确定征收地区；教皇十字军诏书《信仰的热情》(*Zelus fidei*)

1291 年　阿卡落入埃及的阿什拉夫·哈利勒（al-Ashraf Khalil）之手，从海外领土（Outremer）的大陆撤退；教皇尼古拉四世发动十字军东征失败，虽然已经授权征收十字军税；大量有关十字军东征的建议涌现，直到 14 世纪中期

14 世纪 30 年代　法国国王腓力六世的十字军东征计划流产

地图列表

地图 1　第一次十字军东征时的欧洲和近东地区及 1095—1096 年教皇乌尔班二世的布道路线

地图 2　第二次十字军东征时的欧洲和近东地区及 1146—1147 年克莱尔沃的伯纳德的布道路线

地图 3　第三次十字军东征时的欧洲和近东地区

地图 4　13 世纪的欧洲和近东地区

地图1　第一次十字军东征时的欧洲和近东地区及1095—1096年
教皇乌尔班二世的布道路线
（本书地图系原书地图，下同）

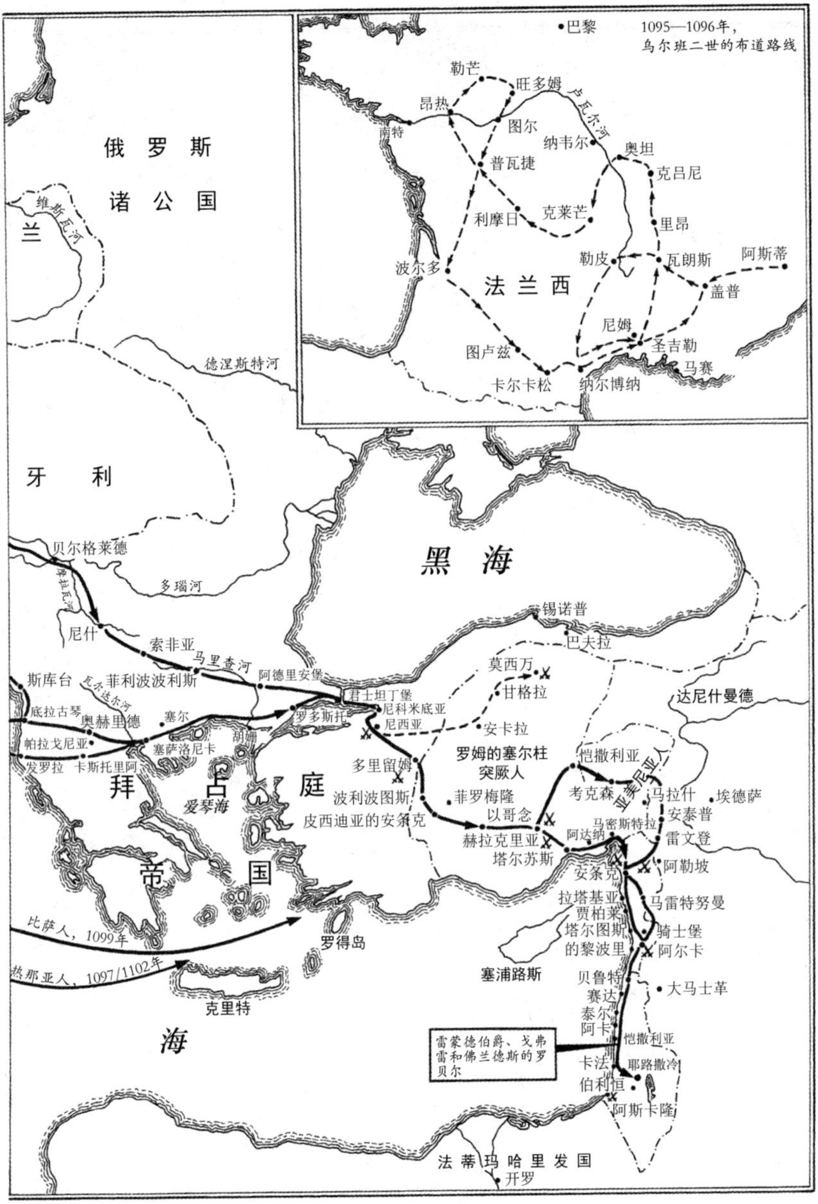

巴黎
1095—1096年，
乌尔班二世的布道路线
勒芒
旺多姆
卢瓦尔河
昂热
南特
图尔
纳韦尔
奥坦
普瓦捷
克吕尼
克莱芒
利摩日
里昂
勒皮
瓦朗斯
阿斯蒂
波尔多
法兰西
盖普
尼姆
圣吉勒
图卢兹
马赛
卡尔卡松
纳尔博纳
俄罗斯
诸公国
维斯瓦河
兰
德涅斯特河
牙利
黑海
贝尔格莱德
多瑙河
摩拉瓦河
尼什
锡诺普
索非亚
巴夫拉
马里查河
菲利波波利斯
阿德里安堡
莫西万
斯库台
瓦尔达尔河
君士坦丁堡
甘格拉
底拉古琴
罗多斯托
尼科米底亚
达尼什曼德
奥赫里德
塞尔
尼西亚
安卡拉
帕拉戈尼亚
塞萨洛尼卡
胡姗
罗姆的塞尔柱
突厥人
发罗拉
卡斯托里阿
多里留姆
恺撒利亚
拜
占
庭
爱琴海
波利波图斯
皮西迪亚的安条克
菲罗梅隆
考克森
亚美尼亚人
马拉什
埃德萨
以哥念
安泰普
赫拉克里亚
马密斯特拉
阿达纳
雷文登
塔尔苏斯
阿勒坡
帝
国
安条克
拉塔基亚
马雷特努曼
贾柏莱
塔尔图斯
骑士堡
比萨人，1099年
的黎波里
阿尔卡
罗得岛
热那亚人，1097/1102年
塞浦路斯
贝鲁特
大马士革
赛达
克里特
泰尔
阿卡
海
雷蒙德伯爵、戈弗雷和佛兰德斯的罗贝尔
恺撒利亚
卡法
耶路撒冷
伯利恒
阿斯卡隆
法蒂玛哈里发国
开罗

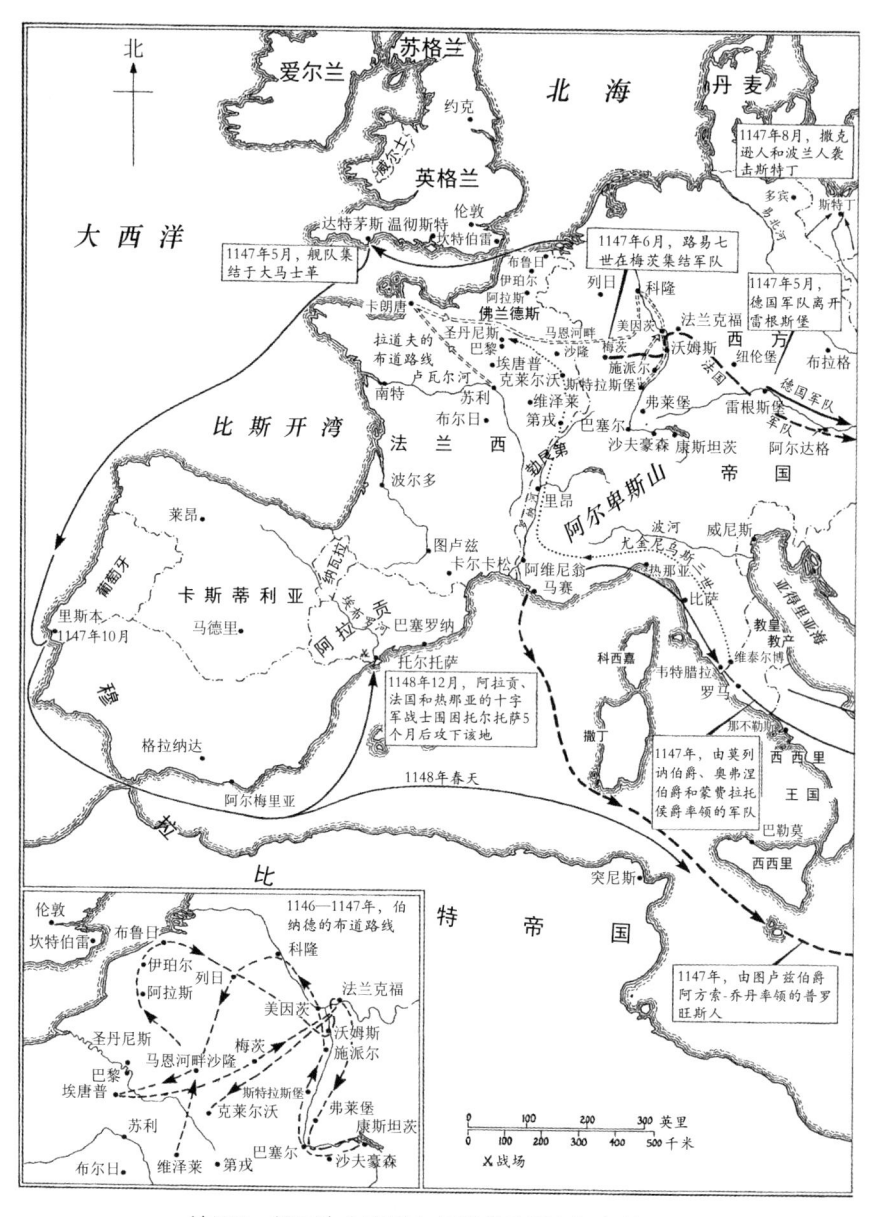

地图2 第二次十字军东征时的欧洲和近东地区及
1146—1147年克莱尔沃的伯纳德的布道路线

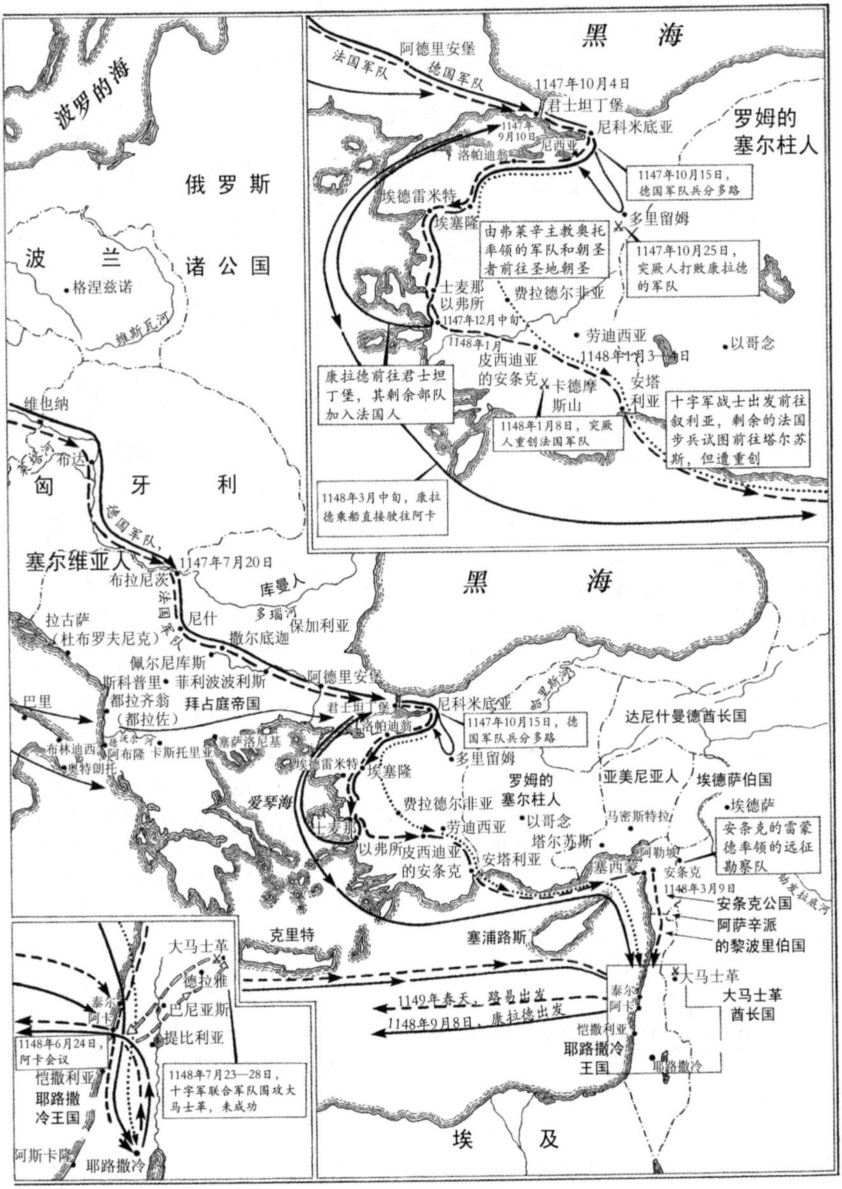

黑 海
阿德里安堡
法国军队
德国军队
1147年10月4日
君士坦丁堡
罗姆的
塞尔柱人
1147年9月10日
尼西亚
尼科米底亚
洛帕迪翁
1147年10月15日，德国军队兵分多路
埃德雷米特
埃塞隆
多里留姆
由弗莱辛主教奥托率领的军队和朝圣者前往圣地朝圣
1147年10月25日，突厥人打败康拉德的军队
士麦那
以弗所
费拉德尔非亚
1147年12月中旬
劳迪西亚
以哥念
1148年1月
皮西迪亚的安条克
卡德摩斯山
安塔利亚
康拉德前往君士坦丁堡，其剩余部队加入法国人
1148年1月8日，突厥人重创法国军队
十字军战士出发前往叙利亚，剩余的法国步兵试图前往塔尔苏斯，但遭重创
1148年3月中旬，康拉德乘船直接驶往阿卡
波罗的海
俄罗斯
诸公国
波 兰
格涅兹诺
维斯瓦河
维也纳
布达
匈 牙 利
德国军队
塞尔维亚人
1147年7月20日
布拉尼茨
库曼人
法国军队
尼什
多瑙河
保加利亚
拉古萨（杜布罗夫尼克）
撒尔底迦
佩尔尼库斯
斯科普里
菲利波波利斯
阿德里安堡
都拉齐翁（都拉佐）
拜占庭帝国
巴里
君士坦丁堡
尼科米底亚
1147年10月15日，德国军队兵分多路
洛帕迪翁
达尼什曼德酋长国
布林迪西
阿布隆
卡斯托里亚
塞萨洛尼基
奥特朗托
多里留姆
埃德雷米特
埃塞隆
罗姆的塞尔柱人
亚美尼亚人
埃德萨伯国
埃德萨
爱琴海
费拉德尔非亚
马密斯特拉
士麦那
劳迪西亚
以哥念
安条克的雷蒙德率领的远征勘察队
以弗所
皮西迪亚的安条克
塔尔苏斯
阿勒坡
塞西亚
安塔利亚
安条克
1148年3月9日
安条克公国
阿萨辛派的黎波里伯国
克里特
塞浦路斯
大马士革
德拉雅
泰尔阿卡
巴尼亚斯
提比利亚
1148年6月24日，阿卡会议
1148年7月23—28日，十字军联合军队围攻大马士革，未成功
恺撒利亚
耶路撒冷王国
阿斯卡隆
耶路撒冷
1149年春天，路易出发
1148年9月8日，康拉德出发
大马士革
大马士革酋长国
恺撒利亚
耶路撒冷王国
耶路撒冷
埃 及

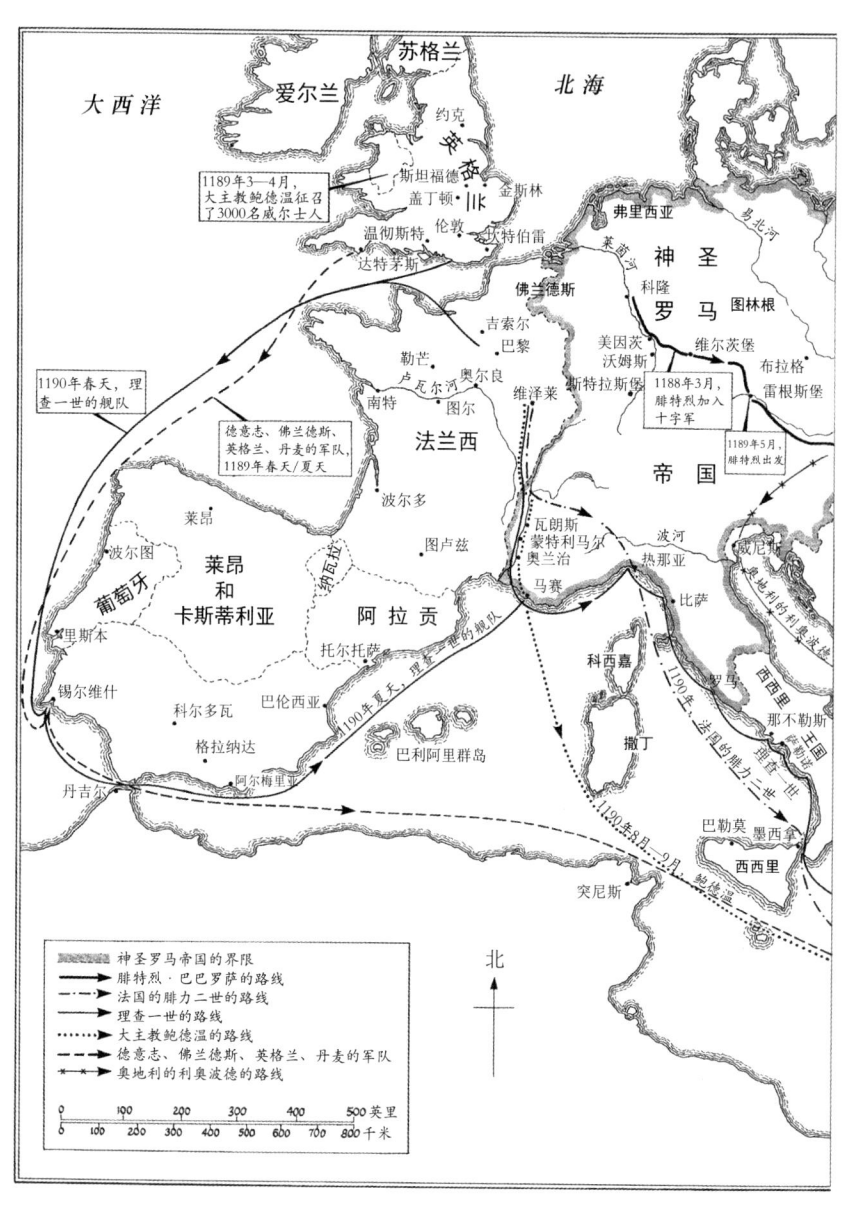

地图3 第三次十字军东征时的欧洲和近东地区

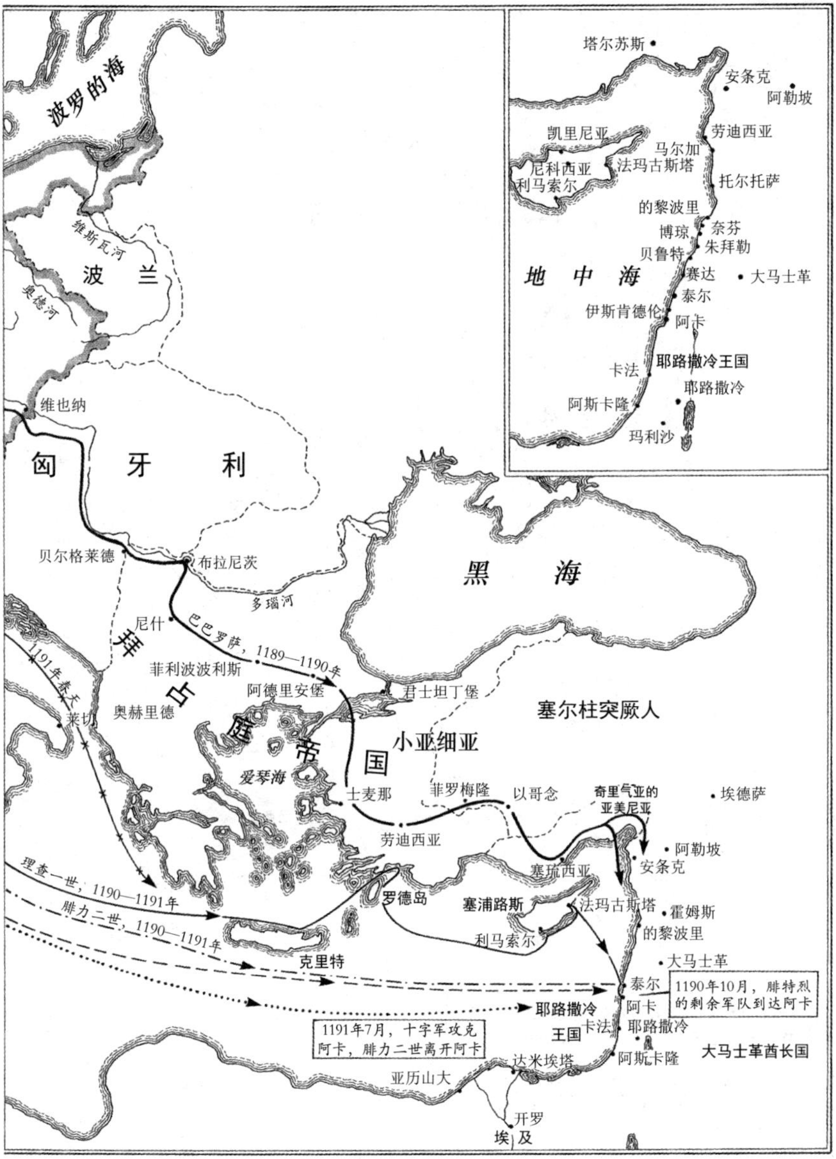
波罗的海
维斯瓦河
波兰
奥德河
维也纳
匈牙利
贝尔格莱德
布拉尼茨
多瑙河
尼什
巴巴罗萨，1189—1190年
拜占庭帝国
菲利波波利斯
阿德里安堡
君士坦丁堡
1191年春天
莱切
奥赫里德
爱琴海
士麦那
小亚细亚
黑海
塞尔柱突厥人
菲罗梅隆
以哥念
奇里乞亚的亚美尼亚
埃德萨
劳迪西亚
阿勒坡
安条克
塞琉西亚
理查一世，1190—1191年
腓力二世，1190—1191年
罗德岛
塞浦路斯
法玛古斯塔
霍姆斯
的黎波里
利马索尔
克里特
大马士革
泰尔
1190年10月，腓特烈的剩余军队到达阿卡
耶路撒冷王国
阿卡
卡法
耶路撒冷
1191年7月，十字军攻克阿卡，腓力二世离开阿卡
达米埃塔
阿斯卡隆
大马士革酋长国
亚历山大
开罗
埃及
塔尔苏斯
安条克
阿勒坡
劳迪西亚
凯里尼亚
马尔加
尼科西亚
法玛古斯塔
利马索尔
托尔托萨
的黎波里
博琼
奈芬
贝鲁特
朱拜勒
地中海
赛达
大马士革
泰尔
伊斯肯德伦
阿卡
耶路撒冷王国
卡法
耶路撒冷
阿斯卡隆
玛利沙

地图4　13世纪的欧洲和近东地区

地图:十字军东征后期地理示意

- 俄罗斯诸公国
- 里海
- 保加利亚
- 聂涅斯特河
- 黑海
- 1204年4月13日,君士坦丁堡陷落
- 阿德里安堡 斯库台
- 君士坦丁堡 迦克敦
- 特拉比松
- 梯弗里斯
- 色巴思
- 大不里士
- 阿卑多斯
- 塞尔柱人
- 西亚帝国
- 恺撒利亚
- 马拉盖
- 爱琴海
- 士麦那
- 梅利泰内
- 蒙古可汗国
- 以哥念
- 穆丁
- 摩苏尔
- 罗德岛
- 塔尔库斯 安条克
- 阿勒坡
- 底格里斯河
- 1228—1229年
- 腓特烈二世
- 塞浦路斯 利马索尔 的黎波里
- 哈马 霍姆斯
- 幼发拉底河
- 巴格达
- 尼科西亚
- 克里特
- 大马士革
- 海
- 泰尔 阿卡
- 1249年6月
- 1218年5月
- 阿音札鲁特,1260年
- 达米埃塔
- 耶路撒冷
- 圣地
- 亚历山大
- 开罗
- 穆斯林
- 北

目录

序 *001*

年表 *003*

地图列表 *007*

引言 *001*

第一章　理性之貌 *012*

  理性的基础 *012*

  善于思考的战士 *024*

第二章　战争有理 *035*

  这是上帝的旨意 *035*

  乌尔班的遗产 *040*

  法律 *043*

  复仇 *046*

  骑士精神 *049*

  物质奖赏 *057*

  精神奖赏 *061*

  政治 *064*

　　　　正名失败 ··· 072

第三章　广而告之 ··· 076
　　　　集会 ··· 077
　　　　教皇特使与布道者 ··· 080
　　　　书写 ··· 091

第四章　劝导 ··· 105
　　　　理论 ··· 106
　　　　时机 ··· 112
　　　　地点 ··· 116
　　　　听众 ··· 120
　　　　语言 ··· 126
　　　　道具、表演和戏剧性 ······································· 130
　　　　两位布道者 ··· 138

第五章　招募与奖赏 ··· 151
　　　　战争的背景 ··· 154
　　　　奖赏的背景 ··· 164

第六章　参加十字军的人 ··· 178
　　　　领主和领主权 ··· 179
　　　　非贵族 ··· 188

　　　　女人 ………………………………………………… *197*

　　　　共同联盟 ……………………………………………… *200*

　　　　"穷人" ………………………………………………… *203*

第七章　十字军远征的成本 ……………………………… *212*

　　　　预算 …………………………………………………… *213*

　　　　十字军战士的酬劳 …………………………………… *217*

　　　　账目 …………………………………………………… *224*

　　　　成本 …………………………………………………… *228*

第八章　为十字军远征出资 ……………………………… *241*

　　　　以特权出资 …………………………………………… *241*

　　　　变卖资产 ……………………………………………… *244*

　　　　赎金和中央投资 ……………………………………… *252*

　　　　税收 …………………………………………………… *257*

　　　　得失 …………………………………………………… *265*

第九章　协调 ……………………………………………… *270*

第十章　健康与安全 ……………………………………… *287*

第十一章　补给 …………………………………………… *300*

　　　　食物 …………………………………………………… *303*

马 309

　　船运 311

　　攻城机器 319

第十二章　战略 322

　　知道去哪里 323

　　有宏大的战略吗？ 332

　　结论 344

注释 349
参考文献 434

引言

本书的内容围绕着十字军东征的筹备与组织展开，着重于宗教战争的理性层面。中世纪时期的西欧文化建筑在两大支柱之上：理性与宗教。从博学之士的观察思考和统治精英们的治世之方，到常见的关于存在问题的日常困惑，或是如何应对物质世界的各种现实问题，信仰在其中无一不左右着人们的一举一动，而理性则要负责为超自然的现象提供解释。对于这两者之间千丝万缕的联系，最生动的呈现莫过于十字军东征的整段历史。

这乍听之下或许不尽合理。十字军东征常常被认为是轻信这一力量的终极象征，"无数人追随着象征耶和华降世的云柱与火柱，坚信永恒的报偿必得降临"。[1]这样的观点让人们容易将中世纪视为一段充满天真与无知的时期，像"一个悲怆的故事，故事里有一群不谙世事的拉丁民众，他们踏上远征，想要收复圣墓"。[2]向着他们的首要目标——巴勒斯坦的基督教圣地，他们开启了远征，但大多失败了，而且可以算得上是惨败。这几次东征被认为是愚蠢的，是从构想到施行的彻头彻尾的失败，鲁莽、无能，是一厢情愿的自大幻想，没有考量过战略现实，出发点是妄自尊大的文化一元论，甚至没有依据军事与后勤保障的常识做出判断，只顾沉迷于自我陶醉的宗教诡辩。东征的十字军战士中确实不乏有战争经验的人，但历来都一贯认为，军队的指挥者们实则孤高自傲、好大喜功、贪得无厌，同时又缺乏军事智慧与技术实力，东征军真可称得上是被瞎子带进沟里。后世有人试图证明这种种印象都是错误的。在东征的组织过程中，实际上做好了各种资讯与物质上的准备，并非如那些成见所认为的那般无能。抛开宗教的论述与历史相对论的框架，不难发现，像十字军东征这样复杂的军事远征实际上是经过了巨细靡遗的认真准备与沙盘推演的。

历史上很少还有别的时期像中世纪这样被现代人所诟病，被人居高临下地评头论足，前有古典时期的文明世界，后有文艺复兴这个15世纪人文学者们仔细建构并不断打磨的模范生，中世纪夹在这两者之间，真就是个理想中的无人问津的野孩子。这样的中世纪所拥有的价值就像是一座金矿，让那些寻找微弱的进步脉络的挖掘者们可以从中挖掘出闪耀着未来现代性的金子。如今，极端的暴力、盲目、贫穷、肮脏、困苦，这些通常都容易被人贴上"如中世纪般"这样贬义的标签，好在最极端的饥荒倒是会让人从伪史词汇表中挖掘出更早的词汇，被冠以"如圣经般"这样的头衔。在这种贴标签的过程中，人们常常忘记了一点，在野蛮与残暴这件事上，最令人痛苦不堪的进步是历史近期才发生的。在欧洲，公元500—1500年这一时期通常被人不屑一顾地认为是信仰为王的时代，于是也就容易被认为是充满无知的时代。这完全是误导。无知并不会禁锢理性，而且通常恰恰相反。现代社会也无法免除宗教的社会力量。认为信仰与理性是对立的，这样的谬传是在启蒙时期插上翅膀的，当时正值对中世纪（与古典）科学的大肆破坏。但是，如果现代有任何一位美国总统公开表示，他有着和耶路撒冷国王阿马尔里克（King Amalric of Jerusalem，1163—1174年在位）一样理性的宗教怀疑论，认为耶稣复活除了《圣经》本身以外,毫无其他外部的佐证,那么他绝不可能当选。[3]阿马尔里克的怀疑表明,中世纪的信仰既不是轻率消极的,也不抗拒理性的解释。同样,虽然托马斯·阿奎那（Thomas Aquinas,卒于1274年）的假说与世界观可能有别于后代的哲学家们,但就方法上而言,他与大卫·休谟（David Hume,卒于1776年）的理性程度并无二致,而且近来有人提出,即便是在对待神迹的问题上也是如此。[4]在中世纪,对世界有过观察思考的人中没有人认为世界是平的；学者们对于地球的周长已经有了接近精确的认知。[5]对于《圣经》的原意阐释从来都不是独断专行的。基于逻辑与经验的理性思考从来都是中世纪盛期的特征,这与我们当下的世界是一样的。但必须强调的是,虽然这种理性思考与我们的方式不尽相同,形式也有差异（许多历史小说与剧作中都会有这种错误的观点）,但还是可以被视为理性,是一种试图发现客观事实的过程。

十字军东征的准备过程本身就是一种有力的证明。后世战争中许多典型的元素都可以在十字军东征的战斗指挥中找到端倪,东征的准备过程中表现出的严格与专注是可以与后世的战争媲美的。发动战争的理由是一项上下一心的复杂宣传工程,为的是取得公众的支持。外交方面则要积蓄盟友,确保兵进路线、军需供给、市场无碍和自由通行。指挥者们要在会面中制订一致的战争策略,这离不开情报搜集、军事与法律理论,以及地图。他们必须确立指挥的结构,不过这个过程通常既痛苦又艰难。士兵的招募要遵循一定的方法。过程中离不开封建领主、地方配合,以及同侪压力,其基础则是报酬与契约。欧洲中世纪晚期和近代早期的私人军队移转可以说是各自为营的有酬十字军团的必然结果。

在出发之前,资金是通过各种征税与借贷的创新方法筹得的。通过信贷来为战争筹款绝不是中世纪之后才出现的手法。西班牙王位继承战争(War of the Spanish Succession,1702—1713)中,安妮女王*有31%的战争成本是通过借贷,而在14世纪30年代,爱德华三世**的各项战事中有90%是借款。[6]从一开始,十字军首领们就常常大肆举债,无论是在战争前还是战事中。款项的比例和预算都经过事先计算。交通、食物供给、物流、物资,就连医疗供给都经过仔细与专业的筹划。从波罗的海到地中海,所有的商船都被动员征用起来。军队中建立起内部的市场,统一管理,不过常常效果欠佳。许多技术都被运用起来,尤其是在攻城机器方面。在第三次十字军东征中,理查一世***随船将一座事先造好的木质城堡和大型投石机一起运到了巴勒斯坦,再就地组装。[7]大力鼓吹十字军东征的人士野心勃勃地构想出宏大的战略,试图重塑整个近东,在整个欧亚大陆上寻找盟友,甚至尝试经济战争。这些五花八门的技术与方法并没有全部奏效。虽然其中很少能为他们带来料想中的大胜,但这些方法却绝非缺乏理性的

---

* 安妮女王(Queen Anne,1665—1714),英国斯图亚特王朝女王(1702—1714年在位)。她几乎是一即位,就卷入了西班牙王位继承战争。在这场战争中,英国支持查尔斯大公继承西班牙王位,这一策略一直主导着安妮统治期间的英国内外政策。——编者注(如无特别说明,本书脚注皆为编者注)

** 爱德华三世(Edward III,1312—1371),英国金雀花王朝国王(1327—1377年在位)。其统治期间,开启了英法百年战争。

*** 理查一世(Richard I,1157—1199),英国金雀花王朝国王(1189—1199年在位)。他骁勇善战,是中世纪最杰出的军事指挥官之一,被称为"狮心王"理查。

产物。

十字军东征计划的有序性常被低估,或许有两大主因。两者都与信息搜集的特征有关:一方面是收集文献的观察家们的教条主义,另一方面是缺少官僚记录。而从二手的历史编撰角度来解释,则是因为历史学者们自然而然地着重在精彩的战事之上,而没有注重战争中枯燥乏味的方法。但其中也有例外:在英语文献的学者中,约翰·弗朗斯(John France)研究第一次十字军东征;詹姆士·鲍尔(James Powell)研究第五次十字军东征;威廉·乔丹(William Jordan)研究路易九世的十字军东征(1248—1250);阿兰·穆雷(Alan Murray)研究一系列的德国远征;约翰·普莱尔(John Pryor)研究十字军东征中的后勤保障;皮尔斯·米切尔(Piers Mitchell)研究医药相关的内容。[8] 但足以想见的是,这些学者们的兴趣也倾向于聚焦在战争的结果上,而不是筹备这一活动本身。其他仔细研究十字军东征准备过程的学者则着重于筹备过程中所反映出的参加者的动因。他们所能参考的是现有的文献,是关于早期十字军东征所留存的证据。

中世纪的写作者们,无论在编年史、发展史或学术评论中,都倾向于从宗教或神意的角度来呈现十字军东征这项宏大事业,他们的重心在"为什么"和"那会怎样"这两个问题上,而不会直接追问"怎么做"。只有最后的挫败到来,也就是直到1291年从叙利亚和巴勒斯坦撤退之后,他们才开始广泛地认真关注起后勤保障问题。[9] 尽管如此,早前的见证者们也并未完全忽视十字军战事中的各种运作机制。有的人显然对此情有独钟,例如豪登的罗杰(Roger of Howden),他是一位英格兰的皇家军官,参加了第三次十字军东征。[10] 无独有偶,与大多数神职人员留下的拉丁文记叙不同的是，教会外的世俗记录中包含着许多关于组织筹划过程的信息，例如维尔阿杜安的杰弗里（Geoffrey of Villehardouin）和克拉里的罗贝尔（Robert of Clari）记录的第四次十字军东征，还有茹安维尔的约翰（John of Joinville）记录的路易九世对埃及的进攻（1248—1250）。[11] 对于骑士和指挥官而言，这些事是他们要关心的，这一点可能是那些同行的神职人员们比不上的。尽管如此，关于后勤诸事的细节只是作为叙事的一部分被记录下来，而不是因为本身具有任何研究价值，又或者只是被当作一种证据，用以佐证某位领袖的军事独到眼光尤其值得钦佩。在对十字军东征的描绘中充斥着各种代表勇敢、骑士精神和信仰的模范人物，无论是成功还是失败，其原因分析大多都是从道德角度进行的，而不是分析筹划与准备过程的效果。类似的情况还有，对布道、募兵和筹款等过程也只会评价宣传人士的诚恳度，人民的贡献，以及领袖的诚实，而不会涉及行政管理方面的才能。评论者们常用的总是一些固定的标准文学形式：描绘伟人功绩的武功歌（gesta），具有教化作用、用以鼓舞劝诫的历史教训汇总，常见于编年史中的线性叙事，一般是模仿从《圣经》中传承下来的历史叙事模式，还有骑士冒险故事、史诗和小说，其一般都是围绕着抽象的德行，如忠诚、勇敢、慷慨等，而十字军战士们的言行正是最适合表现这些品德的。因为对于如何组织有效的军事行动这类枯燥乏味的技术问题少人问津，就容易让人产生十字军东征是自发产生的或是心血来潮而发动的这样的错觉，而这种印象又以第二个原因，也就是现存证据的限制，而更为加深。

对于管理层面的研究依靠的是档案的记录与留存。这些档案记录可以忠实呈现筹备过程中的细节。举个例子来说，从巴黎的法国国家档案馆（Archives Nationales）中保存的一小份文献档案中，我们就可以得知，为了1311年一次假定的去往圣地的十字军东征，整个发起筹款的提议是如何进行的。这份计划的起草者是纪尧姆·德·诺加雷特（Guillaume de Nogaret），他是法国国王腓力四世的首席大臣和政治调停人之一。档案中有一份文献上满是删改和补充，这完整呈现出诺加雷特最初的想法经历过怎样的调整，或许是有一个起草委员会在给他出谋划策，让这份计划可以更符合当时的政治和外交情势。[12] 如果没有这样的文献，那要理解腓力四世政权对发动十字军东征的兴趣就会大为受限。而从约公元1300年开始，整个欧洲的档案馆和图书馆中都慢慢出现了各种备忘录、传单和论述文，都是关于组织十字军东征的实用方法的（也有不那么实用的），而在此之前，很少有这样的文献留存下来。政府记录也是极为稀缺的，只有极少数的例外。在历史上，除了为数不多的某段时期（例如，约公元800年时查理曼的文廷，其一直延续到12世纪，此后也偶有出现），受限的书写文化基本上让筹划的过程变得讳莫如深，因为领主们和各政府之间虽然会用书写来进行交流，但一旦书面记录下来就会觉得多余，所以并不会例行地保留这些记录。因而，通常我们所能评价的只有结果，而无法触及最初的意图。

不过，中世纪早期的各级统治者们，以及他们的官员、代理人和伙伴们都还是会有所规划的：为战争，为治理，为开发土地和商贸等物质资源，为司法，为控制臣民，为造币。有物质成果为之佐证。有许多公共工程,如奥法大堤*、查理曼未完工的莱茵河至多瑙河运河,这些工程都不会自己建立起来,当然还有许多教堂、宫殿、城堡和城墙。中世纪的伦敦、温彻斯特、牛津,这些城市规整的街道规划都不会是随意为之的建造狂欢的产物。外交官、商人也不会傻乐着四处游荡,只为了等待与政治家的意外邂逅,或是有生意撞上门。贵族家庭和军队的组建、维系和供给,都不会是靠着意外。乡村田野里农作物的轮作也不会是碰运气的事。法院自古以来就是靠着先例和传统在运作,而后慢慢有了书面记录作为依据。事情就是如此显而易见。在中世纪的基督教王国的各个角落,各种记述都时常提到集会、会谈和议会会议以及筹划事情的场合,不过关于筹划的内容与过程等细节常常被省略。直到12世纪,除了像英格兰王室管理机构这样的部分特例之外,民间或军事项目的组织过程只能通过各种途径进行间接重构,其中包括编年史、发展史、小说,还有一些因为其风格或是人物、视觉艺术和考古价值上的重要性而被保留下来的信件。通常留存下的文献比较倾向于对教会产生影响的,间或是与财产转移有关的。但这些文献都不太会涉及组织人力和资源这样无聊的问题。不过,关于筹备方面的书面记录的缺乏并不意味着筹备行为本身就不存在。在管理方面也有重要的里程碑之作,例如《末日审判书》(1086)**,

---

* 奥法大堤(Offa's Dyke),英格兰和威尔士边界处的一系列土筑工事,最初于8世纪由盎格鲁-撒克逊时期的麦西亚王国国王奥法所建,用以标记他和威尔士人进行战争的边界。

** 《末日审判书》(Domesday Book),其正式名称为《土地赋税调查书》或《温彻斯特书》,是英国国王威廉一世(1028--1087)下令进行的全国土地调查情况汇编。

被称作"财税卷宗"*的英格兰文献（自 12 世纪早期开始，留存下来的是 1155 年之后的记录），还有 12 世纪晚期加泰罗尼亚（Catalonia）贵族留下的财政记录（computa），这些文献的出现都不是平白无故的。[13] 尽管专注行政管理方面的历史学家们常常觉得困难重重，但缺少书面记录，或者说更重要的是缺少保留书面记录的习惯，并不意味着先前就缺乏效率和精密复杂性。反过来说，这些记录的出现也并不代表除了保存记录这件事本身以外的创新。十字军东征的筹备正证明了这点，无论是在书面记录出现之前还是之后，这条分水岭本身就是种虚假的错觉。

因为缺少政府档案，就很容易陷入"他们一定做了 X 或 Y"这样的争论，这就让对筹划效果的评价退化成了基于结果的推论。这样一来，诺曼底的威廉在 1066 年所筹划的入侵英格兰的行动就被当作了高效且有效的准备的范本。必须如此；即便最后在黑斯廷斯（Hastings）被杀的是威廉，而非哈罗德**，并且诺曼人的军队被逼退回海中，也一定还是如此。但事实是如果诺曼人没有取得胜利的话，无论是当时的还是现在的历史学家们都不太可能坚持这样的想法。尽管哈罗德最后落败，但他的筹划本身（虽然并不一定代表最后的执行）也许是同样精彩的。我们对威廉的筹备过程的了解不仅是通过宫廷历史学家的赞美之词，还有

---

* 财税卷宗（Pipe Rolls of the Exchequer），英国各郡郡长和各类财务官员上交财政署的账目记录，显示了王室收入和开支状况，反映了中世纪英格兰各大家族及一些城镇的历史变迁，是关于这一时期的法律和行政方面的重要历史资料。

** 即哈罗德二世（Harold II，1022—1066），盎格鲁–撒克逊时期韦塞克斯王国的最后一任国王，在黑斯廷斯战役中被"征服者"威廉击败并被杀。

后来文献中的一些零星细节，包括巴约挂毯＊上所呈现的视觉景象。它详细呈现了细节，描绘了武器、盔甲、补给、船只、马匹是如何筹集的，还有指挥官们会谈的场面，挂毯还明白无误地证明了，在这场英勇的征战背后所付出的管理上的努力所具有的重要性，以及在从议会会议室到战场的一系列筹备过程中的核心地位。[14] 在本质上，这样的画面与现代的画面相差不大：将军凝视着地图，参谋审查预算和供给订单，而新闻影片中播放着工厂在生产军需品，或是军队集结起来准备上战场的画面。

亚美尼亚亲王，同时也是历史学家和民族志学家的葛里葛斯的海屯（Hetoum of Gorigos）在 14 世纪早期对长达两个世纪的十字军战争进行反思时提出，能够成功收复圣地的东征有四项必备条件：恰如其分的缘由，充足的资源，对敌人能力的清楚认知，合适的时机。这些都是"理性要求任何希望对他的敌人发动战争的人所必须考虑的"。[15] 对中世纪筹备过程认知的缺失是一大谜团，那是书面证据匮乏的结果，毫无疑问也表明了中世纪文化对官僚的轻视。而中世纪的战士们缺乏理性则是另一种虚构。这两种扭曲的观点将十字军东征深深地包裹于其中。当时教会中的评论者和教士们对此也负有一些责任，他们迫切地想要将对十字军东征的坚定不移描绘成如保罗归信或上帝现世般伟大的事情。而复杂的协商经过、费力持久的准备过程这些无聊乏味的现实问题，只配留在中世纪修道院中那些破旧的说教抄本中，这点倒是和好莱坞工作室的情况很像。在中世纪时期的整个欧亚大陆上，战争的丝线早就编织进了社会这块布料中，成了社会和政治

＊ 巴约挂毯（Bayeux Tapestry），于 1066—1077 年间制作的绣花挂毯，其图案描绘了诺曼征服这一事件的始末。

精英们的一种重要身份。十字军东征虽然并不简单，但也不过只是战争而已。发动与领导这些战争的那些人明白，十字军东征的前景就像多数其他战争一样，仰赖于至少七项彼此关联却又不同的因素：确立一个能说服众人的"战争借口"(*casus belli*)，宣传动员，招募战士，募资筹款，交通问题，尽可能为战斗计划做足预测准备，更广的地缘政治战略。接下来我们就来逐一审视以上因素。但首先，我们先来讨论一下筹备者和战斗者，以及他们的理性文化。

第一章　理性之貌

在宗教改革之后，批评者和辩护者不约而同地对十字军东征中所并存的极端信仰和极端暴力情有独钟。无论被认为是崇高的或是蛊惑人心的，是勇敢的或是残暴的，是诚实的或是伪善的，是忠贞的或是天真的，是充满坚定信念的或是腐坏堕落的，十字军战士们的这些宗教情怀始终不断吸引着人们关注的目光。[1]对于他们的内在文化、心理能力，或是除了军事训练外的其他教育水平等方面则很少关注。现代人所描绘的中世纪骑士的形象常常都像是一个卡通剪影，身材健壮魁梧、杀人如麻、衣着华丽、身披熠熠生辉（间或血迹斑斑）的铠甲、身手不凡、为爱英勇，这样一种完全过时的人物形象会受人爱戴，不过或许也带着一丝高人一等的轻蔑。十字军战士过去会让人感觉格外陌生，因为他们相信可以通过战斗而得到救赎，相信杀戮是上帝的旨意。当然，这样的错误理解在近代渐渐开始改变。十字军东征的组织过程中反映出的是极为不同的另一面。战争要取得成功需要经验，需要冷静的头脑，需要理性思考的能力，无论是在构想上还是在实战中，中世纪时人们对于这一点的认知毫不逊色于当代。[2]

理性的基础

理性的运作需要精神上的积极组织、调查与推论。只是通过对现象的观察，或是通过被动的信息收集，并不能推动有意义的理性思考，除非这一切条理清晰才有助于得出结论。否则的话，

第一章 理性之貌

那所收集的信息也不过像是街头巷尾的八卦一般。理性可以通过调查来获知真相。在12世纪的学术、哲学、法律乃至政府层面,"调查"(*inquisitio*)和"真相"(*veritas*)是两大流行词汇,这并非偶然。有人说,理性调查在社会中的核心地位"是中世纪后期留给现代世界的一份厚礼……是西方文明保守最好的秘密"。[3] 理性既可以运用在抽象思考中,也可以运用在现实观察中。现代许多的理性思考都认为其本质上是智力活动,是通过搜集证据,进而用透明且公开的方法来试图说服其他理性之人相信一个事实。在一个相信世界是上帝创造且遵循神的规则的社会中,理性还具有伦理道德面,即如何最好地过体面的生活,这与尤金·韦伯(Eugene Weber)所谓的价值理性(或说是信念)以及形式严谨的封闭的理性体系(例如法律和法律流程)并存。[4] 理性既不是一成不变的,也不免于受到社会的影响。亚历山大·穆雷(Alexander Murray)提出过一个著名的理论,他将理性在中世纪文化中的崛起归因于经济商业化带来的社会渴望与流动性,以及随之而来的数学的地位变得越来越重要。[5] 在评判理性在中世纪的作用时,社会和文化背景至关重要。理性或许是绝对的,但理性的表现方式却是捉摸不定的。

理性的反面并不是无知、渴求、欲望、感情、经验,甚至不是否认,而是爱德华·格兰特(Edward Grant)所说的"启示"。[6] 中世纪盛期的许多脑力劳动都是在努力平衡这两股力量。接受造物主上帝的存在并不代表要排斥对上帝所造世界,即大自然的理性探索,反过来说,如果坚信上帝并不存在,也并不妨碍人们对宗教进行研究。不过,若是相信上帝,那就不可避免地要面对一些上帝的干预行为,这些行为看似凌驾于他所创造的自然秩序之上，也就是所谓的神迹。尽管这些上帝存在于宇宙之中的迹象也可以得到理性上的解释，正如托马斯·阿奎那试图要做的那样，但这些迹象还是渐渐被单独归成一类"超自然"事件，这个词是 13 世纪时创造出来的，间接地赞美了对人和自然的理性研究的发展过程。[7] 现代人常会错误地认定，如果一个前提如今被认为是错误的或难以接受的，那么从这个前提出发的任何理性思考本身也会被认为是不理性的。13 世纪西欧学术界的一个重大项目就是要将古希腊哲学家亚里士多德的科学、政治和伦理哲学融入基督教思想中。这成了当时最有影响力的思想家阿奎那的神学的基础。亚里士多德对自然世界的阐释或许未必全对，但却并不是缺乏理性的。除非亚里士多德早就精通了哥白尼的天文学、牛顿和爱因斯坦的物理学、达尔文的生物学等科学，却还依然坚持他的理论，只有那样才可以认为他是不理性的。拒绝接受客观证据是不理性的；但尝试理解你认为自己所观察到的和所知道的事，并不是缺乏理性的行为。正如前面所说的，无知、缺乏信息，这些在本质上都不能称为是不理性的。

事实上，这种认识上的不足，再加上当时社会的远大抱负，反而给这个时期注入了某种刺激，进一步推动人们对神学、哲学和教会法律进行理性的研究。例如，因为想要为上帝的存在提供理性证明，坎特伯雷的安瑟伦（Anselm of Canterbury）发表了自己的本体论论述《宣讲》（*Proslogion*，1077/1078），这本身也是对现实或推论的中世纪怀疑论的一种评论。[8] 通过查问权威文本，对其中的矛盾处和疑难点进行探寻、解释和释疑，这种严谨的学术调查方法首先是由彼得·阿伯拉德（Peter Abelard）所开创的，尤其是在他的《是与否》（*Sic et Non*，约 1121）中，这部著作中包含了理性过程的经典程式："有疑问我们才会去调查，经过调查我们才能见到事实真相。"首先提出的问题是："必须要有理性，才能让人类的信仰得以完整吗？或者并非如此？"[9]这种通过探寻来获知真相的方法成了中世纪学术方法的基础，并且在12世纪和13世纪出现的越来越多的大学中成了学术调研方法的主流。大学的课程遵循两种理性讨论的模式，都是从古典教育中演化而来，一种是文学（artes liberales），包含三艺（文化、修辞和逻辑）；一种是数理学，包含四艺（算数、几何、音乐和天文，其中天文实际上指的是星相）。接受过这些学科教育的人们在十字军东征中扮演着重要的角色，他们成了顾问、组织者和积极的参与者。

仰赖理性的调查，而不是顺从地接受被揭示的上帝的真理，这并不仅仅是接受过学校教育的人（其中也不乏女性）才有的特征。理性思考的运用，由此带来的益处，以及产生的需要，在整个社会中都显而易见。整个十字军东征的时期，也就是从11世纪末开始的时期，恰好也是整个世俗社会接纳理性的思考和行事习惯的时期。从最基本的意义上说，这也许不过是对思虑周详的赞美，并将其升华为一种名为谨慎（prudentia）的美德。[10]这种俗世的智慧可以通过教育、知识或经验获得，在各处都能发挥用处，无论是在商人的账房里，还是在建筑师或工程师的工作间里，或是身为法官或陪审员在法庭上时。教会法庭会寻找证人，调取文档，听取辩论，最后才由法官做出裁决。渐渐地，例如在英格兰，世俗法庭的传统审判形式（通过酷刑或搏斗）也在某种程度上效仿起教会法庭，开始听取证词和证人的誓言，由陪审员来为事实做见证。即便是最愚笨的领主也会主持正义，无论他多么富有，都未必能完全肆意妄为。同样，在经营庄园、佃户管理、维护权利等方面，理性也能成为方便的工具，不论是十字军东征的领导者们还是追随他们的骑士对此都同样熟悉。

理性的证明并不限于法庭之上。圣物常常被批评者们认定为中世纪宗教中相当古怪和愚昧的一种传统，当时的人们竟然会信奉木片、断石、破布、遗骨，还相信这些能带他们去往上帝，获得永生。中世纪教会中一些有权有势的人也同样抱有这样的焦虑。遗物和与此相关的信仰体系是否有效，在很大程度上取决于其可信程度。基督教徒的怀疑，以及他们对证据的要求，几乎可以追溯到和基督教起源一样久远的时代，从"怀疑者托马斯"*的故事就可见一斑。第一次十字军东征中最著名的一段故事就证明了鉴别可以引发多么大的争论和混乱，也证明了寻找客观解决方案的需要有多迫切。1098年6月，十字军在安条克（Antioch）疑似发现了圣枪（据说是耶稣在十字架上受刑时刺穿他侧腹的矛头），有人认为是这件圣物激励着十字军战士们在不利的条件下战胜了摩苏尔（Mosul）的阿塔贝格**（突厥首领），取得了关键性的胜利。但从一开始，就有怀疑者质疑这件圣物的真实性，也质疑发现这件圣物的彼得·巴塞洛缪（Peter Bartholomew）所见到的幻象的真实性。这些不确定的因素，再加上十字军阵营中的政治竞争，几乎要彻底瓦解这次远征行动了。几个月后，人们试图

---

* "怀疑者托马斯"（Doubting Thomas）的故事出自《圣经·约翰福音》第20章。耶稣复活出现在众人面前后，十二门徒之一的托马斯声称除非看到他手上的钉痕，否则不相信他已复活，于是亲手抚摸了耶稣的伤口，这才相信。后来，"Doubting Thomas"也常用来指怀疑一切的人。

** 阿塔贝格（atabeg），突厥人的地方长官。

为这一事件下一个定论，于是进行了对巴塞洛缪施以火刑的司法审判，而就像这类酷刑一贯的结果一样，最终依旧无法消除意见分歧。审判的内容是，巴塞洛缪手持这件所谓的圣物走过一连串燃烧的木头。如果他存活下来，就能证明圣枪是真的。在审判中，巴塞洛缪在酷刑中死去了。但支持他的人们坚持认为，他身上的伤不是火烧造成的，而是因为审判后暴民的袭击。多年以后，因为没有意见一致的裁断，这个伤痛依旧影响着争论双方在撰写编年史时的描述。[11]

尽管最后没有成功，但在尝试解决圣枪的争议时，人们采取的依旧是理性、缜密的方式，想要尽可能公平地平息疑虑，让人们可以透明、一致且客观地理解上帝的裁决。这反映了教会的总体政策，即排除那些伪造的、买来的或偷来的圣物的邪恶圈套。第一次十字军东征的编年史作家中最投入、学术地位也最高的诺让的吉伯特（Guibert of Nogent，约1060—约1125）猛烈抨击了苏瓦松（Soissons）的圣梅达教堂（the church of St Médard）自称拥有的耶稣的乳牙。圣物兹事体大。通过吸引朝圣者的奉钱，经过认证的圣物可以为拥有它的教堂或修道院带来可观的财富。而在1204年第四次十字军东征攻克君士坦丁堡之后，这个问题变得更为棘手了，因为此后有大量圣物被投入市场中，其中包含一些在西方早就受到崇拜已久的圣物的复制品。[12] 这样的事并不鲜见。1098年的安条克圣枪的竞争者就展示在君士坦丁堡，而这些十字军战士们在一年前才看到过。1204年后，拜占庭的圣物拥入市场，让问题急剧恶化。那些收到掠夺而来的圣物的人们必须自己保证这些圣物是真的，而不是花钱买来的。勃艮第的克吕尼修道院（abbey of Cluny）的修士罗斯坦（Rostang）详细记录了 1206 年，圣克莱芒的头颅捐献给他们修道院的具体情况。[13]为了让人相信其真实性，罗斯坦从捐赠者，也就是当地领主塞西的达尔马斯（Dalmas of Sercy）那里得到了一段详尽的口头描述，讲述了圣徒的头颅是如何被找到的，又是如何在希腊守卫的鼻子底下被偷出来的。这段故事读起来颇为生动，但这段记录的目的只是要证明这件圣物的真实性，以及作为新物主的合法性。圣物赝品的问题越来越严重和普遍，终于在 1215 年罗马举行的第四次拉特兰公会议上，颁布了一项法令来整饬圣物行业。新出现的圣物必须得到教皇的认证。其目的是防止信徒被骗，"说谎的故事或造假的文件在各地屡见不鲜，只是因为人们渴望从中获利"，而罗马教廷的认证体系也无法从这种渴望中幸免。[14] 幸好克吕尼的罗斯坦不辞辛劳地写下了圣克莱芒头颅的这段传奇。罗斯坦和拉特兰公会议上的神父们都明白书面记录有多重要。

12 世纪时记录文档的传播深刻影响了司法和政府的管理方式，书面记录渐渐对单靠记忆的原始方式发起挑战，成为广为接受的记忆形式。[15] 这种新的记录文化最常见于官方档案馆中，以及新的管理部门中，例如英格兰国王的审计部门，也就是财政署（Exchequer，约 1106—1110），其名字来源于二维珠算盘，本是用于计算收入债务和收支总量的。财政署的账目记录在羊皮纸卷上。[16] 到 12 世纪末时，王室诉讼案的判决，以及外交和其他行政文档都开始归于中央档案中，而且不仅仅是英格兰。国王们行之有效的这种方法也被较富有的臣民乃至全社会效仿。最迟到 13 世纪初时，负责十字军招募的人员也会书面记录下参加十字军的人的名单。[17] 早在一个世纪以前，在第一次十字军东征中，指挥官们似乎就已经会保留其下属酬劳的书面记录。[18] 在法律、商贸和政府中，无论是在国家层面，还是在地方层面，证明和记录的标准变得越来越客观，从这个意义上说，也就越来越理性。

与书写的情况类似，医学、建筑和工程也都将理性的思想与实证这两个方面结合在了一起。虽然公元 2 世纪的希腊罗马医生和哲学家盖伦（Galen）和他的四大气质说依旧是解释人体运作原理的理论假设中的主流，而且身为有学识的医生，他的地位也被认为是高于外科医生和理发师*的，但西方医学发展出了某些实用的操作规程，尽管这些方法也无法治愈疾病，可至少能减轻症状。医院和济贫院在这一时期蓬勃发展，通过姑息治疗和使用草药的结合构成了一种保持良好休息和饮食的非介入式疗法。有些经验又让这种疗法取得了一些进步，尤其是在处理战斗伤时，而且这不仅仅是在十字军东征中。除了如意大利的萨勒诺医学院（Salerno）这样的大学医学院的学术教诲，以及医生和护士的共同智慧以外，有时也有既勇敢又善于探查的人会进行医学实验。基本的外科手术程序一般都会成功。[19] 虽然中世纪的医生有时会误入歧途，一不小心甚至可能草菅人命，但他们至少相信自己是在遵循理性的指导。既然治愈并非他们所能掌控的事，那么进行处理的失败率也就很难阻碍他们继续下去了。尽管如此，对待有些情况，还是可以采取更偏重思考而非实践的方式。在 13 世纪 20 年代，一次讨论科隆一位少年自杀的问题时，西多会修士海斯特尔巴赫的恺撒利乌斯（Caesarius of Heisterbach）在消沉和疯狂之间做出了道德上的区分，前者是"悲伤加绝望"（*tristitia et desperatio*），而后者则是"毫无理性"。前者的病患若是结束

---

* 中世纪时期的理发师也常承担一部分属于外科医生的手术，例如放血术。

自己的生命无法得到上帝的原谅，而疯子"失去理智"（mentis alienatio），值得同情悲悯。虽然恺撒利乌斯发现了其中的关键差别在于理性的存在与缺失，但要识别独特的少年消沉还需要对生命进行更常识性的观察，不过这或许太过粗略了。[20]

建筑师、工程师、石匠、木工，他们不会仅凭猜测做工，更不会毫无思想准备。在 12 世纪初期有一部专著《论多种技艺》（*De Diversis Artibus*），书中虽然不乏奇特之处（例如，建议用红发小男孩的尿来淬炼金属工具），但还是承认在描述绘画、冶金和玻璃制造等技术时需要运用理性。从造一座钟，到做一架风琴，其中的步骤都有逻辑可循。在讨论金属制造前，也会描述如何建造一座工坊和熔炉。[21] 这类冶金技术与战争之间的关联显而易见：盔甲、武器、马蹄铁、钉子。木工的重要性和对熟练的建造攻城器械的工程师的需求也同样不言而喻。整部十字军东征的历史中充满了这些器械及其建造者们的相关故事。其中有些建造者显然是专业的。在 1097 年 5—6 月的小亚细亚的尼西亚围城中，一位伦巴第（Lombard）"大师发明了一种大型攻城器械"，为围城军队建造起一堵保护屏障，这座屏障被昵称为"猫"，这位大师得到了 15 镑沙特尔货币（可能相当于 1/4 英镑，所以也相当于是一笔不少的年收入）作为报酬。[22] 有的专家既有实际的工程建造技巧，又接受过精英教育。1218 年的第五次十字军东征中，在尼罗河三角洲上的达米埃塔围城战中，出现了一座水陆两用的攻城塔，像是一座漂浮在水上的堡垒，这座塔的设计者是帕德伯恩的奥利弗（Oliver of Paderborn），他是在巴黎受过教育的学者、传道人、编年史学家，后来还成了枢机主教。[23] 至于是四艺中的算数和几何在他的工程设计中提供了帮助，还只是他的个人兴趣，不得而知。但无论如何，这样的技能显然不会被当作是不入流的。专业的石匠也拥有相对较高的社会地位。建筑师总是不缺大量的荣誉。法国人桑斯的威廉（William of Sens）是一位"技法非常纯属的匠人，擅长木工和石工"，他在12世纪70年代的一次国际竞赛中胜出，成了改建坎特伯雷大教堂的设计者。[24]英格兰的一位石匠大师莫里斯（Maurice），在12世纪70年代建造了纽卡斯尔（Newcastle）塔楼，后来又担任多佛城堡（Dover Castle）的首席工程师（ingeniator）。他在那里的工资是每天1先令，这让他的年收入几乎达到了骑士阶层的水平。除此之外，他还会从国王那里得到财政补贴。[25]这些匠人和他们的职业也因为人们的尊重而显得光彩夺目。身为造物者的上帝正像是全宇宙的建筑师，手持一对罗盘现身。[26]耶稣基督曾经是一位木匠。

然而，这个世界并非毫无拘束，完全思想自由。理性被认为是有用的，但也还没有上升为世俗人眼中的神格。其界限就是观察和调查所及之处。尽管神学家们也会进行理性的辩论，例如犹太人和基督教徒之间的多次神学辩论，[27]但在理性与启示的竞争中还是会产生受难者。阿伯拉德*就因为异端邪说而被逐出教会。[28]在13世纪后期，巴黎大学耗费了大量的时间和精力，试图确定理性哲学对神学的冲击可以达到什么程度，其中最著名的问题就是，上帝是否可以做任何在自然中不可能的事情。与官方界定的多数意见不同，巴黎的一些哲学家们认为答案是否定

---

* 即彼得·阿伯拉德（Peter Abelard，1079—1142），法国神学家、哲学家。1121年，他因所写的著作《神学》被指控为异端，而后于1140年又再次被指控为异端。

的。²⁹ 思想禁锢仅仅是限制理性的精神框架中较为深奥的一面。另一种限制则要有占卜和预言能力才能发现。理性调查被人认为是有必要的，因为这样才能理解自然世界，从而更好地加以控制。如果这个世界运作的方式是井然有序的、有迹可寻的，其未来的行动与实践也应当是可以通过运用理性分析来进行预测的。魔法、炼金术、星相学，这些都被当作理性的调查方式，用以了解自然世界的运作，当时最聪明的人也都会从事这些活动。巴斯的阿德拉德（Adelard of Bath，约 1080—1151 年后）撰写或主编的作品涵盖了欧几里得、波爱修斯（Boethius）、自然科学、珠算、猎鹰术以及有关天文学和星相学的阿拉伯语文本翻译。他在地中海地区四处游历，寻找文本。他相信经验主义，坚定地认为，要理解万物运作的原理，首先要依靠的是理性，而不是古代权威或是《圣经》。但据说他也曾使用占星术，穿着特别的绿色斗篷，戴着戒指。³⁰ 对于阿德拉德和那个时代的人来说，占卜和理性并不是对立的，而是理性调查这种智力行为的不同面而已，后来的艾萨克·牛顿也一定是这样认为的，他也是一位有名的炼金术学徒。

如果预测失败，或许会破坏人们对理性至上的信心，但具有讽刺意味的是，也会让早已揭示的真相、对《圣经》的解释、传承而来的秘方、各种揣测和祈祷等成为可以依赖的其他选择。福德的鲍德温（Baldwin of Forde）在他的专著《论信仰的回报》（*De commendation fidei*，12 世纪 70 年代中后期）中对于运用理性、证据、实验和经验来进行预测的行为进行了直接的抨击，这样的行为常常出现在医药领域，还有水手和农民中。他的抨击部分是针对"这世上谨慎的人们"习惯于"根据他们记忆中的所见所闻"来预测战争与和平,这正像是一句谚语的中世纪翻版:将军们总是注意上一场战争,而不是他们现在正在打的这场。"在所有情况下,只要人的技能会发挥作用,那判断就是不确定的……结果难以预料,反复无常。"鲍德温的抨击目标是对于人的技能(humana ingenia)的依赖,以及对因果关系的假定。"医生的实验是错误的,证据是模糊不清的,人的建议是不可信的,人类的命运是不确定的。"在职业生涯中期,鲍德温加入了西多会,这个修道会自建立起就一直怀疑学术派的理性辩论。他在结论中强调,上帝之灵与圣人先知的启示"高于一切人类的理性,高于一切自然之物"。[31]

这并不能让鲍德温成为思想上的卢德派*。他加入西多会后很快晋升为修道院院长、主教,最后成为坎特伯雷大主教(See of Canterbury,1184—1190),其间在教区收入的使用问题上,他和自己的修士陷入了激烈的争执中。他担任过外交官,在最高层级的政治争端中担任过调停者。脾气暴躁的作家威尔士的杰拉尔德(Gerald of Wales)非常了解鲍德温,他颇为刻薄地传播着这样一句关于鲍德温的简洁警句:"极度热诚的修士、狂热的修道院院长、不冷不热的主教,漫不经心的大主教。"他将理性贬低到启示之下,这在受过教育的高级神职人员中再正常不过了。但在实践中,他并不完全否定经验的重要性。根据随行的杰拉尔德的记录,1188年4月,为了替十字军布道,并为第三次十字军东征募兵,这位大主教走遍了威尔士,在旅途中来到卡那封

---

* 卢德派(Luddite),源自19世纪初英国工人内德·卢德,他同一些工人认为机器会夺走他们的工作而将工厂的机器捣毁了。因此,"卢德派"即指反对先进技术的人。

（Caernarvon）附近一处陡峭的山谷时，鲍德温坚持要求他的队伍下马步行，"为的是至少预演一下我们踏上去耶路撒冷朝圣的征程后会经历的事情"。[32] 即使对这位有些冷峻的、从修士一路晋升而上的大主教来说，只要理性和实践证据没有成为人与上帝之间的阻碍，那就依然是有用的工具，尤其是在收复圣墓这项伟大的事业中。

善于思考的战士

有思想的骑士是一类备受尊敬的人。中世纪西方在古典晚期研究方面十分博学的伟大的百科全书编撰者塞维利亚的依西多禄（Isidore of Seville）将英雄与两种修辞上的品质联系起来："智慧"（sapientia）和"力量"或"勇敢"（fortitudo），在军事上则表现为知识与技能。之后的作家们也为这双重品质勤加修饰：周密与轻率，谨慎与大胆。在12世纪初重要的方言史诗《罗兰之歌》（Song of Ronald）中，这两种互补的特质体现在了罗兰与奥利弗（Oliver）这两位战友身上："罗兰英勇，奥利弗睿智"，一个奋勇顽强，无疑是高贵的；另一个踏实，并没有表现出过分的英雄气概。在第一次十字军东征最早的编年史记载之一——一本名为《法兰克人与其他耶路撒冷朝圣者的英雄事迹》（Gesta Francorum et aliorum Hierosolymitanum，作于1104年）的匿名作品中列出了书中的一位英雄，即塔兰托的博希蒙德（Bohemund of Taranto）这位杰出将领的品质：智慧（或经验与知识）与慎重，还有个人魅力、风度、力量、战绩卓著，善于制订战斗计划和调兵遣将。除了勇气、力量、好战这些战争中常见的传统特质外，博希蒙德也常常被描绘成是智慧的（sapiens）、慎重的（prudens）、经验与技巧都很丰富的（doctissimus）。³³ 这些赞美之词的选择不仅有特定的细微差异，而且本身也并非毫无差异，何况十字军的故事中总是不乏各种荒唐之人的荒唐之事：1096 年，由隐士彼得（Peter the Hermit）率领的第一波十字军遭遇重大灾难；1097 年 7 月，十字军在和突厥人于多里留姆（Dorylaeum）展开战斗之前，几乎崩溃瓦解。兰斯的罗贝尔（Robert of Rheims）的《法兰克人的英雄事迹》(1106/1107) 经过修饰美化，是流传更广的版本，其中博希蒙德身为一个善于思考的战士的形象更为强化：谨慎又小心、聪明（字面意思为"思想开阔"）、精明、敏锐（字面意思为"观察细微"），既机智又擅辩。³⁴ 布尔戈伊的鲍德里克（Baldric of Bourgueil）也编写过《法兰克人的英雄事迹》（约 1105），其中有一个场景是博希蒙德强调在与希腊人交往时，谨慎（prudentia）十分重要。³⁵ 战争技艺（ars bellica）中的专门技巧远不只是劈开人的头颅那么简单，说起来让人钦佩。³⁶ 只有这些故事中的主角博希蒙德才始终配得上这些品质。

　　文学类型总是在模仿现实。第一次十字军东征中的一位指挥将领布洛涅的鲍德温（Baldwin of Boulogne），即后来成为耶路撒冷国王的鲍德温一世（1100—1118），接受过良好的文理教育（liberalibus disciplinis），虽然身为幼子，本应被送往教会，但他却成为一个例外。³⁷ 在那样一个死亡率居高的年代，他到底有多特别不得而知。或许更重要的是，那些善于仔细思考的士兵们显然被赋予了某种显而易见的价值，那就是理性，如果这还称不上是学术能力的话。在 P. 冯·卢恩（P. van Luyn）的 11 世纪编年史中，"慎重"这个品质一开始只是用在参加第一次十字军东征的那一代骑士身上，但后来却成为最经常被提到并加以描绘的品质。在此之后，善于思考的战士的形象变得普遍起来。[38] 在十字军运动的背景下，这样的现象却有一个与军事无关的特殊原因。推动十字军东征的神职人员们试图以这项事业作为手段，引导越来越独断的骑士阶级将习惯使用的暴力用在对集体有益和个人救赎上。如果要让这样的转变在法律或文学中能说得通，那就必须是有意识的转变，是一种真正的、理性的、经过深思熟虑的选择。在许多记录中都有修道院与十字军战士之间的交易记录，在这些交易中，修道院用钱买下出发的战士的财产。世俗信徒总是被（修士们，而非信徒自己）描绘成是选择前往耶路撒冷赎罪，救赎自己的灵魂。文学中对这类表现最著名的表达，是卡昂的拉尔夫（Ralph of Caen）在 12 世纪初对博希蒙德的侄子莱切的坦克雷德（Tancred of Lecce）在十字军东征中的英雄事迹所进行的描绘。有时，坦克雷德会被描绘成一个杀人不眨眼的恶人。但他也会被描绘成拥有理智的灵魂（*animus prudens*），这使他怀疑自己在世俗中的军事使命，并愿意借由参加十字军而获得救赎。[39] 坦克雷德并不是孤例。善于思考的战士并不只是人们为了宣传而虚构出来的想象人物。英格兰国王亨利二世* 对于他被迫要参加的这场战争显然是恨之入骨的。[40]30 多年前，亚历山大·穆雷提请人们注意 11 世纪、12 世纪和 13 世纪早期的一些宗教修道会的创立者或成员，他们加入修道院在一定程度上都是在有意识地拒绝他们自己的战士文化，其中包含伟大的克吕尼修道院院长于格（Hugh of Cluny，1049—1109）、克莱尔沃的伯纳德（Bernard of Clairvaux，卒于 1153 年）、阿西西的方济各（Francis of Assisi，卒于 1226 年）。[41] 就像坦克雷德的情况一样，这些直率的圣徒传

---

* 亨利二世（Henry II，1133—1189），英国金雀花王朝的第一位国王。

记的准确性并不是这里要讨论的，重要的是，这些传记想让读者或听众们相信这些标准的英雄行为是生活中真实存在的。

我们这里探讨的并不是随便一个可以挥舞剑、斧、长矛的人。从11世纪后半期开始，尤其是在西欧说法语的地区，用以指代全副武装的骑兵的词汇"miles"，即英语中的骑士（knight），渐渐与阶级挂钩，而不仅仅表示其功能。贵族们对于自身的定义越来越强调他们的军事身份，这反映在他们的印章和墓碑上，他们的家族纹章也展现着显赫的家世以及个人的地位，他们对于决斗的热情越来越高涨，这既是一种角色扮演和训练，也是一种对社会独立地位的强调。贵族们在做契约的见证人时会称自己为骑士，在编年史中，这样的提法也随处可见。将社会地位与骑士阶级挂钩的现象不仅出现在战场上，而且在法庭上也很常见，骑士们在法庭上会担任审判官或陪审员；而在行政层面，骑士们则会担任国王、亲王、男爵在中央或地方的代理人；在新兴的以方言写成的史诗和传奇故事等文学类型中，情况同样如此。尽管要训练并武装一位职业的骑士确实需要财富或赞助，但要获得骑士的声誉需要的却不仅仅是经济实力。全副武装骑在马背上战斗成了社会与文化精英阶级的标志，其特征是有品位、有期盼且行为高尚。总体而言，虽然各地方在性质、程度和变化的速度上有些许差别，但到12世纪末，这些文化特征已经汇集成一套精细而清楚的行为准则，即骑士制度。授予骑士称号会有专门的仪式，这样的形式将骑士和其他人清楚地区分开。1100年时，所有的贵族都是骑士，但并不是所有的骑士都是贵族。到1200年时，这种情况又发生了改变；所有被授予骑士封号的人都被接纳成为贵族，因而在社会等级上高于一般自由人（在经济上则未必），即便有些人也在马背上战斗，但却没有获得骑士封号。[42]

善于思考的战士的形象是可信的，因为这些贵族可以接受良好的教育。里贝蒙的安瑟伦（Anselm of Ribemont）是第一次十字军东征中的二级指挥官，他非常热爱学习，会通过向书记员口述给家里寄信。第一次十字军东征中还有一位骑士巴拉赞的庞斯（Pons of Balazun），他参与编撰了这次远征的编年史。[43] 在参与1099年7月15日攻占耶路撒冷的军队中，有一位诺曼骑士伊尔杰·比戈德（Ilger Bigod），他在贝克（Bec）修道院学校中受过教育，师从伟大的神学家安瑟伦，即后来的坎特伯雷大主教。伊尔杰在叙利亚担任的是驻扎在安条克的博希蒙德军队的元帅，据说他后来通过查阅书面档案证明了叙利亚的圣物的真实性。也几乎可以确信博希蒙德本人熟练掌握希腊语，甚至会使用双关。格列高利·比查达（Gregory Bechada）也是参与第一次十字军东征的骑士，他会拉丁语，曾花费十多年时间将关于十字军的记录翻译成法国南部方言，"以便平民百姓可以完全理解"。经历三个世代之后，英格兰国王亨利二世显然精通许多语言，"从法国沿岸直到约旦河"。[44] 当时的语言能力成了一种绝对的贵族成就，这在某种程度上是因为贵族和神职人员要在各国间游走，也是不存在国家边界，还有很多地区同时使用多种语言的自然结果。亨利二世的帝国从切维厄特山（Cheviots）和都柏林延伸到比利牛斯山；而德意志的腓特烈·巴巴罗萨*的疆界则从波罗的海延伸

---

* 腓特烈·巴巴罗萨（Frederick Barbarossa，约1122—1190），德意志国王，于1155年加冕为神圣罗马帝国皇帝，又称为腓特烈一世或"红胡子"腓特烈。

到意大利中部。那些生来就要成为统治者的人会得到所需的教育。贵族女性们，例如像另一位第一次十字军东征指挥官布洛瓦的斯蒂芬（Stephen of Blois）的母亲和妻子，也接受过良好的教育，在家族中，她们常常是鼓励学习、传播知识的人，偶尔也会成为男性亲属的代理统治者，或者自己成为统治者。随着书写文化进入法律体系和行政管理中，越来越多的世俗人员被要求至少成为所谓的"实用阅读者"，即具备阅读和理解拉丁文官方文件的能力。在12世纪的英格兰，亨利一世和亨利二世的政府越来越依靠世俗人员来担任王室的司法和财政官员。亨利二世政府中的三位首席官员——首席政法官（justiciar）——都是世俗人员，他们之中有两位是骑士出身，而非贵族。王室在地方上的代理人，例如英格兰的郡长和法国的执行官（baillis）也必须具备阅读能力才能完成自己的工作，不过他们的社会地位是源自他们的战士身份。而在北欧，随着书写文化的生根，人们的阅读能力也在提高；但正式的文化教育还是在法国南部及意大利更为普遍。据观察，人们的生活在许多方面都仰赖于读写能力，即使是依靠他人的这种能力；而每个人都会认识一些有阅读能力的人。[45]

为了有效的管理，身处社会更高阶层的大领主和国王们更离不开基本的读写能力。有一些人的成就则更大，例如英格兰和诺曼底的两位博蒙特（Beaumont）。默朗的沃尔伦（Waleran of Meulan，1104—1166）和他的双胞胎弟弟莱斯特的罗贝尔（Robert of Leicester，1104—1168）都受过非常良好的教育，很早就取得了学术成就，尽管在1119年，少年时期的他们在与枢机主教进行辩论时坚守立场的表现还很稚嫩，但作为亨利一世刚刚去世的首席大臣的儿子，以及备受国王本人青睐的宠儿，他们的地位非常耀眼。沃尔伦会读拉丁语文献，并进行相关研究，可能也会用拉丁语写诗，他与弟弟都是相当活跃的文学和哲学圈中的重要人物。他还自认为是一个军事人物，率先使用纹章，参加了第二次十字军东征。罗贝尔的才华则似乎更偏重哲学和法律方面，是饱受赞誉的管理者，既博学又谨慎，最后成了亨利二世的首席政法官，以法庭辩论技巧闻名。[46] 博蒙特两兄弟在社会和学术层面的确都表现非凡，而骑士和指挥官的教育也并不显得突兀。到12世纪中期时，富有的贵族世俗信徒会读书，还会让人专门为他们定做书。因为有了贵族骑士阶级的资助，用方言写成的诗歌和散文大量出现。有些人还会自己编写方言编年史，如香槟元帅维尔阿杜安的杰弗里和皮卡第骑士克拉里的罗贝尔［他们都记录了自己参加过的第四次十字军东征（1201—1204）］。当然，除了基本的阅读能力，也有更深入的教育可供选择。就和当今世界一样，统治阶级中的许多成员都会略过动脑的事情，选择一些轻松的消遣娱乐。据说，偷走圣克莱芒的头颅的塞西的达尔马斯也很有文化（*valde literatus*），但他在十字军中只被认为是一个好人而已（*virum fidelium et bonum socium*）。[47] 沃尔特·迈普（Walter Map）很爱观察并批评亨利二世宫廷中的荒唐之事，他对英格兰贵族阶级对学识表现出的普遍漠视与鄙夷感到非常绝望。据说，他曾与拉鲁尔夫·格兰维尔（Ranulf Glanvill，卒于1190年）交谈过。格兰维尔是骑士出身的世俗信徒，为国王而战，在第三次十字军东征的阿卡围城战中战死，担任过郡长和王室法官，在与迈普对谈时，他担任的是国王的首席大臣，是个言行并重的人。[48]

"不识字的国王就是头戴着王冠的驴。"（*Rex illiteratus*, *asinus*

coronatus）这是 12 世纪流行的一句谚语。[49] 到 12 世纪时，一般都认为统治者们是有阅读能力的，至少会本国语言。就管理书面行政文书而言，适应这种形式的能力非常重要。望子成龙的家长们会聘请聪明的导师。有些国王还能读懂拉丁文，例如第三次十字军东征中的两位首领——德意志国王腓特烈·巴巴罗萨和英格兰的理查一世。[50] 理查的家学渊源显赫。他的曾曾祖父安茹伯爵（1067—1109）"脾气坏的"富尔克四世（Fulk IV le Réchin）为他所处时代的事件编写过编年史。[51] 他的儿子富尔克五世伯爵（1109—1129 年在位；耶路撒冷国王，1131—1143 年在位），虽然是尽人皆知的记性差，但却因为在军事事务中的耐心谨慎而为人称道。[52] 他和他的历任妻子似乎也相信要让自己的儿子们接受良好的教育：安茹伯爵（1129—1151）若弗鲁瓦·勒·贝尔（Geoffrey le Bel）、耶路撒冷国王（1143—1163）鲍德温三世和耶路撒冷国王（1163—1174）阿马尔里克。若弗鲁瓦能读懂拉丁语，曾经在一次艰困的围城期间查阅了一份由韦格蒂乌斯（Vegetius）所写的古罗马晚期论述战争的手抄本。当时的一篇赞词中提到了他对战争和学识（*studiis liberalibus*）的贡献，描述他"受过优秀的教育"（*optime litteratus*）。[53] 他为了确保他的儿子，也就是未来的英格兰国王亨利二世（1154—1189）也受到同样一流的教育，聘请了国际知名的学者。[54] 若弗鲁瓦同父异母的弟弟们是在富尔克五世放弃安茹伯爵头衔并成为耶路撒冷国王后出生的，他们也受过同样良好的教育。鲍德温三世既是著名的学者，也是法律专家，热爱阅读，喜欢听人讨论历史等学问。对他的褒奖也许要归因于一种习惯，因为在描述他那更为阴郁的弟弟阿马尔里克时，几乎也用了同样的词汇。但就我们所知，阿马尔

里克毫不避讳对基本的神学正统加以质疑。他也认为要为自己的儿子，也就是未来的鲍德温四世（1174—1185）找最好的导师，于是他任命了威廉，即未来的提尔（Tyre）大主教。威廉是在耶路撒冷出生的法兰克人，他在巴黎和博洛尼亚接受过高等的教育，后来写下了一部关于叙利亚和巴勒斯坦的西方人定居点的详尽历史，这是中世纪最杰出的史学著作之一。[55] 如果说耶路撒冷的宫廷中总能培养出学识渊博的君主，那么他们在欧洲的亲戚们也毫不逊色。若弗鲁瓦的儿子亨利二世会说拉丁语和法语，热爱阅读，也乐于展现他的学问和机智。有一位亲历人士描述说，他的宫廷"每天都像是学校，经常与最杰出的学者交谈，讨论学术问题"。[56] 接下来，亨利也会确保他的儿子们能接受很好的教育，这样的教育至少能影响到他们中的几个。理查的知识技能被一位写赞词的人认为是骑士中不可多见的（"如涅斯托尔*般巧舌如簧，又如尤利西斯般智慧过人"），而且广受赞誉，尤其是他对音乐的热情。[57] 约翰似乎和他在耶路撒冷的亲戚们一样喜欢法律和诉讼程序，而私生子杰弗里，也就是未来的约克大主教，曾短暂地担任过他父亲的秘书官，也就是首席书记官。[58]

遍布欧洲和巴勒斯坦的安茹王朝并不是什么反常的情况。他们的标准既反映了贵族的习惯，也激发了其他人的效仿，在当时的大贵族和王室家族中远远不能算是罕见的。这些大家族的成员们成了十字军中的指挥官和谋划者，他们既有经验又学识丰富，代表的是见多识广而又小心谨慎的尚武文化，他们足以为复

---

* 涅斯托尔（Nestor）出自希腊神话，以睿智著称，且为人公正，善于言辞。下文的尤利西斯（Ulysses）出自罗马神话，对应希腊神话中的奥德修斯（Odysseus），即史诗《奥德赛》的主人公，英勇善战、足智多谋。

杂的军事行动筹谋规划。比较而言，中世纪时期的许多指挥官或许比 19 世纪，甚至 20 世纪的某些军官受过更好的教育。而且他们还能得到同样接受过良好教育的教会人员的建议，后者同样来自贵族或拥有军事背景。第一次十字军东征的教皇特使，勒皮主教（bishop of Le Puy）蒙特尔的阿德马（Adhemar of Monteil，卒于 1098 年）在出征前就有军事经历，也参加了东征战事。[59] 十字军东征对当时最令人印象深刻的学者们的吸引力本身就说明了问题，从克莱尔沃的伯纳德，到巴黎大学最闪耀的学术之星和教皇英诺森三世，再到 13 世纪许多伟大的学院修道士，包括十字军东征的传道人，翻译过亚里士多德作品的大阿尔伯特（Albert the Great）。十字军东征的准备过程中和出征途中都时常可见当时顶尖的头脑。虽然他们的加入未必能确保成功，但却能减少非理性的发生。

另一位活跃的学者威尔士的杰拉尔德想要为高尚的行为提供一本指南（基本上也不能算原创），他坚持认为在战争中最实用的就是"谨慎"。就此而言，他包含了军队列阵的技巧、预测敌军战略的能力、对技术手册的熟悉（他想到的应该是韦格蒂乌斯），还有通过研习历史来了解过去的战争。他还进一步强调，成功的将领需要正式的学习。他指出，在世上取得胜利的所有君王中，有两个是最杰出的：亚历山大大帝和尤利乌斯·恺撒，他们都学识渊博（*litterarum eruditione*）。为了强调这一点，他还举了查理曼（768—814）的例子，他是中世纪早期征服西欧大部分领土的标志性人物，而他的导师是阿尔昆（Alcuin）。一位学者建议有权力的人要仰赖知识学问来取得世俗的成功，这也许不足为奇。杰拉尔德作为一个被边缘化的、多灾多难的教会野心家，他的观点也是缺乏独创性的，大体上还是很传统的。[60] 他将理性与战争结合在一起，是符合当时的学术观点和社会现实的，他举的例子也是符合民众品位的。无论是对于杰拉尔德同时代的人，还是对于一个多世纪以前想到要用战争攻克耶路撒冷的人，查理曼就是圣战士的原型和理想，在传说中他是最先从异教徒手中解放圣墓的人。[61]

第二章　战争有理

要为战争制造理由，这想法听起来有些邪恶，但却并不限于中世纪历史。所有的战争都需要正当化的理由，进而才能确保将人力和物力投入战争之中。十字军东征也不例外，不过在推动前往圣地的远征的过程中，组织者们需要让可能参加十字军的士兵们相信，远在2 500英里*以外正在发生的事件与他们关系密切，迫在眉睫。

这是上帝的旨意

1095年11月27日，在法国中部奥弗涅（Auvergne）的克莱芒举行了一次主要由神职人员参加的集会，在会议最后，教皇乌尔班二世（1088—1099）号召发起新的军事行动，以拯救正在遭受突厥人威胁的东方基督教国家，并且将耶路撒冷从穆斯林的控制下"解放"出来（这就是他的用词）。乌尔班的布道成了欧洲历史上最臭名昭著却又值得纪念的演说之一，连同紧随其后的大肆宣传，堪称为精心策划的国际宣传和推广活动提供了先机。[1] 乌尔班的计划相当激进，要进行一种特殊形式的战争——"圣战"（*praelia sancta*），这是一场回应上帝命令的"圣战"，参加"圣战"的人只要有恰如其分的奉献，就可以收获精神上的回报。这看似与教会原先捍卫的"正义战争"（*legitime bella*）背道

---

*　1英里约等于1.61千米。

而驰。² 有人在对教皇的这项政策的批评中指出，乌尔班正在试图改变世俗战争，将世俗的军队（*militia mundi*）转变成上帝的军队（*militia Dei*）。³ 在乌尔班的计划中，世俗的目标是要帮助身处地中海以东的君士坦丁堡的拜占庭帝国；抵御入侵小亚细亚的塞尔柱突厥人；将耶路撒冷从穆斯林的统治下解放出来。应征的士兵会被赦免一切忏悔之罪，这是一个非常慷慨的恩典。克莱芒的一位亲历者在记录中提到，乌尔班的演讲结束后，集会上的人们开始高唱"这是上帝的旨意"（*Deus lo volt*）。⁴ 这场战争将被解释为献给上帝的特别效劳，是神圣的行动。

发动战争的号召清楚明了："我们要激发骑士们的斗志，鼓励他们参加这次远征，只有这样他们才能用手里的武器遏制撒拉逊人*的野蛮暴行，让基督徒们重获失去的自由。"⁵ 不过，军事上的呼吁被包裹在象征忏悔与救赎的特别外衣——十字架之下，再加上一种新的仪式支持，士兵们会在一场礼拜典礼上正式领受十字架，这进一步强化了这项事业与众不同的特质，也明显地标志着一个全新的宗教群体被创造出来了："上帝的士兵"，这不再只是一个比喻。这种做法在神学上的正统性是无可比拟的，耶稣自己说过："背起他的十字架，来跟从我。"（《马太福音》16∶24）**，这很早就成了十字军的一句口号。⁶ 克莱芒的赦免罪罚解决了在手持武器的统治精英们中隐约可见的，也可能是真实存在的焦虑情绪，他们的身份所依靠的暴力文化在理论上是与他们信仰的教义有强烈冲突的。应征的士兵为了这项事业立下特别的誓言，从而得到保障，这段有法律约束力的誓言让他们接受

---

* 撒拉逊人（Saracens），指代所有的穆斯林。

** 如无特别说明，经文皆引自和合本《圣经》。

教会的管辖，也得到教会的保护。敌人被清楚指明并被妖魔化，而受迫害的不仅有遥远的东方人，还有基督教国家本身。用乌尔班的话来说："向着耶路撒冷进发的骑士们"是"出于善意想要解放基督教（Christianitas）"，这既可以指基督教这个宗教，也可以指基督教徒群体、基督教国家。作为基督教的慈悲心和同理心的最高行为，政治问题变成了个人问题："为了对上帝的爱和对他们邻居的爱，他们冒着财产和生命的危险"，这两种爱是基督在福音书中的重要诫命（《马太福音》22：37—40）。这个政治问题也是普世问题。乌尔班在真正与伊斯兰教交界的加泰罗尼亚对伯爵们说："将基督教徒从一个地方的撒拉逊人手上解救出来，却让他们遭受另一个地方的撒拉逊人的暴政与压迫，这算不上是善。"[7] 第一次和随后的十字军东征的世俗背景毫无疑问是基于历史问题：自7世纪以来落入伊斯兰教之手的大片基督教领地，要收复回来。

　　作为宣传的中心，耶路撒冷这一具象的目标横跨了世俗与宗教层面：那里是朝圣的目标，见证了耶稣的生、死、复活，信徒们在《圣经》故事中和礼拜仪式上早已熟悉这片圣地，那里既是军事目标，也是精神层面的奖赏。在11世纪晚期的西欧基督教徒心中，圣地就像是一种虚拟现实，是遗存在俗世的圣物，代表着天国，是生命的目标，是时间终结之地，是最后审判之地，就像《启示录》中写的那样。同时，耶路撒冷也成为越来越多西方朝圣者们的地理目标，有人在一首充满嫉妒的挽歌中提到，耶路撒冷成了虚荣的虔诚信徒们的时尚配饰。[8] 虽然乌尔班的宣言中没有直接说明"圣战"与朝圣之间的关系，但许多人都点出了两者之间密不可分的关联，也让人们对这种全新的形式感到熟悉和安心。耶路撒冷朝圣者遭受虐待的故事流传广泛，这些都被描绘成了亵渎神明的暴行，从而为隐士彼得的招募行动提供了动力，彼得在 1095 年走遍了法国中部和东部，在克莱芒会议的几周之后就率领第一支十字军分队向东进发。教皇乌尔班精彩绝伦的号召，再加上隐士彼得雷厉风行的行动力，两者都在强调这道命令是直接来自上帝，来自圣十字，来自耶路撒冷，来自圣墓，来自他们被奴役的呐喊。信息一致，时机符合，彼得在反对教皇的地区进行布道的能力，以及他日后在东征中的突出地位，至少表明这两人是早有串联的。[9]

耶路撒冷的战争并不是突然发生的。这场战争被巧妙地融入了 11 世纪晚期教权争论的核心主题："解放教会"与"效法基督"。乌尔班敏锐地察觉到基督教历史的潮流，又十分关注圣地的圣物，他希望效仿早期教会的教皇制度，也沉迷于预言中的最终审判日的场景。乌尔班的计划中有许多元素是很熟悉的。与异教徒战斗的精神价值在西欧拥有漫长的传统，而且在不久前诺曼人征服穆斯林治下的西西里（1061—1091），以及成功抵抗伊比利亚的摩尔人（Moors），尤其是 1085 年卡斯蒂利亚国王阿方索六世（King Alfonso VI of Castile）攻占托莱多（Toledo）后更为人认可。教皇拥有传达上帝旨意的权威，可以发动合法的战争，这样的想法在经历数代人之后已经广为流行，教皇在基督教国家中拥有政治和司法的崇高地位。诺曼底的威廉在 1066 年入侵英格兰时，认为还是应该谨慎地求得教皇的赞同，他的同胞们在 11 世纪 50 年代攻打意大利南部和西西里时也同样如此。把战争视为有益的忏悔，而不是需要忏悔的罪，这是教皇格列高利七世（1073—1085）的激进想法之一，他与德意志皇帝亨利四世

（1056—1106）在教会统治问题上长期存在冲突，这一事件被称作"叙任权斗争"（Investiture contest）。[10] 有关游牧突厥人闯入穆斯林统治的近东和基督教徒统治的拜占庭帝国的聚居区的传言已经流传了一个多世代之久，朝圣者遭受侵扰的故事，和拜占庭皇帝不断的求助［最近一次是 1095 年 3 月教皇乌尔班在皮亚琴察（Piacenza）收到的请求］更加火上浇油。20 年前，格列高利七世计划派军队协助拜占庭，并向耶路撒冷的圣墓推进，这听起来和乌尔班在克莱芒宣布的计划十分相似。格列高利的计划因为外交努力不完备、政治支持不够、缺少口号、动机模糊等而失败：没有特别的精神特权，只有一般性的"永世的回报"的承诺；没有通过宣誓创造一种受保护的地位，也没有一种特殊的群体认同；没有特别的仪式，例如领受十字架，也没有国际化的民粹宣传活动。格列高利强调的是殉教，这更多地反映了他自身的坚强个性，与乌尔班呈现的背上十字架并追随基督的积极形象形成了鲜明对比，乌尔班所明确传达的讯息引发了既强烈又熟悉的宗教共鸣。[11] 因为乌尔班与格列高利之间关系密切，人们很容易认为，在为东方战争构想新理由的过程中所体现出的精心与精确，至少有部分是汲取了 1074 年的失败教训。

尽管如此，乌尔班二世的书信中还是透露出，他希望自己的计划是独一无二的，是一条"通往救赎的新道路"。[12] 教皇留下的书信虽然不多，但却反映出他的意图和目的明确，并没有受到太多细节的阻碍：危机、暴行、义务、计划、报酬。有些细节会被更改或忽略，例如，1096 年 8 月 15 日，提议由教皇使节勒皮主教阿德马进行集结。[13] 拜占庭皇帝阿莱克修斯一世（Alexius I）的请求也没有被提及，尽管这其实为乌尔班提供了一个适当的危机，让他引燃了远征之火，并展现了他自认为所扮演的普世角色，从而让他比亨利四世和他的附庸，即对立教皇克莱芒三世（1080—1100）先一步采取行动。尽管阿莱克修斯在他的请求中对耶路撒冷的困境添油加醋，但乌尔班成功地抑制了希腊人所起的作用，于是关于皮亚琴察的消息只留存在一部当时的修道院编年史中，保留在德国南部的康斯坦茨（Constance）。[14] 乌尔班的信谈到了东方的兄弟们所遭受的围困，但没有提到拜占庭的行动，如果的确如此的话，那就与1074年格列高利的号召形成了鲜明的对比。乌尔班试图将他所要传达的讯息提升到高于外交和地区政治的层面上。他成功了。反响巨大。在克莱芒会议之后的18个月中，大约有多达十万人响应教皇的号召，其中有很大一部分人出发前往东方。在这一过程中，为这场耶路撒冷战争精巧构建出的理由至关重要。即便有的史料中省略或是削弱了教皇的作用，但无论是"目击者"的编年史，还是拉丁语和方言诗歌，都反映出了乌尔班这篇宣言中的要点。[15] 1095—1096年的这次前往耶路撒冷的号召虽然气势羸弱，但却为暴力与宗教表达这一适应性极强的习惯提供了一个典范，在随后的五百年间，让欧洲和地中海的每一个角落几乎都伤痕累累。

乌尔班的遗产

十字军运动是一种不同寻常的冲突模式。如果只是想要与穆斯林战斗，那西班牙这个前线要近得多，但那里却鲜有优先于耶路撒冷成为目标，即便从12世纪早期开始，十字军的仪式和特权就延伸到了伊比利亚。中东的伊斯兰统治者们在11—14世纪期间很少直接对西欧造成威胁。只有对所谓的神权政治有非常精进，乃至是诡辩式的理解，才会认为11世纪后期突厥人占领巴勒斯坦、叙利亚和小亚细亚，12世纪叙利亚和埃及统一，13世纪近东政权更迭这几件事可能会对西欧的安全、繁荣或生活方式构成危害。讽刺的是，13世纪不信奉伊斯兰教的蒙古人（至少是靠近西欧东部和南部边界）和14世纪的奥斯曼人这两个真正的威胁却很少受到十字军的重视，或是仅引起地区性的反响。不管怎样，十字军战争的正当性在整个中世纪时期的欧洲引发了共鸣，它结合了世俗生活中最为人熟悉的两大特征：军事行动和宗教姿态。就制造战争的理由而言，十字军战争的理由在欧亚大陆历史上可以说是无出其右，其计划者的知识、政治和鼓吹才华都可以说是登峰造极。

就像后代的一些历史学家们试图在集体疯狂、千禧年的热情，或者某种让人轻易接受的迷信中为十字军东征寻找理由，而忽略推广战争理由的实际作用一样，当代评论家们也更会被某种神秘的、受上帝启发的"巨大躁动"（*motio valida*）的形象所吸引。[16]谣言在其中当然起到了一定作用，就像其他一些鼓动起民众热情的例子一样（无论是中世纪还是现代），如让大批朝圣者涌向耶路撒冷的1064年"恐怖"事件[*]，1233年在伦巴第的"伟大的哈利路亚"（Great Alleluia）信仰复兴运动，1789年夏天法国的"大恐慌"^{**}。[17]有许多次，十字军战斗、失败或是筹划的消息一传来就会引发完全脱离官方或精英权力、掌控的民众行

---

* 即一群德国主教率领数千名基督教徒前往耶路撒冷朝圣，遭到抢劫，大部分朝圣者被杀。

** 即1789年法国大革命之初发生的恐慌，当时法国的乡村歉收，有谣言说是贵族的阴谋，"大恐慌"由此蔓延至整个农村。

动：1212 年，因为圣地不断传来失败的消息而引发焦虑，又加之异教徒在法国南部可能造成的威胁，于是在法国和德国西部组成了儿童十字军；1251 年，因为法国国王路易九世在埃及战败，于是出现了牧羊人十字军；1309 年，为响应医院骑士团占领罗德岛，1320 年，为回应法国计划发动的新一次圣地远征，出现了类似的骚乱。[18] 然而，这些群体性的激烈反应所表现出的确切理由与实际的十字军计划或行动之间是存在清晰关联的。即使有所差异，但他们的行动和官方宣传在本质上还是有共通点的：与基督的敌人战斗，背起十字架，解放耶路撒冷。虽然对中世纪和当代拥护者来说都有些尴尬，但类似的是，教皇关于十字军的豪言壮语和 1096 年、1147 年民众袭击莱茵兰（Rhineland）的犹太人行动之间，存在相当直接的关联。[19] 所有的十字军，无论是普通民众组成的，还是精英组成的，都是有计划的，而且如葛里葛斯的海屯所说，也是有"正当且合理的理由"的。[20]

理论上，招募士兵靠的是个人热情，因为从法律角度上说，加入十字军完全是自愿的。尽管在实践中，这种招募文化受职业、附属关系、可用资源等条件影响，表面看似自愿，其组织者们却不得不动用威胁、恐吓等手段。这种情况是源于一种理念，即存在一个特定的想象中的群体——基督教国家，如果其中一部分［拜占庭、耶路撒冷、圣地、西班牙、波罗的海周围或是朗格多克（Languedoc）的信徒］受到威胁，那就会被看作是对整体的侮辱和威胁。[21] 世俗的空间可以被忽略，而像圣地这样的存在会被纳入对《圣经》中熟悉地点的宗教怀念的修辞之中。作为核心意象的是基督的受难，从十字架上的基督，到被"可见与不可见"的敌人包围的信徒们，这就是即将出征的一支十字军的宣言中所说的，在一场场领受十字架的礼拜仪式上都回响着类似的宣言。[22] 基督的忠诚追随者们，既是异教徒的受害者，也是他们自身罪孽的受害者，因而必须补救，改过自新，甚至要复仇，这就必须要通过战争，以忏悔为名，以复兴为名，以遵循上帝之命为名，无论是在地中海、伊比利亚、波罗的海，还是在基督教国家本身之中。这种身为基督教徒的义务需要牺牲、努力、恐惧、受苦、遭遇危难、面对死亡。但是，回报也是巨大的：上帝的恩典、精神的净化，甚至是天国在等待着他们。

法　律

在这种对于十字军东征重要性的接近形而上的理解框架下，筹划者们总是会引用一系列相关的动机和理由。其核心思想是超越正义战争的界限的：用意良善，动机合法（捍卫或恢复权利），权威正当，暴力恰当。相比之下，"圣战"在精神层面上是值得嘉许的，是一种超验的奉献行为，是对上帝的命令的服从，是一项宗教义务，（与正义战争不同）不属于一种合法的类别，并不是为了平息一种本质上有罪的活动。并不需要在战斗后悔罪，这种暴力本身就是一种悔罪行为。[23] "圣战"几乎完全不符合12世纪发展起来的司法标准。它允许克莱尔沃的伯纳德扩展禁止强迫洗礼这项基本的教会法禁令：他敦促人们拿起十字架，消灭波罗的海地区的斯拉夫异教徒或使他们改信。[24] 格拉提安（Gratian）的《教令集》(*Decretum*)是一部伟大的教会法集成（最早编写于约1139年），其虽然针对宗教的正义战争谈了许多，但或许是刻意回避了十字军战争。[25] 而随着新一代教会法学者的到来，尤其是坐上圣彼得宝座的教皇们，比如亚历山大三世（1159—

1181）和英诺森三世（1198—1216），证明十字军的正当性已经不像原本那样极端简单了。在越来越多接受过大学教育的学术精英中，十字军战争不仅是神圣的，而且是正义合法的，这样的看法越来越流行。支持这种观点的人中包含了耶路撒冷的编年史家提尔的威廉（William of Tyre，约 1130—1186），他是在博洛尼亚（Bologna）的格拉提安自己的大学中接受的教育；还有重要的教会法学家比萨的休古西奥（Huguccio of Pisa，卒于 1210 年）；以及英诺森三世，他发布的教皇诏书《事出紧急》(1213) 是重要的十字军诏谕，他煞费苦心地解释道，包括巴勒斯坦在内的近东大部分地区，都曾经是基督徒的，直到因为穆罕默德的"背信弃义"而沦陷。耶稣用他的血赢得圣地，与一个国王被夺走了他的王国的比喻结合了起来。[26] 正义战争的阐释吸引着与高高在上的学术圈距离遥远的一群观察者。在遥远的波罗的海东北部，利沃尼亚的亨利（Henry of Livonia，约 1188—约 1260）为拉丁基督教徒征服利沃尼亚编写了自己的创世神话，他不仅依据错误的论断，认为这一地区是从圣母马利亚那里继承而来的，而且仔细地将异教和俄罗斯东正教的当地民族描绘成"叛徒"(*perfidi*)，是负隅顽抗的背叛者，因而也就丧失了所有权，不配得到保障。[27]

到 13 世纪中期，十字军已经披上了正义战争的法袍，到 1300 年，又得到了自然法和各国法律的明文规定。[28] 新的十字军战争阵线，尤其是那些不涉及异教徒的，所使用的格式语言和耶路撒冷战争略有不同，会更加强调正义，而非"圣战"，很明显的例子就是 1209—1229 年间在推动反对朗格多克异端的十字军战争时所使用的语言。当时的口号比较委婉："信仰与和平的事业"，而不是像圣地战争中所用的那种"上帝的事业"，这里强调的是依据教会法恢复基督教秩序。[29] 为反对异教徒的战争辩护的宣言也是采用类似的法律方式展开的。英诺森四世（1243—1254）也是一位教会法学家教皇，他将十字军置于跨信仰关系和自然法（异教徒和基督教徒一样都必须遵守）的语境之下。穆斯林是享有权利的，但如果他们违反自然法，例如纵容性泛滥，崇拜偶像，拒绝基督教传教士，迫害基督教徒，那他们就会被剥夺权利。因而，崇拜偶像的异教徒就超出了自然法的范围，成了征服者的合理目标。而且，作为教皇的职责，他有权积极确保所有人的精神健康。十字军是合法的，只要符合正义战争的原则，必须是防御性的战斗，为的是在自然法的框架下主张或维护权利，并惩罚破坏法律的异教徒。圣地在法律上并不属于穆斯林，因为基督徒并不是像穆斯林统治者那样通过征战得到圣地的，而是通过耶稣的血，以及和平、自愿的改信获得的。而且，因为那里曾经是由罗马帝国统治的，根据一份伪造的 8 世纪文献《君士坦丁献土》(Donation of Constantine)，君士坦丁将世俗权力转给了教皇，于是巴勒斯坦就成了教皇继承来的财产，因为教皇既是基督的代理者，又是君士坦丁的后裔。就算这份文献的可信度遭受质疑，而且实际上在长达两个多世纪的时间里的确如此，直到 15 世纪被发现是伪造的，但英诺森还是辩驳说，当时的西方皇帝腓特烈二世也是耶路撒冷的法定国王，因而他拯救圣地的事业理应得到支持。[30] 对自然权利的这种关注预示着从 16 世纪以降逐渐发展起来的国际法体系。

当时还有些人采取的是更为直接的方法，例如教会法学者奥斯蒂恩西斯（Hostiensis，约 1200—1271），他在英诺森四世成为教皇前曾是他的学生。尽管强迫改信依然是被禁止的，但在道成肉身后，异教徒已经没有了统治权。可即便是这种观点也还是假定非基督徒有可能具有，或者曾经有过权利，当时最伟大的神学家托马斯·阿奎那（1225—1274）也持这种立场。和其他人一样，阿奎那也认为圣地是一个特例，但即便如此，推翻穆斯林在耶路撒冷的统治还是既被当作是一件宗教事宜，又被当作是一件法律事宜，而且两者互相佐证。[31] 这种自然法和非基督徒的权利的假定即便有严重的局限性，不过还不至于和乌尔班二世的传统相矛盾，但还是反映出学术氛围的变化。学术上的微妙性或许吸引不了普通民众的兴趣，但组织者们还是会考虑到这一点。意识形态也在进步，就和政治一样。

复 仇

有一种从一开始就存在的司法类别就是复仇：为被攻占的基督教领土复仇，为东方基督教徒的苦难复仇，为基督遭受的耻辱复仇，为十字军战士的死亡与战败复仇。理论上，复仇是在对伤害加以惩罚的道德框架下进行的，有伤害就可能会引发相关联却又有差别的法律上的处罚行为。在整个中世纪，复仇都是一种解决争端、恢复平衡、实现补偿的社会控制机制，包括从流血斗争到司法抗争的形式，而战争只是这些形式的扩大版。

十字军的推动者和评论者所使用的复仇语言中包含了一种对伸张正义的道德和社会义务的共通理解：责任和正义。尽管在乌尔班二世留下的书信中，以及第一次十字军东征的前线记述中都没有出现，但将这场"圣战"表述成是对过去和现在的错误的复仇的想法对于拉丁语编年史作者和方言诗歌作者来说，都具有着难以抗拒的吸引力。复仇这件事不管是在圣经和宗教层面，还是

第二章 战争有理

在世俗和法律层面，显然都由来已久，不管是在修道院，在法庭，还是在宴席间都毫不陌生。在情感上，这是一种对报应的渴求；而在理性上，这是一种想要恢复权利的本能。复仇，是对基督徒、基督和十字军所受苦难的普遍愤怒，因为这就是给上帝造成的伤害，就连反教皇的编年史学者让布鲁的西热贝尔（Sigebert of Gembloux）在第一次十字军东征 15 年后，也是这样描绘的。[32] 复仇关注的是细节：攻占基督教的领土，占领耶路撒冷，丢失一座基督教堡垒，一位十字军战友去世。侮辱基督，就需要你像对自己的世俗领主一样，为之战斗，英诺森三世就利用了这种类比。复仇允许用残暴的故事来为招募将士添砖加瓦，这种策略归功于隐士彼得。在利用复仇想法的同时，十字军狂热者们在招募的是一种无所不在的心理。[33]

复仇作为一种给十字军战争正名和协助征兵的方法是从 1100 年开始发展起来的。复仇是像伟大的方言史诗《安条克之歌》（La Chanson d'Antioche，约 1180 年整理）这样的作品所传达的意识形态的主要动机，也是许多关于十字军的方言诗歌的突出主题，从第二次十字军东征一直延续到 13 世纪中期参加十字军的香槟伯爵西奥博尔德四世（Theobald IV of Champagne，1201—1253）的精英诗歌。复仇，在利沃尼亚的亨利的编年史中强化了攻占利沃尼亚的理由，也是第三次十字军东征中宣传的基石。克莱尔沃的伯纳德在 1147 年支持向圣地和波罗的海发动十字军远征的书信中借用了《圣经》中的复仇语言，他引用了《诗篇》149：6—7："愿他们口中称赞神为高，手里有两刃的刀。/ 为要报复列邦，刑罚万民。"[34] 博洛尼亚的格拉提安也认同复仇是一种对教会和信仰所受伤害的合法回应，即便这种行为出自异教徒，这对支持十字军的人来说是清楚的暗示，例如也在博洛尼亚有过求学经历的提尔的威廉所写的有关12世纪的海外领土的《历史》(*Historia*)一书，这里的"海外领土"指的就是西欧人在黎凡特定居的"海外"土地。

但是，在英诺森三世之前，官方的教皇声明都会避免谈到复仇，而更偏向守卫、解放、基督教对其他信徒的慈悲和关爱等语言，英诺森则对复仇这个招募动机表现出了持续的热情。教皇的修辞与民众的态度之间的差异也许并不真实。尽管发动第二次和第三次十字军东征的教皇诏书（《吾等之前辈》，1145—1146；《听闻重大的事》，1187）都没有明确号召十字军复仇，但这两次的宣传运动中都有明确号召。[35] 这两份诏书中提到了其他人认为应当进行报复的暴行的证据。很难想象尤金尼乌斯三世（1145—1153）会抛弃他的导师克莱尔沃的伯纳德所使用的复仇措辞。格列高利八世在《听闻重大的事》中虽然也强调忏悔、圣地的丢失、仁爱的慈悲责任、对基督徒兄弟的帮助，但他派往德国宣传十字军东征的使节阿尔巴诺的亨利（Henry of Albano，约1136—1189）在给德国信徒们的一封信中，以及一份相关的宣传传单中都强调了要为十字架所承受的耻辱复仇。这样的讯息传达给了十字军战士，其中有人就宣称他参加十字军的意图就是"为主所遭受的暴行复仇"。[36] 对于强调合法性的英诺森三世来说，复仇在教会法中的起源可以追溯到格拉提安之前，一些更早就对希波的奥古斯丁（Augustine of Hippo）的正义战争理论做过阐释的人，如卢卡的安瑟伦（Anselm of Lucca）的《教会法令集》(*Collectio Canonum*，约1083)，因而完全不会显得不当。历史学家、教会法学家、礼拜式学者、十字军战士克雷莫纳的西卡尔（Sicard of

Cremona，1155—1215）就评论说，正义战争中有一种类别就是复仇。克莱尔沃的伯纳德虽然不是法学家，但却更进一步。他称赞12世纪30年代新成立的圣殿骑士团的军事修会时，强调基督会因为异教徒的死亡而欢喜，他引用了《诗篇》58：10—11："义人见仇敌遭报就欢喜，要在恶人的血中洗脚。/ 因此，人必说：'义人诚然有善报，在地上果有施行判断的神。'"[37]

骑士精神

是复仇战争也是神圣战争，是亵渎也是崇敬，这就是十字军东征的典型特征，也是宣传的核心。十字军东征要利用战士们的文化、技能和资源，就要着重于他们因为自己的生命与对《圣经》的理解之间的矛盾而可能产生的焦虑，12世纪初的一位作家就在追问："福音还是现世？"教会中的谏言者们煽动着人们的恐惧之情，渴望着从人们的忏悔中获得收益。[38] 十字军显然是一项军事行动，因而无疑是与坚强和勇武等荣誉分不开的。十字军将英勇的品质神圣化，为手握武器的人们塑造了一种受宗教保佑的职业，一种"战士阶级"（ordo pugnatorum），11世纪晚期的一位支持教皇的评论者苏特里的博尼索（Bonizo of Sutri）将其定义为神职秩序的补充。这些人战斗是"为了他们自身的救赎和公众利益"，对抗的是教会的敌人，他们保护了无依之人、寡妇、孤儿、穷人。[39] 在对第一次十字军东征的描述中就已经开始了对武器的神圣化。卡昂的拉尔夫在他写的第一次东征军指挥官莱切的坦克雷德的传记中总结了乌尔班的新政策所产生的效果。坦克雷德充满暴力、以掠夺为目的的军事生活不再违背上帝的指令，现在，"他的作战经验将他召回了基督身边"（experientia vero armorum ad Christi obsequium revocata）。⁴⁰ 第一次十字军东征故事的方言版本也同样浸润在尚武的英雄和荣誉的语言及文化中。基督教骑士身份不是第一次十字军东征时才发明出来的。这一制度历史悠久，可以追溯到查理曼，甚至是君士坦丁大帝（Constantine the Great）。拜占庭皇帝在 7 世纪就发展出了一套"圣战"的学说。教皇们在 9 世纪时就会祝福对抗穆斯林的战争，更近的例子是 11 世纪 40 年代的意大利战争，还有 11 世纪 60 年代在西西里、英格兰和西班牙的战争。格列高利七世曾试图招募"圣彼得军"（militia Sancti Petri），以对抗德意志皇帝，但未成功。然而，第一次十字军东征和随后的几次东征，在诗歌、散文、布道文、韵文，乃至行动层面都提供了一种新的标准，其中聚焦的模范和令人称赞的故事所描绘出是一支"基督军队"（militia Christi）的形象，与代表世俗战争中邪恶的世俗军队不同，他们是正义的，虽然可能同样血腥。⁴¹

参加十字军成了越来越专有的骑士精神（包含骑士习惯和制度）的一项特征，这种贵族的行为和思想准则到 1200 年时已经成了西欧统治阶级的身份标志。参加十字军并征战东方成了骑士职业生涯的一部分，吸引着许多人物，例如，未来的德意志国王康拉德三世*和安茹的富尔克五世（12 世纪 20 年代），还有佛兰德斯伯爵蒂埃里（Thierry of Flanders，1139、1147、1157 和 1164），以及他的儿子菲利普（1177 年和 1190 年）。众所周知，约 1143 年，英格兰男爵布莱恩·菲茨康特（Brian

---

* 康拉德三世（Conrad III, 1093—1152），霍亨斯陶芬王朝的第一位国王。他未加冕为皇帝，只是罗马人民的国王。他曾参加第二次十字军东征。

第二章 战争有理

FitzCount）在谈到玛蒂尔达和国王斯蒂芬之间的血腥内战*时陷入了道德上的模糊境地，他引用了第一次十字军东征中的"忠诚战士"（*boni milites*）这一例证作为光荣和高尚的模范。尤金尼乌斯三世在第二次十字军东征的教皇诏书中强调了 1096 年及后续的战士们在攻占和守卫圣地中所取得的成就。[42] 克莱尔沃的伯纳德在一封招募书信中谈到了这一主题，热心劝说"勇敢强大的人们""强大的士兵们""战争斗士们""为这项不会对灵魂造成伤害的事业而战；为之而战是光荣的，为之而死也是有益处的"（这很像是保罗给腓立比的书信 1∶21："因我活着就是基督，我死了就有益处"）。[43]

教会说辞和骑士行为之间的紧张关系依旧存在。教会会议还是在不断禁止骑士比武，认为这对"十字军的事业"是有害的。[44] 但是，越来越多人认为，而且根据一些资料来看，从一开始，参加十字军就没有被当作世俗骑士制度的一种替代品，而是作为一种至高无上的骑士行为。参加过克莱芒会议的兰斯的罗贝尔，支持 1095—1096 年布道宣传活动中的一些元素，并且让乌尔班二世对法兰克人和他们的祖先的勇武荣誉加以歌颂："最强壮的士兵们，无法攻克的父辈们的子嗣。"[45] 如果说第一次十字军东征刚结束后的那一代所谱写的方言和拉丁语诗歌有什么指示意义的话，那就是耶路撒冷战争代表着最高的尚武荣誉这一讯息

---

* 这场内战源自英国诺曼王朝的亨利一世（1068—1135）的继承人危机。在其子威廉于 1120 年因白船事故去世后，亨利一世曾指定其女玛蒂尔达（Matilda）为继承人，但斯蒂芬（Stephen，亨利一世的外甥，也是"征服者"威廉的外孙）在亨利去世后第一个赶赴英格兰宣布继位，由此爆发了一场争夺王位的内战。

经过有效的传播已经被人们热情地接纳了。奥克西唐语诗歌《安条克赞歌》（Canso d'Antiocha）可能是由一位利穆赞（Limonsin）骑士谱写的，这首诗描写的战斗细节很容易让人想起武功歌。第一次十字军东征的领导者，例如博希蒙德和诺曼底的罗贝尔为人称颂的不止有他们的虔诚，还有他们的军事气概。亚琛的阿尔伯特（Albert of Aachen）描绘的布永的戈弗雷（Godfrey of Bouillon）的英勇行为是对"基督捍卫者"（Christi athlete）形象的一种经典描绘。根据英格兰编年史学家马姆斯伯里的威廉（William of Malmesbury）在约1125年时的记录，诺曼底的罗贝尔因英勇行为而被授予了耶路撒冷的王位。1136—1137年，杰弗里·盖玛尔（Geoffrey Gaimar）在林肯郡以法国方言创作的编年史，清楚地将罗贝尔在十字军东征中的英勇行为描绘成是"十分优秀的骑士精神"（mainte bele chevalerie）的例证。战争的一大诱惑就是有机会增加自己的荣誉。[46]

尤金尼乌斯三世已经发现，这一点也可以和祖先的军事荣誉相媲美。1147年，十字军围攻里斯本时，据说，前往圣地途中的东盎格利亚领主格兰维尔的赫维（Hervey of Glanvill）在说服他的盎格鲁—诺曼十字军同伴们一起行动时，提到了"我们祖先的善行"，诺曼人的"光荣之举"和"军事精神"（militia）："我们应当奋起努力，增加我辈的光荣与辉煌。"[47]40年后，在一份有关丹麦人为第三次十字军东征招募士兵的描述中，据说贵族伊斯本（Esbern）在鼓励他的听众们行动起来时，提到了他们的异教维京祖先们残暴却伟大的行动，支撑他们的不是宗教，而是对名望的渴求，是"值得永恒的荣耀"。[48]

世俗的意象变得很常见。在第二次十字军东征时创作的一首诗歌中将之描绘成了天堂与地狱之间的一场比武。在第四次十字军东征期间（也就是 1199—1204 年间），有一位指挥官圣波尔伯爵于格（Count Hugh of St Pol）在 1203 年夏天从君士坦丁堡给布拉班特公爵亨利（Duke Henry of Brabant）的去信中写道：

> 你也应当明白，我们已经接受了一场比武，对手是亚历山德里亚（Alexandria）的巴比伦（Babylon）的苏丹。因此，如果有人希望为上帝效力……想获得"骑士"这个高贵又杰出的头衔，那就让他加入十字军，跟随主吧，让他加入主的比武，这是主亲自向他发出的邀请。49

在第三次十字军东征大约十年后，由一位名叫昂布鲁瓦（Ambroise）的世俗信徒创作的一部诗体编年史描绘了一系列骑士冒险，主角是理查一世。在这部作品和其他作品中，理查和其他领导者都被拿来和骑士史诗中的标志性英雄，比如罗兰和奥利弗等做比较。这部名为《国王理查之行》（*Itinerarium Ricardi Regis*）的作品，是根据一些直接资料，再加上第三次十字军东征后一代人的回忆编撰出来的，可能是想鼓励为第五次十字军东征（1217—1221）募兵，最后成了一部骑士精神的指导手册。50 其他一些 13 世纪的文本，尤其是（当然不仅仅是）世俗教徒用方言写成的文本，例如维尔阿杜安的杰弗里和克拉里的罗贝尔记录的第四次十字军东征，还有茹安维尔的约翰记录的法国国王路易九世的十字军远征也都效仿了这种做法。51

参加过第三次和第四次十字军东征的贝蒂讷的坎农（Conon of Béthune）创作的诗歌《噢！爱人，离别有多难》（*Ahi! Amours, con dure departie*）描绘了骑士出征时的精神。坎农将官方所要传达的讯息包裹在了流传更广的方言诗歌这种媒介中，这也许是1188—1189年宣传活动的一部分，他想象中的十字军东征完全符合骑士精神的传统：

> 让大人物和小人物都知道
> 在这个地方［即圣地］能赢得天堂和荣耀，
> 赢得功勋和名誉，还有爱人
> 必须像骑士般行动
> ……
> 归来的人将收获运气：
> 荣耀将伴随一生。

而坎农笔下的爱人虽然与他的夫人分别，却并没有忽视基本的宗教义务和动力："没有人会让他的造物主失望。"责任、复仇、救世的承诺、十字军的救赎：这一切都被谱写进了这首表面上的传统爱情诗歌中。圣地是"上帝净化我心灵的地方"。坎农还提到了十字军的讯息中所体现的另一个显著的世俗特点：

> 若我们放过这些不共戴天的敌人
> 我们的余生都将为此等耻辱感到痛苦。
> 不愿过这种可耻生活的人们
> 快去为上帝献出生命，幸福而喜悦着
> ……
> ……那些健康、年轻、富有的人们

第二章 战争有理

留在这里就一定会感到耻辱。[52]

以荣誉为饵，以渎职为耻，这种双重做法充斥在教会和世俗的宣传中。教皇诏书不断引用《圣经》或是历史上的军事楷模所获得的声名来鼓舞人们加入行动。身为十字军的实际领导人——1099年的英雄，理查一世和路易九世也提供了他们自己的动力。像布洛瓦的斯蒂芬等在1098年的安条克围城中放弃的这种后退者的耻辱也同样清晰可见。维尔阿杜安严厉抨击了那些没有加入或中途退出1202—1204年向君士坦丁堡进发的主力部队的人，因为在他看来，第四次十字军东征履行了一系列誓言：领受十字架，与威尼斯人缔结条约，继而与拜占庭的篡位者缔约。荣耀和名誉是最重要的道德标杆。见证了第三次十字军东征的大规模招募运动的人提到，那些被认为可能是不情愿加入十字军的人们会收到羊毛和卷线棒，暗示他们胆小柔弱，这就是1914年的白羽毛运动*在中世纪的翻版。[53] 在13世纪，那些用钱财交换自己的誓言，而希望不要离开舒服的家中去东方冒险的人们被称作扶手椅上的十字军或是丢下十字架的人（descroisié），他们成了常见的文学上，甚至是现实中的典型人物。法国诗人拉特贝夫（Ruteboeuf）在13世纪60年代创作的放弃十字架的诗歌中辩称，上帝不仅在海外领地，也在法国。[54] 但是，法国国王腓力五世还是在1319年时提醒他的堂兄弟，如果不履行加入十字军的承诺，将会引来"世人的羞辱"（la honte du monde）。[55]

茹安维尔将路易九世描绘成外表极富骑士风范且内心圣洁的

---

* 在第一次世界大战爆发之际出现在英国的一场运动。有人将白羽毛送给没有参军的男人们，借以讽刺他们的胆小。

十字军战士,尽管这样的描绘算得上是将世俗与宗教进行了非常精巧的结合,但关于骑士的英勇故事并不是世俗信徒,甚至是编年史作者们的独占领域。这种结合在 13 世纪的十字军布道文中常有出现,尤其是作为教谕轶事,这些在道德上令人振奋的轶事同时也阐明了布道者的论述。在 13 世纪初期的一本英语十字军布道指南中,为了更直接的影响而用方言写成的这些轶事讲述了一些不畏艰险的勇武行为,以及勇敢的骑士为了上帝而献出生命并获得救赎,其中包括非常知名的十字军英雄,例如阿韦讷的詹姆士(James of Avesnes),他是广受爱戴的十字军将领,于 1191 年在阿苏夫(Arsuf)被杀。[56] 将十字军东征提升为一种具有骑士精神的事业,作为骑士抱负的顶点,是在刻意迎合贵族文化和社会习俗,这是更广泛的教会政策的一部分,其旨在向世俗教徒传播福音,提升他们的宗教意识,确保他们遵守宗教习惯。将信徒军事化,将骑士理想化,这两者的双管齐下由一位法国十字军布道者、教皇使节、十字军战士和枢机主教沙鲁托的奥多(Odo of Châteauroux,约 1190—1273)简明扼要地阐述出来了。在布道文集《论发现十字架》(*De Inventione Crucis*)中,他就《马加比二书》*15:16("你收下这把圣剑!这是天主的恩赐,你要用来击杀敌人!")解释说,上帝支持能为其效力的战争,这里指的就是对抗威胁东欧和中欧的蒙古人的战争。他还指出圣剑(代表上帝的战争)并不是经由十字架神圣化的,而是十字架即剑

---

* 《马加比二书》(The Second Book of Maccabees)是一部次经,记述的是犹太英雄犹大·马加比(Judas Maccabus)率领犹太人抵抗塞琉古王朝的故事。思高本《圣经》将"马加比"译为"玛加伯",此处译文即参考思高本《圣经·玛加伯下》15:16。

(*Crux enim gladius est*)。⁵⁷

物质奖赏

  克莱芒会议的十字军教令清楚地说明，那些希望通过参加耶路撒冷的战争来获得"荣誉或金钱"（*pro honoris vel pecunie*）的人是得不到所许诺的精神奖赏的，这里拉丁语中的"荣誉"（*honori*）可能是指土地或头衔，而不是名望或荣耀。乌尔班二世在后来的信件中也肯定了这一点，他在信中谈到从宗教责任和赎罪的角度给予奖励。但是克莱芒的教令关注的是十字军的动机，而不是他们在东征中的行动或是其结果。因而，奖赏也未必只能是精神上的。《法兰克人的英雄事迹》的编撰者记录了早期十字军战士在战斗中喊的口号："一起坚守到底，要相信基督，相信圣十字军将得胜。多谢上帝，今天你们都将获得巨大的财富（*omnes divites*）。"这里的"财富"含义模糊。基督的士兵能期盼的奖赏可以是神圣的，也可以是世俗的，而那些宣传十字军东征的人们也承认这一点。[58]

  一些与教廷关系密切的人，包括参加克莱芒会议的人，记录下了乌尔班专门提出的物质上的动力。沙特尔的富尔彻（Fulcher of Chartres）是加入十字军的法国北部的一位教士，他曾在1096年见过教皇乌尔班，显然也能接触到教皇的文件。他表示，乌尔班暗示过，即便只是以隐喻的方式，响应上帝号召的人可以获得地产和永恒的回报。还有两位目睹了乌尔班布道的人说得更明确。根据布尔戈伊的鲍德里克的说法，基督教骑士被允以他们"敌人的财产"（*facultates*）是战争的常见动力。《安条克之歌》中也提到了类似的做法，其中有部分内容是东征后20年内发生的事，当时的物质收益和财富被当作是对胜利的奖赏，而且是依据"正当的法律程序"。兰斯的罗贝尔所写的第一次十字军东征编年史是12世纪最流行的版本，他指出乌尔班提到了法兰克骑士的自尊，渴望获得荣誉，追随他们祖先的荣耀，并允诺他们去"流奶与蜜"（《出埃及记》3∶8）的圣地征服和殖民（*vobis subjicite*）。[59] 新土地的吸引力是从经济角度而言的。西欧过于拥挤，无法养活农业工作者。对稀有资源的竞逐是两败俱伤的暴力斗争背后的原因。因而，十字军除了宗教、精神和政治问题外，还能解决物质、社会和经济问题。在连年歉收的背景之下，这种分析的确很令人信服。但是，这些说法都是在叙利亚和巴勒斯坦已经建立起拉丁统治之后写成的。无论乌尔班本人是否这样描绘过他发起的远征，其他人显然都是这样想的，因为许多踏上东征的人都是为了移民，他们带上了自己的家人和可以带走的财产。德国的一位修道院院长奥拉的埃克哈德（Ekkehard of Aura）也提到，糟糕的经济环境鼓励了许多人加入十字军，有些时候是被当地自封的布道者们煽动的，这种情况与官方的招募活动无关。[60]

物质奖赏因地而异。十字军参加的波罗的海的战争是彻头彻尾、不知羞耻的土地掠夺，只是披上了宗教的外衣。在地中海东岸的十字军远征之所以得到意大利沿海城市比萨、热那亚和威尼斯支持，是因为被攻克的黎凡特的港口可能带来商业优势，如阿卡（1104年被比萨和热那亚人攻占）和提尔（1124年被威尼斯人攻占）。威尼斯人对第四次十字军东征的热情来源于他们想要帮助十字军入侵埃及，从而打入以亚历山得里亚为中心的利润丰厚的贸易网络。阿尔比十字军在1209年后发展成了一场政权更迭运动，法国北方领主掠夺南方领主，最终又被法国王室掠夺。这些例子中，夺取领土都不是唯一，甚至不是主要的动因。但是，十字军的想法从来都离不开利益。十字军的官方措辞总是强调超验，而不是世俗。但招募者们不会如此墨守成规。帕里斯的冈瑟（Gunther of Pairis）就高兴地引用了修道院院长帕里斯的马丁（Martin of Pairis）于1201年在巴塞尔（Basel）发表的十字军演说，说明参加十字军的世俗理由：

> 你们要前往的那片土地比这片土地更加富有、更加丰饶，而且极有可能……你们中的许多人在那里会比在这里更能获得繁荣，甚至是在物质方面。现在，兄弟们，想想这次朝圣之旅将给你们带去多丰厚的保障。在这里，关于天国，有无条件的承诺［即无条件的宽赦］；关于俗世的繁荣，有出乎常态的希望。[61]

十字军战士在世俗的特权可以让他们获得更大的物质奖赏。在克莱芒会议上，或是那之后不久，教皇将每一位十字军战士及他的（尽管一开始就没有禁止女性加入十字军，军队中也不乏女性身影，但几乎总是使用"他"这一称代）家人和财产都置于教会的保护之下，这是十分谨慎的一步，因为离开家如此长的时间，甚至都不知道多久，这本身就是充满风险的。[62]在十字军战士完成誓言之前，他们与社会其他阶层的人之间的关系是接近神职人员与会众的关系的。他们具有一系列的豁免权和其他特权，包括法律上的，当然更吸引人的是经济上的。到12世纪40年代，已经出现了一套完备的体系，并越来越得到教会和俗世权威的理解和承认。尤金尼乌斯三世列举了 1145—1146 年时最重要的特权：教会保护十字军战士的财产、妻子和孩子，十字军战士在参军期间，或在战死之前，在涉及其财产的民法诉讼中有豁免权，一切已有借贷无须支付利息，可以自由地抵押财产，以为十字军筹款。[63] 这些核心特权在后续的圣地远征中也反复出现。

这些世俗特权所造成的影响说明了其重要性。法律上的豁免权，以及与高利贷和抵押相关的条款与世俗法律和传统产生冲突，导致世俗和教会当局在地方和地区层面进行了一系列磋商，以在限度问题上达成一致意见。有批评者指出，免于民法起诉这条会变成罪犯的特权，只要被告人参加十字军就能逃避面对审判，法院对此也深感疑惑。因此，各地方针对诉讼的性质，以及面对指控的豁免时限设定了各种不同的限制。涉及十字军战士债务的条款也受到相似限制，这不仅仅是因为最初免除高利贷的条款无疑会削弱十字军战士的可信度，而且会严重威胁契约的有效性，这一点在 1215 年第四次拉特兰公会议发表的十字军教令《解放圣地》（*Ad Liberandam*）中得到了认可。[64] 参加这次会议的代表中有地方神职人员和俗世统治者，他们要实际地处理这些问题，因而这条教令也许并非偶然。1188 年，英格兰和法国的国王不得不出来澄清教皇允诺给十字军战士的免税的暗示。十字军特权的确切细节和范围随着时间和地点不同，一直在不断修改。[65] 但是，其整体目的是很清楚而且有针对性的："让人安心"（*vestrorum quieti*），这是尤金尼乌斯三世所说的，或者用英诺森三世的话说，是一项"特别的权利"（*speciali prerogativa*）。[66]

精神奖赏

最重要而又特别的特权是精神上的：忏悔的罪行会被赦免，无论是在此世还是来世。[67] 具体被赦免的内容是俗世的刑罚还是罪孽本身，这在法律和神学上的细微意义先不深究，但这个奖励在宣传和接纳过程中的本质已十分明显。所有为十字军牺牲的人，以及所有履行了自己的誓言的幸存者都将得到救赎，所有忏悔的罪都将得到宽恕，正如克莱尔沃的伯纳德在1146年所言，这是"一桩好买卖：成本小，回报大"。这项特权的象征是十字架，用沙特尔的富尔彻的话来说，十字军战士们"将这一形象加在自己身上，这样他们才有可能让其变成现实（rem speciei）"。十字架在不同的宣传活动中都被当作胜利的标志，也是"天国的标志""救赎的标志"。[68] 虽然不具有后来中世纪教会精心设计的忏悔体系中的技术细节，但这些奖赏对于参加十字军的人们来说已经足够明确了。在他们之中，参加过第三次和第四次十字军东征的维尔阿杜安的杰弗里（约1160—约1212）认为第四次十字军东征广受欢迎是因为十字军战士们会被"免除所有忏悔的已犯下的罪……因为这次赦罪太重大了（si granz）"。尽管英诺森三世的方案在教会法意义上还是有些模糊不清的，但他对忏悔的罪行完全赦免（plenam suorum peccaminum veniam indulgemus）的做法依然被其继任者们沿用下来了。[69] 对于一直被灌输自己是有罪的那些人来说，能够避免死后遭受痛苦的惩罚这一吸引力不容小觑。

但还是会出现更进一步的奖赏作为诱惑。维尔阿杜安指出，在第四次十字军东征中，只要参加十字军超过一年就能获得赦免。1198年的教皇诏令中没有类似的提议，最接近的是给予那些派遣代理士兵参军且向这些士兵支付薪酬的人的完全赦免，只要这些代理士兵服役至少两年。有效的服役年限交由地方决断，也会引发学术辩论。在英国和法国的法庭上，十字军战士可以免于出庭应诉的年限多有不同：三年、五年、七年或无限期。在第五次十字军东征中，十字军战士以非常灵活的方式来履行自己的誓言，就像第三次十字军东征中的法国国王腓力二世等人那样。并非所有的十字军战士都得坚持到最后；而且越来越多的情况下，人们也不认为他们会坚持到最后。于是有人发现，在招募热情不冷不热的地方，例如在对抗朗格多克异端的战争中，为了适应当地情况，只要从军40天，满足世俗的军队义务期即可。[70]在波罗的海，参加战斗一季就足够了。

十字军战士的服役期限变得宽松，相应的精神特权的范围也就会有不同。从第三次十字军东征开始，按照英诺森三世明确建立的规则，特赦会拓展至个人参军以外的其他协助十字军的方式，例如派遣代理人，提供金钱或物资。从1213年开始，十字军战士可以通过物质贡献，通常是现金来兑现他们的誓言。让更多人可以获得十分慷慨的十字军特赦，这种做法符合13世纪教会希望向更多俗世教徒传播福音的意图。如今，老人、病人、虚弱的人、年幼的人和女人都可以加入，无须参军就可以获得精神收益。到13世纪末，特赦变成了可以直接买卖的特权，根本无须加入十字军。一部分十字军特赦更早以前就开始被当作前行的踏板：1188年时适用于缴纳十字军税（萨拉丁什一税）的人，从1213年开始，甚至适用于参加十字军布道的人。50年后，宣传者和布道者本人也能得到完全特赦。到那时，不仅十字军战士的妻儿可以得到特赦，有些情况下就连他们的爱人（caros suos，根据13世纪40年代的一位十字军布道者的说法），甚至去世的亲人也可以。

参加十字军对自己有好处，对你爱的人也有好处。还有许多正式与不正式的精神上的好处吸引着人们：可以免于被逐出教会和停止教权等处罚；有权指定私人忏悔者，由他来赦免十字军战士的某些悔过和罪行。更有创造性的是，有人期望通过参加十字军来与恶魔战斗，从而获得治愈畸形或疾病的力量。[71]尽管中世纪盛期并没有出现完全一致的关于十字军的法学理论，但公理和特权共同作用的机制已经萌芽，构成了极易被认可的以实用为目标的意识形态，其中包含了军事、宗教和社会内容，是一种标准化的文化活动。筹备者们必须将意识形态的愿景与行政需要紧密地结合起来。即便是在波罗的海这样主要以物质和财富作为十字军动因的地区，对"圣战"的概念化及所用的语言也不仅仅是直接的嘲讽式的批判。巴克斯霍夫顿的阿尔伯特（Albert of Buxhövden）是激进且贪婪的利沃尼亚主教（1199—1229），他试图在必要时以武力建立一个教会帝国。他可能也相信他是在执行上帝的旨意。[72]只有对年代差异很敏感的人才能发现其中的矛盾之处。关于十字军语言和制度的宽泛运用，其基础是当时普遍接受的一整套复杂、涵盖广泛的基督教思想和道德行为准则，这是欧洲中世纪盛期所特有的，理论上可以涵盖生活的所有方面：性、婚姻和死亡，经济、个人和政治关系，对上帝、宗教使命、知性和自然世界的态度。十字军东征强调的是上帝普遍存在，他审视信徒们的个人和集体行为，通过忠诚的效命来获取精神奖赏是对这种关系的认证，这是对信仰的含义的理性回应，在这种信

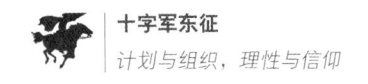

仰中，人们相信存在一个上帝治理下的有序世界。

政　治

尽管精神和世俗动因是每一次十字军战争的基础，但显露无疑的危机才是直接的借口：1095 年是拜占庭遭受威胁，1144 年是埃德萨陷落，1187 年是哈丁战役落败，1244 年是最终失去耶路撒冷，1268 年是失去安条克，1291 年是最终撤离阿卡，攻占一座堡垒，一份停战协定终结。每一次有灾难的消息传来，通常都会夹杂着添油加醋的残暴故事或是对圣物的亵渎，而且会被描绘成对整个基督教构成了威胁。问题在于如何让遥远而又复杂的政治危机显得足够充满灾难性和威胁性。十字军虽然承载着许多宗教意义，但就像任何其他战争一样，需要一个看似合理的世俗理由。如果没有一套可以令人信服的叙事让人感受到灾难就在眼前，那么连守卫圣地这样的事也可能得不到支持。在 1149—1187 年之间，尽管耶路撒冷不断传来求助的请求，教皇也予以口头声援，但并没有真正发动前往叙利亚和巴勒斯坦协助被围困的拉丁国家的远征。[73] 光有一般性的弱势是不够的，需要的是具体的事件，不管这些事件本身多微不足道。1198 年，英诺森三世发动第四次十字军东征的借口是德意志十字军东征（1195—1198）结束后，穆斯林又威胁发动新的进攻。1213 年，发动第五次十字军东征的借口是阿尤布王朝（Ayyubid）在阿卡附近的塔博尔山（Mount Tabor）建造了一座堡垒。[74] 第四次十字军东征的领导者们紧张地隐瞒了他们的目标不是圣地而是埃及，这使得要为之找到一个合适的战争目标的重要性和敏感性显而易见。[75] 公众观点还没有软化到能接受这种新策略的程度，还要再等几十年。

第三次十字军东征的招募活动表明清晰而又有策略的正名过程有多重要。1187 年 7 月，耶路撒冷的基督教军队在加利利（Galilee）的哈丁被埃及苏丹及大马士革统治者萨拉丁的军队歼灭。基督教圣地的大部分地区很快陷落，圣城本身也在 10 月投降。在耶路撒冷陷落的消息传到西方以前，格列高利八世就在诏书《听闻重大的事》中详细描绘了萨拉丁获胜时的恐怖细节：耶路撒冷的基督教军队常常携带的代表上帝恩典的真十字架（True Cross）图腾丢失；众多主教被杀；耶路撒冷国王居伊（Guy of Jerusalem）被抓；战斗结束后，圣殿骑士和医院骑士被处决；圣地的其余地方结果同样悲惨。教皇指出，人们对第二次十字军东征后圣地的悲惨处境一直不闻不问。现在，他强调，巴勒斯坦正在遭遇的灾难不仅仅是一个遥远国家的一场危机，而是所有信徒们眼前的责任。[76] 尽管前去援助海外领地的基督徒兄弟也被当作一种灵性重生的举动，但之后的宣传活动还是更强调更为具体的穆斯林暴行，尤其是据说萨拉丁亲手杀害了沙蒂永的雷纳德（Reynald of Châtillon）。[77] 雷纳德在世时十分好斗，称不上是虔诚的教徒，但在死后却被荒唐地塑造成了一名非官方的殉道者。萨拉丁尽管后来在西方被美化了，但在教皇的诏书、布道文和宣传小册子中却被妖魔化了。据说，有的布道者甚至利用绘有萨拉丁的战马破坏圣墓的大型帆布画来煽动人们的情绪。[78] 萨拉丁就是这样被变成了战争中的魔鬼，成了当时的拿破仑或希特勒，就连那时在西欧部分地区为资助十字军而征的税都被称作"萨拉丁什一税"。

有数万人参加了第三次十字军东征，可能比任何一次东方远征军的人数都多。然而，如此成功的污名化行动却再难重现，因为东征，以及守卫和夺回圣地，已经成了永恒的"十字军事业"。[79] 或许有些一厢情愿的是，英诺森三世在 1213 年利用末世预言来预示伊斯兰教的衰败：根据《启示录》所言，"野兽"（即伊斯兰教）的寿命是 666 年，"其中 600 年已经过去了"。[80] 但是《圣经》的预言一直都是十字军论争中的核心问题，就连最有学识的人也认为其中的预言是完全符合理性的。在埃及的第五次十字军东征（1217—1221）中，一系列表明伊斯兰教会被推翻的乐观预言激励着军队的士气，十字军的领导者们积极宣传着这样的预言，其中包含像维特里的雅各（James of Vitry）这样有知识的人，他是一名学者和布道者，也是阿卡主教和未来的枢机主教。[81] 还有费雷的约阿西姆（Joachim of Fiore），这位杰出却特立独行的神秘的神学家，从基督教千禧年主义的角度简单解释了十字军东征。[82] 随着一年一年过去，与年代有关的预言的神圣计算方法难免也发生了改变。到 14 世纪早期，但以理（Daniel）的预言（12：12）流行起来："等到一千三百三十五日的，那人便为有福。"到 1335 年后，其流行度下降。预言对可能被招募的新兵有良好的作用，也越来越适应十字军措辞中越来越广泛，涵盖全球乃至全宇宙的口吻。"现在正是悦纳的时候"（《哥林多后书》6：2）就是一句熟悉的口号。但就和所有十字军争论一样，预言说多了就会陈腐、失效。

将十字军的制度延伸至其他宗教或教会冲突领域，让战争宣传的内容与效果变得更加复杂了。1213 年，英诺森三世取消了给对抗西班牙的阿莫哈德人的十字军和朗格多克的十字军的精神特权，将精力专注在新的圣地远征上，但后一项计划还是遭受挫折,一方面是因为地方政治,另一方面是因为教皇昔日的拥护者蒙特福特的西蒙(Simon of Montfort,卒于 1218 年)决定在法国南部建立自己的公国。[83] 格列高利九世(1227—1241)授权的十字军远征目标包括德国和弗里西亚的农民、波斯尼亚人、俄国人、蒙古人、利沃尼亚人、德意志的腓特烈二世[*],同时捍卫圣地与第四次十字军东征后在君士坦丁堡建立的拉丁帝国。[84] 在 13 世纪 30 年代末,一些法国伯爵拒绝将去耶路撒冷的誓言换为去希腊,还有一群英格兰的十字军战士宣誓时强调他们的目的地是圣地,"以防他们忠诚的誓言因为罗马教会的反对而受到阻碍,并被派往希腊或意大利抛洒基督热血"。[85]1229 年,腓特烈二世已经通过协商让耶路撒冷回归基督教徒统治,并成为一座开放城市。而当 1244 年耶路撒冷再度陷落时,一次新的十字军东征又以传统的宣言展开了。然而,就在发起新的耶路撒冷远征的号召几天之后,教皇英诺森四世(1243—1254)在里昂召开了一次教会全体会议,会上还额外讨论了针对希腊的远征,为的是对抗蒙古人,并与腓特烈二世开战。[86] 教皇亚历山大四世(1254—1261)曾试图将去圣地的十字军的税收转拨给 1255 年由英格兰国王亨利三世(1216—1272)领导的反对霍亨斯陶芬王朝的战争中,此举引起了口头抗议。[87] 或许,政治问题太多了。最终,在 1248—1250 年期间前往地中海东岸的十字军的招募工作基本都交给了法国国王路易九世(1226—1270)。路易本人也参加了十字军,根据他的同伴的回忆,那不是因为耶路撒冷陷落或

---

[*] 腓特烈二世领导了第六次十字军东征,通过谈判方式换回耶路撒冷,并重建耶路撒冷王国,还与原国王的女儿结婚。他一系列的行动遭到了教皇格列高利九世的反对。

是教皇的命令，而是为了感激他从一场几乎送命的疾病中奇迹般地恢复了过来。[88]

十字军东征的筹划过程透露出中世纪教皇制度具有应激性的本质。渐渐地，十字军特权的动用开始来自地方的请求，而不仅仅是教皇的动议或是紧急的国际危机：按需发动十字军东征。正是在地区亲王和教士们的鼓动下，教皇才将十字军特权赋予了试图镇压社会动乱分子的行动，包括1228—1232年在尼德兰（Netherlands）的德伦特（Drenther），1232—1234年在德国东北部的威悉河（Weser）下游的斯特丁格（Stedinger）地区，1241年在波斯尼亚。[89]这些战争无须理由，只是他们一直在渴望战斗，这与传统模式刚好相反。教皇的号召只是为招募士兵提供必须的授权，让人们可以进行布道，许诺十字军特权并开始征税，除了地方势力想要取得授权，更为明显的是，教皇也会自用这种授权，例如，从13世纪30年代到15世纪初，教皇为了打击意大利半岛上一连串的政治对手而发动的一系列战争。[90]

赋予世俗政治和教会政治精神层面的意义，需要精巧的操纵手段。针对西班牙的十字军东征是在地区政治情势动荡不安的情况下进行的，甚至还有针对基督教国王的十字军战争。1197年，教皇塞莱斯廷三世针对那些对抗莱昂的阿方索九世（Alfonso IX of León）的人发布圣地特赦令，后者为了在与基督教邻国的战争中寻求协助，而与摩洛哥（Morocco）的阿莫哈德人结盟。教皇不断地为基督教徒的自相残杀哀悼，但同时发动了针对摩尔人的远征。这些复杂性在阿方索九世的身上得到了很好的体现，他在1230年去世时是一位受人爱戴的十字军战士。[91]在另一场政治矛盾中，阿拉贡的佩德罗二世（Peter II of

Argon），也就是 1212 年在拉斯纳瓦斯·德·托洛萨战役（Las Navas de Tolosa）率领十字军大胜阿莫哈德人的英雄，为了争夺对图卢兹郡（county of Toulouse）的控制权，与在朗格多克反卡特里派*的十字军斗士蒙特福特的西蒙开战，并于 1213 年在米雷战役（battle of Muret）中被杀。无论所谓的"收复失地运动"（*Reconquista*）究竟是什么，都绝不仅仅是光靠信仰支撑的一连串漫长的基督教徒与异教徒对抗的战争。

在波罗的海地区，野心勃勃的吕贝克（Lübeck）商人们，想要建立一座帝国的德国教士们，期望扩张领土的丹麦国王们，在 13 世纪发动了攻占利沃尼亚（今拉脱维亚及爱沙尼亚）的战争。[92] 利沃尼亚被重塑为上帝之母的土地，而那里的居民或是拒绝改信的堕落异教徒，或是激进的"分裂派"（即俄国的东正教基督徒）。殖民入侵战争被描绘成必要的防卫，以对抗上帝及其子民的冥顽不灵的邪恶敌人，还被描绘成神圣战争，而且一旦德国人建立起初期殖民地，这个任务变得更加简单了。这次运动完全是自发进行的，由西多会传教士和好战的里加（Riga）主教们领导，由教会的圣徒传作家们大加赞美，再由德国教士利沃尼亚的亨利写成编年史。亨利扭曲了教皇的政策，使其看起来比实际上更能为利沃尼亚的十字军远征服务。例如，亨利说英诺森三世在第四次拉特兰公会议上热切期望发动一场保护圣母马利亚的土地的十字军东征，但这与教皇自己的书信是矛盾的，教皇在书信中将在利沃尼亚建立基督教桥头堡的需要和伟大的耶路撒冷事业进行了仔细的区分。[93]

---

* 卡特里派教徒（Cathar）或称"清洁派教徒"，是一个宣扬摩尼教二元论，追求精神至纯的基督教异端教派成员。

十字军东征

计划与组织，理性与信仰

利沃尼亚的领土掠夺被隐藏在了十字军的防卫动机这一借口之下，后来在 13 世纪，德国对普鲁士进行暴力殖民时又故技重演。攻占普鲁士实际上是一场德国和波兰统治者进行的残暴而又漫长的竞相掠夺，但却被描绘成了一场合法的宗教运动。就像利沃尼亚的情况一样，世俗的帝国主义被覆盖上了宗教的旗帜（十字架和圣母马利亚），然后被制度化。在利沃尼亚，这一切开始时是由里加主教在 1202 年建立的宝剑骑士团主导的。教皇针对普鲁士发出十字军诏书是从 1217 年开始的，此后对普鲁士的进攻渐渐由条顿骑士团掌控，这个骑士团最早是在第三次十字军东征时由德国分支部队在圣地建立的医院宗教修道会。到 13 世纪早期，这一修道会已经军事化，从 1226 年开始的一系列教皇诏书允许其在普鲁士建立自治领地，1245 年，它被赋予发动十字军的权力，且无须经过教皇的特别准许。自 1237 年起，条顿骑士团承担了宝剑骑士团在利沃尼亚的军事和政治角色，因为后者几乎被立陶宛的异教徒完全歼灭。此后，条顿骑士团将西至波美拉尼亚（Pomerania），一路延伸到东北方的爱沙尼亚的一长条"骑士团国"统一起来。十字军在意识形态上对世俗和精神的融合在作为世俗统治者的宣誓入教的宗教修会成员身上获得了重要的圆满成功。圣母马利亚，也就是利沃尼亚和条顿骑士团的守护者，被重新描绘成了一位战争女神，而条顿骑士也被描绘成使徒的后裔。这种变化是神圣政治的十字军事业中所固有的。并不是所有人都会相信。在 13 世纪 60—70 年代，牛津大学的教师罗杰·培根（Roger Bacon）指出，条顿骑士团的远征和激进的殖民政策是反效果的，让异教徒更不可能改信；而曾是多明我公布道修会总会长并强力维护对抗穆斯林的战争的罗曼斯的洪培德

（Humbert of Romans）提出，不管怎么说，波罗的海的异教徒对基督教国家造成的威胁都被夸大其词了。[94]

不能假定官方发动十字军的理由会得到普遍接纳，尤其是针对基督徒兄弟的征战。经过教皇授权的合法性、领受十字架的行为、与耶路撒冷战争相关的精神和世俗特权等都还不足够。[95] 还需要有将内部的政治危机融入一套令人满意的威胁和破坏的叙事之中的聪明才智，这样才能让人相信需要通过十字军这样的净化力量来恢复上帝的秩序。1239—1268 年之间，针对霍亨斯陶芬王朝的腓特烈二世及其儿子的十字军战争，部分发生在德国，但主要是在意大利，最终让意大利南方和西西里的权力完全转移给了教皇的盟友。与一般性的东征圣地的号召不同，反对霍亨斯陶芬王朝的十字军的布道和招募所针对的范围较小，只针对那些容易与教皇产生相似忧虑的统治者和受众。但其中所用的措辞还是会模仿针对前往圣地者的。格列高利九世将腓特烈二世对罗马造成的威胁称为对基督之名的伤害；英诺森四世指控腓特烈"用苦难之锤敲打的不仅是教会，还有全体基督教人民"。[96] 英诺森在抨击时所用的一系列可怕的语汇都旨在将他的对手在俗世造成的破坏与永恒的罪孽联系起来。腓特烈二世是一个"卑鄙的人"，是"教会的敌人"，是"迫害教会的人"，是"毫无信仰的叛教徒"，是"上帝的敌人，对天主教信仰嗤之以鼻"。腓特烈因为顽固地不遵从罗马教会，且对教会怀抱敌意，因而被描绘成一个异教徒，一个"破坏公众和平的人"，被比作圣经和古典作品中最邪恶的压迫者和恶徒，是法老、希律王* 和尼禄**，并被

---

* 希律王（Herod），《圣经》中的人物，传说他性格残暴，杀妻杀子。
** 尼禄（Nero，37—68），罗马帝国的皇帝，以残暴而闻名。

贴上了如下标签："恶魔的爪牙、撒旦的仆人、带来灾难的敌基督的先锋。"在典型的中世纪激烈争端中，从现世到末世的幻想是迅速而直接的。英诺森是十分杰出的教会法学者，善于借由讨好公众的语言（如上帝无可辩驳的目的、世界的命运）来减少自然法和正义战争的争论（不遵从、违背信仰和契约、破坏公众和平等）。[97] 乌尔班四世（1261—1264）如法炮制。为了发动一次新的反对霍亨斯陶芬王朝的远征，他又重演了类似的迫害教会和教皇的指控，并指责腓特烈的儿子西西里国王曼弗雷德（Manfred，1254—1266年在位）宣扬伊斯兰教和仪式（这常见于反霍亨斯陶芬王朝的宣传中），他还提到了腓特烈二世启用驻扎在阿普利亚（Apulia）的卢切拉（Lucera）的穆斯林军队。[98] 霍亨斯陶芬背地里是穆斯林的同路人，这样的说法究竟有多少人相信不得而知。持怀疑论和不同意见的人在意大利、德国、英格兰都不在少数。[99] 如果说意大利和德国的各种外交和军事联盟的不断变迁可以给我们一些指示的话，我们可以想见，发动反霍亨斯陶芬的十字军远征的支持者们虽然欣然接受了十字军的特权，但他们的动力更多是来自政治利益，而不是真正的宗教狂热。立场的改变很常见。英国和法国的国王在13世纪50年代和60年代相继接受了教皇的号召，他们的目标并不是超验的，十字军只是他们的挡箭牌，背后藏着上不了台面的政治谋算。

正名失败

并非所有的十字军动议都会奏效。其中的失败更凸显出了正确传达讯息和选择传达方式的重要性。中世纪的人们都相信同一件事，那就是普通民众，尤其是郊区的农民对高层政治的顾虑永远都处于晦暗不明的无知之中。十字军利用的就是这种无知。由此可以激发广泛的热情，影响民众的政治行动，造成社会异议。任何一次十字军东征的号召都无法保证得到支持。从反向来看，当时的人们并不是完全不会思考、完全顺从、容易轻信的。时机、背景和呈现方式都十分重要。

第二次十字军东征期间（1145—1149）和第四次十字军东征期间（1198—1204）在激发起人们显著的热情之前开展得并不顺利，其关键在于经过充分准备的政治协调。十字军的失败会留下深暗的阴影，正如第二次十字军东征的凄惨结局。在哈丁战役惨败及耶路撒冷再度陷落之前，许多次十字军的号召都几乎是石沉大海，而随着政治现实渐渐被神意的理论假设所遮蔽，相关的措辞也似乎变得自相矛盾起来。既然圣城依然在基督教的手中，显然正如上帝所愿，那还有什么必要投入更多的人力和财富呢？1147—1148年在小亚细亚和叙利亚的挫败标志着上帝不赞同的不是目标，而是执行过程和执行者。要等到1187年再度意外失去耶路撒冷，十字军号召的力量才又发生改变。讽刺的是，第三次十字军东征未能夺回耶路撒冷，而且在格列高利八世发表教皇诏书《听闻重大的事》后，还越来越强调参加十字军不仅是个人责任，也是集体责任，但这些却让地中海东部的"圣战"在13世纪上半叶保持着民众支持度，即便这些战争不断以失败告终。然而，路易九世第一次开赴埃及的十字军远征（1249—1250）虽然专业人士集中、资金充足、广受支持，而且领军者虔诚、正直、勇敢，却遭遇了悲惨的失败，这让人们对后续大规模远征的热情大为削减，其中也包括路易本人在1270年的第二次远征。从一开始，也就是1267—1270年间，他就无法动员起法国的贵族阶级，这标志着宣传筹备不够充足，也表明人们对这次出征的可行性存在怀疑。不变的讯息是圣地处于危险之中，而巴勒斯坦和叙利亚的拉丁政权从 1260 年开始就不断地迅速削弱，包括 1268 年失去安条克，这样的消息已经广为人知，因而前者也早就是无法回避的事实。但这已经不足以掩饰招募、资金、战略方面遇到的实际困难，这些顾虑共同决定了西欧在面对 1274 年失去法兰克人在叙利亚和巴勒斯坦大陆的剩余基地时的集体无动于衷。就连阿卡的陷落和 1291 年的最终大撤退都无法超脱国内的政治束缚。任何措辞、热心奉献、出色的专家建议都无法为新一次十字军东征提供所需的政治和经济环境。当时的人们深知这一点，也为之苦恼，从 1274 年西方教会在里昂举行的一次全体会议上就能清楚感受到这点。[100] 即使有人还想要响应号召，执行与否也变得越来越值得商榷，其政治和管理背景越来越难掌控。

至少从第二次十字军东征失败以后，就有质疑者提出怀疑，认为战争的正当理由背后隐藏着政治私利，掩盖着相关人士的腐败。在西欧的某些地方，十字军被政治化，那里的质疑也更强烈。在穆斯林和犹太受害者中，对十字军正当化的不理解和拒绝更为常见，也有朗格多克的诗人在哀叹他们的文化遭受凌辱，霍亨斯陶芬的支持者们也是质疑者之一。在最极端的情况下，对特定十字军行动的抵制引发了武装反抗，更有甚者，例如 1240 年在德国，还有 1263—1265 年在英格兰，刺激了所谓的反十字军运动，有十字军的反对者举起十字架来反抗十字军。[101] 在情感和政治光谱的另一端，对"圣战"的敌意表现为对所有暴力的非难。阿西西的方济各从意大利的十字军远征中退出后，过上了崇尚和平的托钵生活。有的学者,例如多明我会修士的黎波里的威廉(William of Tripoli,活跃于13世纪70年代的叙利亚)就指出,圣地的战争疏远了他们与穆斯林之间的关系,还可能阻碍了原先希望瓦解伊斯兰教,并恢复基督教在圣地的统治的目标。[102] 有些十字军动议失败了,在许多时候人们对此变得漠不关心,这种拒绝的态度虽然从来没有成为主流,而且常常是局限于地方或支持者之中,但却让那些努力为十字军战争寻找可信理由的人们间接收获了许多赞美。想法和争论都很重要,不管人们是接受还是质疑。为十字军东征寻找成功且为人信服的正当理由,这并不完全是类似烟雾弹的障眼法,并不是像小贩那样利用唬人的把戏来引诱或愚弄顺从而又恭敬的大众。支持十字军东征的基础既有情感上的理由,也有理性的原因。

第三章　广而告之

十字军远征的宣传会利用各种感官，包含说、听、看、唱、读、表演和触摸。书面的文字是必不可少的。有官方指南、新闻传单、书信、小册子、辩论文章、圣徒传、专著、手册、编年史、诗和歌。还有相关的行政管理记录：招募入伍者名单、账目、付款清单、契约、遗嘱。除了演说和文学之外，还有绘画、雕塑、戏剧、仪式和礼拜。味觉感官或许不能算在其中，不过在分发十字架的仪式上，授予和领受的人可能都是环绕在香料的云雾之中的。宣传很少存在界限：正式的布道和私人的谈话、时事通讯、巡回马戏团、赞美诗、爱情歌谣、雄辩、胁迫、商业和国际宗教团体的通信、各地的街谈巷议、盛大的公众庆典、教区的丰收庆典、宫廷、大教堂、账房、市场。劝说的行为既有高尚的艺术，也有低俗的幽默，既有彩绘玻璃，也有文身刺青，既有口若悬河的演说者，也有妖言惑众的江湖骗子，有圣人也有小丑，有强烈的情感，也有可鄙的贿赂，有人高喊追随基督，有人只是为自己的领袖招募。

宣传并不是随意为之的。第一次十字军东征确立了模式，也暴露了困难。乌尔班组织了一系列活动来推进进行战斗的号召，协调宣传活动，并操纵着领导层的政治和外交。但他没能掌控招募过程和具体指挥。尽管他花费14个月的时间环游法国，更与各方势力通信协作，期望能获得热烈的反响，但招募的实际规模、多元性和本身性质都让他大失所望，也影响了他的核心规划。此后的多数十字军国际远征都遭遇了类似的行政困局。各地的情势不同，也就决定了不同地区的反响存在差异。尽管如此，要提出一项明确的战争计划的雄心还是获得了相当大的持续成功，这是自三个世纪前加洛林帝国全盛时期以来，西欧首次实际尝试进行国际规模的行动。[1]

集　会

集会，从一开始就融合了推广、商议和共识，是最方便集中进行组织筹备的场合，例如皮亚琴察和克莱芒的重要教会会议，世俗领主都被邀请参加（尽管出席的很少），更为明显的是世俗会议，例如1096年2月由法国国王腓力一世召集的。[2] 虽然不像更小规模的地区集会那样频繁多见，但这种全体集会是中世纪处理公共事务的一种常见方法。因为交流通信还不够迅捷，地方官僚也行动迟缓，因而任何全体性的政治行动（最明显的例子就是发动战争的决定）的授权都要仰赖与那些最相关人士的直接接触。尽管后来披上了罗马法常用套话的外衣，如"关系到所有人的事要得到所有人赞成"（*Quod omnes tangit ab omnibus approbetur*），但统治者要听取主要伙伴的建议并获得同意和协助，这样的做法在整个拉丁基督教国家的习俗和实践中由来已久。[3] 十字军东征在理论上超越了领主的传统责任，因而，要寻求最大范围的赞同与合作就变得更为重要。

集会以正式的形式和巧合的劝告将这项事业广而告之，同时也是外交和政治协商及财政谋算的舞台。在第二次十字军东征之前，1146年复活节在维泽莱（Vézelay）和圣诞节在施派尔（Speyer）召开的两次集会为克莱尔沃的伯纳德的布道以及法国和德国贵族参加十字军提供了平台，还让法国国王路易七世和德意志国王康拉德三世有机会施展其政治领导力。1188 年 3 月，在第三次十字军东征开始前，由腓特烈·巴巴罗萨资助的所谓"基督法庭"（Court of Christ）在美因茨（Mainz）召开，其中也融合了布道与政治。1188 年 1 月，在诺曼底和法兰西岛之间的韦克桑（Vexin）的吉索尔（Gisors）举行的会议借助加入十字军的仪式，巧妙地解决了英法两国国王与佛兰德斯伯爵之间的矛盾。几周后，英格兰的亨利二世在北安普敦的盖丁顿（Geddington）召开了一次会议，宣布开征萨拉丁什一税及进行宣传的相关细节，这项税是为远征筹款，针对的是非十字军战士（non-*crucesignati*）。明显能让人回想起 11 世纪 90 年代的模式的是，在第四次十字军东征中没有王室的直接参与［只有匈牙利国王伊姆雷（King Imre of Hungary）于公元 1200 年时公开承诺要参加，但也没有真参加］，这体现在一系列地区集会、比武或宗教庆典中，其中有的是加入十字军的仪式，如 1199 年降临节主日*在埃纳河畔的埃里（Ecry-sur-Aisne），以及 1200 年圣灰星期三**在布鲁日（Bruges）；有的是为了结成联盟，计划行动，如 1201 年夏天在苏瓦松和贡比涅（Compiègne）。西多会修道士们的布道作用使他们在 1198 年和 1201 年召开的全体大会（General Chapter）成了支持十字军的自然焦点；在这两次会议

---

* 降临节主日（Advent Sunday），降临节是基督教的重要节日，规定在耶稣复活 50 天后的星期日为圣灵降临节，又称"五旬节"，主日即降临节的第一个星期日。

** 圣灰星期三（Ash Wednesday），即基督教的大斋节首日，因有以灰抹额以示忏悔的宗教仪式，故名。

第三章 广而告之

上,在重要的俗世十字军战士们面前,充满魅力的布道者纳伊的富尔克(Fulk of Neuilly)起到了关键作用。4

1215 年,第四次拉特兰公会议批准了对教会财产征税;1215 年 3 月,腓力二世在巴黎召开的一次会议又对十字军战士的法律豁免权做了修改,由此,布道行为越来越多地转移到地方平台(13 世纪 30 年代后转移到了托钵修士身上),因而对大型审议集会的需要变得没那么紧迫了。尽管如此,集会依旧是代表着参与和共同努力的仪式。1215 年的传统依旧保留延续到了 1245 年和 1274 年里昂的以及 1311—1312 年维埃纳(Vienne)的教会会议,这些会议都为宣传和财政问题提供了框架。参加这些会议的世俗人士不多;参加 1274 年里昂公会议的国王只有阿拉贡的海梅一世(James I of Aragon),不过其他君主都派大使参加了。伟大人物参加十字军依旧为布道提供了具有象征意义的背景,就像讨论税收的会议让十字军的事务一直受到公众关注那样。然而,1270 年的威斯敏斯特议会看起来和克莱芒会议相去甚远,会上授权了一项俗世税收,资助未来的爱德华一世的十字军远征,同时也肯定了骑士在一般征税事务中的重要性。5 中世纪后期不时穿插着流行且有风格的十字军狂欢:法国的腓力四世(1313)和腓力六世(1333)的十字军宣誓庆典,14 世纪 60 年代的教皇十字军峰会,为回应一年前君士坦丁堡的陷落而举行的里尔(Lille)的"雉鸡宣誓宴",以及 1454 年的法兰克福会议,1459 年教皇庇护二世(Pius II)在曼图亚(Mantua)举行的会议。类似的集会在各个拉丁基督教国家频频出现,不过大多是熟悉的社群仪典,而不是军事行动的严肃前奏。6

尽管 13 世纪中期著名的十字军布道者罗曼斯的洪塔德对于

"在公共场合和人们做生意的路口"进行慷慨陈词的行为表达了纯粹主义者的怀疑，但实践则是另一回事。1291年被派往约克主教区布道的修道士们得到的命令显然是去人群聚集的地方。[7] 无论是在维泽莱看大教堂笼罩下的克莱尔沃的伯纳德，还是近一个半世纪之后在约克郡东区的波克灵顿（Pocklington）的教区教堂听一位方济各会修道士为十字军布道，类似的集会一直都是十字军的公开平台。

教皇特使与布道者

为了在准备过程中施行命令，乌尔班二世及后来的继任者们都会使用代理人：信使、外交官、布道者。乌尔班曾派遣特使去往意大利北部、诺曼底、英格兰，因为当地人并不总是可靠的。在1099—1100年的第二波招募中，米兰大主教博维西奥的安瑟伦（Anselm of Bovisio）发现当地的神职领袖并不愿亲自去为十字军布道。[8] 有的特使与布道者会陪在他们招募的人身边，比如1096年的隐士彼得，1101年的迪镇大主教于格（Hugh of Die）和安瑟伦。勒皮主教阿德马是特使中的模范。他是1095年夏天乌尔班最早找到的法国教士之一，也是在克莱芒最早领受十字架的人，还被教皇正式指派为这项运动计划的教皇代表。阿德马跟随图卢兹伯爵的军队。[9] 其他分支军队中应当也有教士获得了教皇的授权或是认可。[10] 这些代表是唯一可能帮助实现控制的，哪怕只是名义上的控制。

这可能变得让人难以捉摸。克莱尔沃的伯纳德并没有亲自参加第二次十字军东征，而是亲自委任他人去遥远的地区布道，例如布列塔尼、波希米亚、奥地利。相反的是，身为教皇内情人士

第三章 广而告之

的枢机主教圣鲁菲纳的西奥多温（Theodwin of Santa Rufina），他亲自参与了十字军前期的外交活动，还被任命为德国军队中的特使。他和被委派到法国军队中的特使——即将退任的枢机主教圣克里斯可诺的吉多（Guido of San Grisogono）在十字军中留下的身影都有些模糊，与之形成对比的是两位好争论的法国主教——利西厄的阿努夫（Arnulf of Lisieux）以及说话刻薄的朗格勒的戈弗雷（Godfrey of Langures），根据一位爱多嘴的评论者所说，他们都自称拥有教皇特使授权，以此作为借口来中饱私囊，向病人和临终者兜售特赦，诈取钱财。戈弗雷坚称他是西多会的成员，也是圣伯纳德的使节。有观察者认为授权的途径各有不同，以及教皇尤金尼乌斯三世被赋予的被动角色，表明过程中有不少随意性，指挥链也很脆弱。[11] 有一个臭名昭著的例子，1146年，另一位西多会修道士拉道夫（Radulph）在莱茵兰以反犹太人为煽动口号而吸引了狂热的群众，也得到了金子般的口碑，但他却受到了惩罚，理由是他未获得授权。[12]

随着十字军战争开辟新的前线，布道变得越来越有地方特色，控制也变得越来越难。没有获得授权的江湖骗子利用起布道这个全新的市场。随着十字军战争的数量激增，布道活动在时间和地点上也开始出现重叠，不同的诉求之间的差别模糊起来，吸引着唯利是图的骗子出售十字军宣誓救赎的机会，这些都是在1213年以后的第五次十字军东征期间开始出现的。[13] 这些问题的起因是从第三次十字军东征后发展起来的管理规则越来越严格。除了教皇特使，比如枢机主教阿尔巴诺的亨利（他在远征开拔前去世），或是从巴勒斯坦带回坏消息的提尔大主教乔西乌斯（Joscius），还会招募当地主教在地方上为十字军进行布道，例如斯特拉斯堡的主教亨利负责德国，坎特伯雷大主教鲍德温负责英格兰和威尔士，此后在 13 世纪发展出了更为复杂的布道网络。然而，尽管 1187—1190 年间的宣传无疑取得了成功，但行动的规模和反应还是超越了教皇和地方教区严重不足的行政资源的承受能力。在还没有任何官方特使或布道者到来前，普瓦图伯爵理查，即未来的英格兰国王理查一世就在 1187 年 11 月加入了十字军。从他父亲的愤怒中可以判断出，这并没有经过官方协调。[14] 鲍德温大主教在威尔士布道时发现，当地已经有人先他一步开始了。保留下来的加入十字军的仪式显示出明显的地区差别，这些都表明地方上的反应很普遍也很强烈，并不完全依照中央的指令，这种多样性在中世纪的西方教会中是很常见的。[15]

在 1198 年试图发动第四次十字军东征时，英诺森三世解决了其中的一些困难。除了两位首席特使外，他还授权地方的大主教和主教在各自地区组织布道，甚至认同一些个人来协助他们，例如在约克主教区的罗杰·瓦卡留斯（Roger Vacarius），他是一位资深学者，曾将罗马法引入英格兰的高等学术课程中。在每个行省，布道者们都要招募一名圣殿骑士和一名医院骑士作为助手，他们是圣地冲突的鲜活象征，为了得到更多帮助，他们还要招募拥有收入和信贷资源的国际组织的成员。英诺森招募了著名的布道者纳伊的富尔克，关于他的任命的明确条款避免了围绕着 50 年前的克莱尔沃的伯纳德的权力的各种非议。[16] 协调还是显得很难以捉摸。1201 年年初，帕里斯修道院院长马丁在巴塞尔布道时，其实是在重复一年前当地主教所做的工作，根据记录，他的布道忽略了英诺森在 1198 年发布的十字军诏书，只提到永恒的救赎这一核心特权。[17] 还有更严重的问题，例如纳伊的富尔克被指控侵吞公款，这反映出一种矛盾，布道者一方面拒绝唯利是图的物质主义，另一方面却是实质上的救济金征收者。这些指控或许有其真实性。不管怎么说，富尔克的例子很快被人用来强调，布道者本身必须是清白之身。[18] 十字军的禁欲这一侧面，也就是让信徒过上更加神圣的生活，会遮蔽所获取的军事和物资支持。皮卡第的西多会修道院院长圣格尔默-德-弗莱的尤斯塔斯（Eustace of St Germer de Fly），受纳伊的富尔克招募到英格兰布道，他在当地的主要功绩不是他的十字军布道，而是他推动奉守安息日（Sabbath），反对商业恶行。[19] 言行不一的矛盾在1213年英诺森三世给布道者们的指示中反复出现。[20] 这一主题在后来的布道手册中也再度出现。多明我会的十字军布道者罗曼斯的洪培德（约1200—1277）就强调："布道者自己的生活也不应当与他所言不一致。"在更早些时候（约1221—1222），乔巴姆的托马斯（Thomas of Chobham，约1160—1233或1236）就谴责过类似的经济伪善行为，其暗指的是纳伊的富尔克。他提醒人们要注意某些没有提出明确的精神目标而鼓励捐款的布道，这会导致对"贪婪的疑虑"（suspicio avarite）。[21] 特使和所传达的信息都可能会让人感到困惑。枢机主教彼得·卡普阿诺（Peter Capuano）就是最经典的例子。1202年，他不顾教皇的禁令，默许十字军进攻达尔马提亚的基督教城市扎拉（Zara）。此后，在1203—1204年实际夺取扎拉并转向君士坦丁堡的关键几个月里，他故意不在圣地。一年后，他自作主张，在希腊免除了十字军战士们继续前往耶路撒冷的誓言，实际上就是取消了这次东征。英诺森怒不可遏，但却无计可施。[22]

1213年宣布发起新一轮动员时，英诺森三世已经成了宣扬十字军东征的老手。由教皇发起的战争有针对意大利和西西里的政敌的（1199年），有针对西班牙的阿莫哈德人的（1212年），有针对朗格多克的异教徒的（1209年起），这些都练就了宣传修辞和组织。缺乏管理的十字军宣传的结果可以从1212年的儿童十字军中窥见一般，这次十字军远征是对广泛宣传的基督教国家的一般性威胁（来自摩尔人和异教徒）、基督教在东方遭遇的失败，以及社会上谦逊和道德改革的需要的一种回应。[23] 对于英诺森的这次新远征，在第三次和第四次十字军东征中所运用过的技巧都被扩大化和系统化了。根据原先的模式，任命了教皇特使（法国），或是依靠地方大主教或主教（匈牙利、丹麦和瑞典）。教皇本人负责意大利。在其他地方，任命了一群地区神职人员（不一定是主教），然后再授权他们另外招募四至六名布道者。为了避免丑闻，布道者的选择标准包含诚实、正直和忠贞。他们必须拒绝一切送礼，生活简朴，只能接受适度的款待。所有的捐赠都会被送到宗教场所或教堂。布道必须遵守1213年的十字军诏书《事出紧急》。对教皇的指示或提供的特权若有疑议，要直接向教皇提出。[24]

英诺森招募了当时顶尖的学者和宣传人员。其中许多人都和教皇本人一样是巴黎大学的校友，是教牧神学研究的核心人物，擅长将基督教伦理学运用到实践和世俗经验中。巴黎大学训练出来的专家对于13世纪布道的影响力之大无出其右。其中有些人为英诺森所用，例如英格兰的罗伯特·柯松（Robert Curzon）、法国的维特里的雅各、德国的帕德伯恩的奥利弗，他们原先都是教师或作家，后来成为枢机主教。意大利的枢机主教乌格里诺（Ugolino）是英诺森的侄子，他在意大利北部布道并筹集资金，后来他成了教皇格列高利九世（1227—1241）。[25] 布道团队和教皇特使中有这些受过高等教育的学者，表明十字军东征与西欧盛行的学术发展之间存在紧密的联系。12世纪系统构建起来的所谓经院哲学的研究方法尤其盛行于法国和意大利的教堂学校和大学中，这种方法试图为理解上帝和上帝的创世提供一种结构性的方法。探究才能通往真相，通过研习神学、法律和哲学中的不同想法、解释和权威观点，对比调和，将理性运用到启示之中。从12世纪后期开始，亚里士多德的哲学和自然科学被融入西方的课程之中，打开了全新的、更广的视野，尤其是在逻辑和自然科学领域。理性研究工具的这种拓展影响了十字军东征及其呈现形式，尤其是对社会和学术精英而言。十字军东征融合了道德神学、教牧福音，基督教行动以及神意末世论，这使其在法学上成了一种奇特的类型。以第五次十字军东征的布道者们为代表的新的学术风尚试图将十字军的概念从受到上帝感召的神圣暴力这种放养式的类型，驱赶到由法律制裁和自然法组成的一种理性结构的畜栏内。留存下来的13世纪的十字军布道文都有缜密、理性的思辨过程作为基础。[26]

但是，学术界雄辩的演说者们条理清晰的思考并不总是符合混乱的现实。布道的才能不是无边无际的，甚至算不上是均匀分布的。经常有人要求教皇澄清细节，这对教廷有限的官僚资源，甚至是教皇本身的精力，造成了难以维系的压力。1213年的教皇诏书已经确认可以更容易地获得最全面的赦免，建立了一整套特别的礼拜仪式，并引入了一种新元素，可以用金钱和物资援助来赎回誓言。其中的每一项都需漫长的书信往来加以解释。1216—1217年间，普雷蒙特雷（Prémontré）修道院院长热瓦兹（Gervase）给教廷的去信就足以表明，十字军东征中的几乎每一个方面（特权、时机、金钱）都可以引发辩论、互相对立的建议（包括没什么帮助的来自巴黎的学者们的）和困惑迷惘。各地的代理人常常都不适任："在其他行省，我不认识什么可以推荐来执行这一任务的人。"这个问题不会消失。13世纪经验丰富的管理者们不断抱怨布道和布道者的行为标准都太低了。[27]主教管区的结构也难以应对。院长热瓦兹只能请求新的指示，并派遣全新的教皇代理团队。在如此根深蒂固的混乱状况下，还有十字军战士愿意投身，这真是奇观。

除了充当宣传人员以外，十字军的倡导者们还有各种其他角色，也会招募军官，寻找募捐人。在第五次十字军东征中，他们也在地方争论中担任调停者的角色，十字军东征为解决冲突提供了一个中立的背景。罗伯特·柯松及其继任者大主教提尔的西蒙就在法国担任过调停者，枢机主教乌格里诺在意大利北方，维特里的雅各在热那亚，当时科隆的经院学者（*scholasticus*）帕德伯恩的奥利弗在德国西部也这样做过。这样的调停仲裁有助于招募活动。1223—1224年教皇特使宣称在马赛招募到了三万名十字军战士（*crucesignati*），他去那里本来是为了解决市民和当地神职人员及主教之间的长期争端，结束对这座城市逐出教会的惩罚。[28]这样的灵活性似乎保证了西欧在13世纪几乎没有任何地区在任何一个十年间没有经历过某些十字军宣传活动。布道者有薪酬，有的还有自己的布道用印章。[29]随着十字军东征及其宣传活动渐渐发展成一种熟悉的社会机制，它很快与13世纪在宗教上活跃起来的一股新势力——修道士联系了起来。

圣方济各会和圣多明我会这两大托钵修道会都是在13世纪

初十字军东征的背景下建立的。³⁰ 阿西西的方济各于1219年短暂地加入过在埃及的第五次十字军东征，据说他曾试图让埃及苏丹卡米尔（al-Kamil）改信。多明我会的古兹曼（Guzman）曾是教皇特使之一，在阿尔比十字军远征之前和期间为反对朗格多克的异教徒而进行布道。这些修道士们承诺依循使徒式的生活（*via apostolica*），克勤克俭，传播福音，他们所传播的精神能量正是十字军的筹划者们所试图寻找的。多明我会也被称为宣道兄弟会（Order of Preachers）。这些修道会采取中央集权的阶级组织结构，并直接效忠于教皇，因而完全符合十字军宣传活动的行政管理需要。修道士们采取入世的态度，在城镇街道、乡间大道上常常能看到他们的身影，并且渐渐地也会作为告解人出现在大人物的法庭上，或是作为学者登上大学的讲堂。自从第二次十字军东征之后，西多会的僧侣们开始率先以个人或团体为单位形成为十字军做宣传的国际网络，范围从法国南部一直延伸到波罗的海东部。至此，修道士们目标更明确，灵活性更强，因为和一般的僧侣们不同，他们的存在理由就是要向俗世传播福音。

1227年，英诺森三世的侄子，经验丰富的十字军招募者，并资助过新的托钵修会的枢机主教乌格里诺当选为教皇格列高利九世，从此让修道士们成了十字军中的重要人物。³¹13世纪20年代，腓特烈二世的东征一拖再拖，从那时起，多明我会就受雇为十字军沿途国家的招募活动布道，方济各会后来也加入其中：1228—1229年到西班牙，1230年起到波罗的海，1234年到圣地，1234年和1237年开始到巴尔干和希腊，还有针对教会的其他敌人［如1232—1233年针对不来梅附近的斯特丁格（Stedinger）农民，13世纪40年代开始针对霍亨斯陶芬王朝］。

布道中除了常见的风险，如听众的冷漠、怀疑，甚至是偶尔的敌意，还可能遇到别的危险。根据一个公认怀有敌意的遥远目击者圣奥尔本斯的马修·帕里斯（Matthew Paris of St Albans）所说，1243 年时腓特烈二世曾以绞刑处决两名方济各会修道士，因为他们煽动反对他。[32] 帕里斯说他们是在按照上级的命令行事。采取中央集权式命令和省级结构组织的两大修会，将他们推荐给了对时常叛逆的主教区神职人员感到不耐烦的组织者。修道士们是接受特别委任的个人，或者会加入地方团队中。他们在十字军宣传活动中是附属角色，但却遭受着针对他们个人或集体的各种尖酸评论，例如像马修·帕里斯这样的作家，在其职业生涯的某段时期内就曾把他们称为贪婪剥削的外来权力（即教皇）的代理者，他们的行为通常损害着信徒们的集体利益，尤其是损害着他自己的本笃会和修道院的利益。许多十字军特使依旧出自传统的教会背景的修道院、大学和法院，例如路易九世在进行他的第一次十字军东征时派往地中海东部的特使（1248—1254）沙鲁托的奥多。但是指导布道的人从接受过巴黎教育的俗世神职人员和未来的枢机主教，如维特里的雅各（1160 或 1170—1240）或帕德伯恩的奥利弗（约 1170—1227），再或是地区宗教经理人，如里加主教巴克斯霍夫顿的阿尔伯特（约 1165—1229），变成了同样博学也接受过学术熏陶的修道士，如多明我会的罗曼斯的洪培德，或是翻译过亚里士多德作品的神学家大阿尔伯特（约 1206—1280）。

这些耀眼的人物成了布道军中的先锋，他们装备精良，而且几乎算得上是能满足需求。1252 年，英格兰国王亨利三世要求英格兰托钵修道会的领导者派足够的修道士到伦敦，要求这些人

第三章　广而告之

"懂得如何为十字军布道"。³³ 修道士们如今成了公认的专家。罗曼斯的洪培德编写了一部专门的手册来指导如何为十字军布道。又过了一个世代，1291 年，大主教约克的诺曼纳斯（Romanus of York）写信给他的大主教区中的所有多明我会和方济各会修道院院长，要求他们在 9 月 14 日派一定数量的修道士到 35 个指定地点为十字军布道，他本人计划在那一天在约克大教堂进行一场十字军布道，那天是举荣圣架节（Exaltation of the Holy Cross Day），非常适合进行十字军动员。当时人们已经普遍认为向公众布道就是修道士的工作职责之一。不过尽管他们几乎垄断了这一行业，但并不意味着他们的演说技巧和行为标准更高。专家们依旧在咒骂布道者的无能，而先人传承下来的托钵修道士的苦行形象也因为富裕饱足的现实而受损。1265 年法国北方 45 名布道者团队的供给账目表明，他们的饮食非常丰富，堪比精英，除了餐餐美味外，他们还领取俗世的酬劳，同时享受着十字军赦罪的精神福利。真是份让人向往的工作。³⁴

修道士的参与巩固了神职人员对十字军和其他布道形式的封闭式控制。在最初的时候，还会有俗世信徒偶尔加入。安条克的博希蒙德（Bohemund of Antioch）就是第一次十字军中的重要人物，1106 年他在法国发表著名的巡回演讲，为新的东征事业宣传。他在沙特尔的演说历历在目。1128 年，于十年前在耶路撒冷建立圣殿骑士团但本人并未被任命为神父的帕恩斯的于格（Hugues of Payens）为一次新的十字军东征做宣传，同时也为他的新修道会做广告。1187 年，在收到格列高利八世的十字军诏书时，在丹麦国王于欧登塞（Odense）举行的圣诞廷宴上，隆德大主教（the archbishop of Lund）的兄弟贵族伊斯本动员所有人回忆他们维京祖先的英雄事迹,并为上帝的这次新征程立誓献身。[35] 而到 13 世纪初,这种职能的模糊化现象越来越难见到了。布道手册上强调,布道只能由拥有神职身份的男人进行,俗世信徒和女人当然都不行。罗曼斯的洪培德指出,布道者需要了解圣经、神学、历史、圣徒生平、地理,他认为这些才能都是只有接受过正式高等教育的人具有的:那就只有男性神职人员了。[36]

女性在与十字军筹备和东征其他阶段相关的宗教和经济活动中扮演着积极的角色:支持她们的男性伴侣和亲戚(或者在一些讨厌女性的布道者眼中是妨碍),保证十字军战士的家庭和土地完整,怀念十字军征战的记忆,领受十字架,兑现誓言,但也会参加十字军,甚至参加战斗。在刻板印象和现实中,女性常常表现为悲痛的妻子或是哀恸的寡妇,虔诚朝圣的十字军女战士(crucesignatae),英勇军营的追随者,分散精力的性伴侣,军营娼妓。布洛瓦的阿德拉(Adela of Blois)的故事很著名,她威胁自己的丈夫斯蒂芬返回东方,为他从第一次十字军东征中逃亡而赎罪。[37] 十字军布道手册特别质疑家庭之爱,因为这显然是与女性联系在一起的,而女性又常常是为十字军效命时的阻碍。英诺森三世设想让女性在十字军中担任财务出纳,甚至是部队的领导。但是,除了像著名的宾根的希尔德加德(Hildegard of Bingen,1098—1179)这样人脉广阔的传奇女修道院院长,会有佛兰德斯伯爵这样的人物前去为了他计划的 1176 年十字军远征而咨询建议,很难再找到更多证据表明女性在十字军筹划过程中担任过重要角色,尽管还是有像阿基坦的埃莉诺(Eleanor of Aquitaine)这样在政治上活跃的人物并不会把 1189—1190 年间的所有事都交给男性。[38] 不过,公开的布道与私下的说服不同,

第三章 广而告之

这是女性不会从事的。她们不会出现在十字军的讲坛上,除非是作为装饰性或象征性的女战士(crucesignata),例如1146年,阿基坦的埃莉诺出现在维泽莱的讲台上,向她在阿基坦的臣民做出保证,同时也表达对她的丈夫法国国王路易七世的支持。除了文化上的厌恶女性的传统,这背后还有更深的原因。俗世信徒也受到同样的限制,在十字军的布道中只能是听众、见证者、保证人,而不能成为演讲者。即便是热诚虔敬的信徒,例如法国国王路易九世,在公开表达他们的虔诚时,也只能在精心编排的教会仪式中成为大部分时间不能说话的表演者。

书 写

俗世信徒更积极地使用书面语言。书写在十字军东征中有重要作用,在最初阶段,书写就是指示、信息、宣传和纪念的重要媒介。在第一次十字军东征的上一个世代,书信、小册子和短文都是教皇和德意志皇帝在争夺教会控制权时的重要论争武器。如今已经失落的书面交流网络支撑着当时广泛的外交交流,以及1095年皮亚琴察和克莱芒的教皇会议的召开。尽管没有教皇乌尔班的演讲的官方版本留存下来,克莱芒会议的十字军法令颁布时的手稿传统也还很薄弱,但还是有其他会议的法令在通过书面形式传播。乌尔班二世在1095年12月给他在佛兰德斯的支持者们的信中提到了先前有关穆斯林暴行的"报告"(relatione),这些报告中有一些是采用书信形式的,部分是寄给俗世统治者的。[39] 留存下来最早的王室以外的俗世通信中,有两封是十字军领导人布洛瓦伯爵斯蒂芬写给他妻子阿德拉的,还有一些出自另一位十字军战士——皮卡第的骑士里贝蒙的安瑟伦。[40] 这些人生活在有读写能力的文化中。

至少有一位第一次十字军东征的将领保留了账本，或者只是记录了他的开销，他在为自己争取更多战利品时会以此作为凭据。[41] 他不太可能是唯一这么做的人。军事指挥官们很可能十分熟悉的是各种书面清单，例如追随者名单，还有他们的债务清单与酬劳清单，书面的召集令至少可以追溯到8世纪末至9世纪初的加洛林时代。盎格鲁—诺曼王国留下的诸多详细的书面记录正是第一次十字军东征时期的，诺曼公爵罗贝尔领导的大量十字军战士都来自那里。这些记录中还包含诺曼底的威廉在1066年进攻英格兰时，由他的贵族们提供给他的船只和士兵的清单，这些清单可能是约1067—1072年间在费康（Fécamp）的诺曼修道院中收集整理的，还有官方政府记录，例如《末日审判书》和财税卷宗。[42] 任何有产的贵族几乎都留有书面的行政档案，这可以在某种程度上解释为何俗世社会大规模雇佣神职人员，尤其是在十字军东征中。只要有任何贵族或军事行动，就需要神职人员记录账目，或是帮助写信，这些任务未必需要很高的文字技巧。

除了用于记录、信息或指示，书写也用于创造性的活动。乌尔班二世利用书信来解释他新发起的运动的性质、目标和奖赏，并且投射出一个非常明确的形象，塑造想法，引导意见。收信人将进一步传播这些内容，可以通过口头讲演，有必要的话还要进行翻译，这样才能让不会拉丁语的听众也能知道。书信本身也可以作为一种宣传工具。据传，隐士彼得就有这样一封来自耶路撒冷宗主教的信，信中描绘了穆斯林在各神圣之地的暴行，并且向西方求助。彼得的书信，不论本身就是想象出来的，还是在讲述的过程中经过虚构加工的，都有固定模式。十字军战士的书信会被保留下来，而且至少有一个例子，就是里贝蒙的安瑟伦写给大主教兰斯的玛拿西（Manasses of Rheims）的信被传播了出去，用以进一步鼓励1100—1101年的十字军招募，因为这些信证实了上帝的赞许和基督教的英雄事迹。玛拿西还引用了教皇帕斯卡尔二世（1099—1118）、布永的戈弗雷、耶路撒冷的新拉丁宗主教的书信，用以鼓励新兵和老兵都来参加十字军。[43]这些技巧变成了标准。

如果说书信可以为十字军的福音提供基本的文本，那么，与十字军相关的一些特别的写作形式的作用就比较难以确定了。第一次十字军东征产生了大量独特的拉丁语和方言叙事、散文体历史记录、旅行见闻、战争故事、武功歌、史诗、赞美诗和歌谣。12世纪30年代就有一位法国北方的僧侣指出，通过这些书、歌谣和赞美诗，耶路撒冷战斗的故事已广为人知，再要事无巨细地重复就没什么必要了。[44]从很早期开始，第一次十字军东征的战士们就意识到，需要控制有关他们所做之事的形象。除了家书以外，对于当时所发生之事的最早的"官方"描述是在1099年9月留守将领的资助下写就的，那时距离夺下圣城已经过去了两个月。这个官方版本简要讲述了从1097年春天尼西亚围城直到1099年8月在阿斯卡隆（Ascalon）战胜埃及援军的重大事件。其中反复传达的信息清楚无比：上帝出手才取得了胜利，否则不可能取胜，上帝对罪的不满，证明上帝对罪的惩罚和赦免。十字军东征被小心地描绘成是对基督教论争和信仰中最重要的教义的肯定，是对上帝的直接存在的明确可见的证明，从克服数量悬殊到获得战利品，就连骆驼、羊、牛都支持上帝的军队，甚至包括大自然的天气。这封信可能是被用来鼓舞之后的招募活动的,希望能为脆弱的拉丁征战提供帮助。[45]

还有一些相对不常见但同样经过艺术加工的较长篇的叙述,出自参加过十字军的老兵和观察者,有的是亲笔写成,有的是请人代笔。有人提出,最早的对十字军的直接描述之一——《法兰克人的英雄事迹》(有的版本最早或许可以追溯到 1099 或 1100 年)曾被积极地用来宣传安条克的博希蒙德计划的 1106 年十字军东征,这样的说法未必可信,但显然有助于提高他日后的声誉。[46]正如博希蒙德本人在 1104—1106 年的宣传巡回之行中证明的,要直接对公众产生影响,最好是通过戏剧性的手段,例如演说、布道和庆典。和书信不同,长篇文本不适合直接用于公众宣传,例如武功歌,即便是经过分段。这类文本的功能更多是用于纪念过往的英雄行为,以及塑造和改变未来的观点。手稿的传播,无论是通过十字军老兵的最初版本,还是通过后来迅速出现的经过改写的更高级的版本,都表明其听众绝不仅仅是普通民众。传播的网络是通过王室或修道院,开始是本笃会,后来是西多会,后者至少从 12 世纪 20 年代起就与"圣战"的宣传尤其联系紧密。[47]这些文本有助于为十字军东征建立一套精英观,以供俗世信徒和神职人员参照,而且的确如愿了。一位来自奥弗涅(Auvergne)的沃莱(Vélay)的骑士参加过第一次十字军东征,他可能是在 1137 年向法国国王路易七世呈递了包含三卷圣地编年史在内的插图精美的手稿副本,其中两卷是耶路撒冷之旅的亲历者所写的,分别是沙特尔的富尔彻和阿奎尔的雷蒙德(Raymond of Aguilers)。他此举的意图很明显:

我们的祖先有无数的杰出所为及所言需要经由高尚之

第三章　广而告之

笔写就一段光荣的记忆……这样您就可以在这本书中，经由理性之眼（rationis oculis），仿佛是从镜中看到您祖先的形象，而您或许可以追随他们的脚步踏上德善之路。[48]

这些文本所传达的书面讯息——强调耶路撒冷和身为骑士的虔诚——融合了视觉和口头的记忆，创造出了一种可以为随后的十字军东征做决定的文化背景。就路易七世的例子来说，他在八年后加入了十字军，而且似乎也尝试着要遵从这些相关的刻板印象。他的专职教士，也就是修道士杜伊尔的奥多（Odo of Deuil）详细记录了第二次十字军东征的最初阶段，为了完成这一任务，他当然读过1095—1099年的相关叙述，并且还带上其中的一部踏上了远征。[49]

将十字军的编年史当作信息宝库、鼓励的源泉、模仿的榜样，这种目的明确的做法让十字军的行动拥有了知识与意识形态合一的形象，这恰恰是组织者试图达成的目标。尤金尼乌斯三世将他对第二次十字军东征的号召建立在对第一次东征的光荣回忆的背景之下。巴伐利亚的舍夫特拉尔恩修道院院长向腓特烈·巴巴罗萨献上了兰斯的罗贝尔所写的关于第一次十字军东征的巨著的副本，当时的背景或许是1188年3月召开的"基督法庭"，腓特烈就是在此时加入了第三次十字军东征。兰斯的罗贝尔的作品是12世纪有关第一次十字军东征的叙述中抄本最多的，而且保存下来的许多手稿的制作年代似乎都与第二次十字军东征（1145—1147）和第三次十字军东征（1188—1190）的招募和布道活动的时间很接近。[50]十字军的布道中充满着十字军东征的历史。这些最早写下的编年史对当时的十字军想法的影响是很短暂的，但对日后远征的相关叙述的影响却是深远的。因而，作为第五次十字军东征（1217—1221）的亲历者的维里的雅各，在描绘十字军在埃及的杜姆亚特的军营里的悲惨状况时，所用的语言正是12世纪的作家提尔的威廉在描绘第一次十字军东征的潦倒状态时所使用的。威廉的素材来自亚琛的阿尔伯特根据老兵的回忆在12世纪初所编撰的编年史。[51]十字军事业的自我参照特征是无法回避的。不仅越来越多地涌现并在12和13世纪汇集成书面形式的方言史诗、诗歌和歌谣中是如此，而且数量同样可观的拉丁语编年史也如此。13世纪的十字军布道者们得到的建议是要利用人们对英雄祖先们的回忆，并运用历史文本中的故事来煽动听众的狂热。[52]十字军东征除了是真实的经历外，也会经由文学获得新的定义，其中的一些主题会通过布道以及新出现的一种特别的十字军祈祷文而流行起来。不管怎么说，十字军文学都提供了一种意识形态和道德模范的资源，是经过精挑细选的、有倾向性的回忆的宝库，这样的回忆塑造了后世人们的看法，为行动提供了一种理论上的解释：祖先的功绩和上帝的恩惠。

书写最直接的用途还是在行政管理方面。教皇诏书始终起到指挥的作用。尤金尼乌斯三世开启第二次十字军东征的诏书《吾等之前辈》形成了两个版本，因为第一个失败了。这份诏书成了尤金尼乌斯的继任者亚历山大三世（在1165年、1169年和1181年）以及卢修斯三世（Lucius III，在1184年或1185年）参照的样本。在下一个世纪中，更加证明了既存的书面模板为十字军的俗世和宗教特权提供了便利，1215年第四次拉特兰公会议的十字军法令［第71号《所谓自由》（*Ad Liberandam*）］就被照搬到了1245年和1274年的里昂会议。这些诏书旨在提供核心的信息。1181年,亚历山大三世下令让神职人员公开宣传他的书信,希望他们能帮助宣传十字军东征。1213年,英诺森三世强调,要"仔细且有效地"传达他的诏书《事出紧急》的细节。[53]至少到13世纪时,这些文本已经被翻译成了各地方言。编年史编撰者们也承认教皇书信的重要性,并会附上他们地区收到的版本,在1198年之前,这些通常就是唯一保存下来的版本。授权特使和布道者,尝试回答疑问,控制布道的进程,这些都仰赖书信交流。在外的特使会写信提出一连串疑问,例如,关于将誓言从一个战场转到另一个战场,或是战士参加十字军无须再经过妻子同意,以及赎回十字军誓言的确切条件,还有布道者随从的多少〔主教雷根斯堡的康拉德(Conrad of Regensberg)要求增加随从人数〕等问题。奥地利的罗莫斯道夫(Rommersdorf)的修道院院长将教皇诏书《事出紧急》和其他相关的教皇书信收集在一起,以供日后参考,还吩咐布道者们要将他们的活动和招募情况记录下来。[54]到13世纪中期,或者可能更早,在法国和德国为十字军布道的修道士们都配发了包含相关教皇诏书的卷宗,保存下来的其中之一是翻译成德语的。[55]

尽管行政通信几乎都是使用拉丁语,但俗世信徒也并没有被排斥在外。骑士和神职人员有着同样的社会环境,对于其中的一些人来说包括教育,理查一世就曾纠正过大主教休伯特·沃尔特(Hubert Walter)的拉丁语。[56]据我们所见,较小的贵族也能接受良好的教育。[57]骑士美德中包含了文科教育(liberal arts),学问不是肮脏的字眼,而像是一种社会装饰品。[58]十字军战士有着不同类型的读写技能:聪明的默朗的沃勒伦是1147年的一位十字军战士,他很早就开始学习哲学,会用拉丁语写信,甚至对拉丁语诗文也有涉猎,还有格兰维尔的拉鲁尔夫这位来自东盎格利亚的小贵族,他掌管的英格兰王室机构使用的是拉丁语,他主持编撰了一部拉丁语的法律专著,还负责对未来的英格兰国王约翰进行学术训练。[59] 当然,也有其他有素养的骑士会写方言诗文或散文体的历史记录,至少也有人接受过部分拉丁语教育,也具有一定的文学技法才能,例如格列高利·比查达、维尔阿杜安的杰弗里、克拉里的罗贝尔、茹安维尔的约翰。[60] 在13世纪,实用的读写能力(至少是阅读能力)已经被视为理所应当,几乎不值一提,但是,"有文化的骑士"(*miles literatus*)这种概念的存在还是会引来神职人员的怨慑,这就像是同时具有了两种表面对立的才能。第三类是自身受教育程度很有限的人,但他们却是相关的赞助者,提尔的威廉就举了个例子:安条克亲王(1136—1149)普瓦捷的雷蒙德。[61]

书信交流方便了第二次十字军东征的准备工作,因为在教皇诏书中有先例可循:12世纪初和20年代针对西班牙和巴利阿里群岛的穆斯林的征战。1146—1147年,克莱尔沃的伯纳德就是通过书信来协调他和他的代理者的布道之行的,比如去英格兰、法兰肯尼亚及巴伐利亚。这些书信中都附有教皇诏书的副本。伯纳德的代表修道院院长埃布拉的亚当阅读了教皇诏书和伯纳德的信,随后才在1147年2月雷根斯堡的一次集会上开始布道和招募十字军。伯纳德认为,他的俗世受众中至少有部分人在翻译或理解方面是需要帮助的。[62] 在第三次十字军东征中,教皇的入伍征召从大西洋传到了波罗的海,为布道提供了计划蓝图。书信以及关于东方所发生事件的短篇叙事传播开来,其中至少有部分据称是出自亲历者的,但也经过了改写或全新创作,从而适应官方

第三章 广而告之

的宣传方向。其内容和语言在欧洲流传的版本中都保持一致,这表明经过了仔细的构想,可能是教廷圈子和十字军使节商议而成。[63] 同样或类似出自这群宣传人员之手的,还有一些招募短文,这些短文是以刻意对立的语体写成的,针对的是宣传招募的人,有一些是由经验丰富的好争论者所写的。布洛瓦的彼得(Peter of Blois)是学者、诗人、作家、法律顾问,经验丰富的善辩者和管理者,他深入公众中的经历从西西里一直延伸到英格兰,哈丁惨败的消息传到教廷时,他就在现场。他在1188—1189年用不同的角度编写了三本小册子:基督教殉难圣徒传、有理有据的辩论、激烈的非难痛骂,他主张立即对萨拉丁发动全面复仇,也向参加过十字军的老兵及胆小的人们发起了号召。彼得并不是一个光说不练的专家。他也跟随着自己的雇主坎特伯雷大主教鲍德温,一同参加了1190年惨绝人寰的阿卡围城。[64]

和前两次一样,第三次十字军东征也催生了许多叙事文学,被用来激励即将到来的远征。甚至早在十字军开拔前,就已经开始计划要写纪念文章。鲍德温大主教乐观地委托随行的作家们写散文和韵文(但他们最后都没有写)。[65] 除了拉丁语的描绘外,12世纪90年代还有一部用法语韵文写成的长篇历史,作者是一位老兵昂布鲁瓦。有一些关于英雄人物的故事,例如1191年在阿苏夫战死的阿韦讷的詹姆士,他的故事被列入了标准的道德故事中,供十字军布道者们使用。文学对十字军东征事业的支持开始变得越来越司空见惯。第四次和第五次十字军东征,以及针对朗格多克异教徒的远征,都收获了大量的拉丁语和方言历史故事。这些历史故事都不是中立的,也不是毫无私心的。维尔阿杜安的杰弗里用方言写成的对第四次十字军东征转向君士坦丁堡的描述，非常偏袒地歌颂了伟大的勇武功绩。阿尔比十字军中的作家们对于所描绘的争议事件或支持，或反对。帕德伯恩的奥利弗的第五次十字军东征史，是在他身为十字军的布道者和领导者时从科隆的往来书信的基础上写成的，他试图在后来不断出现的十字军号召的背景下解释上帝的旨意。[66]

书面的新闻消息在宣传中也有推动的作用。身为科隆主教区的布道者队伍中一员的帕德伯恩的奥利弗，将十字军布道（其中包含他自己于1214年在弗里西亚的布道）中对于幻象和奇迹的描绘传达给了他的布道者同伴，包括法国的教皇特使罗伯特·柯松，还有那慕尔伯爵（count of Namur）。这种形式的"实时"新闻让宣传者同伴们及其受众都能知晓布道活动期间正在发生的奇迹事件，为布道者们增加了即时性信息。这些流传的故事为后续的编年史提供了素材，其范围涵盖莱茵兰及更远地区，远至英格兰的圣奥尔本斯。奥利弗本人在他自己编写的第五次十字军东征的历史中也包含了改写过的奇迹故事，这部作品汇集了从他出征前到远征过程中的时事通讯。身为招募者、宣传者和十字军战士，奥利弗证明了书面和口头语言是彼此相依的，而且有时还包含视觉协助，例如弗里西亚的天象。奥利弗的布道为大量类似奇迹的鼓舞士气的故事提供了原始素材，这些故事很快通过书面形式留存下来，例如在莱茵兰的海斯特巴赫（Heisterbach）的西多会修道院中，那里的院长和修道士们都密切参与了奥利弗的布道活动。[67]回忆没有留给口头的吟诵，而是几乎立刻就被赋予了文学上的永恒。

在召集人力和财力的过程中更能体现出书面记录的重要性。枢机主教乌格里诺在意大利北部的活动留下了一份十字军战士和收支的详细记录，还有一些教皇的账目中记录了 1215 年的教会税收。[68] 但是，人员招募和账目记录并不是新鲜事。这样的习惯也不限于教皇的官僚机构。博希蒙德在第一次十字军东征期间的花费账目就是证明。[69] 无论身份地位，任何十字军指挥者的任何募款行为可能都会产生某种形式的账目记录：1096 年英格兰的十字军税，或是路易七世在法国开征的同类税收，再或是 1188 年腓特烈·巴巴罗萨的税收。亨利二世于 1188 年为了在英格兰开征萨拉丁什一税，而在索尔兹伯里（Salisbury）建立了一个单独的会计室。英格兰早期的档案传统揭示了对 1190 年理查一世的十字军远征的人员、款项、物资、征用船只和其他装备的仔细记录。[70] 而在半个世纪前的 1147 年，十字军舰队就在达特茅斯建立起协会，负责监督钱款分发，记录惩戒和法律裁判，或许这样就有办法能对过去的决定加以验证，并记录新的决定了，哪怕只是为了避免或缓和因语言各不相同而很难管理的各支军队之间产生的意见分歧。[71]

编年史的作者们喜欢列出十字军战士的名单。他们的信息有自己的来源，未必是通过口口相传。书面记录最明显的作用是为指挥者和家乡的社群提供信息。领主招募军队，教士试图执行誓言，法庭想要起诉重罪或是裁定民事纠纷，债权人寻找债务人：这些都需要名单。13 世纪英格兰和法国的世俗法庭的记录表明，十字军战士的誓言所涉及事务延伸到了社会活动的方方面面。尽管可以推测，像治安官这样的军事官员会觉得这类手下名单很有用，但要从早期的远征中找到真实的例子则很难。[72] 有的政府，比如英格兰和西西里的，到 12 世纪中期时已经在编写债务清单，这主要是财政原因。相关技术已经存在；有书写员，书面记录在文化上的接受度也越来越高。中世纪编年史中的数字极具发明性。然而，威尔士的杰拉尔德估计，1188年大斋节期间，在鲍德温大主教的布道之行中加入十字军的威尔士人"大约"有3 000名，这并不是一个荒谬的数字，可能是根据书面记录得来的。12世纪90年代末至13世纪初，坎特伯雷大主教休伯特·沃尔特编写了康沃尔郡和林肯郡的十字军战士名单以及第三次十字军东征中没有完成自己誓言的人的名单。这样的名单或许是新的，但同时他可能只是与现存记录进行了对照。英格兰财税署在1190年、1191年和1192年的记录中列出了59名参加十字军后免于缴纳与威尔士人开战的税收的骑士。1207年和1208年的记录中则列出了8名在不明原因情况下被罚款的约克郡十字军战士。但他们的名字都在名单上。[73] 圣奥尔本斯的历史学家温多佛的罗杰（Roger of Wendover）描述了1227年一位十字军布道者休伯特大师（Master Hubert）所保有的一份名单，上面是他招募的十字军战士，温多佛估计有4万人。根据第五次十字军东征期间和之后派出的受过教育的布道者团队的规模，这很可能是标准做法。帕德伯恩的奥利弗在他的传单中讲述了1214年他在弗里西亚布道时见到的天国幻象，不仅估算了整体数量，还尝试区分出不同类别：骑士、军士、侍从。虽然他在这封信的不同版本中给出的数字有所不同，但其数量级（数千次）是有可信度的。他认为计算十字军战士的人数是他的任务之一。一位熟悉当地第五次十字军东征招募行动的消息灵通的人士指出，在一位美因茨教士布道后，有"多达80人"加入十字军，这个数字完全是符合现实的。[74]

还有其他记录钱款或其他奖励的清单，这是从第一次十字军东征开始的基本招募技巧。但关于这类奖励的书面证据在第三次十字军东征中才出现。75 对于参加阿尔比十字军的战士来说，服役期限很不寻常，是 40 天，跟他们原来和领主之间的债务运作差不多，很值得在书面上进行确认；尤其是对那些决定延长自己服务的人来说。加入十字军就能保障一名十字军战士享有基督在天国的遗产，为了给这样的关系找到一种比喻，一本 13 世纪初的布道手册将其比作一份书面特许状（*quasi per cartam*），也有一类加入十字军的仪式会用技术术语来指称一种特定类型的书面契约："教皇亲笔特许"（*de cyrographo*）。76 尽管十字军服务契约可能早在 11 世纪就已存在，但留存下来最早的十字军战士之间的书面服务契约是 1239—1240 年的，在 13 世纪 40 年代末至 50 年代初的法国和英格兰王室行政档案中还有更多例子。77 在 12 世纪 90 年代和 13 世纪 40 年代，无论是教皇还是王室，都采用中央集权式的命令结构，这样的结构或许更有可能保留详细的书面记录，因为十字军东征不过是他们正常的政府和官僚政治行为的一种延伸罢了。然而，如果认为较早或较下层的十字军筹备网络没那么依靠书面记录，是因为他们不会持续收集和保存副本，并留给他们的后代和继任者，即是一种误导。书面记录在地方层面的重要性体现在修道院的记录中，这些记录保存了富有的十字军战士的筹款方法，在主教区登记参加十字军的仪式的记录中也可以看出这种重要性。相对于个人或家庭，官僚体制文化更倾向于保留系统性的长期记录。但是，十字军的组织者们早在档案文化盛行之前就在他们活动的几乎各个方面都开始运用书面记录了。

据说，隐士彼得用耶路撒冷宗主教的一封信开创了十字军东征的传统，这个传说也并非毫无道理。时事通讯，无论是真的，还是经过篡改的，一直都在为行动提供信息和动因。修道士们中央集权化的阶级组织、国际交流、教士集会都为书面交流提供着新鲜的渠道。13世纪中期的十字军布道者们随身携带的印章一定是用来认证文件的，而不仅仅是用于为大量的捐款和赎款作保证。[78]渐渐地，世俗和教会官僚政权自觉地开始将他们严密的档案程序延伸到十字军运动的运作上。书写从一开始就是远距离且大规模舆论动员、外交、军事计划、募款和征兵的积极要素，在十字军的筹备过程中始终都占据着核心地位。激励文（*excitatoria*）、书信、短文、小册子、模范布道文，编年史、赞美诗和诗歌这些劝说的武器是这项事业中所用工具——土地交易许可、十字军战士名单、服务契约、外交信函和财政账目——的补充。但是，书写也只起到一部分作用。地方名人与附近僧侣之间的财产交易可能会记录在书面上，但也可能是通过在公开的仪式上进行物品交换而达成契约，一把匕首、一块土地都是权利转移的象征。主教区的官员也许已经记录下社区中加入十字军的礼拜仪式，但要成为十字军战士，还需要在一次公众集会前举行礼拜仪式。调动人们对十字军的支持，要依靠书面记录和授权体系，还要依靠现场表现。

第四章 劝　导

　　中世纪十字军布道者的形象反映出形成鲜明对比的基督教福音传统：解说者和煽动者，教师和牧者，教诲和权威，圣保罗和施洗者约翰，乌尔班二世和隐士彼得，克莱尔沃的伯纳德和教友拉道夫。到13世纪初，关于像纳伊的富尔克这样在巴黎接受教育的民粹派以及像威尔士的杰拉尔德、维特里的雅各、帕德伯恩的奥利弗这类学者和知识分子的故事，在直接进行的简洁描述中，将这两种成分结合在一起，让个人的焦虑情绪与极具神学说服力的陈述并排而列。威尔士的杰拉尔德描绘了所面对的来自可能加入十字军的个人的质疑、阻碍与困境：十字军不仅是公共危机的良药，而且是各种私人难题的万灵丹。1214年，帕德伯恩的奥利弗在弗里西亚布道时处理了各种个人和家庭问题：放高利贷的吝啬鬼想廉价赎回他的誓言，一位十字军战士的妻子因为怀孕而可能有生命危险，遭受欺负的仆人试图寻求恶魔的保护，一位弗里西亚领主被谋杀对招募产生的影响。[1] 布道者们将十字军战士对于十字军誓言细节的担忧传达给英诺森三世及霍诺留斯三世，这对于那些考虑要进行这种潜在的重大人力或物力投资的人来说很重要。关注十字军对普通信众的生活可能造成的影响，这符合领导十字军宣传活动的那些学术教士精英们所提出的教诲与教牧福音，因为理论和传统都在规劝信教者，要与公众的冷漠或敌意做斗争。

十字军东征

计划与组织,理性与信仰

理 论

  因为有越来越多的胸怀抱负的教会人士渴望证明自己的教牧和学识能力,从第三次十字军东征开始,布道这个行业开始迅速成长。理论分析和指示手册层出不穷,编写者大多是接受过巴黎教育的学者教士,他们的共同风格常常是偏概念性,而非现实性。沾沾自喜是他们的职业病,就当这是一种文学借喻了,如果不能算性格缺陷的话。例如帕德伯恩的奥利弗自诩在弗里西亚成效卓著,维特里的雅各也自豪于自己让热那亚的妇人们神魂颠倒。1224 年,阿尔勒的教士长寄出了一份时事通讯,炫耀自己最近在马赛取得的胜利。他原先被告知,只要能招募到一个人就算是幸运了,但据他宣称,他的团队每天都能招募到上百人,在五周内招募到了三万多人。根据他们自己的叙述,他们的布道产生了天国的幻象,也出现了治愈的奇迹。十字军战士的伴侣(两性都有)所造成的障碍都被克服了。当地女性在见到"许多带有十字架的神秘之物"时都陷入了恍惚的震撼状态。[2]除了这群欣喜若狂的女性,这些都是十字军福音中常见的标志。这种非凡自信被解释为上帝的杰作,成功也被归功于上帝的无所不在。

  现实也许相去甚远。布道的过程中时有干扰事件发生,例如有一位参加过圣地战争的英格兰石匠,他曾激烈地质问,试图劝说身边的听众不要参加十字军。[3]有的十字军运动会引发反对,被认为是不合法的,或者只是向信徒敛财的借口。布道者可能能力不够,也可能有休假日,威尔士的杰拉尔德就是这么欢乐地评价 1188 年时的坎特伯雷大主教鲍德温的。[4]技巧拙劣、缺乏准备或配备不足的演讲者可能遭遇危险。听众的厌倦和分心有可能演变成毫不掩饰的敌意。一位西多会修道院院长成功地让自己的

第四章 劝 导

修士和俗世教友睡着了，好不容易才又用毫无关联的亚瑟王的故事把他们唤醒。约1216年的一本英格兰十字军布道手册中解释了如何用让人激动的例证来吸引注意力，以避免沉闷。[5] 要小心确保讯息和媒介在知识上的统一性，以及在演说中的有效性。从12世纪后期开始有一系列理论性的布道文学作品在尝试解决这些难题，还有许多布道文集提供帮助，这些布道文的作者都是这类作品的大明星，其中包括十字军布道者维特里的雅各、沙鲁托的奥多（路易九世的1248年东征的教皇特使），或是多明我会修道士波旁的斯蒂芬（Stephen of Bourbon，反异教徒演说的专家）、罗曼斯的洪培德。[6]

理论性的指示非常详细，且有固定样式。布道文有固定的模本：一段介绍性的解释或文本（*exordium*）、布道的目的（*narratio*）、论证与驳论（*divisio*）、证明（*confirmatio*）与反驳（*confutatio*），最后是结论或后记。这种模式可以加以改动，以适应不同的听众：王公贵族、士兵、法律学者、自由民、农奴（不是十字军布道的目标，因为十字军战士一般必须为自由民）、女性（会区分寡妇和未婚女性）、神职人员、学者、城里人、年轻人、老人、富人、穷人。布道文必须内容清晰，结构严谨。布道者要避免对听众采取施恩者的态度，演讲时切忌居高临下，长篇大论容易让人困惑，不要滥用修辞的把戏，不能撒谎，不要使用无关的诡辩。叙事与例证不要冗长，而要像一本手册中指导的那样"简明、清晰、有理"，但从现存的例子来看，这样的建议常常都被忽略了。话语和手势都要与含义相配合，在描绘灾难时，声音要假装像处在恐惧中那样颤抖。布道者需要良好的发音，强有力的嗓音，语言流畅，记忆力强，还要有拉丁语能力。不鼓励使用夸大的言语和动作，这会让布道者看起来像是傻子、小丑或演员。[7] 这种典范似乎也被违背了。

在布道文概论中，针对十字军的布道并没有被单独分组，而是和针对忏悔苦修的布道归类在一起。参加十字军和模仿基督受难忏悔可以获得救赎，这样的说辞很容易地就从十字军传到了其他类型的十字布道文中。福德的鲍德温在1188年为十字军布道之前，已经写过一篇圣十字布道文（*sermon de Sancta Cruce*），他在文中将十字架描绘成一种精神上的"军旗、胜利的奖品、凯旋的象征"，在这种隐喻性的语境中，有明显的模糊性。一个半世纪之后的1333年，鲁昂大主教皮埃尔·罗歇（Pierre Roger of Rouen），即未来的教皇克莱芒六世，在教皇约翰二十二世面前发表十字军演说时，一字不差地重复了他的一篇忏悔的十字布道文，作为演讲的结论。[8] 十字军意识形态中所特有的激进主义被称赞为对俗世基督教生活的终极表达，虽然有争议，但还是被纳入了一半的教牧神学之中。罗曼斯的洪培德在他的布道文总论中，将布道者比作"基督的士兵"，像马加比人一样"勇敢的军队"（经常与十字军战士做类比），因为"布道就是战斗，因为[布道者]就是在向信仰和道德的错误宣战"。[9]

但是，十字军的布道大有不同。洪培德为其提出了单独的建议，约于1265年写了《论为抵抗撒拉逊人的十字军布道》（*De praedicatione s. Crucis contra Saracenos*，以下简称《论布道》）一文。从他自己留存下来的十字军布道文来看，洪培德专注于给出灵活的主题，适合针对不同的听众和情况进行改动，而不是提供一种固定的模本，尽管他可能还是附录了乌尔班二世在克莱芒的演讲的一个版本，来说明如何最好地进行布道。[10] 这篇短文是

第四章 劝导

一篇实用的参考文，而不是范型。这篇文章是否受众广泛无法确定，因为流传下来的手稿不多，但是，曾经身为多明我会领袖的洪培德交往极广。《论布道》一文涉及了布道的技术：何时吟唱特定的赞美诗，何时要求集会的会众举起十字架，十字架应该戴在哪里（右肩）以及原因。文中就参加十字军的障碍——罪，对可能的困难与威胁感到恐惧或担忧，对家庭和家人的爱，同侪群体间的敌意、冷漠或嘲笑，物力不足，或是疑虑——进行了争论。其中一些反驳借用了日常可见的形象。因为对家庭的爱而希望留在家中的人被比作从没离开过笼子的小鸡，一直被拴在屋边的佛兰德斯奶牛，或是从大海的咸水中逃离的淡水鱼。该建议的最后着重强调了要与穆斯林战斗所必须采取的宗教行动和需要具备的精神状态。其中的关键要素十分清楚：基督教徒有责任为上帝、圣地和东方的基督教徒兄弟所遭受的伤害复仇，十字军东征是基督教骑士和全体信徒的终极朝圣和虔诚的事业，十字架既是一种保护，也是一种代表恩典的信物。救赎和宽恕才是最根本的，这一承诺也保留在了接受十字架的召唤中："来吧。谁渴望得到上帝的恩典？谁迷恋天使的陪伴？谁思慕不朽的王冠？近前的所有人，所有来领受十字架的人都将获得一切。"[11]

布道者需要成为优秀的推销员，拥有必备的演说技巧。为了激励他们的听众，他们自己也必须领受十字架，然后解释所获得的宽赦与特权的细节和效果。他们身为神职人员，有权给予赦罪，这是管理十字军的一个先决条件。洪培德对布道者们提出了雄心勃勃的学术要求。除了相关的《圣经》段落，他们还应掌握该地区的地理环境和世界地图［*mappae mundi*，这是当时流行的，比如赫里福德大教堂（Hereford Cathedral）中保存的那一幅]。除了像《安条克之歌》和提尔的威廉的文章等文本，布道者还应当熟悉穆罕默德的生平以及伊斯兰教的历史，还包括《可兰经》。这可能已经是标准了。帕德伯恩的奥利弗曾在德国西部为第五次十字军东征布道，他自称熟悉《可兰经》中有关基督和圣母马利亚的教义。洪培德提供的实用文本展现出了他的学术资历：这些文本中包含优西比乌斯（Eusebius）、卡西奥多罗斯（Cassiodorus）、奥古斯丁、图尔的格列高利（Gregory of Tours）、格列高利一世、比德（Bede）、伪托宾（Pseudo-Turpin，他视查理曼为第一位十字军战士），以及一系列圣徒传。[12] 洪培德的短文虽然语调很偏实用性，但和布道文集一样，在学术上都是十分严谨的，是曲高和寡而非通俗的。

但半个世纪前的一篇布道论述却表明，对这些高深的技能的要求绝非不寻常，也不是独树一帜的。大约写于1213—1216年的《英格兰十字军布道规则简要》（*Brevis ordinacio de predicatione s. crucis in Angliae*，以下简称《规则简要》），也许和英诺森三世派往英格兰为第五次十字军东征布道的团队有关。英格兰国王约翰在1215年复活节加入十字军，主要是以此为一项政治策略，一方面与教皇结盟，另一方面也让他的对手措手不及，因为1214年英格兰已与法国开战。但后续与法国的战争、叛乱、内战，以及1215—1217年法国的入侵都让东征圣地的布道难以取得效果，必须等到敌对的状态停止，不过也有些保王派似乎利用了这种语言以及十字军战士的正式身份来对抗叛乱者。[13]《规则简要》也许只是一种学术上的练习。但是，这确实指明了该如何传达消息才会受人欢迎。神学上的细节要披上迎合大众的意象，才能安抚听众的焦虑，其中主要是与罪和死亡有

第四章 劝　导

关。举例和类比都是要强调，对于那些背负起救赎的十字架的人来说，死即通往生，这样的命途无须惧怕，而应欣然接受。十字军的宽赦所带来的好处能战胜忏悔者受到的罪的诱惑，这就是十字军有效运用救赎的关键。精神善举能收获物质财富，这样的暗示就一点儿也不奇怪了。

阐释与交流密不可分。从关于圣餐和圣体实在（Real Presence）进行的一次漫长讨论中可以发现，十字军布道通常都发生在弥撒仪式的背景下，因为这一仪式充分强调了在十字架上受难的基督、牺牲、救赎、忏悔、赦罪。耶稣在十字架上受难的形象将神秘的类比与常见的宗教工具联系在了一起。在另一种粗糙的形象中，举起十字架就是在认定十字军战士获得的天国奖赏，"就像是一份特许状"。在最后一个部分"论加入十字军的号召"中，该论述提供了一段布道范本，论述十字架的救赎力量：用心与行为上帝效命，在战斗中殉道就能换来救赎和永生。关于经由十字军战士的死而获得永生，文中举了两个例子，一个是参加第一次十字军东征的布永的戈弗雷和他的兄弟，另一个是第三次十字军东征中的法国英雄阿韦讷的詹姆士。这一段中穿插着演说中的叠句，鼓励人们加入十字军，每一段的开头都是"来跟从我"（*Surge ergo*），这出自《马太福音》16∶24："背起他的十字架，来跟从我。"这篇论述的结尾又举了六个死后获得荣耀的例证，也用了同样的叠句。这些拉丁语写成的轶事中夹杂着方言点睛句，表明这是用于现场讲演的，而且听众多为骑士。其中一段故事是关于一位十字军战士催促他的马"莫雷尔"前去战斗，这样才能去往天堂，维特里的雅各也用过这个故事。每一段故事描绘的都是历史上十字军中的殉道者，他们渴望拥抱英雄般的死亡，相信这样就能得到永生的奖赏。还有一段故事中用了一个无聊的英语和法语的双关。比彻姆的于格在与撒拉逊人战斗时大喊："虽然我的名字是比彻姆，但我至今也没到过什么好地方＊。"14 几乎可以听到一些咕哝声。

时　机

教会礼拜年历让十字军的宣传可以从中找到合适的季节与节日，可以专注在通过基督和十字架来悔改、忏悔和赎罪上。圣诞节前的基督降临节，还有复活节前的大斋节，这两个忏悔的时期都很适合以基督为中心召唤人们来忏悔，不过这个时候的天气很恶劣，不适合出行，更别提户外演讲了。乌尔班二世就在1095—1096年的降临节、圣诞节、大斋节和复活节期间进行过布道。第二次十字军东征最早的公开布道是在1145年的圣诞节。教皇诏书《吾等之前辈》重新颁布后，克莱尔沃的伯纳德是在1146年大斋节开始布道的，最后于复活节当天在维泽莱举行盛大的十字架授予庆典。德意志国王康拉德三世在圣诞节后从伯纳德手中接过十字架。1188年，第三次十字军东征布道的关键时刻恰好碰上主显节，而在威尔士和德国西部时恰好碰上大斋节。腓特烈・巴巴罗萨加入十字军是在美因茨的"基督法庭"上，那天是喜乐主日（*Laetare Jerusalem*，大斋节的第四个星期日），法国国王腓力二世于同一天在巴黎召开了一次会议来讨论十字军东征。在第四次十字军东征中，香槟伯爵和布洛瓦伯爵在降临期主日（1199年11月28日）接下十字架，而佛兰德斯伯

＊ "比彻姆"的英文为"Beauchamp"，而"好地方"的法文为"bello campo"，也就是"beau champ"。

第四章 劝 导

爵紧随其后，是在圣灰星期三（1200年2月23日）。英诺森三世在1213年复活节季发布诏书《事出紧急》，在1215年降临节发布《解放圣地》，英格兰国王约翰是在同一年的圣灰星期三加入十字军的，德意志皇帝腓特烈二世是在那年复活节。这样的例子不一而足。阿尔勒的教士长在1223—1224年前往马赛进行为期五周的布道任务，刚好是降临节和圣诞节。英格兰国王亨利三世在1250年的喜乐主日加入十字军。[15]1267年，法国国王路易九世加入十字军的日子——3月25日——有双重意义，既是大斋节中期，也是圣母领报节，而圣母马利亚也逐渐成为十字军精神的保护主。

从第五次十字军东征开始所组织的滚动式的布道活动不再依赖这些季节性的时间表。但是，个别节日还是很重要，那些不用工作的人会聚集在一起做礼拜、做买卖或游玩。乌尔班二世在1095—1096年冬季前往里摩日（Limoge）、普瓦捷和卢瓦尔河谷（Loire valley）时，恰好是当地圣人的瞻礼日，或是圣人教堂重启的落成典礼。1214年，帕德伯恩的奥利弗就利用了聚集在乌得勒支（Utrecht）主教区的多克姆（Dokkum）的人潮，那天是当地的殉道者圣卜尼法斯（St Boniface）的瞻礼日（6月5日）。那年的9月初，奥利弗的同事克桑滕的约翰（John of Xanten）闯入默兹河谷的丰收节上。[16]他没有等到十字军的特有节日——9月14日圣十字节，也就是举荣圣架节。1198年和1201年在西多举行的西多会修士总理事会的传统圣十字节集会，成了第四次十字军东征初期的焦点场合。在社会阶层的另一端，1291年整个约克郡的布道活动是在9月14日这天开启的。法国国王腓力四世这样一个绝不放过宣传把戏的人，在1307年的这一天下令逮捕圣殿骑士。图尔奈一直到 14 世纪都对十字军东征保持着热情，这或许与当地在每年 9 月 14 日举行的圣十字节庆典有关。[17]

节庆典礼提供了合适的机会。弥撒为常规且熟悉的仪式准备好了背景，在一些保留下来的仪式中明确规定要领受十字架。其形象和语言都会让人联想起十字军的主题：基督的存在，他的牺牲，十字架，忏悔，赦罪，救赎的许诺，耶稣十字架受难，这些会被十字军布道者们用作修辞，或是当作支持的后盾。弥撒与十字军宣传一唱一和。克莱尔沃的伯纳德于 1146 年在维泽莱进行的复活节布道是紧接着复活节弥撒之后的，他的布道内容清楚地呼应着圣餐仪式，暗示巴勒斯坦会因为基督的血而变得神圣真实，"他复活之地的鲜花率先绽放"。在克莱芒，乌尔班二世的布道过程可能伴随着他的听众吟诵弥撒的总告解。此后，弥撒经常为加入十字军的号召提供前奏和背景。1147 年 2 月，雷根斯堡盛大的布道和十字架授予仪式开始前就举行了一场大弥撒，据一位十字军战士说，"这是惯例。"就像雷根斯堡当时的情况那样，布道者通常担任的是弥撒的司仪。在佛兰德斯和威尔士，1188 年大斋节期间，十字军布道是在弥撒结束后进行的。1214 年在弗里西亚的贝杜姆（Bedum），帕德伯恩的奥利弗的布道是"圣十字节大弥撒"仪式的一部分，据称当时天空中出现了耶稣在十字架上受难的景象，不过与会者中对此最信以为真的显然只有一个 11 岁的小女孩。[18]

无论在哪种情况下，预先通知都是很重要的。集会需要预先知道内容，地方神职人员要将布道安排进他们的礼拜仪程中，布道者要安排好他们的道具和装置，可能还要进行彩排，可能加入

第四章 劝 导

十字军的人要坚定他们的决心，克服一切家人的反对，民众要做好一天的安排。听由一切自然发生是无益的，也是不现实的。对于长途巡回之行来说，布道者们要安排好路线、接待和会场。要组织大型的集会或会议需要时间准备。杜伊尔的奥多（Odo of Deuil）讲述了路易七世在1145年圣诞节宣布要发起十字军东征却效果不佳后，是怎样"又安排了另一个时间，即在维泽莱的复活节期间，所有人都会在棕枝主日（即基督苦难主日）前的那个星期天聚集起来，那些受上帝感召的人会在复活节星期日的集会上举起光荣的十字架"。为了增添效果，国王会事先从教皇那里获得一个十字架。上帝的启示也需要一些协助。[19] 无独有偶，人脉丰富但在宗教上奉行苦修的弗莱辛主教奥托（Otto of Freising）将他在1147年加入十字军的雷根斯堡仪式上的成功归因于准备工作，而不是花言巧语：

> 因为无须人类智慧的劝导之言，也不必使用与修辞学家们的训诫相符的讨好的巧妙委婉之语，因为在场的所有人都受到了先前的报告的鼓舞，自然就冲上前来领受十字架。[20]

文学中对自发情形的强调掩盖了现实。根据手下一位僧侣的说法，派里斯修道院院长马丁于1201年在巴塞尔的布道并不令人惊讶。那些聚集在巴塞尔大教堂的人们，

> 被当时正盛行的流言所激励……早就听说过周围的其他地区是如何在人潮汹涌的布道活动中受感召加入这支基

督的军队的……因此,这一地区的很多人从心底里准备好要加入基督阵营,急不可耐地盼望着参加这样的劝勉活动。[21]

马丁的布道为一场众所周知的仪式增添了光彩,会众们在现场确定了他们在别处就已做好的决定。这样的仪式几乎没什么创新之处,通常只是有意识的重演。乌尔班二世的模式在两个世纪之后依旧是参照的典范。威尔士的杰拉尔德在1188年刻意重现了1146—1147年克莱尔沃的伯纳德的布道巡回之旅中的一个著名场面。帕德伯恩的奥利弗在1214年的天国幻象也被广泛模仿。布道者们在仪式上扮演基督来号召他的追随者们举起十字架,于是形式和背景的重要性便超越了论说。[22]

地 点

布道者们得到的建议是要在城镇、大型村庄布道,还有任何有听众的地方,即便人数不多。[23] 因为十字军布道者们必须尽快招收到尽可能多的志愿者,要接触到尽可能多的人、覆盖尽可能大的区域便成了关键,因而布道巡回之旅才会如此马不停蹄,比如1188年在威尔士或者1214年在弗里西亚,而且他们还会格外重视人口中心、贵族庭院、节庆、教堂和祭礼场所。最主要的地点是城镇。1095—1096年,接待乌尔班二世的是法国西部的教会中心和城镇(他的继任者帕斯卡尔二世称之为"civitates")。据说隐士彼得曾在城市和小城镇(*urbs et municipia*)中布道。[24] 科隆、美因茨、沃姆斯(Worms)、施派尔、斯特拉斯堡这些莱茵兰的城市一直都是宣传活动常去的地

第四章 劝 导

方。在英格兰，伦敦是宣传和招募活动的焦点城市，这是从第二次十字军东征后就延续下来的长期传统。枢机主教乌格里诺于 1221 年被派往意大利北部时游历的城市包括：卢卡、比萨、帕多瓦、皮斯托亚、热那亚、博洛尼亚和威尼斯。与科隆、热那亚和伦敦一样，佛罗伦萨拥有很长的十字军东征传统。吕贝克和不来梅是 1200 年后利沃尼亚十字军劝服他人改宗和招募的中心。大型的集会都是在城镇和城市中举行：克莱芒（1095 年）、维泽莱（1146 年）、施派尔（1146 年）、法兰克福（1147 年）、雷根斯堡（1147 年）、巴黎（1096 年和 1188 年）、美因茨（1188 年）。13 世纪初一些最生动的布道故事也多与城市有关：1216 年维特里的雅各在热那亚，1223—1224 年阿尔勒教士长在马赛。帕德伯恩的奥利弗和克桑滕的约翰于 1214 年在科隆大主教区的一个个小镇间穿梭。鲍德温大主教的团队于 1188 年时在威尔士也是如此。著名的亚里士多德作品的译者、多明我会修道士大阿尔伯特于 1263—1264 年在德国担任"十字军的预报人和推广者"（*predictor et promotor crucis*），他专注于大型城镇中心，用那里的宗教场所网络作为他的基地：奥格斯堡（Augsburg）、多瑙沃尔特（Donauworth）、维尔茨堡（Wurzburg）、美茵河畔法兰克福、科隆、斯特拉斯堡、施派尔、雷根斯堡、美因茨。[25] 俗世场所被用来举行十字军仪式，包括城堡（如 1188 年 3 月在威尔士的厄斯克）、比武场（如 1199 年 11 月在埃里）、市场（如 1268 年在鲁昂的老图尔），尽管有人担心这太靠近商业了。[26] 吉索尔是 1188 年 1 月法国和英格兰的国王加入十字军的地方，那里成了法国王室和诺曼公爵举行峰会的传统地点。但是，就像主教区的结构提供了布道路线一样，教堂、大教堂，有时还包括修道院都会成为路线网的落脚点,如 1096 年在马穆提,1146 年在圣丹尼斯,1185 年在克勒肯维尔,1198 年和 1201 年在西多等。[27] 教堂是天然的会议场所,也是最大的公共建筑。教堂的人员可以筹备会场,为活动做宣传,提供招待和当地的信息。随着城镇的发展,大教堂和教堂的修建,以及稳固的教区体系的建立,布道活动也接踵而至。在教堂中,神坛或者单独神龛中的圣物营造出了合适的宗教氛围。这一点尤其应用于对圣物进行解释或者是圣人教堂重启落成的场合,例如 1095 年 12 月在里摩日的圣马蒂尔(St Martial)教堂,1096 年 1 月在普瓦捷的圣衣拉略(St Hilary)教堂和昂热(Angers)的圣尼古拉教堂,1268 年 3 月在鲁昂的抹大拉的马利亚教堂。[28]

十字军东征中有一种老套的做法就是露天布道。乌尔班二世似乎很喜欢这种形式,也许是为了强调和基督一样的福音。有一些描述中弥漫着一种布道者的男子气概。有一位亲历者回忆说,乌尔班不得不在克莱芒进行露天布道,因为"没有足够大的建筑能容纳所有到场者"。杜伊尔的奥多在描述克莱尔沃的伯纳德在维泽莱的演说时也用了类似的说法:"因为城里没有地方能容纳如此大的一群人,于是就在外面的一片空地上搭建了一个木制讲台,好让修道院院长能在高台上向周围站满的人群讲话。"[29] 从听觉角度和后勤角度来看,就像 13 世纪的指导手册中说明的,在教堂中布道是更推荐的形式。但是,有许多教堂就是太小了,无法容纳从城镇附近以外聚集而来的会众。就连较大的市民教堂可能也容纳不下。同样,并非所有布道活动都像 1291 年约克郡的修道士们那样,拥有足以囊括每一个教区教堂的人力,因而他们只能在交通便利的地区中心组织大型集会。[30]1188 年在威尔士,

第四章 劝 导

大部分布道活动都是在户外举行的。

还有其他因素会影响关于举行十字军典礼场所的决定。1212—1213 年之后为了援助西班牙和圣地而设立的特别的宗教游行有时是在室外举行的。在 1295 年春天的英格兰，如果天气好就在室外举行圣地游行，下雨就在室内。[31] 比武是公开的集会，会有现成的观众前来观看打斗，例如 1199 年在埃里。一个充满骑士精神的场地提供了非常适合仪式的背景，可以将有罪的俗世暴力转变成赎罪的神圣战争。"恶质"（*malitia*）与"军事精神"（*militia*）之间的差异无须赘言，尤其是比武在 1130—1316 年间是被教会禁止的活动。教会中的十字军宣传者对骑士文化的又爱又恨——表面上接纳，实则是想对其进行改革或转向——表现得淋漓尽致。在夏天期间，露天野餐也适合被利用来听取十字军的布道。帕德伯恩的奥利弗描绘了一幅惬意的画面，1214 年，他的听众聚集在贝杜姆郊外的草地上，一家三代人与邻居同坐在户外。那年 6 月在多克姆，户外也许是更好的选择。奥利弗宣称的天国幻象不会降低人群的兴致。他的同事克桑滕的约翰就没那么幸运了：有一次，他的话全被风吹走了（很容易会被指责为有恶魔介入）。一位热心的方济各会修道士在他的布道讲台上安置了一个旗杆，这样听众就能看到风向，然后找到合适的位置。为了能让自己被听见，布道者必须把自己训练成专家。许多听众，或者可能是绝大多数，都会听不清确切的内容，这也成了借助戏剧式表演和道具的另一种动力。帕德伯恩的奥利弗承认贝杜姆当时只有大约一百人看到了天空中的十字架，可能那些靠的够近的人才能听到演讲者所说的云的含义。[32]

听 众

要在宣传上取得成功，就要能吸引听众。巡回各地的布道者常常要很快就走遍一大片地区，他们在每个地方停留的时间都很短，常常不会过夜，这就不得不仰赖当地人来费心地召集听众。维特里的雅各讲述了一段纳伊的富尔克的故事，他到法国的一个小镇布道时发现那里一个人都没有。于是他开始大喊："救命！救命！有强盗！有强盗！"于是人们就跑来，问他罪犯在哪里。富尔克巧妙地解释说，有恶魔来到镇上偷走了他们的灵魂，接着他就开始按计划进行布道，此时已经有很多听众了。[33] 没有听众，就没有十字军东征。从第五次十字军东征开始，也许正是因为对出席的焦虑，才会对那些只是到场听布道的人也给予赦罪奖赏。在某种层面上，这认识到了这个过程所具有的精神实质，是符合誓言的赎回的，也是对其他协助者的部分赦罪。到13世纪中期，布道者，甚至还包括十字军税的征收者，都可以享受赦罪。但与此同时，随着十字军布道变得越来越标准化，有人担心布道会变得令人厌倦，因为修道士的行为越来越制度化，原因变得越来越多样，目标也越来越偏重财务方面：方济各会修道士图尔奈的吉尔伯特（Gilbert of Tournai）在13世纪70年代公开提出了这些忧虑。听众的价码从霍诺留斯三世（1216—1227）时免除10—20天的罪罚，增加到格列高利十世（1271—1276）时的100—450天。[34]

无论这种通货膨胀是如当时一些人所认为的那样反映出人们对非圣地的东征变得越来越冷漠甚至讨厌，还是只是将十字军产业的各方各面都融入一个全面性的忏悔体系中，这种给参加布道的人精神奖励的做法突出了其本身仪式性的一面。这种慷慨播撒赦罪特权的行为依旧吸引着顾客们。一位（显然是怀有敌意的）观察者指出，修道士们于1249年在英格兰为十字军布道时宣称，只要来听他们布道，就能获得"多日"赦罪。这吸引了大量的人群，不分年龄、性别、贫富和社会地位。十字架的分发毫无区别对待，包括残疾人、病人和老人，不过这些人第二天就用钱赎回了他们的誓言。[35] 编年史家们或许也为此感到震惊，但的确有人受惠，他们得到了免费的赦罪，再加上他们额外买的天数；这是相当不错的一笔买卖。无论如何，并非所有来听布道的人都想要或是真的加入十字军，布道者们的目标还会从潜在的十字军战士拓展到他们的亲友。就像其他类似的约定一样（比如婚姻），参加十字军需要直接关系人公开同意才行。在会众之中只有一部分会真正加入十字军，而且还有会用金钱赎回誓言的人，这就增加了暂时的、不参加战斗的十字军战士的比例。其余人的参与方式是旁观和默许，或者是纳税，尤其是那些住在教会土地上的人。所有人都需要得到对他们为这项事业所付出功劳的肯定。

宣传会经过调整以适应不同的听众。乌尔班二世和克莱尔沃的伯纳德的好战形象为战士阶级（*ordo pugnatorum*）——王公、领主、骑士和一文不名的战士——树立了榜样。伯纳德在谈到商人时，将十字军所给予的拯救比作一桩商业买卖。里加主教阿尔伯特动员过波罗的海西岸和德国北方城镇的商业团体（*negotiores*）。[36] 在其他城市，十字军运动吸引了各个社会和经济阶层，包括有财产的（无论多少），或是领薪水的。穷人不会排队等着加入十字军，即便是那些后来遭遇困难才来完成他们誓言的人。[37] 在1200年左右的世代，十字军、苦修运动和反物质主义运动者这三者之间的结合十分明显,但这并不像人们所想的那样是社会激进的表现。《规则简要》中将富人比作泥潭中翻滚的鱼,他们被布道者的话语刺激到,逃出了上帝的网(也就是十字架)。继续用这个水里的比喻,大鱼被恶魔的网捕获,而小鱼——穷人——穿过网来到十字架边,来到上帝身边。[38] 如果从字面意思来看,富人与十字军运动疏离的想法是荒谬、弄巧成拙且不真实的。这种反物质主义的修辞也会造成难题。十字军战士可以免于偿还高利贷,也无须立刻偿还债务,这是至少从 12 世纪 40 年代就开始的做法,但尴尬的是,这样的做法会损害十字军的诚信度,而当时却是他们最需要借贷的时候。但对富人的攻击却并不像表面看起来那样。在第三次十字军东征期间,为圣十字节(9 月 14 日)创作的一篇十字军布道文中,里尔的阿朗(Alan of Lille)清楚地表明,基督的恩惠是给谦卑之人的,而不是给贫穷之人的,他引用了《马太福音》5∶3(而不是《路加福音》6∶20):"虚心的人有福了"。[39] 他们的目标是肉欲,而不是财源。向衣食不保的人宣扬贫穷不是什么好的策略。

富人和有产者是十字军布道者们的核心听众。一位热那亚的十字军战士提到了第一次十字军东征对"更好的人"的吸引力。一个多世纪后,维特里的雅各与热那亚的上层社会结交。[40] 在贵族、领主和高级神职人员身边有他们的家人、主顾和仆人。随着经济越来越专门化,听众和未来的十字军战士来自各式各样的职业:面包师、铁匠、弓箭手、屠户、木匠、车夫、专职教士、厨师、皮匠、挖沟人、染工、鱼贩、骑士、石匠、商人、公证人、医生、陶匠、军士、皮革商、侍从、裁缝、高利贷者。布道也会针对各地不同的兴趣做出相应调整。当地的十字军英雄会出现在

第四章 劝 导

例证中,有一段故事就提到佛兰德斯人的运河撑竿跳习俗被拿来比喻十字军战士撑着死亡这根杆跳过炼狱,"仿佛这一跃,他们就跳进了天堂"。[41]

女性也会参加布道,例如1214年贝杜姆的那一家三代人。尽管女性被视作男性伴侣参加十字军的阻碍,但还是有许多女性成了十字军战士。有些编年史作者可能是为了强调性别的分工,所以描绘的女性都是在催促她们的男人去参加十字军,而自己则在家生火做饭。[42] 在瞻礼日举行布道会让全家出行变得更容易也更可能。选择圣母马利亚作为"圣战"的守护者,可能也鼓励了女性提供她们的支持,不过誓言的赎回和赦罪并不限定性别可能是因为这样明显更具说服力。大多数十字军布道者可能都和当时的学术阶级一样,有严重且根深蒂固的厌恶女性情结,所以他们在谈到女性时大多是负面的,例如有一段故事提到一个母亲为了阻止她的丈夫加入十字军,不小心闷死了自己的孩子。即使有些比较快乐的故事,比如一位正在分娩的母亲在同意让丈夫参加十字军后得救了,但这也是在假设妻子一开始是反对的。在十字军宣传的想象世界里,阻挠的女性会为自己招来致命的疾病或是可怕的不幸。这样的轶事显然是为了让她们经受住因丈夫不在身边而给家庭、健康和幸福带来的现实危险的考验,一些妻子参加布道的一个原因无疑就是要盯住自家一无是处的那口子。面对这样的困难,英诺森三世有力地修订了教会法,允许男性十字军战士不经他们妻子的同意就离开,单方面否定了她们的婚姻权利。尽管如此,维特里的雅各在热那亚时,还有阿尔勒教士长和他的团队在马赛时,都借由女性来推动十字军事业,这承认了她们在背后的影响力。作为更进一步的激励,在13世纪上半叶,十字军战士的妻子和孩子也可以享有他的无条件赦罪。[43]

听众的身体条件和注意力持续时间也有关系。除非是躺在夏天的草地上，不然大多数听众都像1201年在巴塞尔时一样，是站着的，就像他们在教堂礼拜或是弥撒集会时那样。布道者们必须考虑到这点。罗曼斯的洪培德提醒道，任何一群听众之中都会有不想待在那里的人，提早离开的人，没法待着不动的人，到处乱走打扰别人的人，没在听而在做别的事情的人，或是感到无聊的人。他在建议如何抓住听众的兴趣时也承认，不是每一个神职人员都能做到，无论是无知的人，还是读过太多书的人。[44]集会上可能很吵闹，有口哨声，有插嘴声，有鼓掌声，有谈话声，或是有打瞌睡的声音。从乌尔班二世在克莱芒的煽动口号"这是上帝的旨意"开始，大声的反应就已经是许多布道中不可或缺的一部分了。这可能会失控。连续的诘问是难以避免的，有时会让辩证的智慧也脱轨，就像聪明的教会法学者于1215年在德国为反对霍亨斯陶芬进行十字军布道时所遭遇的麻烦一样。人群可能会失控。威尔士的杰拉尔德记录了一群过分激动的威尔士人，当时鲍德温大主教结束在瓦伊河畔海伊（Hay-on-Wye）的布道后，追着他要求加入十字军。[45]一次布道之行能招募到的总人数可能是数千，尤其是如果当地领主带领着他们的追随者加入的话。但是，个别的集会可能仅招募几十或上百人。即便是1223—1224年冬天，马赛的那群自鸣得意的布道者们也只宣称每天招募到一两百人，尽管显然几乎没有一个家庭中无人成为十字军战士。这可能表明布道者们是挨家挨户拜访的，就像维特里的雅各于1217年在阿卡时所做的那样。在对其他地方的布道的描述中也会出现个人的游说。尽管私下劝导改信是和异教徒联系在一起

第四章 劝 导

的，但作为大型集会的成功机率的补充做法，私下的谈话是被认可的，也是有意义的。46

在事先准备好的大型演讲中，即便布道者的声量有经过训练，可能也只有前排的听众能听清楚。细节可能是传到更后排的人那里的。为了能覆盖更广的人群，演讲的内容会事先传达，或是事后传播，可能是通过口传，也可能是通过新闻通讯，这是直到20世纪的公众集会上都十分常见的技巧。尽管现场真实的十字军布道内容会留下书面版本（被称作"*reportationes*"，是根据当时现场的笔记写成的），但很难说清楚这是为了用于当时的宣传，还是只是留待未来参照用的学术范本。47 但是，比起对这一舞台的管理而言，演讲内容的确切含义可能没那么重要。审慎的布道者不会太依靠运气或话术。除了身为榜样的自己先领受十字架以外，有些布道者还会预先选择一个或几个集会的成员，保证他们会先站出来领受十字架；有一个这样的内线就说这是"要给其他人强烈的鼓励，也是给他们刚听到的内容加把火"。48 布道者有随行人员，当地的神职人员也随叫随到，因此要找这样的托儿并不是什么问题。拍手喝彩也是可以组织的。在克莱芒，据说有一次一开始就唱起了"这是上帝的旨意！"安排大家一起歌唱可以增强信仰者的氛围，也会给现场不太情愿的人增加同侪压力。群众还会被鼓励去羞辱现场那些冷漠的人，这是刻意策划的暴民暴政的卑鄙做法。49

这类策略也可能失败。民众的十字军福音传道追求的是暴力与平等，会招致社会动荡。如果所有的十字军战士都可以通过个人奉献和参加十字军战斗而同等地从罪中获得解放，那么正式而言，就是在救赎这件事上没有了社会阶级。激发恐惧、愧疚、暴力和复仇等情绪，无差别地号召攻击"基督的敌人"，在1096年和1146年的德国以及1190年的英格兰分别引发了对犹太人的大屠杀。激发1212年法国北部和德国西部的所谓儿童十字军运动的就是十字军祈祷游行，以及同时展开的布道活动，这些都在强调西班牙、朗格多克和圣地的基督教国家正在遭受的威胁。[50] 布道者们不断赞颂信仰虔诚的穷人能去军士精英们失败的地方赢得胜利的神圣使命，听众们也就被驱使着集体行动起来，去挑战传统的社会规训。英诺森三世从1213年开始仔细筹划第五次十字军东征时，就在某种程度上尝试对抗这种毫无节制的热情。但是他允许用金钱赎回誓言，以及通过其他捐献形式来获得赦罪的恩惠仍将许多人排除在十字军行动之外，这与全体救赎的宣传背道而驰。被排除在外的对十字军运动怀抱热情的人们发起了大规模的抗议，比如，1215年和1320年在法国北方，以及1309年在伦敦街头的城市贫民，这表明听众的力量不容小觑。[51] 有一位亲历过第一次十字军东征宣传活动的人虽然心有不满但也深感困惑，他发现对耶路撒冷计划的兴奋情绪在人们的口口相传过程中渐渐失控了。[52] 在这场谣言大爆炸中，十字军的仪式就是点的那把火；他们未必能控制这火情。

语　言

宣传活动提供了一种仪式化的参与方式，而不是邀请公众进行辩论，是直接但正式的交流。尽管大多数留存下来的布道文都是拉丁语的，但这些布道文在演讲时却未必是用拉丁语。有一个关于克莱尔沃的伯纳德在德国为第二次十字军东征布道时的著名故事，描述了他是如何被不懂布道语言的人所理解的。后来威尔

第四章 劝 导

士的杰拉尔德在回忆自己于 1188 年在哈弗福德韦斯特只用台下的盎格鲁—威尔士听众不懂的拉丁语和法语布道，却获得满堂喝彩时，又提到了伯纳德那段奇迹般的往事。杰拉尔德称，伯纳德对台下的德国听众说的是法语，而不是拉丁语。伯纳德自己的秘书在回忆这件事时也没有明确否认这点；他可能一直是在做记录的。无论伯纳德说的是什么语言，为了让人理解就必须要有传译者在场，不过根据记录，这群人的努力常常是白费的。设计并且重复这样的故事是为了强调受上帝启示的精神回应是超越文字理解之上的。这也暴露了一个真正的问题。[53]

在多种语言并存的环境中，地区的语言和方言会和本国精英的语言（如英格兰的盎格鲁—诺曼法语）、拉丁语（学识、礼拜和《圣经》的语言，也是上帝的语言）共存、重叠在一起。如果布道者们果真说的是上帝之声（*vox Dei*），那就必须是拉丁语的。教士听众应当能理解拉丁语，虽然有时并非如此。而因为宫廷生活、贵族教育、财会、契约和行政过程中流行着拉丁语文化，所以，许多俗世的人们可能也听得懂一些基本的拉丁语讲话，尤其是靠着其中一些关键词：上帝、基督、十字架、救赎、拯救、圣地、基督的战士、魔鬼、异端、复仇、奉献、贡献、赦免、罪、外国、接受、追随、天堂……还有的演讲只是在不断重复使用借喻，例如《规则简要》中的"来跟从我"。罗曼斯的洪培德就评论说，"一位优秀的布道者……会尽量保证自己说的内容不多，而且只用几个词就说清楚。"[54] 然后通过仪式、道具、声调和动作来强化其含义。十字军布道和加入十字军的仪式与拉丁语礼拜上常见的词汇和表演都差不多。在说拉丁语系语言的地区，拉丁语本身不会令人很陌生，在方言演说中也不会完全被排斥，例如法国人维特里的雅各于1216年在意大利就获得了一次成功。拉丁语毕竟是一门国际语言，适合国际宣传和会多种语言的群体，例如军队。葡萄牙主教彼得·皮托斯（Peter Pitões）于1147年在波尔图（Oporto）向国际化的十字军队伍致辞时，使用的就是拉丁语，这样一来各个地区军团的传译者才能理解他说的话。1188年3月15日，在南威尔士的兰达夫（Llandaff），坎特伯雷大主教鲍德温和他的团队面对着一群不同族的听众：一边是英格兰人，另一边是威尔士人。[55] 用拉丁语演讲，然后再让传译者去解决余下的问题，这可能是最好的选择。

尽管如此，为了保证上帝的信徒能理解上帝的话，布道者们还是会使用方言，或是多种语言混用。1106年，俗世信徒安条克的博希蒙德在沙特尔大教堂的演讲，以及1188年圣诞节，伊斯本在丹麦宫廷的演讲，所使用的该国方言都让他们的布道格外有力。[56] 英诺森三世在布道中除了使用拉丁语，也会使用意大利语，在一次与十字军无关的场合，因为忘记要说的话，他不得不即兴将一段拉丁语文本翻译成意大利语。[57] 在中世纪的欧洲，受过教育的人至少都会两种语言，拉丁语和他们本国的方言。许多人更是会说多国语言。萨福克（Suffolk）的圣埃德蒙兹伯里（Bury St Edmunds）修道院院长萨姆森在巴黎进修过，但也算不上修道士中最学究型的人物，据说他布道时会使用拉丁语、法语以及自己本地的诺福克英格兰方言。[58] 在12世纪，各国方言也渐渐成为受尊重的文学语言，会使用在韵文和散文体的史诗、小说、史书和编年史中。到1200年时，巴黎的一位主教已经结集了大量用法语方言写的布道文。又过了三个世代，罗曼斯的洪培德强调，一个有成效的布道者需要"用平民的语言流畅地表达自己"。⁵⁹ 虽然针对教士兄弟的布道可能会用拉丁语，但十字军布道主要针对的是俗世信徒，他们的拉丁语水平不一。布道中对各国方言的关注体现在（拉丁语和方言）混合语言的文本中，例如《规则简要》中拉丁语故事的最后点睛句是法语。教皇诏书也会被翻译成方言以供布道者们使用。布道之行的路线遵照的也是语言边界，而不是政治边界：北部法语或南部法语，高地德语或低地德语。西方帝国中说法语的地区会和法国的主教区安排在一起，德国的布道者会被分配到佛兰德斯说德语的地区，而不是说法语的地区。1214年，帕德伯恩的奥利弗主要集中在科隆大主教区中说低地德语的地区，而1263—1264年大阿尔伯特则主要在说高地德语的地区。会说当地语言的他们应该会对此加以使用。⁶⁰ 利用教区当地的教士和修道士正体现了这种谨慎的语言敏感度。

尽管如此，传译者还是经常出现。威尔士的杰拉尔德在布道时使用拉丁语和法语，他提到鲍德温大主教需要传译者，这不一定是因为他用的是拉丁语，而可能是因为他和杰拉尔德一样不会说威尔士语。班格尔的副主教带领着当地的教士来帮忙。不同地区的方言隔阂所造成的问题或许要比拉丁语本身的问题大。在德国，克莱尔沃的伯纳德在布道时只能使用法语，而非德语，所以他需要传译者，这就跟1188年的鲍德温大主教完全一样。枢机主教阿尔巴诺的亨利完成在佛兰德斯法语区的布道后，在1188年抵达德国后也遇到了同样的困难，当时有人评论说，亨利是法国人，完全不懂德语，但能通过传译者应对自如。⁶¹ 要与一群陌生人建立情感联系，会说他们的语言就会让这个过程变得简单许多。国外来的大人物在行动时就有劣势。枢机主教奥图布诺·菲斯基（Ottobuono Fieschi），也就是未来的哈德良五世（1267年 7—8 月，是少数从来没有被任命为神父的教皇），于 1267 年在林肯为十字军布道时，需要两位修道士和教堂的主祭司来为他传达信息。1251 年，意大利人奥斯蒂恩西斯在德国遇到的一大问题或许就是他无法与他的德国听众用当地语言开玩笑或辩论。波尔图主教在 1147 年演讲时的情形已经清楚地表明，有些人群希望布道时能用他们自己的语言。[62] 十字军的组织者们只能照做。

道具、表演和戏剧性

十字军东征在实质上融入了文化背景中。有些圣人的圣坛或圣物会与十字军联系在一起，例如，在巴黎的路易九世的圣礼拜堂中的荆棘王冠，还有仿照圣墓或阿克萨清真寺（al-Aqsa mosque）建造的前十字军战士的墓穴或教堂，如 12 世纪晚期伦敦的圣殿教堂。这些地方都会让人回忆起十字军的意义，例如维泽莱，这是 1146 年克莱尔沃的伯纳德布道的地方，也是 1190 年理查一世和腓力二世的十字军共同的出发地。回忆也会经过修饰保存在雕塑（如洛林的贝瓦尔有一个一名十字军战士和他妻子的著名雕塑）、彩绘玻璃（巴黎近郊圣丹尼斯圣殿中著名的 12 世纪中叶的玻璃彩绘展现的是第一次十字军东征）、壁画［如夏朗德河畔克雷萨克（Cressac-sur-Charente）著名的圣殿骑士系列，或是温彻斯特大教堂圣墓礼拜堂中约 1227 年的耶稣受难场景，或是英格兰国王亨利三世宫殿墙上的第三次十字军东征场景］及其他教堂和室内装饰［如拉韦纳（Ravenna）的镶嵌画纪念的是 1204 年第四次十字军东征攻占君士坦丁堡，还有英格兰国王

第四章 劝 导

亨利三世的地砖描绘的是理查一世与萨拉丁]中。英诺森三世规定在特别礼拜仪式和游行中要有十字军的列队,教区教堂中有用于十字军捐款的钱箱,为亡者举行的祈祷式和弥撒会祈祷耶路撒冷的解放,定时筹钱,还有赦罪的特权也会让人想起十字军运动。十字军运动就这样存在于西欧人的日常社会生活中,为公开煽动民众热情提供了越来越丰富的个人背景。[63]

要确保这样的支持能持续保持活力,需要的是人声鼎沸的民粹主义,而不是书房里的辩证推理。除了语言之外,还会有视觉和戏剧展示作为辅助。表演十分重要。加入十字军的仪式在各地的形式略有差异,但在本质上都具有戏剧性:属于演讲式的戏剧。[64]这与授予骑士的仪式不同,在授予骑士的仪式中,教士先对骑士的象征赐福,然后再由俗世人员将这象征授予骑士,而在十字军仪式上,教士的角色在整个十字架授予过程中都是最核心的,从弥撒到布道,再到赐福,直到真正授予十字架。其中有诸多要领。布道要仔细排演。讲坛不只是讲话的平台。1146年复活节在维泽莱,因为前来支持克莱尔沃的伯纳德的显要人物太多,重量压垮了讲坛。布道者们会把讲坛当作舞台。他们会运用一系列面部表情、手势和肢体动作,还有声音语调的抑扬变化来配合演讲的内容,就好像是在一部独角戏或戏剧中扮演不同的角色。专家们会建议保持慎重和适度,这表明有不少表演过头了。克桑滕的约翰在布道的时候会闭上眼睛,仿佛是处在神圣的忘我之境。[65]表演一开始先是复杂的祈祷,然后挥洒圣水,以此作为主要演出的前戏。戏剧表演也要道具配合。最常见的是十字架或耶稣受难像,布道者会将之高高举起来强调这是论述的关键重点。1188年在威尔士,有一个十字架被依次传递给每一个演讲

131

者，就像一个麦克风。14世纪末的诺威奇主教亨利·德斯潘塞（Henry Despenser of Norwich）是一个擅长表演的人，他将一个真人大小的十字架背在肩上，后来又将其竖立在高坛上以激励与会的众人。有些人会宣称他们的十字架中包含了真十字架（True Cross）的遗物。乌尔班二世在1095—1096年布道时就带着这种样品。在里斯本围城时，有一位布道者宣称自己挥舞的是"一块主的木架上的神圣木块"。[66]

这种宣称可能适得其反。在英格兰修道士圈子中流传着一个有可能是伪造的故事，讲述的是一名法国修道院的院长，在第一次十字军东征的布道过程中，被重病击倒，因为他试图把一个自己做的十字架装作是上帝的礼物，这个故事的意义可能是说明伪造的危害。也不知道是不是还有很多布道者会像另一个法国修道院的院长那样，在第一次十字军东征期间在自己的额头烙上或刻出一个十字架，给自己留下丑陋的终身伤疤。早期的十字军战士中似乎很流行十字架的刺青，这是虔诚的象征，或者也可能是正统人士嗤之以鼻的死脑筋行为。[67]通常的视觉辅助当然是事先做好并分发出去的十字架。有些布道者的故事会讲到十字架不够的情况，比如像伯纳德在维泽莱时那样，这表明十字架是需要准备的，通常是由布做的，有时也会是丝绸，极少情况会是金属制的。遇到出错的情况时，预期中的群体疯狂可能爆发为暴乱，例如1096年的鲁昂。[68]

控制人群的一种方法是引导听众参与。不断地重复（例如《规则简要》中的"来跟从我"）是在邀请听众加入。创造重复的语言高潮是一种标准的刺激听众的修辞策略，1188年时威尔士的杰拉尔德就屡试不爽，至少他自己是这么说的。罗曼斯的洪培德的《论十字军布道》手稿中注明了布道的什么阶段应该唱什么样合适的圣歌。集体吟唱或咏唱是常见的激励和团结人群的方法，而且直到现在也还是如此。米兰大主教安瑟伦于1101年时就带领他的听众们"唱着'前进！前进！'（Ultreia Ultreia）的歌"。[69] 歌谣、圣歌、韵诗，无论是神圣的还是世俗的，都时常出现在十字军宣传过程中，从克莱芒会议上的"这是上帝的旨意"，到15世纪的小教堂修士们吟唱的耶路撒冷弥撒曲，再到诗人和吟游诗人的韵诗。其中传达出的核心信息有显著的同质性：责任，通过苦难获得回报，上帝的慷慨，精神收益的真正价值是反对物质享乐。这些借喻一直被重复着，由此表明听众们参加布道与其说是来接受劝说的，不如说是来享受娱乐的，而且还有机会报名获得好处。新奇的内容未必好用。[70]

视觉辅助又增添了额外的刺激。有两位遥远国度的穆斯林作家，他们看不起崇拜偶像的异教徒，还宣称第三次十字军东征的宣传者们会用图像来造成听众的恐慌。萨拉丁军队的大审判官巴哈·艾丁·伊本·沙达德（Baha al-Din Ibn Shaddad）在为他的主人写的传记中记录了西方的布道者们会展示大幅的图像（应当是在木板或画布上），画面中穆斯林的骑兵正在践踏圣墓，马蹄在肆意破坏。同时代的一位叙利亚历史学家伊本·艾西尔（Ibn al-Athir）描绘了十字军的宣传者们围在一幅基督被穆罕默德殴打的画前："他们用血玷污了弥赛亚的像，还对人民说：'这是弥赛亚，而穆罕默德——穆斯林的先知——正在打他。他打伤了他，杀死了他。'"[71] 虽然这两个故事的出处有些特别，但里面的内容并非毫无可能。布道的教堂里到处都是壁画和雕塑，展现着《圣经》中的相关场景，或者还有更直接相关的十字军故事，展现在石头、玻璃或画布上。听众们已经习惯了阅读这些视觉叙事。

戏剧的元素增强了人们在娱乐时留下的印象。根据伊本·艾西尔的说法,基督和穆罕默德的那幅画的周围有来自海外的教士、贵族和骑士,他们都身穿哀悼的黑衣。还有什么比亟须复仇的灾难受害者更能激荡人心?尽管海外战士的信件常在流传,但他们公开露面的情形基本都没有留下记录,只有一次例外。提尔大主教乔西乌斯把哈丁大败的坏消息带到了意大利,然后又前往法国布道。他的所见所闻为他于1188年1月在吉索尔向法国和英格兰国王以及佛兰德斯伯爵提出的请求增添了影响力。他还会说北方的法语。乔西乌斯不是孤身前来的。他搭乘的不是他自己从提尔到西西里时所搭乘的黑帆船,还有随行人员提供帮助。乔西乌斯的这次出使任务也许正是伊本·艾西尔故事的灵感来源,尽管他故事开头说的是耶路撒冷宗主教希拉克略(Patriarch Heraclius),这个错误也可以理解。[72] 利用十字军老兵和受害者的现象并不是1188年才出现的。1106年,光凭自己的威望就能获得听众同情的博希蒙德就拖着他的宠儿去索要拜占庭王位。

布道中的戏剧性扩展成了真正的戏剧。1207年,英诺森三世似乎承认了虔敬剧的合法地位,只要教士演员们不过分夸大其戏剧性即可。这也多亏了复活节和圣诞节的同时发展,还有许多其他戏剧表演也在充实和解释圣经故事与基督教教义。在许多这类戏剧中,十字架确实会占据舞台中心。[73] 有一年,可能是1205—1206年的冬天,里加上演了一出十分奇特的虔敬剧,那里是利沃尼亚远征军新建成的指挥中心。这出大戏(*ludus magnus*)恰如其分地描绘了圣经故事中的战士击败了异教的敌

第四章 劝 导

人。在现场,有传译者向显然不知所措而且很可能心不在焉的观众解释表演的教育意义,这些观众最近才(被迫)改变信仰。[74] 经过排演的十字军表演本质上是浮夸的,背景又是虔诚的奉献,很容易表现出夸大的戏剧性。举起十字架本身就是一种戏剧化的表演。根据记录,1146 年圣诞节,在施派尔举行的精心筹备的仪典上,克莱尔沃的伯纳德将十字架交给德意志国王康拉德三世的场景无疑充满了戏剧性,引发了宗教狂热。伯纳德主持当天的弥撒,随后开始为十字军布道,他扮演着上帝的角色说:"噢,人啊,有什么我该为你们做却还没做的事?"康拉德扮演忏悔的改信者的角色回答说:"我准备好为你效劳。"随后他举起十字架和一面铺在神坛上的军旗;这整个仪式就像一出戏剧。[75]

在戏剧影响力方面,很少有布道、祷告集会、游行或其他十字军仪式能与方济各会作家塞利姆本·德·亚当(Salimbene de Adam)记录的 1258 年威尼斯的那场相比。为了点燃台下听众的怒火,让他们加入十字军,与支持霍亨斯陶芬的特雷维索(Treviso)的统治者罗马诺的阿尔贝里戈(Alberigo of Romano)作战,教皇特使枢机主教奥特维诺·德里格·乌巴尔迪尼(Ottaviano degli Ubaldini)编造了有 30 位据说被阿尔贝里戈虐待过的贵妇的故事。她们被公开扒光衣服,被迫看着她们的丈夫、儿子、兄弟和父亲被处以绞刑。显然,枢机主教奥特维诺竭尽所能地榨取着其中的苦难:"为了激怒人群,使他们更加反对阿尔贝里戈……这位枢机主教……又让这群女人在同样羞耻与赤裸的状况下出现,因为正是邪恶的阿尔贝里戈让她们沦落到这种境地的。"这可怕的场景奏效了。人群在鼓动下自然而然地狂热起来,爆发出自以为正义的怒火,高唱着"就这样!就这样!",随后一起加入了十字军。塞利姆本将这次行动的成功归因于这位枢机主教的技巧、对阿尔贝里戈暴行的厌恶、无条件的赦罪,还有"因为[人们]看见了那群妇人所遭受的羞辱"。尽管在教皇与霍亨斯陶芬混乱的冲突中,他一直都是强硬的支持者,但可能还是无法确信这位枢机主教真的会让一群出身高贵的妇人全裸地走到威尼斯民众面前。他可能用的是演员,又或者是喜欢花边新闻、夸大其词和动人故事的塞利姆本的证言并不可信。不管怎么说,这种虐待色情戏剧与礼拜仪式间看似并不可能的结合形式,不过是一个在一套通过表演来进行劝说的体系的极端,这套体系在所有十字军运动的号召中都存在。[76]

假如说世俗戏剧提供了一种吸引注意力的方法,那么上帝的介入则始终都更让人激动。关于奇迹的故事是布道之行中常见的伴随物,就连不那么有魅力的坎特伯雷大主教鲍德温周围都簇拥着一大群。这些故事强调的是十字架具有救赎和治愈的力量,而布道者扮演的角色则是上帝恩典的传递者。宣传奇迹的目的是要让听众们相信这项事业不仅有精神效果,而且有世俗效果。关于治愈和减轻痛苦的奇迹针对的是人们当下、普遍和日常关心的事情。十字军的奇迹也不例外,治愈盲人、瘸子、聋子、哑巴、疯子。据说克莱尔沃的伯纳德治愈过四百多名病人,而且有一次还救活了死人。奇迹之术的传言证明了上帝的普遍存在,而且也十分受欢迎。奇迹是客户导向的;是客户在寻找施展奇迹的人。克莱尔沃的伯纳德在结束德国之行后,不得不驱散来找他治病的人群。[77]在传递十字架的戏码中,奇迹的存在肯定了布道者的角色有如基督一般。

还有更转瞬即逝的天国幻象会根据提示适时浮现,让所有人

第四章 劝 导

都看见，而不仅仅是瘸子或病人，这也成为十字军评论者们最津津乐道的事。马修·帕里斯将帕德伯恩的奥利弗的幻影列进了他在1200—1250年间最难忘的事件列表中。帕里斯还指出，这个故事还小心地流传在官方的信件中，并且会公开朗读。[78] 关于对气象活动进行富有想象力的阐释，这位第一次十字军东征的布道提供了一种有用的天启维度。天象也会有序出现。普瓦图的圣迈克桑（St Maixent）修道院有一份1096年的特许状，上面的日期是"教皇乌尔班在桑特斯（Saintes）的那天［4月13日］，那天十字架的符号出现在天空中"。[79] 也不是所有人都相信。怀疑的人一直强调，那是因为人们相信才会看见，而不是因为看见才相信。诺让的吉伯特（Guibert of Nogent）曾激烈抨击伪造的圣物和他所称的"低俗寓言"，他还轻蔑地指出，他在博韦遇到过的一群一厢情愿的人，他们将自己头顶的云想象成了一个十字架的图案；他只觉得看起来有点像一只鹳或鹤。吉伯特对有人称十字军战士的身体上奇迹般地出现了十字架符号的这种说法也深感怀疑；他认为这些都是自残或刺青。[80] 不过十字架确实成了话语宣传过程中离不开的伙伴，无论是在天空中，在身体上，在舞台上，还是在讲坛上。就在1214年弗里西亚的天空中出现十字架的差不多时间，波尼瓦（Bonneval）的西多会修道院院长也编造出了一个，当时他刚好要号召发起反对阿尔比异教徒的十字军。根据传播这个故事的这位院长所说，这个十字架指向的是图卢兹，也就是异端的中心。[81]

这位院长在传播这个故事的时候是十分小心的。幻象本身是短暂的戏剧手法。要成为有效的宣传，需要传播。类似的记录下波尼瓦修道院院长叙述的编年史家必然也发挥着影响，尽管其影响有限,还有延迟。帕德伯恩的奥利弗散播的信件产生了更大的即时影响。在整个北欧,许多十分接近当时年代的编年史中出现了大量提到他的幻象的记录。幻象成了一种日常必需品。有时,戏剧会超越神学,就像1241年时,科隆上空的天龙就伴随着抵抗蒙古人的十字军布道。有的故事来自轶闻集,例如波旁的斯蒂芬(卒于1261年)的布道手册中就记录了一个幻象,即圣母与圣婴陪伴着加入十字军的整个仪式。[82] 信徒们也是这一过程中的共犯,他们习惯地期待着这样的奇迹征兆出现,并且可以自发地清楚看到这些征兆。圣奥尔本斯的一名修道士温多佛的罗杰(Roger of Wendover)记录了1227年夏天在整个英格兰南部的布道活动是如何伴随着出现了许多次的基督在十字架上受难的幻象而展开的。一位鱼贩和他的儿子在去米德尔塞克斯(Middlesex)西北部乌克斯桥(Uxbridge)附近的市场的路上看见了空中出现这样的幻象,后来就津津乐道地和他们的客人讲述了这个故事。并非所有人都相信他们的故事,直到幻象再次出现才打消了他们的疑虑。温多佛总结了这些故事的重点:"在这些[幻象]中,受难的基督亲自屈尊打开天国,为不肯轻信的人们展现他的光辉荣耀。"[83] 对参与十字军筹备过程的教士精英来说,这正是他们努力想要达成的效果。

两位布道者

尽管十字军宣传活动直到公元1200年后才完全形成系统化,但我们可以通过第三次十字军东征中两位非常不同的代理人的活动来了解劝导工作的各种复杂方法。他们是阿尔巴诺枢机主教马西的亨利(Henry of Marcy),和巴里的杰拉尔德(Gerald of

第四章 劝 导

Barry），即著名的威尔士的杰拉尔德。

阿尔巴诺的亨利，1188—1189

阿尔巴诺枢机主教亨利是一位精力旺盛、十分擅长传授教义的高级教士，曾经担任克莱尔沃的西多会修道院院长，他在推广正统信仰方面是激进的行动派。在1178—1181年之间，他领导了反对法国南部异端的布道和武装镇压。他得到的奖励是在1179年被任命为枢机主教。亨利代表的是一种新的职业教士。他不满足于自己身居一座欧洲最著名的修道院院长的职位，便加入了教皇的国际管理机构，这让他能作为教会的纪律与改革的巡回代理人，自由地去往各地。后来有一个故事承认了他的功绩，虽然可能是编造的，据这个故事说，在1187年10月教皇乌尔班三世去世后，亨利被推荐继任教皇。最终，新教皇格列高利八世任命他为教皇特使，去往法国和德国为十字军布道，享有外交、宣传和招募整个过程的所有权力。在1187年11月—1188年3月之间，亨利从意大利东北部的费拉拉（Ferrara）一路来到法国东部和德国西部。他还会见了德国的腓特烈·巴巴罗萨，并且于1188年3月27日和他一起在美因茨召开了"基督法庭"。亨利可能还参加了1187年12月德意志皇帝和法国国王之间的商谈，而且可能是他或另一位特使参加了同一个月在斯特拉斯堡举行的一场招募集会。当时，亨利一路经过埃诺（Hainault）来到蒙斯（Mons）、尼维尔（Nivelles）、卢万（Louvain）和列日（Liege），最后到达莱茵兰参加了在美因茨举行的集会。在这次集会上，德意志皇帝和大部分德国贵族一同加入了十字军。枢机主教亨利一直继续从事传播福音的工作，直到1189年1月在阿拉斯（Arras）去世。[84]

在这段时期，亨利的工作既包含宣传又包含行政管理。他的活动运用了多种多样的媒体形式：表演、奇观、口头演说、书面文本，可能还有视觉展示。他在斯特拉斯堡和美因茨举行过仪式，在埃诺等多地进行过布道。教皇的信件，尤其是格列高利八世的诏书《听闻重大的事》，是布道者们可以即兴发挥的中心主题。对神圣之地遭受玷污的口头描绘的灵感可能来自展现这些暴行的张贴画。尽管私下的外交工作（例如与腓特烈一世的商议）对拉拢统治者及其追随者来说十分重要，但通过书信、时事通讯和小册子展开的公开宣传可以超越个人约定的效果。《听闻重大的事》和其他相关诏书［如给丹麦人的《当有神圣的耐心时》(*Quum divina patientia*)］的广泛传播，可以从当时的编年史，尤其是与王室相关的编年史中发现。《听闻重大的事》尽管很重要，但只保留在两部英格兰编年史和一部德国编年史中，这反映了教权也要仰赖于地方的接纳程度。[85] 教皇诏书中纯净的忏悔教义和针对奢侈行为的禁令通过阿尔巴诺的亨利（在德国）和亨利二世（在英格兰）的公开宣传才流行开来。宣传是沿着俗世和教会精英交织而成的网络进行有效传播的，十字军的核心信息则是通过各种形式的劝诫文学流传的，其中包括像法国公务人员奥尔良的贝尔捷（Berthier of Orleans）所写的方言韵文，或是像皮卡第的贵族文人贝蒂讷的坎农那样将参军号召伪装成的爱情诗歌。[86]

在这样的行动中，亨利扮演着各种不同的角色。他自己会进行布道，不过不是在斯特拉斯堡和美因茨这样的大型场合，他会将这些委托给当地人员，例如斯特拉斯堡和维尔茨堡的主教。在

第四章 劝 导

埃诺、林堡和列日的大斋期,亨利在多方面取得了成功。虽然其间的布道文没有留存下来,但在这几个月中,他写了许多信,还有一篇重要的劝诫小册子,其中可能包含着一些他想说的话。召集美因茨集会的信件可能是在1187年圣诞节前写的,这封信受到了10月底至11月初的教皇诏书《听闻重大的事》的很大影响,而亨利可能也参与了这份诏书的撰写:圣地的丢失与十字军的损失;神圣之地遭受的玷污;通过基督提供的悔过机会救赎基督徒的罪,也就是必须为上帝遭受的侮辱复仇。美因茨的号召带有较多的个人色彩,融入了亨利的西多会前辈克莱尔沃的伯纳德所使用过的语言,后者不仅为第二次十字军东征做过宣传,还宣传过圣殿骑士团。亨利称呼德国人为"基督的骑士",说他们就像圣殿骑士一样穿戴着"信仰的护胸甲和救世的头盔"。他借用了伯纳德著名的双关语——"恶质"(*malitia*)与"军事精神"(*militia*),将好的骑士精神与坏的骑士精神进行对比,宣称十字军是"基督教骑士精神的旗帜"。这种互文的文字双关或许未必会被读信的人发现,但却表明了在构建专门用来吸引战士的信息时的精心设计。[87]

亨利在所写的《论上帝之城的朝圣者》(*De peregrinante civitate Dei*,以下简称《论朝圣者》)一文中对通往上帝之城(即天堂)的精神之旅进行了冥思,其中包含了他更为广泛的游说,这篇文章是写给克莱尔沃的西多会修道士的,可能完成于1188年下半年。在第十三篇《哀悼被异教徒占领的耶路撒冷》中,亨利从精神层面转向了政治层面。[88] 在伯纳德的传统中,西多会的修道士依旧是与十字军东征紧密联系在一起的,为其国际支持和招募活动提供代理人。西多会的礼拜仪式会固定地为十字军战士祷告。坎特伯雷大主教鲍德温主持过教会在英格兰和威尔士的十字军活动,曾经也是西多会修道院院长的他至少曾经任用过两名西多会修道院院长来协助自己。在法国,西多会修道士的身份也得到承认,因而他们可以免于被征萨拉丁什一税。[89]因此,亨利的听众目标可能远不仅限于他的会友。

《论朝圣者》中谈到了他写给德国人的信中的一个主题,这一主题在教皇诏书《听闻重大的事》中只被简单提及,那就是真十字架在哈丁的丢失及被玷污。这被认为是来自基督受难的十字架木条上的许多碎片中的一块,耶路撒冷的法兰克人会带着上战场,当作象征上帝恩典与保护的护身符。在1188—1190年的整个招募过程中,十字架这一象征起到了主导作用,用"*crucesignatus*"("十字军战士")这个术语来描绘十字军战士已经成了常态。亨利在他的小册子中呼应了美因茨的号召,将十字架描绘成"治愈罪孽的良药,对伤者的照料,恢复健康的良方",而且是更崇高的"上帝仆从的方舟,新约中的方舟"。亨利的原话被不断借用,有时是一字不差地照抄,先是其他十字军宣传者,如布洛瓦的彼得,后来是鲍德温大主教的拉丁语秘书和法律顾问。彼得在1187年秋天随教廷出行;他在自己哀悼哈丁的惨败、圣地的丢失和基督徒应对的迟缓的手册中所使用的语言紧密呼应了亨利的小册子。[90]这样的相似之处绝非偶然。宣传的基调是由一个小圈子决定的;亨利和鲍德温都曾经是西多会修道院的院长;鲍德温任用了布洛瓦的彼得;彼得很可能是在罗马教廷遇到了亨利;鲍德温和彼得都在博洛尼亚的乌贝托·克里韦利(Uberto Crivelli)门下求学过,后者在成为教皇乌尔班三世后收到了哈丁的坏消息。在随后的几个月中,亨利、鲍德温和彼得大部分时间都各自和德国与安茹帝国的俗世统治者待在一起。除了私下的接触外,还有书面文字交流,尤其是厘清危机与回应的书信。因而,宣传活动就是由这样一个亲近的小圈子组织安排的,其中有教士作家、学者、行政管理者、外交家。从一开始,十字军东征似乎就既像是民粹主义的参军号召,又像是一个人为的学术概念。巧妙之处在于要将一种转换成另一种。从大量的报名人数来看,他们成功了。

《论朝圣者》一文将隐喻和政治编织在一起,展现了一系列宣传技巧。穆斯林对神圣之地的玷污(尤其是对真十字架)就像是基督的第二次受难,十字架"被夺走,遭嘲笑,蒙受屈辱,被其全部敌人们玷污"。[91] 巴哈·艾丁·伊本·沙达德和伊本·艾西尔提到的画面又出现在脑海中。在后者描绘的张贴画中,基督遭受穆罕默德的痛打,这呼应了亨利小册子中的一段:穆罕默德赞美了基督因失去十字架而受到的屈辱,这是战胜了基督本人。玷污、亵渎、羞辱为十字军的宣传提供了情感刺激,这些极端的暴行需要还击。基督希望以此来试炼他的信徒。道德改革是必须的,军事行动也不可或缺。亨利切中要害,用士兵为他们的俗世领主战斗来作为比喻:在天国领主的战争中,奖赏是不朽的名声,这是熟悉的十字军借喻。必须要做出选择,要么成为上帝的追随者,要么站在妖魔化的萨拉丁这个恶魔的傀儡一边,这就是一场是与非之间的战斗。亨利还引用了真十字架在 4 世纪时被圣赫勒拿(St Helena)发现后的整个历史,列举了一连串对抗异教徒的英雄人物:希拉克略,在十字架被波斯人夺走后,于 630 年将其送回了耶路撒冷;查理曼;第一次东征的十字军。学术上的歌功颂德很快就结束了,紧接着是对当下政治的抨击,痛骂那些为数众多的迟迟不肯行动的，甚至是退却的人。亨利构想了一整套连贯的宣传和劝导计划，提供了口头、书面、画面呈现等多种可能，他的语言可以吸引不同层面的各类听众。复杂的神学问题被总结得更加引人注目，例如"基督的殉道者"（Christi martyres）这样的词汇就掩盖了复杂性。许多备受争论的主题极具预见性，在下一个世纪更广泛的布道活动中会经常出现。在准备过程中存在焦虑表明要让布道活动能真正招募来十字军，始终存在着障碍。亨利本人于1188年年初在林堡招募的十字军战士时就遇到过当地的盗匪惯犯。[92] 在于1189年1月去世前，他还会遇到更多。

威尔士的杰拉尔德，1188

亨利的经历显露出了学术努力与凌乱的实际组织之间的不对称，这种对比也一直萦绕着坎特伯雷的鲍德温在威尔士的整个布道行程。其中的一个重要方面就是反应的速度。然而，中世纪时期的交流通信有时并不一定像后工业时代的看客们所想象的那样僵化。哈丁战败（1187年7月4日）的消息传到西西里可能是在9月，传到费拉拉的教皇法庭是10月中旬。立刻就有信件发出，警告发生了这场灾难。尽管巡回法庭造成了一定困难，而且乌尔班三世又突然离世，但他的继任者格列高利八世还是在10月底至11月初就起草完成了教皇诏书并派发出去。有的人，如普瓦图的理查，也就是未来的理查一世，早在11月就在阿尔卑斯北部加入了十字军，与此同时，教皇的代表也带着这份诏书去往欧洲各地。他们12月时来到斯特拉斯堡的德国宫廷，圣诞节时到达丹麦，1188年1月21日到达诺曼底边界的吉索尔以及法兰西岛。虽然丹麦宫廷显然对这个消息感到震惊不已，但其他地方倒是早就预料到了。在圣诞节之前，英格兰国王亨利二世已经试图在坎特伯雷征用贝克特朝圣贸易的利润来筹组十字军，阿尔巴诺的亨利已经开始与腓特烈·巴巴罗萨进行初步会谈。[93] 德国贵族到3月底时已完成报名，当时距离开始十字军布道还有不到6个月的时间。英格兰的官方布道是1188年2月11日在北安普敦郡的盖丁顿（Geddington）开始的。到3月4日时，鲍德温大主教已经离开赫里福德，动身前往威尔士。与此同时，各教区的主教们也在行动中。当大主教在4月中旬到达威尔士北方边界之时，当地圣阿萨帕教区的主教莱纳（Reiner of St Asaph）已经完成了新募士兵的挑选。[94]

鲍德温所到之处几乎都会遇到听众在等待，他们早已跃跃欲试。他的具体行程显然早就传开了。一开始，他见到的是南威尔士的亲王瑞斯·阿普·格鲁菲德（Rhys ap Gruffydd），他随后还陪伴着大主教继续了一段行程。瑞斯在卡迪根（Cardigan）等待着大主教的到来。鲍德温几乎见到了这一地区所有主要的亲王，除了一位，因为他被逐出教会了。为了保证有听众和招募到士兵，这些预先的安排准备是必要的，但还不足够。没有领主参与的话，十字军的誓言很容易，或者说几乎必然会被他们的属下所背弃，例如里斯就背弃了他的承诺（其实他本来也没有承诺亲自加入十字军）。没有领主的许可，他们一开始就不能加入十字军。里斯的女婿在拉德诺（Randor）加入十字军前先求得了他的允许。[95] 没有领导者，就没有十字军。只有两位小亲王真的加入了十字军。对大主教的热烈欢迎可能一方面是渴望为基督遭受的侮辱复仇，另一方面也是想讨好亨利二世。

确保得到贵族的支持很重要，这反映在为得到支持而付出的努力中。有一位领主在接受大主教的私下劝导后当晚就加入了十字军。[96] 对社会精英而言，加入十字军并不仅仅是信念或虔诚的问题。班格尔主教在公开胁迫下成了十字军战士，他的顺从意味着他承认坎特伯雷的权威高于威尔士教会，亨利二世高于威尔士亲王。[97] 鲍德温在每一座威尔士大教堂中举行的弥撒都将政治与信仰结合在了一起。鲍德温之行的世俗议程类似于法国国王试图为了十字军东征而在他的王国内征税，或者是腓特烈·巴巴罗萨利用基督法庭来巩固德国的皇权。鲍德温与当地贵族和神职人员的接触和在其他地方的经历是一样的。只有当地领导人能够在一个只有小镇和村庄的乡村环境中找来所需的听众。鲍德温精心策划的大型集会并不都在大教堂中举行，其中最大的几场是在拉德诺、卡迪根和哈弗福韦斯特举行的（里斯出席了其中两场）。加入十字军要得到近亲、家族和领主的允许，但这种允许并非随时都能得到，这些人鲍德温都遇到过。在各种不同的背景和环境下都会发放十字架：公开大弥撒过程中或结束后，未经事先安排的意外请愿，安格尔西岛（Anglesey）的海岸边临时起意的一场礼拜仪式；紧随着布道而进行的私下讨论后，甚至是在大主教住所的夜聊中。一个决定通常既代表结束又代表开始，无论是对在大型布道表演现场的人群，还是对在私下讨论中被说服的人们而言，每个人都经过仔细的盘算和准备。但是，事实并非如此。

鲍德温的威尔士之旅中之所以包含了十字军宣传技巧中的很多细节，正是因为圣戴维兹（St David's）副主教巴里的杰拉尔德，即威尔士的杰拉尔德。杰拉尔德是一位文笔流畅、生动、投入的叙述者或目击者，虽然算不上全然可靠，他详细记录了鲍德

第四章 劝 导

温的威尔士之行,写成了《威尔士行记》(*Itinerarium Cambriae*,初稿作于约 1191 年),他也在其他作品中提到过这次行程。杰拉尔德拥有一双机敏的眼,一支犀利的笔,一个善于分析的脑,但也很容易产生成见,自我夸大。从开头就能清楚地感受到他的叙述经过了深思熟虑和仔细谋篇。他回忆起自己是最早从大主教那里领受十字架的人,那是在拉德诺最初的布道之后,他解释了当时的情况:

> 我扑到这位圣人的脚下,虔诚地接过十字架标志。正是国王[亨利二世]在不久前做出的紧急警告,激励我为他人树立这般榜样,还有大主教和首席司法官[拉鲁尔夫·格兰维尔,他出席了拉德诺的布道会]的劝导与再三许诺,他们不知疲倦地重复着国王的劝警。我是出于自己的自由意愿行事的,在经过一次又一次忧心忡忡地反复讨论这件事,又想到此时基督的十字架正在遭受的侮辱与伤害后。我这样做是想给其他人强大的鼓励,也给他们刚刚听到的事情增加动力。[98]

成功的仪式要依靠有效的编排。杰拉尔德向当地观众展现了该如何做(鲍德温的布道被翻译成了威尔士语),他提供了重要的非言语指引,示范了如何领受十字架。然而,在这出不太业余的戏剧表演中,杰拉尔德绝不仅仅是一名重要的临时演员。他被这些主宰者们要求加入十字军,是因为他的政治身份。杰拉尔德是出身名门的盎格鲁—威尔士人,他的亲戚是遍布南威尔士和爱尔兰教会和国家的权力掮客。瑞斯·阿普·格鲁菲德是他的第一代亲堂兄弟之子。因此，杰拉尔德的示范不仅有虔诚的含义，也有政治意味。杰拉尔德和瑞斯都没有真正参加十字军。但他却在回忆中强调他深受感动，决定要为基督的十字架所遭受的侮辱复仇，即便是经过了文学美化，但还是将他对在威尔士乡间参加十字军的描述与阿尔巴诺的亨利在香槟南部对克莱尔沃的修道士们运用的崇高修辞联系在了一起。

杰拉尔德的评论揭露出许多布道的技巧，经过几个世代，十字军布道依然在使用这些技巧。贵族和教会一同协力组织集会并提供舞台。鲍德温号召一群听众来哈弗福韦斯特，"因为其位于该省中心"，交通方便。[99] 前后顺序要经过仔细安排。布道和十字架的授予仪式通常在弥撒之后。这两种宗教行为在本质上都属于表演，当时的俗世信徒很少领受圣餐，参加这两项活动大多是被动的，偶尔也有主动的。展现基督真实存在的奇迹要适时地引出捍卫基督之名与十字架的呼声。杰拉尔德在三四年后记录下的有关鲍德温布道之行中的奇迹故事更加强化了这段回忆。其中描绘了一系列布道的策略、道具和技巧。布道者们会挥舞着十字架来描绘复仇与悔改的双重主题。风格也十分重要。杰拉尔德后来提到他在哈弗福韦斯特成功地让一群难以被取悦的听众高兴起来，大主教之前显然失败了，这真算得上是杰拉尔德最自负的时候。他先用拉丁语开始演说，然后是法语，他将自己的演讲分成三个部分，这可能是参照了教皇诏书的格式："战争借口"（*casus belli*）、责任、补救。每一部分结束后都有一句鼓舞士气的叠句，可能是重复的，或许就是后来的《规则简要》中的那种。当然，在每一部分的结尾，杰拉尔德也都会被打断，不得不暂停下来，因为人群会涌上前来想要加入十字军。杰拉尔德这种技法娴熟

第四章 劝 导

的表现符合标准的修辞模式。[100] 其中任何一部分都不是随意为之的。

正面的回应并不总是意料之内的事。杰拉尔德的记述中也不乏布道失败或听众不情愿的故事。尽管对十字军信息的抵触（厌女者常将此归咎于女人的恶劣影响）在杰拉尔德的胜利式描述中，总是会屈服于雄辩的口才或发生近乎奇迹般的转变，但即便是筹划最精细的宣传活动也会遇到反对或漠不关心的人群。鲍德温和他的团队要依靠班格尔副主教亚历山大（Alexander of Bangor）带领的当地口译者，这也为表演造成了困难。几乎同步进行的翻译会打乱仪式的节奏，尤其是拉丁语或法语的讲话有时需要不止一种翻译才能满足分别说英语和威尔士语的听众，例如在兰达夫遇到的情况。杰拉尔德在模仿克莱尔沃的伯纳德的著名故事时，对翻译的有效性产生了彻底的怀疑。[101] 杰拉尔德回忆说，他在圣戴维兹重现伯纳德的布道时，经过翻译的威尔士语版本，让那些刚刚被感动要加入十字军的人因他自己都难以理解的讲话内容而产生了厌恶。[102] 为了提供合适的理论注解，杰拉尔德强调转信十字架的超验特质，而不是理性特质，用他的话说，圣灵的内在运作是言语无法表达的。相较之下，几乎与此同时，可能是更注重实际的阿尔巴诺的亨利，一位土生土长的法国人，高兴地聘请了会德语的演讲者在德国布道，而他自己主要在说法语的地区布道。

尽管杰拉尔德坚持要在文学和宣传中装作是自发的，但他的经历和阿尔巴诺的亨利的经历一致地揭示了十字军的布道都是在小心而又刻意地利用着各种感官。说出来的话会被听见，被看见，被写下来，甚至会有实体的纪念，例如鲍德温在卡迪根演讲的场地上就建造起了一座礼拜堂。[103] 枢机主教亨利和副主教杰拉尔德带着教皇的书信,为他们的布道提供内容,他们在台上的布道中所留下的视觉和听觉印象既留在了当下,也影响深远。他们的描绘很快流传开来:亨利为克莱尔沃的修道士们写的小册子;杰拉尔德对威尔士之行的简要记述。每一个要素都与其他的要素联系在一起,并且彼此强化。书信、小册子、书面版本的布道文、对布道的描绘,这些都是十字军福音传播过程中不可或缺的部分。为了教化后世,鲍德温大主教计划委托杰拉尔德本人写一部反萨拉丁的十字军东征的散文体历史,而韵文体的则交给大主教的侄子埃克塞特约瑟夫(Joseph of Exeter)。在整个欧洲,也有其他人在准备要做同样的事。[104] 不过,即便付出了那么多努力,但在威尔士报名的许多人,也可能是其中绝大部分人,就像杰拉尔德本人一样,并没有完成他们的誓言。需要一套不同的策略和技巧才能将承诺变成行动。

第五章　招募与奖赏

十字军招募活动的成功要依赖的是组织，而不是感情用事。13世纪40年代末期，图卢兹伯爵雷蒙德七世（Raymond VII of Toulouse）在计划与法国国王路易九世一同去东征时，准备了一份卷宗，其中包含了他与陪同他的骑士和将官之间达成的书面契约，不过最终伯爵因为染病去世而未能成行。[1] 通过订立契约来招募十字军的方式在13世纪40年代的十字军运动中是十分常见的，也是十字军战争的传统特征之一。早在150年前，也就是1098年的秋天，这位伯爵的曾曾祖父雷蒙德四世当时正在与塔兰托的博希蒙德争夺刚被攻克的叙利亚城市安条克的统治权。在激烈的交锋后，博希蒙德为了证明自己的所有权，拿出了他与其他领导人之间的协议契约，以及他的开销账目。[2] 这些文件中很可能包含支付装备和粮食的清单；军队或其他仆人和追随者的酬劳；已经支付或欠下的借款或津贴细目。中世纪的军队，就像后世的军队一样，需要融合热情、忠诚、野心、强制和金钱来进行招募。十字军的招募也大同小异。教皇英诺森三世在1213年的教皇诏书《事出紧急》中说明他会给三类十字军战士提供彻底的免罪：自己付自己钱的；付别人钱的；收别人钱的。[3] 招募过程严格依循着贵族、骑士和城镇精英的社会圈层，依靠的是充分的计划，而不是自愿自发。无论布道和宣传能引发怎样的情感与意识形态回应，要将十字军的誓言转变到战场上需要在传统世俗军事组织上动脑筋。在11世纪末期的西欧等地，这总是离不开责任与奖赏。

在 17 世纪后期出现现代战争国家之前，西欧的军队只能笨拙地依靠集体命令和私人冒险并行的方式。即便有的地方的总指挥有能力承担支出，招募和领导权还是会交给赞助团体或地方派系。对于那些有社会或职业影响力的人来说，参军通常是有条件的，是需要订立契约的，而对于他们（花钱雇佣或强迫）的追随者来说，参军则是强制的。尽管在理论上，参加十字军是自愿的，而且非常接近一种国际性的行为，但在实践中，则要依靠领主、亲族、地方、社群、奉承、雇佣、机会、获利、给付等多种关系互相交错而成的网络。招募和筹款几乎完全可以算是一枚钱币的两面。尽管参加十字军应该是一个私人决定，但在真实的操作过程中却并不是。除了必须要得到教士、领主、雇主或家人的同意外，要成为十字军战士，无论是领导者还是被领导者，都不得不屈从于需求的结构：要能获得资金和物资的支持。没有钱，任何军队都到不了目的地，必须要得到有钱人的支持，或是有社会影响力的能筹钱的人的支持。忠诚、社群、亲族、同侪压力、利欲、声望、对俗世和永恒利益的渴望、赎罪、光耀门楣、摆脱家庭困境、债务或诉讼、被武力胁迫、共同的目标感：其中任何一个因素或全部因素的集合都可能影响参军的决定。[4]

十字军宣传者们为招募活动所塑造的形象，虽然可能被人质疑并不统一，但强调的都是十字军战士的选择自由和目的单纯。批评者们同样也更关注动机而不是后勤。十字军战士所得到的特权与忏悔式战争的整个概念背后的法学依据核心就是目的意图。但招募活动的实际情况却并挑战了参军者的自主性，无论当事人的信仰是否坚定。大多数十字军战士都受到雇佣关系的约束，或是要服从社会阶级上层人物的命令，或是被忠诚、穷困、自我进取等因素驱使。对于不得不追随其领主，或是为钱屈服的十字军战士而言，选择自由只存在于概念上。世俗的动机和压力还是有说服力的。强烈的宗教情感或许是重要的动机，但实际上，对于职业骑士、领薪将士、步兵、常常出现在编年史描述中的自由青年（iuvenes）、大人物们雇佣的家族官员或仆人以及工匠来说，这是次要的。这样的形象偶尔也会出现偏差。1101年时，纳韦尔（Nevers）的军队据说是被迫参加十字军东征的，而在一个多世纪后，诺曼骑士蒙蒂布斯的鲍德温（Baldwin de Montibus）承认他是为了报酬而被迫（compulsus）参加1226年阿尔比十字军东征的。[5] 对于那些需要酬劳的战士或被雇佣的领薪者而言，十字军的精神和世俗特权是他们所领酬劳以外的额外奖励，但这本身还是不太够的。这并不是要否定宗教信仰的作用，如果没有信仰，十字军东征的整个体系都不会存在，或者从一开始就建立不起来，但在招募的实际过程中，信仰的作用也不能染上太多神话色彩。信念可以在抽象中，也可以在实际行动中蓬勃发展，但绝不会凭空存在。如果说十字军东征是大型私企的实践，那这一行动的经营者所订立的条款通常是不会让其下属有权放弃的，只有发薪水的人才享有真正的独立选择权。

　　动机与金钱是无法摆脱的伙伴，奖赏、报酬和口粮配给将这两者捆绑在一起，成为一种战争交易。1203年夏天，圣波尔的伯爵于格在君士坦丁堡所写的信中就很清楚地阐明了这一点。他描绘了在几个月前，第四次十字军东征的领导者是如何在人数不占优势的情况下，克服了大批十字军军队反对改道远征拜占庭帝国的抵抗声浪的。大多数战士希望立刻直接前往圣地。而于格伯爵记录到，他和他的指挥官同伴们"向整个军队清楚地表示，去耶路撒冷是徒劳无功的，也会给所有人带来伤害，因为他们穷困潦倒、供给不足，他们中没人能留住骑士，也付不起重骑兵的报酬"。[6] 大批十字军战士可能非常明确地想要去耶路撒冷，但他们都需要有报酬才能到达那里，无论是骑士、军士还是步兵。没有报酬，就没有十字军。

战争的背景

国际十字军东征的出现依靠的不仅仅是贵族的存在主义愧疚感、战争文化、教会激进主义或地中海地区的地缘政治混乱局面等因素的偶合。随着西欧农业经济和商业经济的发展，不断变化的战争的社会和经济组织创造出了能维持如此广泛的战争的军事招募、保持和行动的方法。尤其是在意大利、伊比利亚北部、法国、佛兰德斯、德国西部和不列颠南部这些十字军招募的核心地带，战争的文化越来越依靠酬劳丰厚、训练有素的骑士；仰赖于积极进取的军事领主的地方权力结构；鼓励军事人力市场流动性的越来越庞大、越来越灵活的贵族雄心；容易获得的动产和可兑换资产，在需要时可换成银块或现金；信用贷款的使用；为了保障家庭和土地保有权这些惯常的关系以外的效命与忠诚度而使用的会计和契约技巧。乌尔班二世发起前往耶路撒冷的号召时针对的正是这群骑士。[7] 要集结像11世纪90年代后的那种大型的世界军队需要的正是这样的拓展机会，只有如此才能将农业和商业财富转变成军队，用当时第一次十字军东征的英雄传记中的话来说："用银币打造士兵"。[8]

中世纪军队筹组的激励动机多种多样：忠诚、亲族、友谊、服从、强迫、协商、义务。参加军队的人包含佃农、仆人、家庭雇工、战争家臣。他们都领报酬，和没有正式义务的战士一样，从11世纪开始，这些领酬劳的人在西方军队中占越来越大的比例：骑兵、步兵、射手（包括弓箭手和弩手）。除了最小的军团以外，其他的分散群体都是领主和出资人的追随者所组成的联盟。许多十字军都采取集体领导，这常常遭到现代的批评。实际上，这是正常的中世纪指挥结构。即便是货币化最完整、盈余最丰厚的农业经济也有财政限制，这就阻碍了常备军的存在：除了贵族家族的小型军团之外，他们在财政上和后勤上都难以维持常备军。更大规模的军队需要动员下属及其各自的随员和门客。中世纪的政治社会无法依靠中央集权的独裁方式运作，其军队也同样不行。即便到了13世纪以后，地区和国家政府可以动用更多的财政资源，对集资和招募实行一定程度的中央控制，但行动的领导权依旧在强大且独立的指挥者手中，例如百年战争、16世纪的宗教战争、17世纪的三十年战争、英格兰内战都是证明。在中世纪，没有将军可以无视其手下将领们的意见或利益。集体领导也未必不利于发挥军事效果。第一次十字军东征的指挥结构可谓是十字军史上最分散而又最不乏竞争的，但却依然是有适应力且成功的。相反，1249—1250年路易九世所指挥的军队是最统一的，却也是最不幸的军队之一，个性冲突使其受损，战术战略的分歧更使其伤痕累累。

军事远征要依靠钱款。从10世纪后半叶开始，钱的使用越来越广泛，不仅是银块，还有铸币。越来越多的银矿被发掘，尤其是（但不限于）在德国，并且传到西欧各地，主要是通过贸易。钱币的使用越来越广泛，主要是在德国西部、弗里西亚、法国南部、西班牙北部、意大利、法国北部的部分地区、英格兰，还有1066年后横跨英吉利海峡的盎格鲁—诺曼王国。地区造币厂开始兴建起来，有些是由地区政权掌控，如英格兰国王，有些是由地方统治者控制，如法国。尽管钱币的供应到11世纪末时有所萎缩，但已经发展起来的金钱文化依旧存在于一般的商业和社会交易中，例如支付租金。铸币几乎影响着社会的各个部分：经由造币厂、市场、货币兑换商，将过剩的产品出售，换回现金，支付租金，尤其是在英格兰还要支付税收。在这样的货币（也包含银块）体系下，各种不同的造币厂、货币兑换商和记账货币变得司空见惯。基本的货币区分，以及镑、先令、便士的比例关系尽管早在8世纪就已确立，但如今深植在了金融体系中，配合不同的地区价值，与重量单位（如马克）或银含量［如标准纯银（sterling）］等一同发挥作用。[9]

因为实体的钱币是不同纯度的贵金属银币，对于财富和价值的计算常常需要复杂的数学计算。有一位十字军战士的报告中提到，1099年初，在普罗旺斯的军营中有七种不同的钱币在流通，分别来自普瓦捷、沙特尔、勒芒、卢卡，还有三种法国南方的铸币。这还没有算上本地货币和其他军队中的货币。布永的戈弗雷从下洛林出发时，身上可能带着特别铸造的钱币。[10] 在中欧地区，第二次十字军东征沿途发现的钱币也都来自不同的铸币地区：诺曼底、香槟、莱茵兰、德国南部、奥地利。这种多样性一点也不古怪，保存下来的11世纪斯堪的纳维亚的钱币也如出一辙。要避免交换汇率之间的竞争，一种方法就是使用一种国际承认的价值货币，例如1201年10月第四次十字军东征的领导者在威尼斯就使用标准纯银。[11] 在国内，面对越来越复杂的钱币，保留税收、租金、收入、花费、收益和其他金融交易的记录越来越习以为常。报账越来越成为一门技术活，这不仅仅限于地中海、佛兰德斯和莱茵兰正在发展壮大的港口和商业中心，而在这些地区的金融业务也绝不限于越来越壮大的犹太人社群。因为越来越常用货币（包括现金）付款，用于验证或确认的方法也变得越来越常见，人们越来越多地采取的形式是书面账目与合同。对基本的算术能力的要求提高了，同时也需要那些经手钱款或以钱为生的人有一定程度的实用读写能力：地主、地产经理、家庭职员、商人、做贸易的、商店老板、工匠、雇员、纳税人，还有士兵。

关于中世纪领酬劳的士兵的讨论通常都对他们有所贬低，将他们描绘成一心为钱的雇佣兵，这个词充满了轻蔑的口吻，暗讽其浮躁与野蛮。这样说来，这个词完全是错误的，只会让人困惑。中世纪的作家通常都会中性地称其为受俸军（*stipendiarii*），而不会说雇佣军（*mercennarii*）。《大宪章》第 51 条禁止外国受俸军进入英格兰，并不是因为他们领酬劳，而是因为他们是外族人。有关雇佣军的恐怖故事聚焦的都是他们的暴力和放荡行为，而不是他们领取酬劳者的身份。[12] 在斯蒂芬国王（1135—1154）统治时期的内战中，让英格兰感到恐惧的雇佣军，或者 12 世纪后期肆虐法国南部的职业军团或拦路抢劫的士兵（*routiers*），或者 14 世纪的自由佣兵团（Free Companies），他们所遭受的批评都是政治性的，而不是道德上的。雇佣兵军团被认为是一种理想化却基本虚构的社会阶级瓦解的预兆，预示着领主地位、规训和阶级制度的危机。敌意来自趋炎附势的行为和社会焦虑，而不是对盛行的物质主义的厌恶，实际上，所有的领主和他们的军队都

157

要依赖这种物质主义。批评十字军财务情况的人针对的是挪用公款，是滥权或伪善的行为，而不是支付报酬的做法。尽管在《圣经》里，好牧人的寓言中对不可靠的"雇工"进行了诋毁（《约翰福音》10：12—13），但支付报酬的行为本身并不被视为不道德的。施洗者约翰要求经过洗礼的士兵"自己有钱粮就当知足"（《路加福音》3：14）。骑士制度发展到 1200 年时，强调的是骑士的作为，而不是其维生方式。许多骑士在其生涯的某个时候都会为了钱而在军事家族、军队或王侯扈从队伍中效命。领酬劳的身份完全不会减损骑士的荣誉，或是付其酬劳的首领的荣誉。12 世纪 70—80 年代威廉·马歇尔（William Marshal）在亨利二世的儿子，也就是幼王亨利的商业比武团队中的著名经历就是佐证。[13] 利益可以维持领主的权威，以及他们的下属网络。如果不是从更早就开始的话，至少到 1100 年后，除了土地所有权外，金钱也成为领主身份的一大特征。按酬服务并不会对领主和门客之间的关系构成道德维度上的挑战，反而会对其加以强化。索尔兹伯里的约翰（John of Salisbury，卒于 1180 年），也就是那个爱喝酒、爱闲聊、擅长交际，和教皇、圣人、高级教士是朋友的英格兰学者，常对世俗之事进行敏锐的观察，在他写于 12 世纪 50 年代的深有影响力的政治专著《论政府原理》（*Policraticus*）中，他将骑士的报酬视作确保其忠诚的必要手段，也是他们阶级的一项特权。[14] 根据当时见多识广的观察者的说法，诺曼指挥官奥多·伯伦（Odo Borleng）于 1124 年在贝尔奈的王室要塞面对叛军时，为了坚定众人的决心而说服道："如果我们缺乏抵抗的勇气，我们怎么还敢再面对国王？我们会理所应当地失去我们的酬劳（*stipendia*）和荣誉，而且再也不配吃国王的面包。"[15] 忠诚、生计、荣耀和酬劳,这些成了服务与领主身份这两者互相支持的特权。

报酬出现在各种不同的社会阶层中,从强迫雇佣的佃农到王公贵族。可能直到12世纪后期,"*miles*"(骑士)这个词依旧可以指代军事职能和身份,而不是社会阶级。佛兰德斯有两个不同的受雇佣的骑士的例子。1127年,在布鲁日刺杀佛兰德斯伯爵善良的查尔斯(Charles the Good,1119—1127)的骑士每人都得到了四马克作为他们辛劳的报酬。他们的出身相对平凡,但并不是奴隶,而是来自主谋之一的家族中,他们领取酬劳,因为残暴(*animosiores et audaces*)才被选中,许多十字军战士显然也是这样的。有一位十字军战士,查尔斯的叔叔佛兰德斯伯爵罗伯特二世(Robert II of Flanders,1093—1111),他可能也是欧洲西北部最富有的领主之一,他本人在1093—1101年间被数任英格兰国王雇用,为其提供军队。[16]1085年,在另一处,为了击退丹麦人的入侵,征服者威廉募集了一支领酬劳的军队,由骑士、弓手和步兵组成,其中还有一位未来的十字军指挥官韦尔芒杜瓦伯爵于格(Hugh of Vermandois),也就是法国国王腓力一世的弟弟。[17]在德国,这种"为利服务"的做法在12和13世纪的世俗文学中成了一种文学借喻,就连国王的儿子也"愿意为了酬劳而效力,因为骑士就是这样"。[18]这并非艺术上的特例。阿尔巴主教本佐(Benzo of Alba)在约1089年时建议德意志皇帝亨利四世(1056—1106)必须确保他有足够的资金来支付他的军队酬劳,这个建议十分重要,因为亨利在11世纪80年代的意大利战争中十分依赖受俸军,而其中也有另一位十字军领导者——布永的戈弗雷。[19]中世纪的所有军事指挥官,除了自己(也领酬劳)的家族士兵外，都会有一些（常常很多）领取酬劳的士兵。虽然只要拥有土地就可以让佃户承担军事义务，并使他们通过本人、找代理人或用现金赎还的方式来完成这项义务，但认为只要依靠这些遍地都是、有自己家庭关系、健康程度不一、军事训练程度和技能各异的佃户和转租户就能组建起一支军队的想法在本质上就是不可能的，而且也与事实相悖。一个只依靠土地所有权的主人是不存在的。

在军事大家族中，成为家族的成员就能得到装备、居所、伙食（免费用餐、面包、酒和蜡烛）、零用钱，就是当时的德语骑士诗歌中所谓的"膳宿加酬劳"（*lîp und gût*）。[20] 除了家族中永久或半永久的领酬劳的战士扈从，也会招募其他骑士（有些是有佃户义务的，还有些则是较疏远的亲族和地方关系，更有些是自由身份的）加入特定战役的扩大军团。这些骑士除了斗篷等基本配给外，还会得到额外报酬。就道德面向来说，追随者的酬劳和地位反映了一个领主的度量（*magnanimitas*）和他的慷慨程度：追随者越富有，他们的领主就越伟大。社会地位较高的骑士会有自己的侍从，他们以自己收到的酬劳来供养这些侍从，于是在这些通常是东拼西凑地组建起来的军队中，酬劳成了一种强大的凝聚力量。除了骑士以外，还有骑马的军士，他们或是直接与骑士结合在一起组成统一的战斗部队，或是作为一般性的兵团支援骑士。1190 年，法国国王腓力二世在将王室军队运到圣地的过程中，给每位骑士配备了两名军士，而德意志皇帝亨利六世在筹备 1195 年的十字军时，设定的比例是一比一，这是根据酬劳和供给计算出来的。[21] 除了骑士和骑马的军士外，钱还被用在特别军队上，例如弓手和弩手，还有步兵以及必要的支援工匠：工程师、木匠、厨师、洗衣工等。

一支任何规模的中世纪军队都像一座移动的村庄或城镇，有自己的神职人员、阶级制度、司法、市场、性交易等。这样一套体系有与生俱来的灵活性，无论是在人力还是专长方面都能满足任何一位战争领主不断变化着的要求，而且尤其适合像十字军东征这样的长途征战，因为随着指挥者的死亡、离开或破产，效忠的对象也会发生转变。社会组织的主要单位就是共用的餐区，这是以扩大的发薪者的家族为依据分配的。有些领主家族的范围很广。在图林根伯爵路易（Louis of Thuringia）于1127年组建的最终流产的十字军中，随行人员包含4位伯爵，8位具名的骑士，多位不具名的骑士、专职教士、办事员，还有德国贵族社会中特有的各种不自由的骑士（ministeriales），以及四位家族职员、仆役长、典礼官、管家、内侍。[22] 这些人都需要支付酬劳，无论是现金还是等价物，而且路易本人可能也希望从十字军的真正指挥官腓特烈二世那里得到财政支援，后者许诺为远征提供十万盎司黄金，可以支付至少1 000名骑士的酬劳。腓特烈的父亲亨利六世在1195年的十字军东征中提供了六万盎司黄金，雇佣1 500名骑士和1 500名军士。五年之前，腓特烈的祖父腓特烈一世在财政预算上至少为每位十字军战士安排了马克。[23]

十字军战争与世俗战争的模式是一致的。有证据清楚地表明从11世纪末至12世纪初开始就普遍为军事服役支付酬劳。包含骑士在内的领酬劳的军队，已经经常出现在各场战事中，如朗格多克的战争；11世纪70年代开始德意志的统治者与教皇联盟之间所谓的"叙任权斗争"期间德国和意大利的战争；11世纪诺曼人征服意大利南部的战争，12世纪初期的一位评论者将他们描

161

绘成是"对抗异教徒的受俸人"。[24] 在盎格鲁—诺曼王国内，据说后来因为征服者威廉需要给骑士"薪水和奖赏"（*stipendia vel donativa*），而亨利一世需要"钱币"（*numerate pecunia*）镇压叛乱，王室土地收入的形式发生变化，从上缴食物变成钱币。英格兰的战争税从10世纪90年代开始就是用钱币支付。从骑士转变成专职教士，后来为征服者威廉写过传记的普瓦捷的威廉指出1066年时公爵为他的军队支付了大笔钱款。[25] 金钱和其他形式的酬劳遍布整个法律依附网络。11世纪的证据显示，从法国北部的诺曼底和博韦西到德国黑森（Hesse）的富尔达修道院，领主们都会为他们应得的劳役支付酬劳，或以其他形式提供补助。由此可见，可能是由佃农自己提供马匹和武器，而领主在他们服役期间为他们提供支援。超出规定的服务期限（如普遍的40天的义务限期），领主就应该要支付酬劳。[26]

英国的证据可以证明这点。1166年，亨利二世对使用他土地的人所欠下的骑士役数量进行了普查，调查结果即所谓的《男爵宪章》（*Cartae Baronum*），其清楚地表明骑士欠他们领主，也即欠国王的服役可以用现金赎还，价格是每单位骑士役20先令，这即骑士费。如果这些骑士为国王效力，他们应当靠他们土地的收入来获得自己的马匹和武器，但除此之外，他们是可以获得酬劳的。如果佃户不得不在自己的家庭中保留名义上骑士欠领主或国王的配额，那他们也很可能得到好的酬劳和供给："日常生计与酬劳"，也就是说不止是粮食配给。1170年，亨利二世进行的"郡长大调查"的结果也显示，按照规定服役的骑士也会得到报酬。[27] 一个世纪前，在诺曼人征服以前，同样的"生计加酬劳"的方案也被用在民兵团（*fyrd*）乡绅的60天义务中，标价是20

先令。[28] 据说，英格兰国王威廉二世挥金如土，会让他的骑士自己定酬劳费用。圣丹尼斯修道院院长叙热（Suger of St Denis）曾经称自己为"了不起的骑士商人与供养者"。[29] 相比之下，叙热提到他的主人，也就是未来的法国国王路易六世时，评论说他负担得起的随行扈从人数要少得多。大约半个世纪后，叙热因为在路易七世离开第二次十字军东征期间为王室骑士提供日常薪水、衣袍和礼物而广受赞扬。[30]

尽管法律上的契约强调的是以土地及土地所有权为基础的忠诚与义务关系，但在现实中筹组军队和表现领主地位是通过向士兵们支付酬劳，这些士兵包含被迫服役的人及特别雇用的人。这一时期的军队，包括十字军在内，都是组织联盟。大领主招募小领主，小领主再招募骑士，其中有一些有足够的地位和财富的小骑士会有自己的旗帜和随从。每支军队中还会有军士和骑士侍从，他们的装甲不如骑士，但也骑马，除此之外可能还会有特殊的步兵，如弓手和矛兵，当然也有没什么特征的步兵。除这些以外，还有必要的支援人士、工匠和仆人。所有这些人都是依靠一层层的命令关系联系在一起的。酬劳并不会削弱领主的地位，也不是与之矛盾的，反而会对其加以巩固，只会保障下属对自己的忠诚，而不会破坏，这具体地展现了领主与下属之间互助互信的道德关系，与不具名的金融交易相比效力无差，而且其实很多情况下更胜后者。这就是十字军的世界。领主地位的社会关系（而非法律关系）与依靠金钱和酬劳来留住追随者的做法，这两者的结合才让十字军这种非义务的军事服役能招募到军队。11世纪发展起来的金融、会计和受俸军管理的技巧成了集结和维持如此大规模且属于不同领主的军队长期运作的有效方法，这对于十字军这项有效的军事行动而言是十分重要的。

奖赏的背景

承认物质利益的激励并不意味着要让上帝与玛门*对立起来。虔诚并不是一种排他性的心理状态或行动。宗教热情可以通过具体的行为来表达，如公开或政治性的行动，以及个人私下的世俗野心。现代十字军学术研究的奠基者之一，伟大的德国历史学家卡尔·埃德曼（Carl Erdmann）在1935年时提出，"十字军的想法并不排斥人的天然私利"。[31] 神圣与世俗之间是互补的，并不是二者择其一，而可以是并存的。十字军的推广者和筹划者就明白这一点，他们使用的语言一直在提及精神与物质的奖赏。神圣战争所使用的语汇也反映了社会、经济和金融现实。从第三次十字军东征开始，为上帝服务也常被拿来与为世俗领主效力进行比较和对比。布道者们会使用特许和字据（一种特别形式的书面契据，通常一式两份或三份，尤其常见于服役契约）来作比喻。[32] 克莱尔沃的伯纳德在竭力鼓吹第二次十字军东征时，使用了金融议价的语言，企图说服商人们："成本很小；回报丰厚。"帕里斯修道院院长马丁于1201年在巴塞尔向十字军战士布道时，为他的听众提供"一定的酬劳"和"丰厚且永久的酬劳"。[33] 十字军战士的世俗特权在12世纪的发展围绕的就是物质利益。我们已经知道，十字军战士、他们的家庭和财产都受到教会的保护，并且可以延后法庭诉讼，免于偿还债务，获得无息借款，享受一定程度的免税，自由出售或抵押财产。1220年时有一位萨默塞特

---

* 玛门（Mammon），代表物质财富与贪婪。

（Somerset）的十字军战士清晰地总结了参加十字军所能享有的法律和金融好处所具有的吸引力，他在法庭上申辩道："十字军应当能够改善我的现状，而不是毁了它。"[34]

具体的世俗奖赏从一开始就是一种诱因。其本质可以划分成两个不同的类别：生计与获利。这两者都是十字军战士的动因和期待，也是作战所需要的。任何大规模、远距离、延续时间如此之久的战斗要能持续下来，都离不开不断增加的新的资金来源。这种反复资助是融入在这个过程中的，包括筹划阶段。因此，寻找资金与财富与其说是作战的需要，不如说是一种没有就活不下去的必要条件。通常，战争的物质需要都会受到重视。乌尔班二世及其继任者们在号召积极响应十字军东征时都会特别针对领主和握有武器的阶级，用乌尔班的话说就是"激励骑士的精神"，或者用尤金尼乌斯三世的话说是"更有权力的人和贵族"。旨在进行军队招募，而不是财政捐款的布道者们，会直接用他们的花言巧语讨好"名声显赫的骑士"。[35]1095年，克莱芒的十字军教令间接地承认了物质野心的诱惑，其强调要想赦免所忏悔的罪行就必须"只为奉献，不为获得荣耀或金钱"，这里的荣耀的含义是模糊的，可能是在暗指财产而不是荣誉，这是当时的常见用法，可以指封地、土地、地位或公职。[36]1187年，格列高利八世说得更明白："不要为了财富或世俗荣耀而出征。"[37]

关键在于意图正确、动机纯净，这是赎罪和正义战争离不开的法律配件。然而，教皇在承认士兵们没那么高尚的愿望的同时，也承认了十字军计划的一个核心难题。尽管几乎所有的文献、宣传和契约资料都在不遗余力地强调自发性、自由意愿和宗教热情，但招募和服役最终是由世俗响应和物质手段所决定的。

包括诺让的吉伯特在内的许多人都将理想与实践之间的紧张关系形容为一种新的战争形式,在许诺救赎时,他们会迎合战士们的习惯,而不是拒绝,例如对莱切的坦克雷德而言,第一次十字军东征就解决了是遵循福音书还是加入军旅生活的两难困境,成了一种"双重机会":"他的从武经历召唤着他为基督效命。"[38] 因而,一旦赋予了虔诚的意图以及最终的天国恩典,那战争的所有方面都合法化,甚至神圣化了:招募、集资、战斗、杀戮、掠夺、征服。第一次十字军东征的指挥者们在庆祝1097—1099年战役胜利的信中明确地将上帝的帮助与军事胜利联系在一起,更将其与同时发生的杀戮敌人、夺取财产、战利品和土地等行为联系在一起。[39] 这成了十字军讯息的一个关键点:常见的军事行为经过为上帝效命的说法而摇身一变,用克莱尔沃的伯纳德讨厌的双关语来说,就不再是一种世俗的诅咒(*malitia*),而成为一种上帝许可的骑士精神(*militia Dei*)。[40]

目前还不清楚,乌尔班二世在1095—1096年为吸引新士兵提供了什么其他的物质诱惑(如果有的话)。但是,再过十多年,为上帝的事业服务就能换取物质获利的期望已经深入人心,这也反映了现实的情况。一种机遇模式建立起来了。正如本笃会的评论者布尔戈伊的鲍德里克在想象乌尔班对此的想法时所说的那样,他把酬劳和奖赏的形象既当作一种比喻,又当作物质的动机:"上帝在第1小时和第11小时分发他的钱币","你们敌人的物品将归你们所有,因为你们要掠夺他们的珍宝,然后或是凯旋,或是得到被你们自己的鲜血染红的永恒奖赏":救赎、财富、声誉;这杯鸡尾酒后劲儿强大。[41] 可以期待得到的奖赏包括基本的服役薪水、战利品、显赫的声望、官职,或是从被征服的地区获得的财产。圣物成了一种流行的商品，最著名的例子是 1204 年君士坦丁堡狂热的大规模盗窃，还有从 11 世纪 90 年代以后源源不断从圣地运出来的物品中也很常见。其中许多会装在装饰华丽的圣物箱中。尽管并不一定完全是为了盈利，但这类掠夺来的圣物还是带来了可观的获利，而且既是纪念归来的十字军战士的伟大功绩，也是社会进步的珍贵见证。捐赠重要圣物的人都会得到社群的集体称赞。据说，有的十字军战士至少回来时比以前更富有了。文献中记录的一些人很像 18 世纪从印度归来的英格兰暴发户，带回来丝绸、黄金、宝石、贵重的戒指、武器、军事装配，还有其他奇异的东方财宝。还有一些人，例如拉斯图尔的古菲耶（Gouffier of Lastours），据后世传说，他从第一次十字军东征归来时带回一只狮子，他们通过炫耀自己在耶路撒冷的战利品来巩固自己的地位，古菲耶就在利穆赞（Limousin）的蓬帕杜尔（Pompadour）的一座塔楼里展示着布帷幔。在第一次十字军东征中获得或掠夺来的埃及法蒂玛的亚麻布刺绣、丝绸和金线织物出现在了佩里戈尔（Perigord）的卡杜安（Cadouin）修道院和普罗旺斯的阿普特大教堂（Apt cathedral）里。12 世纪 80 年代，威廉·马歇尔（1147—1219），也就是后来的英格兰的摄政王，从巴勒斯坦带回一块丝绸布，被指定用来做他的寿衣。其他人可能会把这些财宝和战利品变现或换成其他资产。[42]

除了圣物以外，其他有形的利益并没有留下太多痕迹。但是无论实际获取的财富有多少，从社会声望角度来说，十字军东征的确提供了潜在的物质收益。从 1099 年开始，强大的领主会获得十字军资格凭证，这或多或少已经成为惯例。有人指出可能是这个原因，法国国王腓力一世才会在 1106 年做出一个或许有些古怪的决定，允许他的女儿嫁给安条克的博希蒙德，这位博希蒙德原先是白手起家的暴发户的儿子，被剥夺继承权后参加了第一次十字军东征，因为其功绩而成为欧洲的基督教英雄。[43] 第一次十字军东征的故事，以及战士们的虔诚奉献与勇敢，永远印刻在了西欧的文化中：散文、韵文、歌谣、圣歌、祷文、地方传说、家族历史、圣物、雕刻、彩绘玻璃、壁画。不仅仅是保留在记忆中，十字军的资格还可以转换成真实的物质好处。据说，诺曼公爵罗贝尔在1106年败给他残忍的弟弟英格兰国王亨利一世并被俘后，被免去了较严重的惩罚，只是处以监禁，正是因为他是耶路撒冷战士的身份。[44] 大领主常常会请缨去圣地，在1095—1205年之间的六任佛兰德斯伯爵中有五任参加了东征，其中有一位去了四次：蒂埃里（1128—1168）。类似的情况在法国和德国的贵族中都十分常见，这种家族传统和习惯并不局限于阶级顶层。人们可以依靠去殖民地的机会主义获得相应的国内声望。普瓦图的吕西尼昂家族（the Lusignans）的例子就证明了可以取得的成就。于格八世伯爵在该地区算不上名声显赫，但他的两个小儿子成了耶路撒冷的国王：居伊（1186—1192）和埃莫里（Aimery，1197—1205）。埃莫里的后裔在13世纪继续作为国王统治耶路撒冷，1205—1473年还成为塞浦路斯的国王。其他较小的法国伯爵家族中也有因为参加十字军而经历了类似的个人跃升和王朝发展，例如12世纪初法兰西岛的蒙特赫里（Montlhéry）一脉，还有一个半世纪后的香槟的布列讷家族（the Briennes）。[45]

在上层政治中，1137—1364年的每一位法国国王，1154—1327年的每一位英格兰国王，1137—1250年的每一位德国国王

（1250年后经历空位期）都加入过十字军。指挥十字军的政治红利十分显著。对法国国王路易七世来说，1146—1148年的十字军让他有了一个可以行使国王职责的独特的机会，他能统辖这个四分五裂的王国中的所有领主，并且领导一支真正的国家军队越过他王国的边界，这是从9世纪以来的第一次。他的专职教士强调，在他的前任很少敢踏足的法国东部，作为十字军领袖的路易被视为大领主。类似的，德意志国王康拉德三世，也就是另一位因国内异见而备受挑战的君主，成功借助十字军的名义在他的王国内实现一致的普遍和平，甚至可以从此不把他那些强大的对手放在眼里。[46] 法国国王路易九世的声望就更无须赘言，无论是在他在世时，还是在他去世后被当作君主主义象征的时候。类似的政治红利虽然不是理所当然的，也不是普遍存在的，但直到14世纪依然是政治谋算中的重要因素，甚至是在大规模十字军远征的现实机会已经消退之后。那些背弃十字军承诺的人，例如英格兰国王亨利二世，则会招致恶意的评价。爱德华三世（1327—1377）是斯蒂芬国王（1135—1154）之后第一位没有参加十字军的英格兰君主，他对此一直感到焦躁不安。[47] 即便是在政治标尺的另一端，作为耶路撒冷人在地方法庭层面也是一种有用的、毫无异议的荣耀和地位象征，在法庭上通常都会认可不在场的或战后归来的十字军战士享有法律特权和豁免权。[48]

在任何一次远征期间或之后，十字军战士都可以从各种正式或不正式的赞助者那里获得奖赏。1177年，埃塞克斯（Essex）伯爵曼德维尔的威廉（William of Mandeville）为了招募瓦尔登（Walden）隐修院院长加入他的十字军，邀请他"每天来一起用餐"。[49] 这一时期贵族社会的一个核心动力在于创造了结构松散的亲密关系，领主们可以借此来吸引追随者，不光可以依靠土地、国家、地区的联系，也可以借助暂时或永久的联盟契约。十字军的招募活动为这种亲密关系提供了丰富的机会。第一次十字军东征中就遍布着各种类似的协议或契约，这有时会被描述成金钱协定。这些协议在保障十字军事业的凝聚力方面至关重要。如果领主去世或钱财用尽，他们的追随者自然会去寻找新的赞助人和首领，其他的领主当然也会急切地希望从这个流动的市场中获利，寻找潜在的门客来强化他们自己的地位。有大领主——例如图卢兹的雷蒙德或布永的戈弗雷——会以这种方式拓展他们在十字军中的影响力。小人物也可以通过相同的途径提升社会地位。普罗旺斯军队中有一位利穆赞领主雷蒙德·皮莱（Raymond Pilet）在1098年年底曾短暂地在安条克独立指挥战斗，当时他保有大量骑士和步兵，向阿勒颇发起了突袭。但他的军队遭受重挫，也让雷蒙德回到了原先的附属身份。[50] 莱切的坦克雷德的收获才是惊人的例子，这位资产平平但人脉广泛的意大利—诺曼的年轻领主在战斗中成功确立了自己的重要地位，他以从其他领导人那里得来的钱，再加上从十字军战友那里得来的资金、战利品和借款，雇佣了家族以外的骑士，从中获利。结果，坦克雷德的军队扈从中有40至100名骑士，这相当于一支强大的军团的核心了。在这一路上，他可以招募他所属的意大利南部社会环境以外的人，包括来自沙特尔和诺曼底的骑士。在坦克雷德获利的同时，他招募的人也有好处。与坦克雷德同时代的颂德文作家卡昂的拉尔夫敏锐地察觉到了这种互惠互利的关系，他在自己的文章中让坦克雷德宣称：

第五章 招募与奖赏

> 我的士兵就是我的财富。我毫不担心,在我有需要的时候,他们就会出现,只要我指挥的这群人享用着我的粮食。他们的口袋里装满银币;而我给他们关心、武器、汗水、战栗、冰雹和雨水。[51]

这种建立亲密关系和雇佣士兵的模式是十字军战争的重要一环,能让任何一位招募来的士兵期盼得到获利的机会,当然他们也必须付出努力。在关于第二次十字军东征的叙述中有十分显著的例子,葡萄牙国王和德意志的康拉德三世两人都在自己的军队编制以外招募了领酬劳的骑士。[52] 第三次十字军东征中也有国王雇佣额外的军队,理查一世尤其精通此法。[53] 后来的十字军领导者,例如 1195 年时的德意志皇帝亨利六世,1248—1249 年的路易九世,都愿意为兵役提供酬劳和良好的条件。在路易九世的例子中,招募的吸引力不仅在于士兵可以从这项事业中获利,而且即便最终没有如愿,也还可以请求国王帮助自己摆脱困境。最终,在 1249—1251 年之间,路易用高达两万五千图尔里弗尔(*livres tournois*)做保赎回了至少 10 名追随者。[54]

这些通过奖赏建立起的联系可以延伸到战场和十字军的战斗以外。在第一次十字军东征中,诺曼人伊尔杰·比戈德刚加入十字军时是和诺曼公爵罗贝尔一起,后来他转而效忠意大利南部的诺曼人领主,在 1099 年攻打耶路撒冷时与莱切的坦克雷德一起行动,随后又在安条克担任博希蒙德的高官,做他的"骑士长官"。[55] 在这种赠予文化中,各种动机复杂交错在一起,即便对于长期的下属而言,服役的奖赏也是重要的。1100 年,托斯卡纳人蒙泰穆尔洛的雷蒙多(Raimondo of Montemurlo)从他的领主皮斯托亚伯爵居伊五世那里获得了一块新的封地，因为他在耶路撒冷之旅中的服役。因共同的战斗经验而开启新的联系和资助渠道，这种做法可能没那么实际，但却一样有吸引力。[56]1193年，休伯特·沃尔特晋升为坎特伯雷大主教，其中很大的原因是理查一世看到了他在阿卡战役中对英格兰军队的高效管理。此外，香槟的领主茹安维尔的约翰于1249年在塞浦路斯因为无力支付他自己军队扈从的酬劳而陷入财政困境，幸好有路易九世相救，而且之后他依然与路易及王室保持着亲密关系，这都是因为他们在1248—1254年期间在十字军东征中的共同经历和发展起来的友谊。

从茹安维尔自己的证言来看，他的经历中完全包含了赠予和奖赏的文化，如果没有这种文化，十字军就会胎死腹中。尽管茹安维尔在十字军东征以前就认识路易九世，但他与国王相熟，并得到政治晋升，并不在意料之内。在参加十字军以前，茹安维尔拒绝过王室的赞助。但十字军经济的现实很快将他卷入其中。在抵达塞浦路斯时，茹安维尔发现自己的钱花光了。根据契约，他要向一队扈从支付酬劳，其中包含九名骑士和两名方旗骑士（knights-banneret），后者可以有自己的旗帜，想必也就可以保留自己的追随者队伍或团体。将他的扈从运来的船费是他付的。他自己说，这样一来他就只剩下240图尔里弗尔，不足以继续支付骑士的酬劳了，其中一些人威胁要离他而去。此时，国王路易介入了，他以800图尔里弗尔雇佣茹安维尔为他服役，茹安维尔承认这比他真正需要的钱还多。[57]骑士们收到了酬劳；茹安维尔也有获益，并且得到了国王的赞助；而国王路易也在自己原来的影响范围之外收获了一位珍贵的新下属。这并不意味着人们参加十字军都只是当作转换职业，或是想要得到报酬或工作机会。参加十字军会给十字军战士及其家人带来严重的身体与物质风险：死亡、欠债、毁谤。但是，对飞黄腾达的期待是无可避免的，这会对招募过程产生有益的影响。

最明显的获得奖赏的机会就是在征战中夺取战利品的时候。第一次十字军东征最早的评论者就承认这点，而且这也是之后的十字军东征中的恒久主题。所有中世纪早期的军事行动都会在成功后分发收益。克拉里的罗贝尔对1204年君士坦丁堡的战利品分配不均感到焦虑愤怒，这或许是大多数十字军战士的心声。瓜分战利品并不单单是受欢迎的额外奖赏，对大规模战斗来说，这更是一种必要的二度赠予的过程，否则整个事业都可能受挫，甚至失败。对物质和精神的神授财富的需要决定了整个行动的进程。[58]为了获得新的收入来源，第一次十字军东征才在1097年接受希腊皇帝的巨额津贴，并且在多利留姆（Dorylaeum，1097）、安条克（1098）、阿斯卡隆（1099）取得胜利后瓜分大量的战利品，而且还从当地统治者——例如的黎波里酋长（1099）——那里抽取保护费。其中的一位领导者——布洛瓦的斯蒂芬，在写给妻子的一封家书中承认，因为希腊人的慷慨，1097年的他已经比前一年离开法国北部时更加富有了。[59]军队对1097年在尼西亚没有获得战利品，以及1098—1099年冬天在叙利亚北部马雷特（Ma'arrat）的战利品分配不均而感到愤怒，这并不仅仅是因为贪婪没有得到满足，更是对未来资源的合理担忧。类似的情形还会重演。康拉德三世于1148年时在君士坦丁堡从皇帝曼努埃尔一世（Manuel I）那里获得了攸关性命的援助金，让他可以在那年春天在巴勒斯坦重组一支军队。腓特烈·巴巴罗萨为了确保自己军队的期盼不落空，在1189—1190年冬天占领了拜占庭富有的色雷斯省，又在第二年开春时在以哥念（Iconium）战胜了突厥人。理查一世在1191年时迫使西西里国王坦克雷德放弃多达四万盎司的黄金，又在同年攻占塞浦路斯后掠夺了更多的财宝。十字军的主力军队和舰队在1203年转往君士坦丁堡正是因为觊觎拜占庭的财富，想以此来支持耶路撒冷的战争，根据一位支持这项计划的人的说法，接受这项计划的动力"部分来自祈祷者，部分来自金钱"。[60] 在这种情况下，获利既不是不务正业，也不是离经叛道，而是基本所需。

对于一些人来说，可以获得的不仅仅是战争中的收益。在波罗的海的"圣战"中，吕贝克的商人和教会中拥护皇帝的派系实现了永久性获利，他们包办了征服利沃尼亚的事业；还有在那里施行统治并攻下普鲁士的条顿骑士团。对毛皮、木材、琥珀和奴隶贸易的控制权是其中明显的经济动因，尽管西欧贵族定期招募的临时军队也会响应公开展现骑士精神和虔诚信仰的号召。[61] 商业利益和世俗统治并不会被认为是对基督教王国和天主教正统在那里或在伊比利亚或希腊拓展的不利因素。反对朗格多克异教徒的十字军远征（1209—1229）基本上是依靠短期或领酬劳的军队支撑的，还吸引了一些盗匪加入。这次十字军也为其首位指挥官蒙特福特的西蒙提供了开创出一片半独立领地的机会，他的家族中就有成员曾把握住在从不列颠群岛到叙利亚的获利和升迁的机会。在13世纪20年代，这场所谓的阿尔比十字军远征也被纳入了法国国王的地区扩张政策。[62] 黎凡特十字军虽然没有成功，但依然让人产生对征服和经济获利的期盼，这些重点是筹划者们不会放过的。东方巨富的形象更加深了这种想法。博希蒙德在1106年游历西方时，打扮得十分华丽招摇，他显然是榨干了安条克才做到这样。1107年，他领导的拜占庭十字军完全就是一场征服掠夺，希腊的财富一直不断吸引着十字军及其组织者，这将延续又一个世纪。[63]1184—1185年，耶路撒冷宗主教希拉克略希望西方能援助被围困的耶路撒冷王国，他为此付出的外交努力因为一件事而被破坏了，那就是他的随行人员公开炫耀各种金银和香料。[64]

东方珍宝的魅力吸引着意大利和法国南部的沿海城市。尤其是比萨、热那亚和威尼斯，它们在地中海东部的十字军远征上投入了人力、财力和船只，这既是为了它们自己的商业贸易，也是希望通过运送十字军战士和朝圣者这样的活动来获得物质回报和精神收益。与十字军战士之间订立的契约反映出其中的高投入：1190年，法国国王腓力二世与热那亚之间的交易达到了5950马克，再加上接近2000人的军队的酒，威尼斯与第四次十字军东征领导者之间的著名协议高达85000马克，军队人数据说达到超越现实的33500人，还有一系列路易九世与马赛、热那亚、艾格莫尔特（Aigues Mortes）及其他港口之间签订的契约，他在1248—1254年之间的海军开销可能远远超过十万图尔里弗尔。[65]第四次十字军东征的经验生动地证明，风险来自客户不履行其契约。帮助夺取黎凡特的贸易港口，以商业特权和对被占领港口的全部控制的形式就能产生持续的贸易利益，例如1104年后被热那亚人占领的阿卡，或是1124年后被威尼斯人占领的提尔。虽然贸易城市绝离不开宗教的激励，但也毫不避讳地赞颂物质收益，例如恩布里亚科（Embriaco）兄弟从阿斯卡隆之战（1099年8月）中带回热那亚的大量战利品（"金银珠

175

宝")。⁶⁶ 在对 1122—1125 年威尼斯在亚德里亚海、爱琴海和黎凡特的十字军远征的叙述中，明显突出了财富与救赎的双重动机，部分是恐怖袭击，部分是远征舰队，部分是圣物寻宝。一位目击者亲眼看见热那亚舰队于 1101 年从恺撒利亚和阿苏夫掠夺归来，宣称"在上帝的帮助下获得了胜利"，并且炫耀"他们在那里夺得的大量财富和珍宝"。⁶⁷ 这种快速致富之道不仅限于意大利人。当地人发现于 1189 年回到科隆的十字军战士都载满了从伊比利亚的穆斯林那里得来的战利品。⁶⁸ 除了这些直接的收益外，还可以从造船、船具以及雇佣船长和船员等支持性行业获得潜在的巨额收益。对这些商业中心来说，十字军东征能提供的精神吸引力、高额投资以及充足的商业机会是可以共同存在的，而不是此消彼长的。

并不是只有地中海或波罗的海的商人精英才会计算物质回报，以及如何处理战利品和其他收益。1190 年 7 月，在维泽莱，英格兰国王理查一世和法国国王腓力二世以誓言达成协议，分享他们在接下来的十字军东征中获得的一切战利品。第四次十字军东征的领导者和威尼斯共和国之间也达成过类似的分享战利品的协议。这些协议都承认物质所得是计划中固有的一部分。在第一次十字军东征中，西方领导者针对他们要攻占的土地向拜占庭皇帝立誓。有的指挥者，如图卢兹的雷蒙德或博希蒙德竭尽全力地想要夺取地产和领地，这样的企图心从一开始就是他们动机中的一部分。小领主或没有土地的领主，如莱切的坦克雷德或布洛涅的鲍德温也在毫不避讳地寻求自己的财富。1147 年，北海十字军舰队预先就达成了共同协议，要为兵役支付酬劳，并且分享战利品。⁶⁹ 后来在第二次十字军东征期间，对私人利益的追逐引发了里斯本的事件，当然还有之后的大马士革围城中的事件。对于当时情况的描述中，至少有一种版本是将战役的失败归因于耶路撒冷当地的战士与佛兰德斯伯爵争夺这座城市的控制权。这段有敌意的描述中还提到他不遗余力地游说要将这座城市交给他，尽管他在西方已经拥有雄厚的财富。[70]

　　即使有毁谤之嫌，这个故事还是承认了十字军战争中存在物质因素，在对类似的远征行动的各种广泛流传的描绘中也对此毫不避讳，而在民间流传的方言诗中，相关的冒险故事里就更少不了这样的情节了。攻占并保有圣地这个"基督遗产"是耶路撒冷十字军东征的本质，是世俗对超验的奖赏的盼望，而且不可避免的是反过来也成立。第四次十字军东征一开始，英诺森三世就担心圣地没有足够的土地和人口来支撑十字军中的工匠和农业移民。到 13 世纪晚期，实现并保证征服和占领土地的世俗方法成了当时战略讨论的主流热点。据说，至少有一位应该是消息灵通的观察者指出，1248 年，路易九世将大量农业装备一同运到了埃及，而且因为缺乏人力来实现全面且有保障的殖民而感到苦恼。[71] 在严肃的精神层面的阴影之下，十字军东征的样貌和目的在本质上还是征服的战争。

第六章　参加十字军的人

参加过第一次十字军东征的一位老兵描绘了1097年年初汇集在尼西亚围城战中的基督教教徒：有穿盔甲和戴头盔的战士，如骑士，有"习惯于战争"，但没有全副金属盔甲的人，如骑马的军士和步兵，还有没武器的人，如神职人员、女人和孩子。125年后，有一段描写记录了第五次十字军东征中攻占埃及港口达米埃塔后获得的战利品分配的不同比例，其中区分了四种类别：骑士，教士和土耳克伯佣兵（turcopoles，也就是当地征募兵），门客（clientes，可以是侍从或骑士之外的重骑兵或军士，或两种身份兼具），最后是妻子和孩子。1188年，英格兰和法国的萨拉丁什一税的官方安排要求十字军战士必须是条件优沃的骑士和神职人员。[1]从乌尔班二世开始，筹划者们希望招募可以实际作战的军队。理论上，所有的十字军战士都要得到教区教士或官方布道者兼招募官的许可才能加入十字军。[2]尽管从萨拉丁什一税的条例来看，这个条件是可以被忽略的，但在实践中，十字军既不是一种表达群体疯狂的方式，也不是一场群体自发的运动，而是一种精英本质的活动，要依靠从广泛的社会群体中进行招募才能持续下去。编年史作者们习惯无趣的总结概括，还有一厢情愿的说教，但与之不同的是，1215年法国对有关十字军战士特权的运作进行的调查发现，城镇、乡村和商人十字军战士这些招募的主要人群依然是手持武器的战士（bellatores）。[3]即便是在13世纪，购买誓言赎回的体系已经根据世俗现实，专注在了为军队筹钱上，而不是在军队本身，而且就算十字军的话术已经充斥着贫穷与谦卑这样时髦的主题，但主导战斗的依旧是有产阶级，以及他们所支持的人。

领主和领主权

编年史和教会、国家、法律与领主档案中有大量出现名字的十字军战士的例子都可以证明这点。仅仅在第一次十字军东征中就有超过五百人的名字被认定为十字军战士。[4] 招募人员至少从 13 世纪 20 年代开始就将十字军战士的名字记录在了羊皮纸卷上。看似精确的参加十字军的人数表明 1214 年科隆主教区的布道者和 1188 年威尔士的布道者在做同样的事情。1221 年，未来的教皇格列高利九世在教会税收收据上记录了意大利北部十字军将领的名字。到 1200 年时，坎特伯雷大主教和英格兰国王已经可以知道他们管辖区内十字军战士的名字了。[5] 编年史作者、历史学家和诗人也乐此不疲地记录下了这些"圣战"战士们响亮的名字。文学、行政、财政、法律记录都明显偏好那些有东西可以出售、抵押、保护、捐献或放弃的人，即有社会地位的人。财富的规模可以很普通。有些契约中涉及的交易不过只有几亩地、几分钱、几个先令，但却已经将其中涉及的那些人与大量没有姓名的侍从、军人、仆人和随从区分开了。[6]

十字军的成员是围绕着领主和骑士的，他们的家族、亲戚、朋友和门客，他们组成的军队依靠各种强弱不一的关系结合在一起，包括忠诚、雇佣、亲族、地理，还有通过酬劳确认或加强的宣誓联盟。战争的额外花费是十字军战士与朝圣者不同的地方，还有入伍时的特别仪式也是。布道者们关于贫穷的演讲，以及他们的轶闻故事都是专门为有产阶级的尚武听众们设计的。以贵族家族为基础的军事单位的优势毫无疑问是压倒性的，例如1096年布永的戈弗雷或博希蒙德的亲友，还有第三次十字军东征中大规模的贵族与王室军队，再到1248年和1270年路易九世的家族以及追随他的权贵。1190—1192年，英格兰的财税卷宗根据地区和所属领地对十字军战士分组。[7] 十字军战士在寻找领主的同时，领主也在行使领主权。一位南部意大利人发现，1096年时博希蒙德刚加入十字军，就有年轻的战士蜂拥去为他效命。四分之三个世纪后，耶路撒冷的历史学家提尔的威廉分析了这个过程：

> 因为无论何时，只要有传言说某位王公宣誓要去朝圣，人民就会蜂拥而至，恳求允许加入他的行列。他们在整个旅途中都会呼喊他的名字，认他作领主，并承诺会服从他，效忠他。[8]

伟大的领主需要有人效力。在1191年的阿卡围城中，据说比萨人看清了政治的风向，于是心甘情愿地向刚来的理查一世宣誓效忠，可能也在期待他们的新主人礼尚往来的慷慨行为。[9]

在领主辖地内招募的模式是同心圆结构的。最广的就是展现在加入十字军的大型仪式上的。这些国际远征的一开始有各种大型的贵族集会，会以非常公开的方式建立或加强彼此共谋的关系。可能成为士兵的被招募者们常常会等着看他们社群中的领导者的反应，然后才自己加入。1188年在斯特拉斯堡，加入十字军的仪式一开始并不顺利，但等到权贵们都加入后，一切都变

第六章　参加十字军的人

得不同了。[10] 作为一场招募活动，1095年的克莱芒会议一点儿都算不上成功，其国际影响力只限于教会层面，而没有如预期般产生世俗影响。相比之下，1146年维泽莱和施派尔的集会则将法国和德国的大部分上层贵族都聚集在了一起，确定了指挥结构，达成了政治互谅。1188年1月，在吉索尔举行的加入十字军的仪式在英格兰及法国国王与佛兰德斯伯爵之间达成了必不可少的和平，并且安排好了筹资与募兵的官方努力方向。三个月后，腓特烈·巴巴罗萨的基督法庭将十字军东征当作德国王室与帝国权力主张的一部分，这个先例日后又在1195年、1215年和1220年被腓特烈的儿子和孙子效仿。[11] 上层号召加入十字军，尽管这么施加的义务如果也被人忽略或许会显得尴尬，但这有助于解决对抗与争端，而不会让任何一方觉得丢脸。1199—1120年在埃克里和布鲁日先后举行的加入十字军仪式将原先反对法国国王的叛乱者与忠诚的保王派结合在一起。第五次十字军东征和1239—1241年所谓的"诸爵十字军"，还有1246—1248年及1267—1270年路易九世的十字军东征，其中的地区性十字军仪式都有类似解决冲突的特征。[12]

　　参加十字军既是一种个人责任的表达，也是一种社群身份的展现。招募者们对于1188年威尔士、1214—1217年科隆主教区、1224年马赛的布道活动的描绘都表现出现存社会群体的动力——包括领主身份、亲属关系、地区或社群等因素——是如何左右人们的反响的。[13] 城镇中的招募活动可以巩固集体的团结，继而使他们参加战斗：1101年、1122年、1202年的威尼斯人，1097年的热那亚人，第三次十字军东征中的比萨人，1147年、1189年、1217年的科隆人，1189年的不来梅人，1188年的佛罗伦萨人，1147年、1189年、1190年的伦敦人，波罗的海的吕贝克人。市民身份在第二次十字军东征的有关叙述中十分突显：布里斯托、黑斯廷斯、南安普敦、科隆、鲁昂、布洛涅，还有"来自伊普斯维奇地区"的年轻人。[14]这些队伍大多都由当地贵族或市民中的大人物领导，热那亚有一位老兵卡法罗（Caffaro）说那些人就是城镇里的"较好的人"。他描述道，1097年热那亚远征的12艘船舰载着"最优质的战斗人士"，这些加入十字军的都是一流的市民，这样的情况在整个欧洲都很常见。[15]1190年出发去东征的一艘船上载着至少80名伦敦人，领导他们的是两位城市精英："金匠"杰弗里（Geoffrey the Goldsmith）和外号"长胡子"的威廉·菲茨奥斯伯特（William FitzOsbert）。其中，威廉是一位受过教育又拥有地产的市民，但后来在一场市民骚乱中担任领导者而声名受损。伦敦人进一步强调了他们在十字军东征中的自主性，于是选择了托马斯·贝克特作为他们的主保圣人，并且在阿卡建造了一座以他命名的医院。[16]

编年史作者们喜欢编写十字军战士的名录和死亡名单。有三份生者的名单可以证明社会精英占很大部分：一份德国的和一份英格兰的是第三次十字军东征的，还有一份法国的是第四次十字军东征的。《腓特烈征战记》（*Historia de Expeditione Friderici*）和当时大多数对12世纪十字军东征的叙述一样，都是混合文本。第一部分的基础可能是1189年年底之前写成的。其中有一份很长的名单列出了1189年5月底集结在匈牙利边界上多瑙河畔普雷斯堡（今布拉迪斯拉发）的德国十字军战士。这份名单按照粗略的阶级顺序排列，除了皇帝腓特烈和他的儿子士瓦本公爵腓特

第六章　参加十字军的人

烈以外，还有10多位高级教士、3位侯爵、27位伯爵、25位无爵位的贵族，以及人数与姓名都不详的家臣和杰出骑士。这份名单确认了招募过程的性质，其中的人名会按照地区分组：士瓦本、巴伐利亚、法兰克尼亚（Franconia）、萨克森、卡林提亚（Carinthia）、阿尔萨斯，而且如果是与贵族随行的近亲属、兄弟、儿子和叔伯也会注明。[17]第三次十字军东征中也有类似样式的名录。之后还有一部英格兰的《国王理查之行》（*Itinerarium Peregrinorum et Gesta Regis Ricardi*）是依据熟悉行动的资料来源编写的，其中记录了贵族的名字，他们主要来自法国的安茹地区，是1191年追随理查一世参加阿卡围城的。这份名单中的一个显著特征是按照亲族关系分组：格尼比（Corneby）兄弟，名字叫托伦斯（Torolens）或托泽利斯（Tozelis）的骑士；普雷克斯（Preaux）家族的骑士（实际是三兄弟）；德·拉·马雷斯（de la Mares）家族；斯塔维尔斯家族（Stutevilles）。[18]

参加过第四次十字军东征的皮卡第骑士克拉里的罗贝尔在记录自己战争回忆的序言中列出了一长串"上层人士"，他们有足够的地位和财富，"高举旗帜"，即领导他们自己的武装部队，这也是任何十字军或其他中世纪军队中的关键组成部分。和德国的第三次十字军东征名单一样，这份也是按照阶级排序的，开始先是香槟、佛兰德斯、布洛瓦、圣波尔、蒙特福特的伯爵，然后是主教和修道院院长。再接着男爵是按照地区排列的：皮卡第和佛兰德斯、勃艮第、香槟、法兰西岛、博韦西（Beauvaisis）、恰特雷思（Chartrain）。当然也有随同出行的兄弟和儿子。列出这些大人物的名字可以为后续的事件营造相应的高贵背景，罗贝尔的编年史很像是骑士文学，其中常常会出现伟大骑士的名单。罗贝尔会挑选出那些在战斗中表现英勇的人,将"富人"和他所谓的"穷人"区分开。这些"穷人"十字军战士实际上主要是在罗贝尔自己的家乡皮卡第、阿图瓦和佛兰德斯等省份小有名气的骑士,绝对也是上流社会的成员,虽然在社会地位上比贵族低,但和当地男爵与佛兰德斯伯爵关系密切。这些人的贫穷无疑只是相对的。[19]

这三份名单都描述了富裕的领主的领导地位和资助。除了他们之外,用克拉里的罗贝尔的话来说,都是"骑马和徒步的好人"。[20] 这些都不是穷光蛋。在另一些语境下,"好人"暗示着财产,在这里,罗贝尔至少是暗指军事技能。他还解释说,1202年,为了弥补与威尼斯人之间达成的运输协定所需款项的不足,每位十字军战士都要依据位阶捐款:骑士每人4马克(1马克相当于2/3镑),骑马的军士每人2马克;其余每人1马克。[21] 这样的结构从第一次十字军东征开始就很明显,在13世纪40年代及以后的有关保有权和效忠的书面协定中也依旧如此:大权贵周围是小领主和富裕的骑士,他们之间依靠亲族、姻亲、劳役或契约等关系联系在一起,也可能存在多重关系。[22] 在他们身边服役的军队是依靠忠诚或义务的关系,后者依靠的是他们自己的资金或是他人的供养和酬劳,也可能是两者兼具。这个整体结合在一起靠的是契约协议,或者是结盟、服役、委托等预先约定。

英格兰有一些资料可以说明这其中的运作过程。在第三次十字军东征中,理查一世拥有一些大领主,如奥地利公爵利奥波德(Leopold of Austria),还有理查的外甥香槟伯爵亨利。他并没有将自己的军队和家族融合在一起,就像50年后的路易九世一样,他也是付给他的大领主及其追随者们酬劳的。而理查在阿卡通过契约招募的小骑士则是加入他所拥有的受俸军中，直接听他指挥，在他的旗下战斗的。[23] 1239—1240 年，国王理查的侄子，也就是康沃尔伯爵理查（1209—1272）与他的妹夫蒙特福特的西蒙（阿尔比十字军的主要领导者之子），还有威廉·朗格斯佩（William Longspee）及至少 18 名方旗骑士（有自己旗帜并指挥独立队伍的骑士）一同踏上十字军远征。有一位亲历者观察到，在和理查一同出征的人中，西蒙和威廉认识理查伯爵，是他家族的成员。[24] 其中包括英格兰的总林务官内维尔的约翰（John of Neville），还有菲利普·巴塞特（Philip Basset）。这两人似乎达成了一项单独的双方协议，菲利普同意自掏腰包陪伴约翰一起去圣地，还带上了两名骑士。等到那里以后，他和他的骑士将以约翰家族成员的身份为他效力。[25] 类似的契约交叠的网络确保了未来的英格兰国王爱德华一世和他的部队在 1270 年加入路易九世的十字军。爱德华依据条款从路易那里得到七万图尔里弗尔的借款，作为回报，答应加入他的十字军，有人认为这份协议相当于是爱德华加入了法国国王的家族，成为他的一位男爵。爱德华又通过酬劳契约招募了 225 名骑士。[26] 1240 年的巴塞特与菲利普之间的交易是保存下来的第一份书面十字军契约，尽管只是草稿。而 13 世纪 40 年代末期路易九世的十字军也是依靠类似的契约链，契约的对象包含一些大领主，如他的弟弟普瓦捷伯爵阿尔方斯（Alphonse of Poitiers），还有之前讨论过的与茹安维尔的交易。尽管直到 1270 年，类似的协议还没有全部通过书面记录下来，但这并不妨碍十字军联盟的坚固构造。[27]

领导者支付自己家族军队的酬劳，再雇佣其他士兵，并且为这些人的交通提供津贴，这套做法由来已久。从 11 世纪 90 年代开始的所有圣地十字军的有关叙述中都有这种保有军队的语言。这种关系的作用既是纵向性的，也是横向性的。在第一次十字军东征中，博希蒙德将地位相同的亲族都纳入他的家族军队中，而图卢兹伯爵雷蒙德则拿出现金招募协同指挥的伙伴。在第三次十字军东征中，理查一世、腓力二世和腓特烈·巴巴罗萨都毫不吝惜地为参加十字军的权贵提供大额津贴，这本质上与13世纪40年代或1270年的契约如出一辙。香槟伯爵西奥伯尔德在1201—1202年间积蓄的大量十字军财宝可能也是为了类似的目的。²⁸ 运输成本一直都是指挥者们需要常常挂心的事。博希蒙德要花钱将他的追随者运过亚德里亚海。路易七世显然随随便便就雇来了一支西西里舰队。理查一世为了1190年的十字军东征雇佣了一支超过一百艘船的舰队。佛兰德斯伯爵鲍德温九世在1202年投资了一支佛兰德斯十字军舰队，用来运送他最优秀的军队。1228—1229年，腓特烈二世不仅承担了他自己的军队的海上运输费用，还将他所有追随者们也运到了东方。²⁹

在领主权力的局限下，通过契约的依赖关系只是包含情感和利益的互惠关系中的一种要素。招募一视同仁的受俸军团或是雇佣舰队，这些过程基本都是不留姓名的。相较之下，与家族军队、亲近的门客和大家族之间的交易则可能要承担个人责任，甚至涉及感情。和领主一同出行的有行政和家务人员、军队扈从、有一定社会地位的门客，以及朋友。中世纪的领主体系和政府保留了一种四处游走的特点，非常适合像十字军东征这样的事业。理查一世自然会带上他的总管、内臣、内阁职员，还有他的副御前大臣罗杰·马希尔（Roger Malceal），马希尔于1191年4月在塞浦路斯附近的一场暴风雨中溺亡，当时他的脖子上还挂着王室印章。(讽刺的是，就在6个月前，罗杰刚刚盖印认证了一份关于国王对失事船只的权利的章程。)[30] 参加战斗的军事家族可能很庞大，例如1227年的图林根伯爵路易：4名伯爵，18名具名的骑士，人数众多的家臣，包括他的仆役长、典礼官、总管、侍从，还有神父、专职教士和其他骑士。130年后，布永的戈弗雷出行时，身边也跟着他的仆役长、总管、侍从和神职人员，还有包含领主和骑士在内的大量门客，以及一群受庇护的修道士。[31] 但是，这样的家族中也有亲密的关系。

1190年，奥地利公爵利奥波德五世的随行人员，除了莫尔（Moerl）伯爵和一位名叫迪特马（Dietmar）的自由民之外，还有8名家臣，其中至少有一些是老家仆。[32] 1241年，福雷伯爵居伊五世（Count Guy V of Forez）在从圣地归来的路上，于布林迪西附近去世，在起草遗嘱时，他近前的见证人有他的教士、一名修道士、他的书记员、一名骑士、他的侍从，还有他的军士长，遗产受赠人中包含两名随从和一名医生，应当也是伯爵的随行人员。[33] 1219年12月，在刚被征服的达米埃塔，一位临终的博洛尼亚的十字军战士巴茨拉·梅科萨德鲁斯（Barzella Merxadrus）担心的是他最亲近的同伴、追随者，尤其是他的妻子吉莱塔（Guiletta）当时的安全、舒适和物质需求，特别是他的妻子是否还有权住在他们一起住的帐篷里。[34] 1267年10月，英格兰人内维尔的休（Hugh of Neville）在阿卡立下的遗嘱中也同样表达了对追随者的关心，包含他们穿越地中海的费用问题。他的受益人中有三位骑士、朋友，还有其他的随从，其中两人是遗嘱执行人，还有两位执行人是他的男侍——朝圣者贾克（Jakke），以及教士沃尔特，他的书记员科林，他的厨师鲁塞尔（Lucel）；

他的马夫托马斯，还有两名典礼官——约翰和马斯特·雷蒙德（Master Reimund）。休遗赠的物品包含马匹、盔甲、一把剑、镶有宝石的褡扣、一只高脚杯、一只金戒指，还有大量不同货币的现金（标准纯银、马克、拜占庭金币），由此可见在黎凡特的西方人面对着多么复杂的金银两本位制，而且即便是一支普通的队伍也开销不小。休还期望从英格兰得到更多的钱，还有教会十字军基金承诺的五百马克。近20年前，威廉·朗格斯佩从英格兰启程踏上他的绝命十字军之旅时，鞍囊里塞满了钱，他只是觉得谨慎为上吧。[35]

非贵族

内维尔的休的遗嘱描绘了十字军招募的社会轮廓。尽管编年史作者们在极力宣传群众性的集体热情，但还没有足够多的明确证据表明有独立的十字军战士来自社群中最贫穷、最受压迫的一群人，除了家族仆人和军队扈从以外，这些人可能是射手和步兵，也有骑士和军士。这种排外性在公元1200年后越来越被认可，当时允许一些收入平平的人，用小额捐赠来赎回誓言或得到部分豁免。真正来自社会较低阶层的独立十字军战士，如1188年萨拉丁什一税条款中提到的有武器的精英、市镇公民和农村人，与社会阶层高于他们的人之间有一个共同点：地产可以买卖。[36] 留存下来的财政和档案记录几乎都是关于有地产的阶级的，这不太可能是违背现实的。在法律上，十字军战士必须是自由人。如果像诺丁汉郡的农奴休·特拉弗斯（Hugh Travers）这样的人加入了十字军，那就意味着他获得了解放（他的例子是可以证实的）。[37] 如果要自己出资，十字军战士就要有资源。13世纪初，英格兰法庭的记录中经常提到贫穷的十字军战士。他们过于贫穷，无法启程，但还是会用十字军特权当作盾牌来对抗法律诉讼。有一份1200年左右林肯郡十字军战士的名单上列出了未能完成自己誓言的战士名单，在29人中有20人拒绝履行的主要原因是贫穷，有些非常贫穷，或是乞丐。甚至有一位十字军战士称他在伦巴第被抢光了财物。还有一名被列为赤贫的战士坚称自己已经完成了誓言，这可能是因为他有5个孩子。[38] 在有关布道和布道文的记述中所提到的听众和十字军战士的社会与经济身份指的就是地产。世俗的十字军特权也同样承认这点：能够出售或抵押地产，免除借款利息和偿还债务，延迟应诉民事指控。

从涵盖更广的社会自由人对十字军的反响所反映出的社会轮廓来看，非贵族阶级的土地拥有者、商人以及工匠，和拿武器的人一样，都有向上升迁的流动性。1200年时，英诺森三世将不应当被强迫参军的弱者和穷人，与其他参加十字军的人区分开，后者包含贵族、权贵、战士、工匠和农民。[39] 十字军战士的特权让佃农和地主一样可以通过出售或抵押自由来筹集钱款。[40] 有的交易很不起眼，只能筹到几个先令，或者比如1170年前后，来自卢瓦尔河谷的一位管家拿出了全部家当，价值三百苏*。[41] 除了农民和各种靠土地维生的人以外，工匠也是十分重要的。他们中有许多人可以在战争中工作。1207—1208年之间英格兰的财税记录中保留的十字军战士名单里提到了一名染工、一名制弓匠、一名屠夫，同在名单里的是各种商人、教务长、侍从、军士和教士。约1200年时，有一份康沃尔的十字军战士名单中提到

---

* 苏（sou），法国原辅助货币。

了一名铁匠、一名磨坊主、一名鞋匠、一名裁缝,当时还有一份林肯郡的名单中提到了一名剥皮工、一名陶匠、一名屠夫、一名铁匠、一名葡萄酒工人、一名挖渠工、一名面包师。13世纪20年代,奇切斯特大教堂的木工长希望能被允许参加十字军。[42] 根据克拉里的罗贝尔的说法,1203年在君士坦丁堡外的十字军军营的守卫是马夫和厨师,他们的装备是被子、鞍垫、铜壶、锤矛和研磨槌。在1250年的曼苏拉之战(the battle of Mansourah)中,普瓦捷伯爵被突厥人包围时,是十字军军营中的屠夫发出了警报。[43] 洗衣工通常是已经失去性魅力的老妇人,她们在第三次十字军东征中同时还担任除虱的工作。[44] 除了常见的家族官员,如仆役长、总管、总务、典礼官、治安官、侍从、公证人、医生、第五次十字军东征中还有法官、大学教师(由此可见大学在上一个世纪的崛起)、一名车夫、一名理发师、一名制革工、一名厨师、来自约克郡的一名教师(*grammaticus*)、一名格洛斯特郡的富农(自由地产保有人)、一名德国厨师长。其他资料中还出现过鱼贩、内科医生、外科医生、石匠、捕禽人、驯犬师、工程师。[45]

　　除了在富人身边提供服务,工匠们也能领到现金薪水。很多工匠在十字军中有许多专业用武之地,其中有些人也很善于从中正当获利。在1097年的尼西亚围城中,伦巴第工程师就自告奋勇地提供服务,只要支付给他酬劳,并且由十字军的集体基金来支付他的所有开销。他得到的酬劳十分可观,达到15里弗尔的沙特尔货币,可以用于支付他的工人团队。[46] 参加过十字军的编年史作者阿奎尔的雷蒙德语带刻薄地指出,尽管在1099年6—7月耶路撒冷围城中协助建造攻城机器的人大多是免费的,但专业的工匠是有酬劳的，有些是公开募集，有些由图卢兹伯爵支付。[47]生意人可能希望在十字军中保证良好的生活条件。有一位亲历者就指责有商人在1190—1191年冬天阿卡围城中故意屯粮以抬高价格。为了强调他的道德观点，他讲述了一个故事，有一位比萨的奸商为了牟取暴利，计划囤积粮食直到他可以从中获得最大收益，但最后粮食完全被大火烧毁，让他一败涂地。[48]也有一些不太被鄙视的商业行为，商人和货币兑换商会在军队的市场中提供商业和金融服务。

城镇依旧是招募活动和布道活动的中心。招募绝对不是只限于沿海贸易城市，也会沿着内陆的政治和贸易网络延伸到城镇中心，并由此辐射吸引周边的地区。1247年，来自位于法国北部沙特尔和奥尔良之间的沙托丹的十字军战士为了表示他们的集体身份，成立了一个团体，组织筹款，吸引非十字军战士捐赠。[49]12—13世纪的牛津是一座四通八达的内陆集市镇，拥有多座宗教建筑、一座王室宫殿、一所刚刚诞生的大学，镇上的居民们通过房屋、牧场和租赁等交易来筹集资金，用于他们的东征之行。[50]对十字军的一个更大的误解，是认为其理想主义对那些从事城市或商业活动的人吸引力较弱，除非这些理想主义能许诺带来新的市场或者有获得物质收益的机会。事实上，信仰和奖赏的动力对城镇的吸引力和对乡村差不多，如果不是更大的话。

招募的战士中还有两群人更容易符合后代对他们的成见：年轻人和神职人员。在编年史中，自由青年指的就是年轻人，或者更拐弯抹角地指尚未获封爵位或尚未拥有土地的骑士。就像各地的军队一样，年轻人也会被战斗与冒险的前景所吸引，愿意为了激动人心的高尚事业而效力。亚琛的阿尔伯特认为隐士彼得在 1096 年进行的远征失败的原因是激动的青年人群体过分地不守纪律。他专门挑出了来自伊普斯威奇地区的 7 个年轻人，认为他们在里斯本围城中的勇敢是过分张扬。1190 年，青年十字军战士在英格兰攻击犹太人的事件中显然扮演着主要角色。[51] 有地产的十字军战士常常会带着他们的儿子和弟弟出行。年轻的十字军战士可以说服他们不参加十字军的父母为他们的冒险提供资金，例如 1201 年的马什的罗伯特（Robert of Marsh），1247—1248 年的牛津的约翰·帕切（John Pacche）。还有些年轻人可能并不像评论者们描绘的那样独立。在贵族和骑士家族的传统结构中，贵族青年都会担任侍从，这也是一种骑士见习训练的形式，例如内维尔的休在阿卡时的侍从——朝圣者贾克。根据其主人的遗嘱，他得到了一匹马，还有整套骑士盔甲，配得上一位"高贵的人"。[52]

毫不意外的是，神职人员是十字军中另一个重要的组成部分。在招募时，他们会协助布道、十字军礼拜式、游行和授予十字架。身为教区的教士，他们可以批准应征者加入十字军。在战斗中，就像他们的俗世同伴一样，他们也分为三大类：在富人家族中服务的神父和书记员，与领主、其他神职人员或地方十字军队伍有各种各样联系的有资产者，还有至少在十字军东征的早年间，与俗世领主的家族没有差别的高级神职人员。在第三次十字军东征中，真正到达巴勒斯坦的英格兰神职人员包括一位大主教、一位主教、一位修道院院长，还有副主教、大教堂教士、专职教士、教区长、神职书记员、达特福德的主教代理。[53] 尽管乌尔班二世反对修道院中的修道士加入，但这并没有妨碍他们的参与。有些修道士被提拔为主教后，就从修道院中解放出来，他们在第二次和第三次十字军东征,以及 1209 年阿尔比十字军远征中负担了大量的教会领导工作。坎特伯雷大主教鲍德温曾经在 1190 年协助领导英格兰先锋军前往叙利亚,他也曾是西多会修道院的院长。[54] 对俗世的神职人员来说,参加十字军变得越来越可以接受,越来越司空见惯。其中许多人表现的就像其他胸怀壮志的十字军战士一样。为了让他们能更容易地加入十字军,从约公元 1200 年开始,有圣俸的神职人员被允许用他们的收入来筹集资金,以供养其他的十字军战士,或补贴他们自己的旅程。他们还被允许在缺席的时候继续享有圣俸收入,在 1215 年后,还可以使用从新的教会十字军税收体系中所得总收入的收益。[55]

十字军中的神职人员可以满足个人、家族和整个军队的精神需求,定期举办类似修道院的宗教活动:祷告、私人告解、公众游行、忏悔式、礼拜式。他们会热心规劝,也会施以鼓励。十字军战斗中经常出现公开的重新献身或祈祷的仪式,这些通常非常有助于在危机时刻维持士气。在战斗前的祷告和圣礼至少有助于解决士兵们对突然死亡的迫切焦虑情绪。有如此大量的神职人员在场充分证明了这项事业的神圣性质。神职人员并不是一个彼此间毫无差别的群体。即便是在比较卑微的级别上,当时对他们的各种不同的称呼,也反映出不同的职能。在 13 世纪中期的一份十字军名单中,有三位相邻的神职人员分别被标注为"priest""chaplain""clerk"*。[56] 他们的工作不只是祷告和安

---

* 在天主教教会中,"priest"一般指负责主持圣礼、布道等活动的神职人员,即司铎、司祭,其级别低于主教(bishop),但高于执事(deacon);"chaplain"一般指为某个团体或某人服务的专职神职人员;而"clerk"一般指教会文书或书记人员。

慰。较次要的神职人员无处不在也许是因为他们的职责只是书面记录,而不像神父那样要记账、抄录契约、写信、起草和见证宣言和遗嘱。神职人员要与敌人谈判,埋葬死者,组织救济穷人,索尔兹伯里主教休伯特·沃尔特,也就是未来的坎特伯雷大主教在1190—1191年的严冬中,就在阿卡的城墙下出色地完成了这样一份工作。有的神职人员也参加战斗,例如勒皮主教阿德马就是典型的十字军教士,他参加过第一次十字军东征的战斗;在第三次十字军东征中的休伯特·沃尔特、科尔切斯特副主教拉尔夫·欧特里夫(Ralph Hauterive),以及"武装教士"于格·德·拉·马雷(Hugh de la Mare),后者曾愚蠢地想要向理查一世提供军事建议,还有在第四次十字军东征中,克拉里的罗贝尔的弟弟阿卢梅斯(Aleaumes)神父"每次进攻都冲在前面"。[57] 随着教会风尚的改变,越来越少有参加十字军的高级神职人员会效仿阿德马主教,他是一位出名的马上斗士,带着自己的家族军队出征。后来的高级神职人员通常都担任行政管理者,例如休伯特·沃尔特或西班牙枢机主教伯拉纠(Pelagius),他是第五次十字军东征中作威作福的教皇特使,又或者还有优雅的学者型布道者和政治家,如维特里的雅各或沙鲁托的奥多,后者是1248—1254年路易九世第一次东征中的教皇特使。

这也不耽误神职人员积极担任领导角色。里加主教阿尔伯特在13世纪的前四分之一时间里个人筹划并指挥了攻占利沃尼亚的战争。他在自己的大旗下亲自出征。他的前任贝托尔德(Berthold)则是在战斗中阵亡了。[58] 虽然神职人员参与战斗越来越不受认可,但他们还是可以担任辅助角色。帕德伯恩的奥利弗是一个著名的例子,他在巴黎接受教育,是科隆主教区的教会

第六章 参加十字军的人

学校校长、未来的枢机主教,在1213—1217年间担任布道者和招募者,他跟随科隆的部队入侵埃及,并对这次行程进行了详细的记录及辩解,这份叙述完成于1222年,部分是以他的家书为基础的。奥利弗不仅仅是一位勤奋的教牧人员。在1218年8月尼罗河畔的达米埃塔围城的关键时刻,他设计了一座漂浮的攻城塔,帮助攻克了一个对城市防御极为重要的战略点。奥利弗对这次事件的描述(他谦虚地避免提到自己的作用)鼓励了英格兰的编年史作者马修·帕里斯(卒于1259年)在他的伟大的《大编年史》(*Chronica Majora*)中用一幅生动的插画来纪念这一事件。[59]

最积极投身的修道士群体是来自军事修会的:圣殿骑士团、医院骑士团、条顿骑士团、利沃尼亚的宝剑兄弟骑士团的骑士、军士和教士。从12世纪40年代开始,他们扮演起越来越重要的角色:专业、纪律严明、经验丰富的士兵,了解当地情况的战略家,国际或地方的银行家,提供各种后勤支持,如船运。他们对神圣战争的独特贡献让他们拥有了特别的声望。圣殿骑士团和医院骑士团被招募来在英格兰国王亨利二世的国土上核定及征收1188年的萨拉丁什一税,其中有一位英格兰的圣殿骑士被发现大量侵吞所征税收。[60]从12世纪后期开始,他们似乎也和十字军战士差不多一样享受法律和财政的豁免权。他们在招募和宣传活动中的作用源自他们作为永恒的"基督战士"的身份,他们参加过多场"圣战",无论就个人还是团体而言,他们都是西欧社会与自然环境中赫赫有名的人物,能吸引来自俗世的慷慨捐赠。在一些地区,骑士团的家族资助人和联盟都有加入十字军的习惯。尽管严格来说,骑士团的成员并不算十字军战士,但他们在十字军计划中始终提供着虔诚的奉献和实际的帮助。[61]

罪犯也会被吸引加入十字军。十字军的法律豁免与保护特权除了方便让神职人员和俗世教徒加入十字军外，也为那些希望逃避司法或惩罚的人提供了一种诱人的选项。不仅仅是利用十字军战士的权利来拖延民事诉讼。英格兰王室法庭的记录是西欧这一时期最完整的世俗法律记录，其中有无数的例子说明有些罪犯在被提审和审判前就潜逃到了圣地。[62] 参加十字军本身也可以被当作一种惩罚。将不受欢迎的人赶出去参与一项良善的事业，这种做法的历史和十字军本身一样悠久。维特里的雅各也许会为1217年在阿卡遇到的有罪的流民哀叹，但忏悔流放作为一种正式的刑罚或只是被当作一种方便的抛弃的方法，是源自十字军的忏悔用途的最根源，与被判处忏悔朝圣十分类似。针对道德过失，而未必是违法罪行的赎罪，可能也是一种激励。根据人脉广泛的马修·帕里斯的记录，蒙特福特的西蒙和他的妻子埃莉诺在1248年加入十字军是为了平息他们因结婚而产生的愧疚：埃莉诺曾经立誓守贞。有的被宣判有罪的重罪犯会在没有其他选项的情况下被处以流放十字军的刑罚，这种判决最传奇的例子可能就是托马斯·贝克特的谋杀者所获得的惩罚。[63] 忏悔从军可以被用来象征争端的解决，或是有了新的信仰。13世纪30年代和40年代，悔悟的异教徒曾被宗教裁判所判处参加十字军，去守卫君士坦丁堡的拉丁帝国，其中包括一名职业的行骗者，他太不像十字军战士了，更不可能信仰禁欲的卡特里派成员。13世纪40年代，路易九世试图让曾经的异教徒及同情他们的人参军，有的成功了，有的则没有。[64] 尽管改过自新的异教徒可能未必对"圣战"有兴趣，但那些曾经犯下过暴力罪行的人或许再适合这样的生活不过了。被迫参加十字军可能看似与这样一项建立在自愿改信和献身的理念之上的事业的基本原则相冲突。事实上，十字军东征依靠的是社会阶级制度下的一种依附文化，在这种阶级制度下，很少有人拥有哪怕是最基本的自由选择权。

女　人

上面的说法尤其适用于女性。这是一段传奇，一段男性的传奇，中世纪的女性在其中很少发挥力量，甚至连社会存在度都很低。直到13世纪初，已婚的男性十字军战士在参军前都需要得到妻子的同意。可即便如此，关于十字军布道的叙述中还是经常出现厌恶女性的故事，会讲到阻碍丈夫参军的妻子，这间接证明了她们在家中的权力，也心照不宣地承认了参加十字军的风险对于其家属和对于十字军战士是一样高的。留在家中的女性要面对法律问题，更是会在地产、名誉或个人问题上经常遭受真实的威胁，尤其是她们常常会承担起暂时管理十字军战士地产的责任。妻子、母亲和女儿与十字军战士的资产有公认的利害关系，这是大量权证见证人名单中都认可的角色。然而，教会当局和军队招募者同样都对女性表现出一种完全模糊的态度。理论上，参加十字军是对所有信徒开放的忏悔形式。但"圣战"需要士兵，而这项职业从文化角度上被认为是不适合女性的。尽管如此，就算不情愿，妻子们还是被允许陪伴丈夫，但是，性——即便是夫妻间的性，就像幽灵般扰乱着教会对于一项道德纯洁的事业的憧憬：理想的十字军战士应当戒除肉欲的行为（除了杀戮以外）。[65]

这种压抑禁止也没能阻止女性的参与。许多十字军战士都带着他们的妻子和家人一起出征，例如托尔夫的约翰（John of

Tolve）在分配1219年达米埃塔之战的战利品时，列出的受惠人名单中就包含妻子和孩子。[66] 所有的十字军中都有妻子、女儿和其他女性存在，其中许多人不仅是合法或非法的附属，而且本身就是十字军战士。很显然，高级神职人员和教区教士们都默许了这种情况，后者受乌尔班二世的委托，有权批准他们教区的信徒加入十字军。王后、公主、贵族妻子，还有其他精英阶层的女性成员，从第一次十字军东征开始，加入十字军东征的女性名录的范围就很广。例如，在第二次十字军东征中，法国王后埃莉诺就和佛兰德斯伯爵夫人及图卢兹伯爵夫人一起加入其中。到13世纪和14世纪，贵族十字军战士的妻子也加入十字军已经是十分常见的现象；路易九世的三个孩子都是在1250—1253年之间的十字军东征途中出生的。并非所有加入十字军的女性都是为了陪伴伴侣。奥地利侯爵的遗孀伊达在1101年就率领自己的武装军队参加了东征。一个世纪之后，英诺森三世认可富人女性可以带领武装军队参加东征。1216年，在热那亚，富有的十字军战士会说服他们的配偶参军。[67]

大人物们的习惯也被复制到了社会下层阶级中。1147年，在达特茅斯建立的十字军协会同意女性的加入。在约1200年的一份名单中，47名康沃尔十字军战士中，有4名或可能5名是女性。1250年，准备加入东征的路易九世的"圣卫道"（St Victor）号船上的342名平民十字军战士中，有42人是女性，其中22人没有陪伴。1224年在马赛，女性已经成为招募过程中的一部分。[68] 有的编年史作者，例如希腊的安娜·科穆宁娜（Anna Comnena）记录了十字军军队中和跟随进入军营的大量女性。[69] 她们承担着各种必要的角色，主要是内务或商务方面，例如护理、浣洗、除虱、卖淫、组织集市、研磨谷物、补给及偶尔帮助前线军队。有些女性因为她们的独立精神而受人缅怀，例如在阿卡围城中，有一位受致命伤的妻子恳求她的丈夫用她的尸体来填护城河。[70] 还有的女性会遭受道德谴责，例如 1097 年，有一位来自特里尔的修女在尼西亚围城中被突厥人掳走后获救，但后来又回到了她的穆斯林爱人身边，据说在她被俘期间，他还曾强奸过她。[71] 大多数女性十字军战士的军旅生涯没有那么多姿多彩。女性十字军战士，无论是否跟随家庭一起，无疑都和男性十字军战士一样来自拥有自由地产的社会阶级，例如 1224—1225 年，来自巴黎的让娜·克雷斯特（Jeanne Crest）就是和她丈夫勒纳尔（Renard）一起加入十字军的。[72] 那些出身更卑微的人只能担任仆人，或者从事更低贱的工作。

招募者对女性的吸引力，以及她们的反响必定十分复杂。但无法质疑的是，女性在各个层面中都存在，甚至还享有一定的声誉。1250 年 4 月，一位来自巴黎的女性——可能是一位职业医生——抱着生病的路易九世的头安慰他，当时他刚经历曼苏拉的战败，正在等待攻占尼罗河三角洲的沙拉姆沙（Sharamshah）。与此同时，在河流下游的达米埃塔，路易怀孕中的妻子玛格丽特很快就要产子了，她一边要努力守住这座基督教的要塞，一边要安排国王赎金的具体事项。[73] 参加十字军的女人们的足智多谋不输任何人。招募女性十字军战士反映出了各种交错的非正式的、有时是亲密的联系，如家庭关系、邻里关系，甚至是爱恋关系，这些关系与更明显的领主、酬佣、资助等结构并存而又支撑着后者。1250 年，在"圣卫道"号上有带着扈从的领主、骑士、圣殿骑士、医院骑士、7 名神职人员、几对夫妻、儿子和兄弟、仆人和工匠、单身男女旅行者,还有一些人的关系被描述为伴友。在这些人中有两名女性,吉勒玛·德·拉·兰德(Guillelma de la Lande)和"她的伴友"贝尔纳达(Bernarda)。贝尔纳达是吉勒玛的商业伙伴、仆人、同伴、朋友,还是搭档?[74]

共同联盟

这种模糊的关系充分反映了两性被招募者的各种不同动机。根据之前所粗略概括的,加入十字军的动机以及随后如何展开东征是离不开亲族关系、共同地域、集体行动等密切因素的。第一次十字军东征的效忠与指挥网络依靠的是交错联结的血亲和婚姻关系。其中著名的有三兄弟布永的戈弗雷、布洛涅的尤斯塔斯和鲍德温,是妻兄与妹夫关系的诺曼底的罗贝尔和布洛瓦的斯蒂芬。佛兰德斯的罗伯特是诺曼底的罗贝尔和布洛瓦的斯蒂芬的妻子的堂表亲,也是塔兰托的博希蒙德同父异母的弟弟罗杰·博尔萨(Roger Borsa)的妻弟。亲族关系并不一定会促进团结。图卢兹的雷蒙德娶了西西里的罗杰一世的女儿,而罗杰是博希蒙德的叔叔,而且和罗杰·博尔萨一样也是他的政治对手。第四次十字军东征不是由王室领导的,而是由一群关系亲密的法国北方伯爵一同发起的,他们就像11世纪90年代的前辈们那样,发挥出灵活而又团结的领导才能。在每一次十字军东征的各个阶层中都有交错的亲族网络,和亲戚一起出征是一种自然的选择,就像和他们一起生活一样自然。

共同的地域也会影响招募和战斗的安排,从大权贵到围坐在军营篝火边的普通人。在1190—1191年阿卡的军营中,东约克郡一座小镇的教区长英格兰王室书记员和编年史作家豪登的罗杰见证了约克郡当地一位地主赫斯勒的约翰（John of Hessle）的一份权证，他在记录英格兰死亡名单时特别着重那些远远算不上重要的死亡人员，只因为他们和他出自同一个社区：莱格斯比（Legsby）的理查和约翰；克罗克斯比（Croxby）的教区长；庞蒂弗拉克特（Pontefract）的猎人罗伯特。[75] 他们可能是他认识的人，是朋友或伙伴。克拉里的罗贝尔也同样会着重提到他认识的当地人，包括领主、亲戚和朋友，会对第四次十字军东征中的皮卡第同乡不吝赞美，尤其是他的弟弟阿卢梅斯这位参加战斗的教士。[76] 他们是一同被招募的，应该也会一同出征，就像伦敦人在1147年、1189年和1190年时会自己雇船。在第四次十字军东征中，集结在一起的索恩河畔沙隆地区的骑士和教士们应该也有过类似的经历。[77]

有许多这样的地区团体会将他们的联盟正式化。在出发踏上第二次十字军东征时，香槟南部埃夫里·勒·查特尔的领主米洛（Milo）和他的骑士们彼此宣誓团结。1190年的英格兰十字军战士团也被称作是靠誓言联系在一起的。[78] 经过正式宣誓的团体协会在第一次十字军东征中不止一次被利用来为中央控制的基金投注资源，例如尼西亚和安条克的围城战中。第四次十字军东征的领导者利用他们的权威授权给诸多代表，从而共同达成了与一位意大利船商的一份运输合同。集体安排成了十字军东征中的重要组成部分，可以补足也可以取代领主地位：如1190—1191年阿卡的共同济贫基金，或1219年达米埃塔的共同基金库。[79] 尽管现代人会有一些成见，但中世纪社会对横向的社会凝聚力的熟悉程度不亚于贵族阶级制度：修道院社群，宗教协会，军事骑士团，大学，世俗的圣人公会和贸易公会，还有更明显的11—12

世纪在西欧兴起的政治和城镇公社。共同体的模式并不严格限于市镇公民之中。这种形式普遍存在于教会各阶层还有精英政治之中，还有例如13世纪英格兰宪法观念中的"王国共同体"的理念，或是1258年贵族反对王室的"英格兰公社"的想法都与之相关。[80]

十字军东征很明显就是集结平等独立的灵魂一同为一项共同的事业自由献身，因而可以成为接纳共同联盟关系的环境，尤其是在传统世俗领主制度薄弱或无关的方面。通过誓言来确立共同盟约的方式流传广泛。1147年，路易七世的惩戒法令，以及1189年腓特烈·巴巴罗萨的，都是通过彼此立誓达成的，后者可能更为有效；1190年，理查一世的惩戒法令则是"一致同意"通过的。1147年，集结在达特茅斯的多国舰队立誓协定结成联盟，保证各有差异的群体之间维持和平与友谊，这就像是一个公社。[81]其中来自北海地区的许多城镇居民对这样的联盟很熟悉，尤其是来自伦敦的人，因为12世纪30—40年代，集体组织行动在伦敦已经变得越来越常见了。1147年，达特茅斯的公社包含民事和刑事司法审判、禁止奢侈的规则、对女性的管理、竞争雇佣仆人、集体做决定、宗教礼拜、分配金钱、成员间的仲裁。[82]战术和战略是集体决定的，这个模式还被复制到了1189年5月集结在达特茅斯的来自伦敦和其他北海港口的舰队，还有同年来自不来梅的十字军舰队，似乎也是以共同方针运作的。类似的组织模式也在1189年和1190年被其他英格兰船队采用，同样还有1217年时来自荷兰、弗里西亚和莱茵兰的大型舰队。[83]尽管这些公社中有的可能是因为旅途或战争的境遇而被凑在一起的，但还有些显然是从招募和筹划的一开始就运作了，例如1247年的沙托丹协会，或者第三次十字军东征期间佛罗伦萨或皮斯托亚的外来者协会，或者 1317 年巴黎的圣墓兄弟会。[84] 1210 年，图卢兹主教富尔克（Fulk of Toulouse）在城市设立了所谓的白色协会，其成员会得到十字架和十字军赦罪。成员们主要致力于打击高利贷，但也在 1211 年协助过十字军进攻法国南部的拉瓦乌。[85]

战争中也开始对这种联盟和决策的共同体结构熟悉起来。第一次十字军东征时停留在叙利亚和巴勒斯坦期间，平民扮演了一种积极的集体性角色，"平民"这个集合名词表示，这种军队中包含平民、骑士和贵族在内的议会政治体系已经得到了承认。类似的，第四次十字军东征的运作也像是一个公社，领导阶层会征询"普罗大众"，还会在危难、紧急或意见分歧的时刻举行议会。[86] 就连强大的理查一世也被迫在 1192 年 5 月放弃第二次进攻耶路撒冷，因为他的批评者们巧妙地操纵，组织起军队中的普通人对此表示坚决反对。[87] 经双方同意而设立共同机构对于从公众法庭到农业管理等各种出身的十字军战士们都很熟悉。宣传者们将十字军的"上帝军队"与《圣经》中的以色列人或马加比家族等集体进行类比是非常合适的。共同管理的普遍存在可以解释为什么如此庞大的十字军很少束缚在统一领主的领导之下，但却有惊人的凝聚力。

"穷　人"

在招募和服役中的大量证据似乎都排除了一种对许多中世纪和现代评论者们来说都很重要的类别：穷人。显然，十字军东征主要是留给社会中的一部分阶层的，而并非所有阶层，是留给自由人，还有那些可以得到物质剩余的人的。对这些人而言，个人的十字军行程也许并不是过分荒唐的行为。13世纪40年代,从马赛到阿卡的三等舱卧铺可能就要花费一位巴黎一流厨师1/3的年薪,或者是一位巴黎专业裁缝一整年的薪水。[88] 但是,因为食物很昂贵(即便不考虑战争集市的通货膨胀),而且战争物资也价格不菲,且很容易贬值,所以无论是信用贷款还是积累的资本都至关重要。对贵族而言,十字军远征无论是走陆路还是水路,据估计都要花费个人年收入的4倍或更多。[89] 对于稍下阶层的人而言,成本也差不多,而对于拥有惊人税收的统治者,比如路易九世来说,他们就希望能损益平衡了。英诺森三世为"弱者与穷人"引入誓言赎回的方式足以证明,积极参与十字军就是一项只适合社会精英的活动,在许多方面与中世纪宗教信仰与博爱的其他表现形式无异,例如施舍、捐助宗教团体或朝圣,而十字军东征从文化角度上而言与朝圣的联系十分紧密。[90]

那么,另外那一群始终出现在十字军东征中,却总是被描绘成穷人的人呢?编年史作家们总是会使用各种概括性的词语来模糊这些人的社会差异和分工不同:步兵、非战士、随军者、提供必要支援服务的平民、穷困者,这些词语多偏向文学和修辞功能,而缺少社会学意义。许多表示相对或绝对社会或经济身份的词(*plebs*,*pauperes*,*peregrini*,*mediocres*)都没有明确定义。例如,"穷人"常常被描绘成战斗者。有的被招募进十字军的士兵,比如1270年在艾格莫尔特暴动的"穷人",是有武器的,可以发起暴力抗争。[91] 类似的,平民也常常承担对战斗十分关键的任务。第一次十字军中的"平民"(*populus*)或是第四次十字军东征中的"普罗大众"(commons of the host)之中都包含战斗者,他们在战争行动的方向上有个人或集体贡献。十字军战士必须是自由人,自愿宣誓,并享有世俗特权。在法律意义上,不自由的农奴加入十字军事实上就代表着他得到解放。当然,无论从法律而言,还是从实际出发,自由与奴役的定义在整个欧洲都是有差别的。严格地说,德国十字军中常见的"家臣"就是不自由的骑士。但他们也构成了一种特别的奴隶中的精英阶级,在文化和经济上都与骑士相近。招募和战斗中的这种社会排他性代表的只是 12 世纪筹建军队的做法。英格兰国王亨利二世的《军事敕令》(1181)*适用于亨利在大陆和不列颠岛的领地,针对的只有自由人战士,这一做法也被法国国王和佛兰德斯伯爵所效仿。[92] 在下一个世纪,这种义务延伸到了非自由人。13 世纪 60 年代,有自愿的农奴非法离开他们的土地去参加英格兰内战。[93]

1212 年的儿童十字军、1251 年和 1320 年的牧人十字军,还有 1309 年民众对十字军的欢迎,都反映出大批的农业劳动力中也产生了一定程度的有意识的独立政治觉悟和参与度。但是,这些表现通常是得不到组织十字军的精英们的认可和欢迎的。直到 13 世纪 90 年代,爱德华一世和腓力四世之间展开英法战争时,农奴才正式成为招募军队中的固定成员。[94] 因为十字军中缺少农业劳动者和农民,1248—1250 年路易九世殖民埃及的计划才会失败。[95] 当然,法律身份可能并不妨碍没有加入十字军的人一起跟随东征。并不是所有参与东征的人都是十字军战士,这一点从第五次十字军东征中枢机主教乌格里诺的意大利北部新兵

---

* 《军事敕令》(Assize of Arms)是亨利二世于 1181 年颁布的军事改革法规。主要内容包括:服军役为全民的义务。服军役者须宣誓效忠国王,不再视为对领主的服役等。这一敕令建立了按国民军原则成立的新武装组织,增强了国王的军事威力。

名录上就可以得知。从 13 世纪中期开始，在圣地剩余的大陆前哨地带上，基督教开始设立常设的专业驻军。14 世纪初，威尼斯作家马里诺·萨努多·托尔塞洛（Marino Sanudo Torsello）支持主要由非十字军战士组成的军队对埃及展开初步进攻，实施封锁，这一举措强调的是专业性，而非阶级。[96] 而在各个例子中，这些非十字军战士都是可以领取酬劳的，这与一些编年史作者及之后的现代历史学家们所想象的十字军中奉行个人主义的农民阶级相去甚远，这些学者们想要证明的是大众的信仰、民粹的行动、民主的作用。

为十字军叙事增色添彩的"穷人"群体抵制清晰的身份定义。他们是穷困，还是只是不富有？布道者和编年史作者们几乎毫不加以区分地用贫穷来描绘社会身份、经济状况、道德水平；这个词在不同场合中几乎可以等同于许多类人：非贵族、步兵、刚变穷的人、非战士，甚至以类似修道院式的语言来说就是所有的十字军战士。有时有人认为，在对十字军的评论中有明显的启示录色彩的倾向，尤其是与第一次十字军东征相关的，这反映的都是平民大众，也即非精英阶级十字军战士们的情感。[97] 那些教育程度较低且处于社会弱势的人对于末日审判的暗示的接受程度，为何比受过教育，而且从一开始就宣扬审判将至的精英阶级更高，其中的原因并不明朗。经历过 1095—1096 年、1188—1190 年、1213—1217 年的布道活动的人都能感受到人们容易受到谣言和集体热情的感染，这并不像布道者们的记述想证明的那样，是社会边缘阶级才有的现象。比如诺让的吉伯特亲眼所见的 1095—1096 年响应十字军号召的混乱人群，他居高临下地对这般乌合之众大加诋毁，但他的目标未必是穷人，而是无知的人，或者是那些缺少贵族俗世信徒或教会指引和掌控的人。吉伯特对那个女人和跟在她那只特别的鹅身后游荡的那群容易轻信的人群的讥讽也可以反映出，即使是如此古怪的十字军热情的表现形式也呈现出一定程度的社会结构的凝聚力。[98]11世纪90年代初的收成欠佳，再加上经济萧条，可能是闪着金子光彩的耶路撒冷对渴望逃避现实的人们变得更有吸引力的原因，但最被吸引的主要还是那些生计被破坏的人，还有期望落空的人，也就是变穷的人，而不是穷人。对他们来说，十字军也许除了精神安慰以外还能提供物质救济，他们绝不认为这是一场农奴逃离农场的大逃亡。

十字军，尤其是走陆路的，在东征途中会吸引不参加战斗的朝圣者，他们希望得到军队的保护和战友情。从1209年开始加入反对朗格多克异教徒的阿尔比十字军的随军者、"流氓"、当地农民可能除了宗教狂热外，也希望能有所收获。[99]在东行途中，有的朝圣者可能希望依靠慈善捐助，而不是自己的物资。如果的确如此，那他们的旅途很快就会半路夭折，不得不放弃，被迫寻找赞助、补助或军队工作。军队中的十字军战士也会遭遇相同的命运，例如有一群弓箭手，在记录中被亲历者描绘成"平民"（*plebs*），1096年年末时，他们在巴里没能继续得到领主的赞助，因而被迫放弃远征。加入十字军，无论在什么层面，无论有多少能力，自己的动力都是重要的决定因素。[100]从1097年的尼西亚开始，十字军战斗中就会设立集体基金，为那些失去工作、劳役、领主的人，或者是钱用光的人提供资助。这些人的存在并不一定代表从一开始就有大批穷人在其中。1212年儿童十字军中的大多数传奇故事都着重于那些在低地国家、莱茵兰和法国北部加入大型忏悔出征的所谓的"男孩"(pueri),他们是来自社会和经济边缘的人群:年轻人、青少年、未婚者、老人、无依人士、牧人、种田的、马车夫、农场工人、工匠。但他们甚至没能走出法国和意大利的港口,这更强调了十字军东征对财政、阶级体制和组织结构的要求。[101] 来自同样社会群体的士兵也有被招募踏上远征的,但只是有组织、有资金的军团的成员。十字军的招募者想要和寻找的人不会是物质上贫穷的人,而且他们也从来没说过想要。

就连集体热情盛行的第一次十字军东征也不是毫无歧视的,不是全面包容的。1096 年隐士彼得带领的第一波十字军战士让人印象深刻的是他们最终全面失败,以及参与其中的大贵族相对较少,而不是他们的社会和经济地位较低。有一个著名的例子,沃尔特·桑萨瓦尔(Walter sans Avoir*)并不是"身无分文的";他是法兰西岛的布瓦西-桑萨瓦尔这个地方的领主。彼得军队中的另一名指挥官——默伦伯爵威廉(William of Melun)——拥有"木匠"这个昵称,这是因为他会把自己的对手派去战斗,而不会分配任何有用的专业工作。彼得的军队团结一致,在充满敌意的地区推进了数百英里,成功围攻了多座城池,并拥有一个中央财库。其主力部队毫发无伤地抵达亚洲,但却被突厥人打败,其直接原因就是军队不守纪律,还有领导的战术失败,这样的现象并不仅限于这次十字军东征中。对"农民"或穷人的身份的诋毁很大程度上是因为他们本身命运多舛,还是因为当时的评论者们自身的文化势利眼,而不是因为这个群体有任何特殊的社会劣

---

* 表面字义也可以双关"贫穷的沃尔特"。

势或穷困。[102]

十字军中的穷人的面貌也许并不像表面上看起来那样。有些所谓的穷人，例如英诺森三世口中的"穷人"（*inopes*），显然也加入了十字军。但有些人可能只是资金不够充足，而不是完全没有，因此从1213年开始，完整的赎罪体系中渐渐出现了逐步标准化的十字军的部分特权。[103] 从英诺森和其他人的话语中都能明显地发觉，积极参与的十字军战士需要物质财富。编年史中有关穷人的记述也可以佐证这点。在第一次十字军东征中穷人塔弗斯派（Tafurs）吃人的传说中，他们的领导者是一名落难的诺曼骑士。杜伊尔的奥多在描绘第二次十字军东征时，似乎在"穷人"这个群体中包含了那些有资金并可以试着购买粮食的人，后来又增加了"从昨天开始的穷人"，以及擅长弓箭的"老到的青年"。在另一些场合，"穷人"这个词是相对而言的，例如克拉里的罗贝尔将在当地有声望的骑士也加入了他的皮卡第、阿图瓦和佛兰德斯的"穷人"十字军战士名单中。罗贝尔称，在威尼斯，"穷人"听说威尼斯人将运送远征队的消息后，将火把绑在长矛顶上一起庆祝。和第一次十字军东征中拿着生锈的武器到达安条克的平民一样，这些"穷人"也是带着装备的战士。[104] 评论者们会选择性地展现他们对自己所谓的穷人的看法。英格兰历史学家亨廷顿的亨利（Henry of Hungtingdon）对1147年攻克里斯本大加赞颂，认为这是穷人的胜利，这对于亚斯科特（Aerschot）伯爵格兰维尔的赫维及其他指挥者来说完全是误导性的描述。亨利将这次胜利和由路易七世及康拉德三世领导的失败战役进行了戏剧性的道德对比。[105]

这种对贫穷的隐喻式的用法是评论者和宣传者们常用的。在一个由财富的力量所主导的越来越富裕的社会中,基督教关于贫穷的教义成了道德改革而非社会改革的工具。尽管生活节制的十字军布道者们依旧坚持穿着和行为适度、稳重,但他们所赞美的贫穷未必,甚至可以说常常不是阿西西的方济各的那种贫穷,也不是12世纪90年代林肯郡失败的十字军战士们所说的"赤贫"。[106]物质贫穷并不是问题;实际上,在十字军的招募中,这可能还会弄巧成拙。正如之前谈到的,里尔的阿朗为举荣圣架节(9月14日)写的十字军布道文强调精神贫穷的人会收到基督的特别恩惠,他指的是谦卑的人,而不是经济困乏的人,他还引用了马太版本的山上宝训:"虚心的人有福了"(《马太福音》5∶3),而不是在社会意义上可能更激进的《路加福音》6∶20(略去了精神上的意义),或《路加福音》6∶21(赐福饥饿的人)。[107]十字军招募者们向富有的听众们强调的是精神贫穷,贫困运动针对的是道德复兴,而不是社会改革或财富再分配。

然而,布道者们对基督教关于贫穷的教义的诡辩式运用可能会搬起石头砸自己的脚,会被从字面上曲解为抬高保持贫困相对于拥有财产的效力。如果穷人才会被选择作为上帝意志的工具,那为什么被招募进十字军的穷人要依赖富人?而这又将那些不被允许积极参与十字军的穷人们置于何地?作为富人们的专属领域,后续的多次十字军东征都没有得到上帝全部的恩惠。也许这两种人是联系在一起的? 1200年左右的十字军推动者们越来越将十字军当作一种表达基督教信仰的普遍方式,这种紧张关系也随之进入了偏袒富人的部分捐赠和誓言赎回的体系中。如果为十字军而战是忏悔奉献的顶点,而且如此受到慷慨赦罪的认可,那誓言赎回的这套体系就暗含着排他性，是在施加一套分离政策，而且将这种赎回的义务货币化的过程更加深了这种分离。儿童十字军和牧人十字军这些都是民众爆发出的不耐烦，这正反映出十字军招募过程中存在着歧视。1212年、1251年、1309年、1320年的这几次爆发都是对逐渐加深的十字军觉悟的回应：1212年是因为异教徒在法国造成威胁，还有穆斯林在巴勒斯坦和西班牙造成威胁，1250年是因为路易九世在埃及战败，1309年是为医院骑士团东征做宣传，1320年是法国想要重新发起收复圣地的十字军东征的尝试虎头蛇尾。每一次都有大规模的十字军宣传，企图创造出一种充满危险的感觉，激发人们的责任感和社会深层的集体恐惧，再进一步将其与对传统社会精英的失败的特定焦虑和愤怒融合在一起。在1190年后，十字军几乎已经普遍采用海上运输的方式出征，因而让这种排外行为变得更容易了，这加重了挫败感，而讽刺的是，这种挫败感正来源于在这些事件中暴露出无能的当局。这些民众抗议的显著特点在于他们对十字军福音的理解，当然还在于1251年、1309年和1320年时他们与可能的十字军筹划者们有过直接联系，虽然很短暂。这些为十字军狂热的人们并不是革命者。[108] 他们也不是筹划者们想要的那种积极参与十字军的战士。先不管这些关于贫穷的说辞，在现实生活中，贫民不会继承土地，穷人也不会参加十字军。成群的农民主动抛弃他们的土地，在时不时就会爆发的集体疯狂的状态下，一路来到已知世界最远的尽头，能依靠的只有上帝和施舍，这样的景象真是荒诞。

第七章　十字军远征的成本

在一本鼓励人们赶快为第三次十字军东征做准备的小册子中，布洛瓦的彼得宣称"经验常常告诉我们，让基督的战士们取得胜利的，不是金钱，不是大批武装军队，也不是战士们的德行，而是高洁的领主的德行"。[1] 幸好这种对上帝代理的盲目乐观没有将十字军筹划者们的注意力从物资的实际问题上转移开。这些问题的核心就是财源。沙鲁托的奥多这位经验丰富的十字军布道者和教皇特使，会谈及超然于"领主的酬劳（*stipendia*）"而存在的"上帝的薪俸（*stipendiarius*）"，是因为他知道他的听众会拿来和他们面前的世俗薪酬进行比较。[2] 1307 年，亚美尼亚的海屯提出的圣地十字军的四个必要条件之一就是要预先考虑筹划者是否有充足的资金和其他后勤必需品。有一位 14 世纪初的理论家极力劝说组织者要计算任何一场这样的远征是否足够覆盖其成本，还有一位花费了大量时间为一次封锁埃及的行动拟定可能的预算。布道界的大导师罗曼斯的洪培德高兴地提出，不仅基督教国家已经可以轻易地负担十字军战士的长期薪酬，并且在近东打造更永久性的驻军，而且如果有需要，光靠教会的资源就足够承担这项"永久性计划"。[3] 这些作者并不只是在应对近几次的失败。1148 年，遭遇惨败的法国国王路易七世提出，"我们要推行基督的事业，就不可能不花费大量开销，付出大量劳力"。[4]

第七章　十字军远征的成本

预　算

关于十字军预算的明确证据最早出现在第三次十字军东征中。但是，更早时候的东征对于成本的估算也同样重视。一位战士回忆说，在第一次十字军东征中，离家的丈夫会答应他们的妻子三年内回来。还有的人认识到能驮东西的动物比马的价值高（因而价格也贵），也认识到马车的重要性，它们可以运送食物、武器、装备和财宝。[5] 尽管没有军队会从一开始就带上所有的物资，而是会依靠沿路的补给和捐赠，但最初要支付的薪酬和粮食需要流动资金，常见的形式是贵金属，主要是银，可以是银币、银块、银盘。隐士彼得用马车运送他的财宝，理查一世则将他的财宝分装在自己雇佣的舰队上。布永的戈弗雷显然在出发前铸造了一种特殊版本的钱币。[6] 身上装满现金的十字军战士的形象时常出现：1248 年，威廉·朗斯比的马鞍袋里装满了银；1312 年，来自萨沃伊（Savoy）的格朗松的奥托（Otto of Grandson）启程时带着多达 20 500 弗罗林金币[*]；1228 年，约克郡费里布里奇（Ferrybridge）的大桥坍塌时，在溺水而亡的一群十字军战士的尸体上找到了 17 镑 18 先令 10 便士的现金。[7]

对战争开支的理解根深蒂固。成本在关于十字军东征的叙述中是永远的主题，也是主要留存下来的档案记录，人们很清楚开销的规模。就连 1099 年 9 月取得胜利的第一次十字军的指挥者寄回西方的信中都会记录牛羊的确切现金价格，不过并不一定可信。[8] 粮食供应、酬劳和集市在十字军老兵们的叙述和回忆中有

---

[*] 弗罗林金币（gold florin），1252 年始铸于佛罗伦萨共和国，后法兰西、匈牙利、波希米亚、英国等国都仿造。

213

着重要地位，例如第一次十字军东征中，阿奎尔的雷蒙德的叙述，或者亚琛的阿尔伯特听说的故事，第二次十字军东征中，杜伊尔的奥多的叙述和关于攻克里斯本的故事，豪顿的罗杰和昂布鲁瓦对第三次十字军东征的描述，以及腓特烈·巴巴罗萨的《腓特烈征战记》和《国王理查之行》中各位作者整理的故事，维尔阿杜安的杰弗里和克拉里的罗贝尔关于第四次十字军东征的回忆录，维特里的雅各对第四次和第五次十字军东征的评论，茹安维尔的约翰关于路易九世第一次十字军东征的回忆。在第一次和第二次十字军东征的各种权证和书信中充斥着各种对酬劳和补给的要求。与这些要求遥相呼应的有 1188 年的萨拉丁什一税的开征准备，有 1188—1189 年、1195 年、1227—1228 年的数次德国十字军筹备，有第三次十字军东征中的英格兰财政署和其他王室部门的记录，有英诺森三世在 1199—1200 年和 1213—1216 年为第四次和第五次十字军东征做的计划，有 1201 年的《威尼斯协定》，有 1199 年和 1215 年向教会收入开征税收的诱因，有 1213 年之后将十字军特权拓展至那些赎回自己誓言的人的规定。关于 13 世纪后期至 14 世纪初如何让十字军东征复苏的辩论之中充满了有关税收和花销的策划方案，该怎么才能最好地筹集必要的资金，并合理分配，要规划清楚。[9]

筹划者们千方百计谋算着成本，想着如何弥补或减少。路易七世在 1146 年时展开了官方的外交努力，意图为运输和补给寻找希望，1188 年时的英格兰国王亨利二世也同样如此。[10] 英格兰为第三次十字军东征所做的准备中包括了雇佣船只和人力，储存补给物资（马蹄铁、腌制肉、奶酪、豆类、弓箭、弩箭），以及未来薪酬的预算。成本预先就会被部分地扣减。在理查一世的舰队中，士兵和裁缝一年的费用是一天 2 便士，舵手的费用是一天 4 便士。通过计算未来的支出，官员们可以得出一年所需薪酬的总额。因而，1190 年财政署的账目上有 2 402 镑 18 先令 4 便士是用来支付未来从肯特和萨塞克斯的五港用 33 艘船运送 790 名士兵的成本的。在另一项预算中，一支 45 艘船的队伍的未来薪酬达到了 3 338 镑 2 先令 6 便士。[11] 这样一来，理查就可以事先评估他的行动中的某些部分的成本是多少，即便只是大致数字。英格兰王室的档案和行政管理或许在官僚细节上格外出色，类似的程序必然有助于为十字军的筹备提供信息。1190 年，腓力二世与热那亚的协议中有一笔预算是用来运送他的家族军队，并提供补给的。1188—1189 年在德国，腓特烈·巴巴罗萨的官员计算出了为期两年的十字军东征中每个人的最少开销：3 马克银。1195 年，腓特烈的儿子亨利六世的军队中，1 500 名骑士和 1 500 名军士的成本分别是每人一年 30 盎司金和 10 盎司金，再加上给他们和跟随骑士的 3 000 名随从的粮食配给，后者可能是制作面包或饼干的，这些是十字军战士在长途跋涉中的主要粮食。在第四次十字军东征的准备期间，根据克拉里的罗贝尔的说法，香槟伯爵西奥博尔德在 1201 年留下了 50 000 里弗尔遗产，用于支付十字军战士的酬劳。其中，后来被用于领导十字军的那一半，足以支撑起一支几千人的军队。[12]

臭名昭著的 1201 年《威尼斯协定》并不是随意拟定的。十字军领导层派出的使节带着一笔数额巨大的成本预算，非常明确地让比萨人打消了竞夺这份契约的念头。与威尼斯达成的最终协定非常精确，即便其依据中有很多是臆测和一厢情愿。这份协定规定，十字军在 1201 年 8 月—1202 年 4 月间分 4 次支付 85 000

马克，作为回报，威尼斯要向一支33 500人的军队提供专业运输船和大型客船，军队中包含4 500名骑士、9 000名骑士随从，还有20 000名领酬劳的军士，此外还要为人及4 500匹马提供一年的粮食，包括水、酒、小麦、面粉、水果、蔬菜等。分项详列的成本达到每匹马4马克，每个人2马克，总额与以前的契约相当，例如1190年腓力二世与热那亚的契约。十字军战士个人似乎可以筹集足够的资金来负担这些成本，仅在一项协议中，哈尔伯施塔特主教就收到了550马克，足够运送几十名骑士和马匹。还有其他一些协定也一次就涉及几百里弗尔。尽管1201年的协定中那过分乐观的数字最终被证明是一项破坏性的负担（导致十字军改道君士坦丁堡），但筹集到的资金（51 000马克）表明威尼斯的这项协定失败的原因是人员召集不充分，而不是钱不够。[13]

之后13世纪的十字军东征证实了人们对设定费用和预算的兴趣。法国国王路易八世在1226年朗格多克的战斗中向追随者支付酬劳，而在1244年对抗卡特里派的战斗中，一名骑士的费用似乎高达每天10图尔苏（*sous tournois*）。路易九世在他的第一次十字军东征中为他的骑士设定的费用是每天7先令6便士，骑兵和步兵队伍中的弩手和军士的会低一点。骑士的费用大约相当于茹安维尔的约翰支付给他的骑士的费用（约每年140里弗尔，而茹安维尔支付的是每年120里弗尔）。[14]贵族得到的酬劳更高，可能是每天40先令外加旅费，还有比如在1226年的阿尔比战争中，他们还有马匹损失的补偿，以及必要情况下的免费伙食。按照昂古莱姆伯爵与国王的弟弟——普瓦捷伯爵阿方索之间于1249年6月达成的协定，这种薪酬水平是"根据我们最

第七章 十字军远征的成本

亲爱的国王主上和他海外的兄弟们支付给相应身份的贵族的酬劳"计算的,换句话说,这是标准费用。[15]1270年,在路易九世的第二次十字军东征的招募过程中也沿用了相同的体系,纳博讷(Narbonne)子爵和他的儿子给迪尔邦[靠近欧什(Auch)]的伯纳德(Bernard of Durban)和他的两名骑士支付的薪酬和国王给子爵及其追随者"以及其他受俸者"的条件是相同的。[16]根据契约,未来的英格兰国王爱德华一世在1270—1272年的十字军东征中的核心部队的服役酬劳是每年100马克加旅费。1323年,法国王室的瓦卢瓦伯爵查理给十字军中的方旗骑士的酬劳是每人20先令,其他骑士是10先令,侍从是7先令6便士,步兵是2先令,十年之后,他的儿子腓力六世也如法炮制,不过他对侍从比较吝啬,只给5先令。尽管这两支瓦卢瓦家族的军队都没有真正开拔,但至少国王腓力提供的酬劳是为人所接受的。[17]

十字军战士的酬劳

每一次十字军东征,包括第一次,都要依靠领酬劳的军队。十字军战士的伙食和酬劳是出发前募资以及战争中寻找的后续捐助的一个主要因素:如1097年的第一次十字军东征,或1148年在君士坦丁堡时的康拉德三世,1147年、1189年、1190年和1217年北欧舰队向东对西班牙的穆斯林港口的多次突击,1190—1191年在墨西拿(Messina)和塞浦路斯时的理查一世,1202—1204年在扎拉和君士坦丁堡的第四次十字军东征的战士。第一次十字军东征中有两个例子表明了支付和领取酬劳的能力的重要性。有一个承认自己带有敌意的亲历者记录说,1098年,塔兰托的博希蒙德在安条克外威胁要撤出军队,因为他自称

217

没有足够的资金支付给他的追随者和家族。与此同时，位于社会阶级下层的图勒副主教路易（Louis of Toul）——可能是图勒伯爵雷纳德（Rainald of Toul）的随行人员——因为领不到酬劳而被迫到军营外寻找食物，他寻找粮草的队伍遭到突厥人伏击，他的妻子因此丧生。[18] 在第一次十字军东征中，领主有责任支付酬劳，这表现在方方面面。布洛瓦的斯蒂芬和布永的戈弗雷都将1096—1097年君士坦丁堡的希腊皇帝阿莱克修斯一世给予他们的金块和钱币给了他们的随行人员。[19] 向军队支付酬劳可以从精神和物质两方面巩固领主地位。在大约同一时期，里贝蒙的安瑟伦于1099年2月在阿尔卡（Arqa）英勇战死，传说中这名虔诚的骑士看到了预言他即将离开人世的幻象，为了还清世俗与精神债务，他忏悔了自己的罪行，进行了告解，领受了圣餐，最后在回到前线直面命运前，他支付了"欠他的仆人和随行士兵们的薪酬"。在上帝和军队账目的损益表上，支付酬劳的重要性再清楚不过了。[20]

在第一次十字军东征中，同样显著的一点是，根据估算成本而订立的酬劳契约被广泛运用。卡昂的拉尔夫在12世纪初所写的莱切的坦克雷德的传记中写道，他一直关心领取酬劳的追随者们的需求，给他们提供薪酬、装备、马和骡。据描述，他以借贷来支付薪酬，与另一位指挥者图卢兹的雷蒙德订立酬劳服役契约，还用70颗割下的突厥人头来换取70马克，以支付他欠自己军队的钱。他掠夺的财物，比如说从岩石圆顶清真寺剥下的价值7 000马克的银，也被用来给他自己的骑士添置武器和招募更多战士。坦克雷德的随行人员大约是十几到80或100人，这取决于他自己的财富状况，或是他所获得的更上层人士的赞助。领主应当支付他们自己家族军队的酬劳并且用现金来吸引其他人加入。[21]

第一次十字军东征的军队就像集市一样运营，除了买卖装备、粮食、圣物、妓女外，也做战士的生意。编年史作者们记录了用于奖励或吸引追随者，以及支付给特定服务的特殊费用，例如，1097年尼西亚的那位很会做生意的伦巴第攻城器械的工程师就开价15里弗尔。[22] 在1098年的安条克围城中，坦克雷德承诺向驻守堡垒的人员支付400马克的酬劳。图卢兹的雷蒙德则应当给安条克操纵攻城塔的士兵，以及在耶路撒冷城墙前填护城河的人提供薪酬。十字军战士会得到预付费用，例如1098年夏天雷蒙德·皮莱（Raymond Pilet）突袭阿勒颇的军队成员；还有跟随布洛涅的鲍德温去埃德萨的骑士。1098年6月，攻占安条克后，最高指挥者意识到征战在结构上的必要性，因而向没有领导的士兵们发出公开邀约，以现金的形式雇佣他们。[23] 个人的协定也不太会是随意的，就像1099年1月图卢兹的雷蒙德用大笔现金雇佣他的指挥者伙伴们那样。这些协商的结果都是战争贸易的一部分，常见于法国南部、为诺曼人所占的意大利、诺曼底和德意志帝国。在主要的指挥者中，韦尔芒杜瓦伯爵于格、布永的戈弗雷和佛兰德斯伯爵罗伯特都有过被更大的领主雇佣参加战斗或提供有酬劳士兵的经验。[24] 这样的交易不仅仅是战争的权宜之计。领主和骑士会和他的家族、门客与侍从一同出行，这些门客和侍从从一开始就期望除了伙食和报酬之外，自己的服务和陪伴能得到奖赏。当时的一位评论者就指出，最早的十字军战士在出征前一定得到了资金支持。另一位描绘了博希蒙德是如何毫不吝啬地给他的追随者们补贴的。[25] 这些付钱的首领们的所求则进一步表现在他们对钱币和金银器普遍的关注上。

  报酬的链条一直捆绑着所有人，无论是大人物还是小人物：领主、骑士、军士、仆人、步兵、商人、工匠、教士、洗衣工、娼妓。在第二次十字军东征中，法国国王路易七世不仅要承担自己家族和随行人员的成本，还要满足包括贵族在内的那些现金已经用光的人的需要。1148 年 3 月，路易被迫将他的大部分军队抛弃在小亚细亚南岸的阿达利亚*，一方面是因为他无力继续支付步兵酬劳，另一方面也是因为找不到合适的运输方式。路易的专职教士在总结这场失败时尖锐地指出，"一个国王不仅要虔诚，还要毫不畏惧贫穷"，这是一种被包裹在物质观察中的道德评论。[26] 路易需要现钱来满足日常需要，他在寄回国的信件中不断地向代替他在法国摄政的圣丹尼斯修道院院长叙热这样描述道。就和第一次十字军东征中的莱切的坦克雷德一样，路易不得不向他的十字军战士同伴们借钱，他的对象是主教利西厄的阿努夫。到达圣地后，他还向当地的军事修道会——圣殿骑士团和医院骑士团借了大量贷款。[27] 但路易也不是毫无远见的人，他在出发前就对教会征税，可能还对王室土地征税了。[28] 他和他的顾问们明白，需要大量的金钱，但在实际的数额面前，他们的预期可能还是小巫见大巫了。德国军队也同样需要大量现金。就和第一次十字军东征一样，德国军队穿越小亚细亚时，一路上都留下了钱币，其中有些被存了起来。1148 年春天，康拉德三世到达阿卡时，召集了一支他所谓的"新军队"，根据一位同伴的回忆，"花了一大笔钱"。[29] 金钱、维持军队、为酬劳而战，这些都是

---

  * 阿达利亚（Adalia），今土耳其城市安塔利亚（Antalya）的旧称。

对1147年十字军进攻里斯本的描述中持续存在的主题。[30] 酬劳是这项事业应有的特征，其本身与为信仰而战并不矛盾。同时发展起来的十字军特权也承认金钱的重要作用，允许十字军战士更自由地接触资金（通过出售、抵押、借贷等）：玛门是在为上帝效命。

在第三次十字军东征中，使用领酬劳的十字军战士、补给和军需品的供应、部署领补助或受雇佣的舰队，还有成本的规模，都成为更明确的关注焦点。随着统治者、商人和地主的日常书面交流的副本开始更有系统地被保留下来，书面记录管理的官僚体制扩大开来，这有助于筹备过程变得更有根据。如前所述，英格兰的官方记录虽然依旧不够完备，但还是让人们第一次可以直接进行物质和金钱上的准备。不过，其中依旧有许多未解之谜：理查一世的十字军的总支出，更别提他的追随者们的全部成本了；可靠的关于萨拉丁什一税的总额；理查预先建造并从墨西拿带到阿卡的堡垒的细节，还有法国和英格兰贵族带去圣地的大量抛石机的制造细节。虽然还是可以从编年史作者们的评论以及与十字军相对无关的记录中重构出德国十字军的大致预算，但就算存在相关的行政文档，也没有留存下来。法国的十字军东征可能引发了王室管理中后续的档案改革，但本身却并没有留下太多管理文档，不过，仅凭留存下来的那些还是可以感觉到筹资的重担。

观察者们指出，英格兰国王的财政拨款特别慷慨，但其实所有的十字军领导者都面临着相似的需求，也都利用着财富所提供的机会。腓力二世强化了他对基本独立的贵族和他们各自为政的战斗队伍的控制，在西西里时给了他们大量的补贴。[31] 理查一世的慷慨是有特定针对性的，他是典型的奢侈或者说精明的人，这要取决于如何评价他的个性和能力。除了承担自己军队中 2 500—3 000 人的费用外，他可能还帮助组织了一支约由 100 艘船组成的舰队，这些船可能又载了 8 000 人。他在马赛预留的军队更多，在阿卡招募骑士时的出价也高过腓力二世，后来还将当地所有的弓箭手都雇佣来为自己服务。[32] 显然，他的随行人员都是领酬劳的（理应如此）。威尔士的杰拉尔德当然也在其中，但他后来溜走了。[33] 较小的权贵也面对着同样的要求。坎特伯雷大主教鲍德温领导了一支由 200 名骑士和 300 名军士组成的领酬劳的军队，举着独特的托马斯·贝克特的旗帜。[34] 领酬劳的军队能满足指挥逻辑和权力结构，但也摆脱不了可能具有腐蚀性的财政限制。

众所周知，在第四次十字军东征，以及 1202—1203 年让主力军改道去往扎拉和君士坦丁堡的过程中，这些限制发挥了重要的作用。在 1198 年之后出现的新十字军是建立在第三次十字军东征和 1195 年德意志皇帝亨利六世的十字军计划的经验之上的，在 15 年的时间里，为十字军战士提供酬劳已经成了规划中的一项核心问题。初步的安排已经明白无误地承认了需要大规模、有组织，并且在一定程度上中央集权化的财政计划。英诺森三世产生了征收教会税的想法，希望能以其来支付十字军战士的酬劳。1201 年，英格兰国王和法国国王提出了一项俗世和教会税收，税率是 1/40。纳伊的富尔克在布道的同时也在为士兵筹钱。香槟伯爵西奥博尔德的遗产及其分配，还有《威尼斯协定》中两万名军士的粮食供给，主要的决定因素都是需要领酬劳的士兵以及这些士兵的需要。佛兰德斯伯爵鲍德温在 1202 年夏天效仿理

第七章 十字军远征的成本

查一世，用自己的船运送军队和粮食。为了弥补开支，他试图在领主允许的情况下向臣民征税。在香槟，维勒穆瓦耶讷的伊尔杜安（Hilduin of Villemoyenne）的安排明确了资金如何使用，并从地产交易中筹到了至少 280 里弗尔，其中 200 里弗尔是 48 000 枚便士，方便用于补给和薪酬的支付。[35]

第五次十字军东征见证了一场因酬而生的十字军融资革命的开始：从 1213 年开始可以用现金赎回誓言，从 1215 年开始固定对教会征税，再加上发展起来的一套规则更明确的体系，涵盖送礼、遗产、捐赠，以及各种仪式和教牧的筹资机会，例如平常的布道之行、队列游行、特别的教会祷告和礼拜。国家或领主为十字军征收的俗世税在政治上引发了更多争议，但也被正式接纳为信仰和忠诚的义务，这类似于为支付领主赎金而征的税，为继承人封骑士而征的税，为长女出嫁而征的税。随着收入来源的增加，十字军指挥者们也在同步完善酬劳服役的契约，以及将捐赠和教会税用于支持俗世十字军战士的方法。[36] 十字军筹资成了教会和国家一致的大事业，在路易九世于 1250 年在埃及最终战败后的那个世纪中，这一内容占据着关于守卫和收复圣地的实务讨论的主要篇幅。在大量的文献和专家建议中，筹资的问题可以用一般性的方法解决，听着就像是说，只要想发动十字军，就能变出必要的资源来，提出这种观点的有亚美尼亚的海屯，还有罗曼斯的洪培德。但也出现了一种几乎是普遍性的理解，认为如果还想要巩固黎凡特大陆上的新桥头堡的话，只有职业的海军和陆军才是有成效的。前两个世纪中积累下来的经验还是有一定作用的，这是十字军辩论和修辞在注重历史性的同时产生的一个实用的副产物。以前三次大规模东征为参照的大型十字军远征容易被

223

批评为太过庞大、成本过高、太业余。[37] 威尼斯人马里诺·沙努多·托尔塞洛（卒于1343年）可以代表当时的观点。沙努多将他的实用提议融入在一段对十字军历史的详尽叙述之中，详细证明了需要一支专业的海军来封锁埃及，随后再发动相似有组织的初步陆上入侵，即所谓的"特殊远征"，这明确地排除了独立、志愿的十字军战士，虽然这种想来就来的远征依靠的其实是有组织、领薪酬的十字军战士。[38] 自愿参加的传说很难被抹去，但越来越大打折扣。

账 目

沙努多与其他一些十字军宣传者和理论家不同，他对成本的认识既深刻又详细。但是，喜欢记账的心理绝对不是只有伏案的专家或意大利的商人们才有的。在西欧的战士精英们中也很普遍。骑士、家族官员和仆人，还有地产管理人员的来往款项都需要记账，其中有些还需要实物的记录，例如符木、羊皮纸卷、契约或土地勘察。军队就像地产或政府一样，都依靠世俗的指令、指挥和要求的网络运作。从13世纪初的公式集（用于教授书信写作和记账的范本或书信模板）推测，有些或者也许有许多的行政交流显然已经在书面上形成惯例，而且可能已经沿用了数个世代。[39]1098年，博希蒙德在安条克的书面契约和账目就是很好的例子。[40]十字军的财务记录尽管从第三次十字军东征开始才单独留存下来，但从11世纪90年代开始就广泛存在于现存的编年史和档案记录中。财务账目主要是记录一时的花费，例如契约、审计、税收需求，如果没有未来用途的话，很少会被保留下来或受到重视，除非是一些团体或政权有长期用途，或需要

第七章　十字军远征的成本

保存更久的记忆。但随着支付行为越来越普及，账目也就有了用武之地。1099年，坦克雷德背弃了对图卢兹的雷蒙德的效忠誓言，他宣称雷蒙德违背了他的"先令与拜占庭金币的契约"，还有一些相关记录保存下来；雷蒙德的专职教士保存了其中的详细情况。[41]

图卢兹伯爵身边的一名书记员记录了相关的安排，这进一步表明第一次十字军东征时期的领主和骑士生活的那个世界的读写和算术能力已经不只具有学术用途，而已经是实用技能了。[42] 博希蒙德是在意大利南部的读写文化之中长大的。诺曼底的罗贝尔在年轻时就接受过高水平的学术训练，后来还创作诗歌。骑士会口述书信，也会参与编写编年史。[43] 大家族中的每个人在生意、管理、礼拜和娱乐中都会用到读写能力。十字军东征本身也是一项离不开书写的事业。如前所述，较低等级的神职人员在十字军中似乎也很常见，那可能是因为需要书记员和教士来记账、抄录契约、写信或收集素材来编写出喜闻乐见的文学叙事，这样的人物包含第一次十字军东征中的阿奎尔的雷蒙德和沙特尔的富尔彻，第二次十字军东征中的杜伊尔的奥多，第三次十字军东征中的豪登的罗杰，第五次十字军东征中的帕德伯恩的奥利弗，朗格多克十字军远征中的德沃塞尔奈的彼得（Peter of les Vaux de Cernay），波罗的海东北部十字军远征中的利沃尼亚的亨利。有些人，比如威尔士的杰拉尔德，可能受雇成为战争的编年史记录者。[44] 这些人大多数都对财务和记账有兴趣。读写能力不再仅仅是贵族生活的一种装饰品，而是这种生活取得成功的一种基本要素。有效地管理地产就和战争一样，都需要知识、学识、实用学问和经验。从家务管理到筹组军队，基本的算术能力对于

225

付钱和收钱的双方都是理所应当、必不可少的。地产勘察、税收评估,甚至是书面的军队召集令都同时需要读写和算术这两种能力。任何一位地产所有者,即便不积极参与账目编写,但如果对这一过程完全不了解或不愿了解,那都会面临欺诈和变穷的风险。统治者和他的财务官员独处一室的景象在 12 世纪的文学和现实中都是很常见的画面。[45] 强大的盎格鲁—诺曼权贵默朗的罗贝尔(Robert of Meulan)的儿子、孙子、曾孙都是十字军战士,他就有自己的财税官;他的一个儿子——莱斯特伯爵罗贝尔成了英格兰的首席政法官,其带领的王室管理团队的读写能力都是一流的。他的继任者之一拉鲁尔夫格兰维尔参加了第三次十字军东征,他的父亲是第二次十字军东征的老兵。[46] 就连偏爱文学的维尔阿杜安的杰弗里和克拉里的罗贝尔也对金钱和财务有敏锐的理解。书写、阅读、倾听、口述,这些都已渗透入骑士文化的各个角落;记账也一样。

12 世纪中期以后的俗世和教会家族的家族财务、债务和奖赏的细节都保留下来了。[47] 一名英格兰的诉讼当事人——安斯迪的理查(Richard of Anstey)——事无巨细地记录了他在 1158—1163 年间为了试图获得亨利二世的判决所花费的成本,其总额高达 344 镑 6 先令 4 便士,这本身也证明了 12 世纪中期各种记账的广泛存在。[48] 自 11 世纪以后,在任何土地转让、租用或财政需求的背后,都有地产支出和收入的账目,从加泰罗尼亚到英格兰都是如此。[49] 在十字军东征中也是如此。十字军战士的权证上明确标示了要转移的地产和收入,骑士生活中的这一面,就像宗教仪式或精神焦虑一样,都是他们文化中的一部分。法律程序越来越离不开书写,还有土地、权利、义务的主张,这些都将

第七章　十字军远征的成本

包括从王公到自由农在内的全部有产阶级囊括进了一种记账的文化中。贵族对比武的那种标志性的强烈热衷也是如此。到12世纪70年代及80年代时，会编写详细的参加者名单，其中有一些会保留数十年。与比武和骑士本身更为密切相关的是，家族书记员会记录赢得奖励的书面账目，也会存档以供未来参考之用。在这两种情况中，实用会计和骑士纪念都在为彼此的目的——利益和名声——服务。到13世纪初时，威尔士的杰拉尔德在比较欧洲各国时依据的是其统治者的收入。[50]一个多世纪前，第一次十字军东征的世界就已经向骑士支付酬劳，并且会筹集资金；在这个世界中，英格兰国王在11世纪80—90年代与韦尔芒杜瓦伯爵于格及佛兰德斯伯爵罗伯特签订契约，用酬劳来交换他们的服役和士兵；在这个世界中，英格兰财政署在使用记账的珠串；在这个世界中，诞生了《末日审判书》。博希蒙德在安条克的开销账目并不是一种特立独行的作为，而是一种普遍的计算心理。

因而，第三次十字军东征中的财务记录是属于一种更广泛的书面记录的传统的。为了保证十字军战士履行他们的誓言，并可以享有他们的特权，同时也是为了有助于军事计划，布道者们会保存加入十字军的人的名单。世俗统治者的代理人同样需要这些信息来评估纳税义务或免税特权，包括萨拉丁什一税或其他税收。教皇及其特使会保留被招募者和金钱的详细记录，征税、用现金赎回誓言、募捐等都需要这些记录。英诺森三世在筹备第四次和第五次十字军东征时明确指出了这一点。前面提到过，关于《威尼斯协定》中的数字以及腓特烈·巴巴罗萨估算的每名十字军战士的成本或他的儿子于1195年向骑士提出的条件都不是随意猜测出来的，茹安维尔的约翰的薪酬清单也一样，同样如此的还包括1147年时一位巴伐利亚骑士的计算，他筹集资金是"为了保证让骑士为上帝效命"。[51] 理查一世舰队的账目部分保存了下来。1202年佛兰德斯的鲍德温九世投资的佛兰德斯舰队，12世纪40年代或90年代科隆、伦敦、布里斯托、布洛涅、南安普敦和伊普斯威奇的市民们较小规模的投资，以及11世纪90年代开始对热那亚、比萨和威尼斯的小规模投资，都不太可能是缺少理性的考量。船运成本决定了沿海或沿河商业城市的繁荣。免费的海上运输的愿景，如果真的能实现，那将会是西西里的罗杰二世于1146年向路易七世提出的最诱人、最慷慨的一个条件。[52] 对于刚接触海运的人来说，薪酬并不是随意的。尽管11和12世纪的军需官并不会随身带着像拉蒙·蒙塔纳（Ramon Muntaner）于14世纪初在希腊带领加泰罗尼亚佣兵团时所用的那种书面总账目，但这也不代表他们不记账，一定会有预算和损益表，不过可能只是记录债务。[53] 路易七世会详尽地偿还他的十字军贷款。他或是他的债主——圣殿骑士团，一定会记账，就像路易的继任者们更常做的那样。王室给那些包括俗世信徒在内的有偿还义务的人的指令应当是有某种发票作为依据的。

成 本

预算和账目可以反映出成本的规模。在11世纪90年代之后，以地中海东岸为目的地的十字军远征的成本变得更高了。但从一开始就很明显的是，初始的经费支出远超出一般的地方军事开支，可能高到令人望而却步的程度，除非能找到补助或是巧妙地将固定资产转变成现金。预算越是详细，越是复杂，就越突显出在财务上面临的挑战。然而，政策并不是决定预算的行

第七章 十字军远征的成本

为,而是在对成本提出要求:是"多少钱?"而不是"我负担得起吗?"这是战争的一个常见特征。对支持者来说,十字军东征不是一个可有可无的选项。其被视作保护基督教国家极为重要的现世与超验利益的必要途径,无论付出多大的代价。这代价可能很惊人。1247—1257年,路易九世的十字军东征成本超过了153万7 570图尔里弗尔,大概相当于王室年收入的5倍。[54] 根据马里诺·萨努多在14世纪20年代的一项可靠估算,为了守住埃及海岸,一支由900名骑兵和15 000名步兵组成的预备十字军在3年间所花费的成本高达两百万弗罗林金币,大约相当于教皇年收入的10倍。萨努多还进一步估计,后续攻打埃及的常规十字军远征还要耗费两年时间和500万弗罗林金币。1323年,法国的一项计划经过政府仔细的估算,要耗费26艘船、4 800名船员、3 000名弩手,总成本为30万巴黎里弗尔。1322—1325年之间,法国国王的一般年收入为21.3万—24.2万巴黎里弗尔;加上神职人员税收、贷款、罚款、操纵汇率的获益等,他的年收入总额为47.7万—61万巴黎里弗尔。[55] 路易九世进行第一次十字军东征的账目之所以保存下来,是因为14世纪30年代,腓力六世为了发起一次十字军东征而让下属官员将其抄录在了王室档案中。这些账目向腓力证明了他负担不起这样一场十字军远征,除非他能得到教会的大量补助,就像他的曾祖父路易那样。路易的总花费相当于100多万巴黎里弗尔(150万图尔里弗尔),再加上1250—1253年之间总额达到60万—70万巴黎里弗尔(105万3 476图尔里弗尔)的详细账目,这让在14世纪30年代的腓力的年收入总额望尘莫及,而且其中还没考虑摄政年间的货币贬值。[56]

投资的重担明显源自要承担的追随者人数。1250 年，在墨西拿搁浅的"圣卫道"号船上，有的十字军工匠要承担自己的成本，或者至多需要承担很少的随行人员的成本，但他们当时所要面对的运输、食物和水等基本开销可能就相当于一名小裁缝的年收入的 1/3，或者是一位名厨一个月的收入。[57] 对于有更多随行人员的领导者来说，成本可能是可支配年收入的数倍，这增加了这些人要寻找更大的首领来支付酬劳的动力。[58] 资产成本相当高：盔甲、武器、骡子、马匹、马具、马蹄铁、家用品，还有现金，包括金币、金块、金盘。不过，这些装备还是军队中的普通成员甚或工匠阶层的财政能力所能负担得起的，食物和薪酬才是个无底洞。尽管中世纪的富人可能拥有惊人的财富，尤其是与社会的其他阶层相比，但十字军的花费可能还是太高不可攀了。不过，令人惊讶的是，其中绝大部分成本还是被承担下来了。

第一次十字军东征的经济成本是无法估量的。据估计，一名骑士一年可能需要 144 银先令；非战斗人员可能约 18 先令。因此，即便是随行人员很少，比如莱切的坦克雷德只有 40—100 名骑士，但也要承担每年 300—700 镑的成本，这是一名普通骑士的土地或薪酬收入的数百倍。[59] 如果有数千名骑士和数千名其他人员（这是很有可能的，最近一项有根据的猜测认为，约有 7 000 名贵族和骑士，以及 20 000 人的支援部队），那成本可能更适合用想象的，而不是计算的。[60] 这些数字基本是靠推测的，只能作为成本规模的参考。还有一项最近的估算表明，布永的戈弗雷从不同来源那里筹集了 1 875 镑现金。诺曼底的罗贝尔于 1096 年以他的公国为抵押筹集了相当于 6 600 镑的标准纯银。但这些领导者在这一路上还是需要得到更多的横财，比如，拜占

第七章 十字军远征的成本

庭人的慷慨、战利品、抢夺、捐赠、保护费。1099 年 1 月，图卢兹的雷蒙德给了戈弗雷和诺曼底的罗伯尔每人 1 万先令，也就是 500 镑，这可能代表他们的随行人员中有约 100 名骑士。尽管金额已经非常巨大，但还是只够短期契约，只够行军到耶路撒冷。[61] 如果可以相信雷蒙德的专职教士的话，那更惊人的是，几周后，的黎波里和加伯拉（Jabala）的埃米尔分别拿出 15 000 金币（显然，按照汇率大约是 1 金币合 8—9 先令）和 5 000 金币，试图贿赂十字军战士，根据这位编年史作家的计算，总额达到了 8 万—9 万镑。[62] 如果这些数字中有的准确度还可以相信，那一支数万人的军队仅第一年的总支出就会让这些十字军战士出身地区的国王们的全部王室收入显得微不足道。虽然提供资金的确是一项共同的事业，遍及了半个大陆，且由不同的领导者、领主和士兵、独立个人和其他人共同分担，但不论是否早有预期，这个数字总额还是让人望而却步。

  成本问题严重破坏了第二次十字军东征的愿景。路易七世本身就负债累累，而随着战斗的进行，他不得不保释他的重要追随者们，同时还要负担他自己军队的酬劳。他已经为繁重的花销做好了准备，他的财政手段包含了征税、借款、勒索。有证据表明，其借款可能高达 7 500—10 000 图尔里弗尔，而当时王室领地的一般岁入可能不会超过 20 000 图尔里弗尔。[63] 从他写给国内摄政者的恳求信来看，路易的军队刚到匈牙利时，现金短缺的问题就很明显了，当时东征才刚开始几周。[64] 情况还会更糟。亲历者的回忆证实了追随者和他们的领导者一样陷入了困境。因为拜占庭的补贴比不上 1096 年时的数额，即便十字军战士们可以免费进入希腊市场，但他们的资源还是更加吃紧了。小亚细亚的军事失败妨碍了获得和抢夺战利品。尽管法德军队的每一支部队都携带着大量的钱币和贵金属，但越来越严重的资金短缺问题，还是导致1148年3月法国军队在阿达利亚分崩离析。在对第二次十字军东征在叙利亚和巴勒斯坦惨败的悔恨中，财政灾难可能还是次要的问题，道德抨击才是更主要的，不过，这些并没有被十字军的筹划者们所遗忘。从12世纪60年代开始，西方统治者们任何一次以地中海东岸为目标的战争计划都先以征税的提案为开端，例如1166年和1185年，还有最著名的1188年的萨拉丁什一税。第二次十字军东征中无力负担成本的惨剧留下了一份永恒的遗产。失败教会人现实。

第三次十字军东征也证明了花费的巨大。英格兰王室的行政记录表明，其主要的成本是薪酬。从财政署的1190年英格兰舰队账目上的数字来看，薪酬成本可能占总成本的2/3，不过其中包含了船员的酬劳，所以陆上军队——比如像1188—1189年的德国军队——就可以避免这一项开支。确切的数字依旧只能靠推测，不过1190年做出这些计算的人可不需要。根据理查一世一百多艘船只的舰队规模来合理估算，每年的薪酬可能达到约8 700镑，雇船成本再加上5 700镑，因此薪酬就占了总成本14 400镑的60%，符合2/3的比例。[65]虽然许多有地产的十字军战士会承担自己的费用，例如有伦敦人用他们自己的船运载了80名装备精良的士兵，但王室还是会向很多人提供交通工具，国王甚至还捐赠了一艘船给医院骑士团，这些人并不是他王国中的穷人或侍从。[66]薪酬和雇船费用只占成本的一部分。理查的船队以及船员和士兵，就像1202年时佛兰德斯的鲍德温的船队一样携带着军事装备：武器、盔甲、衣物等，还有食物。一位评论者声称尽管绕过伊比利亚到地中海的路途遥远,但船上还载有马匹。[67]

财政署的账目还显示出了王室的其他大额投资:马蹄铁(1190年,6万只的花费近50镑),弓箭,弩箭,埃塞克斯的奶酪(31镑5先令),剑桥郡、格洛斯特郡和汉普郡的豆(15镑4先令8便士),林肯郡、埃塞克斯和汉普郡的肉制品(101镑7先令11便士)。(当时一名工人一天可以赚1便士,一名骑士的普遍年收入在10—20镑之间。)1190年,汉普郡郡长在十字军供给上的花销能展现出所需的准备工作:近58镑的熏肉,20先令的豆类,14镑多的10 000只马蹄铁,不到20镑的一英担*奶酪,25镑多的8艘船,还有12镑2先令1便士用于补给和珠宝的运送与储存。[68]食物和钱也是赞助的通货。1191年在阿卡,理查显然以4 000单位小麦、4 000片熏肉、价值4 000镑的银获得了香槟伯爵的效忠,这堪比1195年亨利六世与他的十字军随行人员达成的契约中涉及的黄金与粮食。[69]1190年,理查舰队的成本大概超过14 000镑,在此之上还要加上理查由陆路从法国带到地中海的约3 000人军队的成本。而且,这些数额还只是最初的支出和花费,最多只包含第一年的服役,在许多情况下服役时间可能更短。让我们为这笔开支提供一点儿参照背景,1187—1190年财政署账目中的王室岁入一般在25 000镑左右。之中没有包含针对犹太人的额外赋税、十字军税收、罚款,或其他额外收入,也不包括意外支出,例如可能是因为理查的法国领土而支付给法国国王腓力二世的24 000马克抚慰金或罚款。[70]实际上,

---

* 1英担(hundredweight)约合50.80千克。

仅仅是国王的第一年十字军东征的初始支出和预期成本，就消耗了相当于当时一整年的常规王室收入。

尽管相较之下，法国王室财政状况的细节留下的不多，但腓力二世的花费也在差不多水平。他给了热那亚人5 850马克，用于运送650名骑士和1 300名随从及他们的马匹，再加上8个月的食物和4个月的酒（据推测，可能之后会断供）。如果一名骑士的成本是一名随从的两倍，那得出的结果就是每名骑士4.5马克，这相当于一笔普通的年收入。但对王室来说，这成本就一点儿也不普通了。这项热那亚的交易可能占了高达60%的王室常规收入。除此之外，还要再加上腓力在西西里大手大脚的花销，根据一位消息灵通的王室颂词作者的说法，腓力二世为保释他的一些重要权贵而花费了2 800马克（约5 600巴黎里弗尔）和400盎司黄金，总额大约相当于1/4的常规王室岁入。[71]这也就难怪腓力急于想从西西里欠理查的债务中抽取一部分了，他从转交的40 000盎司黄金中得到了1/3。当然，法国和英格兰的这两位国王已经比他们的许多追随者的状况好多了。除了来自地产的常规收入外，他们还有机会得到大量的现金，他们付出的最多只是一年而不是多年的收入，而且还能雇佣擅长财政管理的官员。各个方面和各个层面的参与者都主要依靠这些国王们的补贴。十字军东征一直都是富人的冒险。只有最富有者的资源才有希望能维持如此远距离的军事和海上冒险。

12世纪的教训鼓励了13世纪产生更多的财政手段。支出的水平还在持续攀升，这一方面是因为通货膨胀，另一方面是因为海运几乎已经被广泛使用。在13世纪的主要十字军指挥者中，

第七章 十字军远征的成本

只有匈牙利国王安德烈选择在陆路和小亚细亚的敌意中冒险，在1217—1218年冬天，他在阿卡短暂停留后就返回了。[72] 海上旅行的主导地位减少了意外寻获的非战士人数，同时也增加了直接成本。在岸上，军队可以自己搜寻粮草，甚至可以找到新的资助，几乎可以一边行军一边承担自身的费用。走海路的话，海运业者会要求预付金，而且还要在出发前就备齐粮食供给。对组织者而言，得到的补偿是节省了时间，也节省了整体的花费。因而，12世纪选择更高的成本及更依赖中央指挥的趋势发展得越来越快。1195年，德意志的亨利六世计划雇佣500名骑士和500名军士作为随从，其成本为2 000盎司黄金。1201年，极其富有的香槟伯爵在他的遗嘱中拿出了50 000里弗尔巨款，用于支付十字军战士的酬劳，而如前所述，《威尼斯协定》预想的成本是85 000马克，约合17万巴黎里弗尔，比当时法国国王一年的收入还多，大约是1202年腓力二世与英格兰国王约翰开战时的可动用金额的两倍。[73] 十字军战士们筹集了超过50 000马克，尽管可能还是不够，但已经足以表明他们个人也自备了一部分资金，问题是还是太少了。回想起来，英诺森三世在1199年提出的教会税没有取得成功或许是一个关键因素。

成本也会落在海运业者身上。根据现在的计算，在1201年时为了运送十字军部队，威尼斯受委托要提供超过200艘的各类船只：战船以及运送马匹的、运送部队和运送货物的帆船，需要的船员超过三万人。除此之外，这座城市还答应提供一支由50艘自己的船只组成的舰队，船员可能多达7 600人。[74] 根据克拉里的罗贝尔的记述，为了迫使威尼斯人招募到足够的士兵，不得不引入了一种抽签征兵的形式。除此之外，为了打造如此庞大的一支舰队，所有其他的商业活动都被暂停了。这样说起来，威尼斯的资本投入其实非常大。[75]虽然1201年的协定可能是价值最高的单笔船运交易，但从地中海到北海的所有类似约定都会遇到相同的限制和问题。就像许多商业交易一样，收益与风险是并存的。当十字军战士们无法履行他们的协议时，威尼斯自己也完全入不敷出了。这是把双刃剑。海运业者如果违背了他们的承诺，会被抱怨，甚至被起诉，例如1250年时"圣卫道"号的船主被身在墨西拿的不满的十字军乘客起诉，付出了代价。[76]

为了解决海上旅行增加的额外费用问题，1215年第四次拉特兰公会议上达成了一项教会税，用来支持1217—1221年之间的招募活动和漫长的埃及海陆远征。这次的数额也是相当惊人的。根据一份记录，仅仅在意大利北部一个地区，招募骑士的活动就花费了7 730马克。1220年，教皇的收支账目中记录的花费超过77万5 461马克，大约是150多万巴黎里弗尔。[77]对花销的预期已经成了固定的意见。法国国王腓力二世在1221年订立的遗嘱中将30万巴黎里弗尔留给了十字军。1223年，腓特烈二世承诺——或许是异想天开的——要拿出十万盎司黄金（大约价值250万里弗尔）给十字军，并且还有阿卡的银行家能为他所筹划的十字军远征做保障。[78]

从保留下来的最完整的13世纪十字军的花费记录中，可以印证如此高的数额：1248—1254年的路易九世的十字军开支记录是在14世纪30年代编制预算的过程中保留下来的。如前所述，路易在1247—1257年之间的开销记录是153万8 570图尔里弗尔，大约是同时期常规王室收入的5倍。薪酬是其中的一个大项。根据一份关于路易九世在1250—1253年间维持自己

第七章 十字军远征的成本

在圣地战争的成本的更详细记录表明，仅仅是骑士的薪酬就占了 23%：24 万 3 128 里弗尔 4 先令，而总额为 105 万 3 476 里弗尔 17 先令 6 便士。这一时期的船运成本只有 32 000 里弗尔，但先前运送十字军战士（可能总共有 15 000 人）的成本要高得多。雇佣马赛、艾格莫尔特、热那亚的数十艘船的成本可能是数十万里弗尔。最大型的船只可能每艘要耗费路易 7 000 图尔里弗尔。仅在开拔前，船员的食物就接近 2 000 图尔里弗尔，额外的船舰装备（帆布、绳子、圆木、舵等）达到约 4 500 图尔里弗尔（5 926 维也纳里弗尔）。1251—1252 年间，一年的食物供给成本为 31 595 图尔里弗尔。据现在的估计，路易军队的日常开销总额达到了两年 70 万—200 万里弗尔，根据一项计算，其每日平均成本是 1 000 里弗尔。[79] 较小的领主和骑士承担的成本也差不多。在 1250 年不到一年的时间里，路易的弟弟普瓦捷伯爵阿尔方斯在船只和船员的薪酬上花费了超过 6 000 里弗尔，这还没有计算他的契约军队的酬劳。最终，阿尔方斯和茹安维尔一样，也需要国王来拯救，在十字军登陆埃及之时，阿尔方斯手下的大多数士兵可能都已经是由他来补贴的了。[80] 尽管路易的慷慨程度或许超乎寻常，但却并不是什么新鲜事，这个传统已经历史悠久：1099 年的图卢兹的雷蒙德，1148 年在阿卡的康拉德三世，1191 年的阿卡的理查一世，1219—1221 年在杜姆亚特的枢机主教伯拉纠。

20 年后，路易的财政影响力变得更有说服力了。1269 年，在他的第二次十字军东征中，他借给英格兰国王爱德华和贝阿恩的加斯顿（Gaston of Béarn）7 万里弗尔，用于雇佣骑士，以爱德华的例子来说，价格是每人 200 里弗尔或 100 马克。这支由 40 艘新船组成的舰队的成本大约是 28 万里弗尔。[81] 总额还会螺旋式上升，除了运输的资本开支（其本身也包含在内）之外，（士兵和船员的）薪酬占运营成本的大部分，例如 1201 年的《威尼斯协定》一样。虽然 1270 年的十字军开销总额不得而知，但从在英格兰和法国筹集的资金总额来看，花费一如既往高，尤其是在当时已经明确规定的契约军队体系之下。领酬劳的十字军战士通常被认为是 13 世纪由中央直接指挥的更为专业的招募的一大特点，或者是军队抵达地中海东岸后的收编过程中的附属品。但做一名"上帝军队中的受俸军人"可能正是大多数参加战斗的十字军战士们一开始的真实写照，纽堡的威廉（William of Newburgh）就是这样直白地描绘奥地利的利奥波德五世的。[82] 无论在欧洲、非洲还是黎凡特，所有基督教国家的战争都是这样进行的（conducted，拉丁语中"*conduco*"这个词在中世纪的词义是"我雇佣"）。

这就是马里诺·萨努多得出他的估算的世界。不过，尽管这些开销成本规模巨大，但值得注意的是，路易九世进行十字军东征的成本，以及英格兰国王爱德华的花销在很大程度上是依靠各种筹资手段来解决的。最挥金如土的人似乎是受到长期财政影响最少的人。第二次十字军东征没有让路易七世破产，第三次十字军东征既没有破坏腓力二世巧取豪夺的潜能，也没有削弱理查一世筹集赎金或与法国展开一场五年战争的能力。这种消化十字军成本的能力并不限于国王或教皇。温彻斯特主教彼得·德斯·罗什（Peter des Roches）的资产几乎没有因为他在 13 世纪 20 年代的十字军支出而耗尽。[83] 当然，温彻斯特是西方基督教国家中最富有的主教区之一，而且德斯·罗什也是一位经验丰富且有能力的管理者，因而他或许是个特例。即便如此，尤其是在补贴十字军战士的制度方式在范围和数额上都不断增加的情况下，还是越来越难发现大领主会在经历一次十字军东征后变得贫穷，无论在事前，他们感觉资产有多紧张。许多人还在东征后变得富有起来，足以大肆纪念他们的功绩。

其中一个明显的原因就是，很多十字军战士已经习惯了战争，他们的一般收入通常都投入其中了。在1202—1203年与英格兰国王约翰的冲突中，腓力二世可能动用了约9万巴黎里弗尔的军费，这样算下来，香槟伯爵的5万里弗尔遗产，还有《威尼斯协定》中约定的85 000马克（合17万巴黎里弗尔）就更是一笔巨款了。[84] 尽管理查一世在1189—1190年的十字军东征中的花费惊人，但他在1194年的10万镑赎金还是大部分都凑到了。这位国王此后依旧能在他的王国中征税，甚至可以花费11 000镑（约合3万巴黎里弗尔）用于建造加亚尔城堡（Château Gaillard）。[85] 一个世纪后，爱德华一世的十字军东征的成本，与镇压威尔士、对战苏格兰、守卫加斯科涅（Gascony）的大笔花费相比已经不足挂齿。[86] 法国国王也有许多其他的战争要打或筹划。13世纪中期的法国骑士，无论是否参加十字军，每年都能赚160—200图尔里弗尔，略高于路易的十字军的每天7先令6便士，不过这其中没有包含食物和马匹等，如果算上，那总回报可能差不多。[87] 十字军东征无论从整体还是细节而言都离不开其领导者和参与者的军事和财政经验或设想。法国在1295年拟订了一项入侵英格兰的计划，预备组建一支约由50艘船组成的舰队，载着约10万人的军队，其每月成本包含薪酬和食物在内是11 900图尔里弗尔，合一年近14万3 000图尔里弗尔。两个世纪前,诺曼底的威廉在 1066 年成功入侵英格兰,带领的可能也是同样大规模的一支军队,而且在当时的人们看来成本也同样高昂。[88] 战争的沉重花费并不是十字军东征独有的。王室、领主和骑士的收入就是为其所用的。

第八章　为十字军远征出资

个人可以为十字军出资的基本方式有 6 种：出售资产；死当抵押（mortgage，以抵押的财产作为担保来借款，需要支付利息）或是更常见的活当抵押（vifgage，以抵押财产的收入来抵消预先的赠与或借款），这两种通常都会伪装成互相赠与，简单的信用贷款，用在十字军中的家庭或商业服务换钱（如铁匠活），接受另一名十字军战士的雇佣，一些十字军共同基金的补贴，例如赎回金或教会税。因为流通的钱币有限制，所以很少有人拥有足够的现钱，总是需要借助这些手段中的一项或多项组合。安排和协调这些手段需要智慧、技巧、耐心和运气。此外，对骑士、领主、王公或国王来说，还可以利用对其佃户或臣民的人员和财产的剥削来获得更多的收入。如前所述，教会赋予的特权基本受到俗世当局的认可，也向十字军战士提供了一种在教会和法律的保护框架之下的特殊财政地位。

以特权出资

发展到 12 世纪 40 年代时，教会认可的特权可以保护十字军战士的地产免于民事诉讼（如果地产被用来作为贷款的担保，那就很重要了），免于偿还过去的利息和当下的信用借款，通过抵押财产来自由地筹集钱款，甚至包括那些租赁给教会、教士和其他基督徒的资产，只要告知相关人员或领主即可，而无需他们同意。[1] 为了加大激励，到 12 世纪末时，十字军战士还享有特定的免税权,这成功地吸引了人们加入,因为当时开始征收萨拉丁什一税了。在英格兰,王室官员还支持免征世俗税收,不过,人们认为是慷慨的政府免除了十字军战士的债权义务,而不是在法律上豁免了他们。[2] 到 13 世纪初时,个别的教会公职和财产也被允许用来支持神职人员加入十字军,其中包括一般的教会税。从表面上看,十字军的特权激进地摒弃了财政和等级制度的传统惯例,既预示着即将迎来一个越来越开放的土地市场,也为后者提供了刺激。这主要是因为人口增长带来消费和城镇化的上升,从而增加了农业土地的获利率,尤其是在十字军运动流行的地区。

因为特权与地产有关,也就不可避免地会引发复杂的问题。为了保护借贷和司法体系以及自身的利益,统治者们试图对十字军的特权进行定义和限制。1188 年和 1215 年的法国政府就是这样做的。在英格兰,1188 年的法律规定,特权的时间范围——所谓的十字军期限——是三年,但在后续的判例法中各有不同,可以达到五年甚至更久。[3] 更普遍的是,在出售地产方面所产生的法律特例和文化不适现象,直接助长了十字军战士和买家之间的一些互相赠送的委婉说辞,尤其如果买家是教堂或修道院的话。类似的拙劣伪装也发生在死当抵押和活当抵押中。十字军战士和宗教机构之间的协商可能既复杂又漫长,可能完全感受不到轻松、热情地达成无私与慷慨的共识。个人或亲族身份与地产和收入密不可分。假如十字军的特权可能让家族、地主、邻居和政府在技术上无力阻止土地被转让给教会,并且完全脱离家族控制、土地市场或财政债务,那么他们会深感焦虑。对开放土地处置的担忧在英格兰有很多表现,爱德华一世就颁布了一系列法令,例如 1279 年和 1290 年的《土地死手保有法》(*Mortmain*)

第八章 为十字军远征出资

就限制了将土地授予教会,之后还有一系列试图限制逃税的法律。

禁止十字军战士利用犹太人进行信用贷款的禁令,后来改进为免除所有犹太人的信用贷款,这引发了进一步的问题,而且就算监督这一禁令执行情况的常规命令有什么影响的话,该禁令也常常被违背。尽管犹太人的信贷才能缓解了一些修道院贷方——例如英格兰的西多会修道士——的财政状况,但这种一次性的关系不如经常直接通过捐税(一种不定期、非双方同意的税收)和充公等方式侵占犹太人的资产对十字军更有利。对犹太人贷方的限制迫使十字军战士寻找别的途径,但全面的债务免除特权破坏了他们筹钱的前景。对现有债务延期偿还的特权,还有禁止在十字军誓言期间支付新利息的规定也许保护了地产的价值和十字军战士的道德名声,但同时损害了十字军战士的信用评估,也就影响了他完成誓言的能力。面对一个强硬的信贷市场,13世纪时,有些十字军战士不得不放弃自己的债务免除权利,大概是为了更容易和更低价地借到钱。[4]

愤世者或许会认为这样的体系设计是要将十字军战士逼入教会机构的怀抱中,而后者乐于打着慈善的幌子协助那些加入基督的十字军的人们,其实是在拓展自己的地产。不遗余力地求着要和十字军战士做生意的例子屡见不鲜。在第一次十字军东征的准备阶段,卢瓦尔河谷的图尔附近的马穆提修道院一马当先。一位修道士找到了自己参加十字军的侄子,劝说他直接救济修道院,与此同时,修道院院长在布列塔尼和安茹四处找人捐赠和抵押。[5] 在出发前,图西的于格(Hugh of Toucy)在勃艮第将土地捐给了莫莱斯姆(Molesme)修道院,用于建造一座"蒙上帝的恩典，也感激我们的一位兄弟——约翰修士的勉励"的教堂，不过他后来放弃了第一次十字军东征。作为回报，于格得到了30先令和一头贵重的骡子。[6] 大约三个世代过去后，伦敦附近的萨瑟克（Southwark）隐修院的修士戈弗雷出现在了剑桥郡的朗斯托（Longstowe），当斯卡勒斯的西奥博尔德（Theobald of Scalers）加入十字军的时候，他说服这位新的十字军战士将土地捐给隐修院，回报是3马克银币和一匹20先令的小马（一种骑乘的马，而非战马）。[7] 利益是相互的。宗教机构获得了捐赠和赞助。十字军战士和他的家人可以期盼的，除了一些资产所得外，还有善行的精神保护、修道士的祈祷，以及宗教投资的模式得到肯定或延伸。此外，这些交易也表明公众认可并接受捐赠者对土地的所有权，而他们有转移权利和收入的特权也表明他们拥有这些权利的合法性首先就得到了承认。[8] 这一时期，在竞争激烈的土地经济经常引发分裂和诉讼，因而这种认可是值得嘉许的。这一次，上帝与玛门又合伙促成了一件非常实用的事业。在教皇诏书《吾等之前辈》中，俗世特权第一次被提及，教皇尤金尼乌斯三世谴责在奢侈的衣物上浪费，当时在社会精英中正流行这种表现财富和地位的方式，他认为钱最好花在武器、马匹和其他必要的军事装备上。他还补充说，如果没有用自己的地产来自由地筹集资金的权利，信徒们"不会想去，也没有办法去"。[9]

变卖资产

第一次十字军东征的战士通常会采取激烈的手段来负担可能的花费，出售、捐赠或抵押大量地产、可以获利的司法权利或其他有价品。[10] 宗教集团成了主要的债权人和受益人，因为他们拥有钱币、银盘的储备,甚至还有富余的牲口——马匹和骡子等。交出现金或珍贵物品并不是没有风险的,但会被扩大财产和赞助的好处抵消。教士强调的是精神义务以及物质交换带来的好处,他们在写记录交易的权证时试图突显将社会各阶级团结在一起的宗教共同体的意识,而十字军东征正是这一共同体的明显象征。在现实中,与捐赠者之间关系的关键是现金。后来与教会税评估相关的法令都排除了教会机构的银盘和金属装饰。有些十字军战士更喜欢与俗世信徒同伴交易,他们的关系常常很亲近,无论是男人还是女人,他们在协商所涉及的地产中共享利益。诺曼底的罗贝尔将他的公国抵押给了他的弟弟英格兰国王威廉二世,以交换10 000马克,这大概可以算是类似交易中单笔最大额的了。[11] 第一次十字军东征为通过个人及领主筹集资金这两种模式都设立了榜样。尽管十字军战士常常缺少钱和装备,但他们采取了适当的财政预防措施,也很善于快速学习。尽管在11世纪90年代时,税收、借款和共同基金就是主要特征,但这些形式会随着时间而变得更为重要。国家和教会创立了特别的十字军公库,通过征税、捐赠、代理捐赠、赎回偿付等方式提供资金。在13世纪,教会成了公认的发薪者。

在十字军财政制度化以前,通过各种途径筹集资金的经典例子就是英格兰国王理查一世,他为了1189—1190年的十字军东征,想到了各种荒唐的筹钱方式,充满着机会主义特征,其中包括威胁、谋财害命和各种不计后果的行为,都是其他权力不大的十字军战士无法达到的程度。[12] 从1188年1月加入十字军到1189年7月去世的这18个月时间里,理查的父亲亨利二世证明了他在财政上的能力。除了开始征收萨拉丁什一税外,亨利向犹太人征收了 10 000 马克的税，还没收了坎特伯雷修道士从通往托马斯·贝克特的神龛的朝圣旅行中获得的利益。什一税筹得了数万镑。一位神职宫廷官员称，亨利去世时留下的财富价值 10 万马克，是当时常规王室年收入的两至三倍。[13] 理查继位时，认为这对他的伟大的十字军远征事业还不够，于是展开了一场几乎前所未有的国家敛财狂欢。本身就是十字军战士的这位宫廷官员回忆说："他将自己所拥有的全都拿来出售了：官职、领主身份、伯爵爵位、郡长职位、城堡、城镇、土地，一切的一切。"[14] 据说，理查还和朋友打趣说，如果找得到买家的话，他还打算把伦敦也卖了。[15] 其他城镇被迫要支付新的特许状。郡长被解职，他们的职位被拿来拍卖。重要的公务人员在亨利二世的要求下已经加入了十字军，现在他们要付钱给国王，才能解除义务。首席政法官拉鲁尔夫·格兰维尔也被抢走了一大笔罚款。他的继任者为了得到这份工作的一半份额和免除十字军誓言的权利而支付了 1 000 马克，此外还花了 2 000 马克买了一个伯爵爵位和 600 马克买了王室土地，总额接近常规王室年收入的 1/10。犹太人又被征了 2 000 马克的税，另外，国王还同意恢复 1189 年和 1190 年在伦敦和约克的犹太人大屠杀中被害者的土地所有权，他曾正式地对这次大屠杀表示反对。一些有战略意义的边境城堡被交还给了苏格兰的国王，代价是 10 000 马克。有价值的森林权也被出售了。至于空缺的主教职位只要出价就可以填补。唯一没有明显被利用的手段就是信贷。可能没有贷方有足够多的资金，或者是身为国王的理查几乎无需借钱，他更喜欢卖。令人惊讶的不止是他的挥霍无度，更是这种挥霍无度竟然——至少短期内——没有让他或他的王国破产。然而，理查对在英格兰的掠夺

第八章 为十字军远征出资

还不满意，又在十字军东征期间寻找新的发财之道，从西西里国王那里榨取了 40 000 盎司黄金，抢劫完塞浦路斯后再以 40 000 拜占庭金币将其卖给了圣殿骑士团。[16] 无论在政治上多么缺乏远见，理查挥霍无度的义卖都为他带来了可观的收益。他示范了如何将财富转变成有效的战斗指挥，为他的后来者上了经典的一课。

对个人而言，为十字军筹钱的基本方法还是用自己的地产、权利和财产来换取现金或装备。与教会之间互相赠与的说辞可以掩盖复杂的交易和巨额的利益。1147 年，住在诺威奇附近的诺福克郡地主波斯特威克（Postwick）的菲利普·巴塞特，将一片湿地和 300 只羊赠给霍姆（Holme）当地的圣贝尼特（St Benet）修道院。作为回报，修道院答应立即支付 15 马克，以及之后每年 5 马克的租金，但免除前七年的租金。虽然不太可能，但即便假设 5 马克的租金反映的就是全部价值，那用 15 马克现金换取免除 35 马克的租金，修道院还是在这 7 年中赚取了 133％ 的利润，也就是每年 19％。[17] 假如利息是隐藏的，那就可以有效地避免对高利贷或十字军战士豁免权的顾虑。宗教机构资助十字军远征的时间，刚好就是 1050 年后的一个半世纪中他们开始大受欢迎的时候，这种时间巧合说明两者本身就是紧密关联的。财政这一纽带是其中不可或缺的要素，信徒都希望从创立、捐赠和加入修道院团体的行为中获得宗教慰藉。十字军东征增加了一种互惠的维度，其中的双方都可以既是赞助人也是出借人。

这并不妨碍俗世人员之间的交易，例如，1101 年，默朗伯爵将 500 马克给予格兰梅尼尔的伊沃（Ivo of Grandmesnil），伊沃将所有土地抵押 15 年，并且答应让其继承人与伯爵的侄女联姻；伊沃还得到了伯爵的主人英格兰国王亨利一世的支持，所以，这笔钱显然是不用还了。教士并不是唯一从十字军金融市场中获得物质好处的人。[18] 1177年，不敢亲自进行十字军东征的英格兰国王亨利二世，作为对拉马什（La Marche）伯国的回报，同意给予其伯爵阿达尔贝特五世（Adalbert V）6 000马克、20头骡子和20匹驯马。同年，他为佛兰德斯伯爵的圣地十字军提供补贴，为了一项未被确认的交易总共支付了1 500马克。1183年，亨利以100安茹里弗尔的津贴得到了威廉·马歇尔的效忠。[19] 可能是因为世俗记账习惯的发展，也可能是因为习惯的转变，13世纪的俗世土地交易比例似乎在增加，这标志着土地市场的范围在不断扩大。同样地，至少对于非常富有的人来说，隐藏信贷的假象开始让位于直接的借贷。借款可能来自较富有的领主或军事修道会，但在国内的战争集资中，有越来越多来自意大利的银行家们。例如在1253年，路易九世借了10万镑，主要是从热那亚人那里借来的。在1270—1272年的十字军东征中，英格兰国王爱德华严重依赖卢卡的里卡尔迪（Ricciardi）银行家们。[20]

教会的角色也发生了变化。修道院和其他常规宗教机构的地位被教会税收的体系以及俗世捐赠和赎回的管理所取代。在13世纪初教会革新的氛围之下，金钱和神职人员之间的关系受到了更密切的审视。这并不妨碍十字军战士们效仿他们的前辈，去与最受欢迎的当地宗教机构进行交易。然而，从13世纪30年代开始，教会中负责宣传十字军东征的人从修道会——尤其是西多会和经过大学培训的俗世神职人员、学者、律师和官僚，变成了修道士，他们笃信宗教，而且也有越来越多人受过大学培训。[21] 十字军布道者如今也会收集布施、誓言赎金和税收。作为其中的主

第八章　为十字军远征出资

要代理人，修道士们——理论上都是托钵修道士——无法直接用钱进行交易，否则可能会被指责是虚伪和表里不一。尽管如此，他们的角色在中央集权化的十字军集资体系中依旧至关重要。虽然向俗世信徒和宗教机构抵押，出售土地、权利或固定资产（如森林）等形式依旧存在，但到13世纪中期时，至少对那些负责大量随行人员的人来说，集资越来越需要一个国际化的金库，要囊括捐赠、遗产、誓言赎金和税收。

如前所述，有一个潜在的资金来源可能会引发争论。不遗余力地反对犹太人的克吕尼修道院院长"尊者"彼得（Peter the Venerable，卒于1156年）强调，应当以十字军的名义夺取犹太人的全部财产。但是，因为在使用犹太银行家的问题上，教会意见和教皇禁令之间存在冲突，十字军战士个人可能会尽量避免直接与犹太金融家们交易。[22] 王室对犹太人地产的权利开辟了一条不同的盘剥之道。1188年，英格兰国王亨利二世要求犹太人缴10 000马克的税，由此开启了十字军财政与剥削英格兰犹太人之间的紧密联系。理查一世在1190年又增加了2 000马克。此后，英格兰的地租、地产税实际上都是征收或保护费，1237年，亨利二世的孙子康沃尔伯爵理查（Earl Richard of Cornwall）的十字军获得了3 000马克；接着是1251年；还有1269—1270年，获得了约4 000马克，虽然估价是6 000马克。和十字军的总开销比起来，这些数额微不足道（1270年是4 000马克，而支付给骑士的契约支出是22 500马克），但还是在财政上强化了十字军理想中固有的歧视性偏执。[23] 第一次里昂公会议（1245年）遵照了英诺森三世以来一贯的教皇政策，利用了这种偏见与便利的结合，鼓励统治者们夺取犹太人的利息收益。路易九世是犹太人和犹太社群的有力反对者，他利用这项法令驱逐了犹太放贷者，并且没收了他们的资产，用于自己的十字军东征。[24] 路易的圣人美名大多源于这种用道德掩饰私利的能力。尽管如此，对普通十字军战士来说，犹太银行家通常不在考虑内，除非是通过暴力、谋杀或者重大盗窃，例如1096年和1147年时的莱茵兰、1190年的英格兰或13世纪40年代末的法国等地的情况。

这在市场中打开了一个新的缺口，新建立的军事修道会，如医院骑士团和圣殿骑士团就此踏入其中。这两个修道会都在巴勒斯坦，与十字军战士的目标相同，在黎凡特和西欧都拥有土地和成员。在圣殿骑士团建立（约1120年）后的一个世代中，以及医院骑士团缓慢的军事化进程，这些修道会也参与了提供银行服务和信贷，以作为他们军事援助外的补充。路易七世在1147—1148年远征进行到身无分文时曾向他们求助。十字军筹划者们用这些修道会的成员来监督1188年萨拉丁什一税和1215年教会十字军税的征收，并在第五次十字军东征中让他们负责运送资金，正是因为他们的财政经验，而非军事经验。在1187年之前的圣地，这两个修道会的团长代表英格兰国王亨利二世掌管着存放在耶路撒冷的财富的钥匙。较新兴的条顿骑士团的团长也于1225年时被他的朋友腓特烈二世雇佣来担任类似的角色。[25] 康沃尔的理查雇佣医院骑士团运送1 000镑到圣地，以支持1248—1250年的十字军东征。他的侄子，也就是未来的爱德华一世雇佣圣殿骑士在他于1270年进行的十字军东征中担任财务管理。[26] 还有其他人也把军事修道会当作银行。第三次十字军东征中的一位战士——英格兰王室经验丰富的管理者威廉·布鲁尔（William Brewer）在圣殿骑士团寄存了4 000马克，并在遗嘱中将这笔钱留给了他的侄子——与他同名的埃克塞特主教（他于1227年也加入了十字军）。[27]

军事修道会的一个特殊优势就是他们可以取得黄金，这是地中海东岸主要的大面额通货。如果说银币在12世纪的欧洲算是短缺的话，那黄金就更稀少了，而且在常见的铸币中都见不到。一般无法确切地得知某位十字军战士个人完整的财政状况，但英格兰的马什的罗伯特可能是个例外。罗伯特于1201年代表他的父亲参加十字军，从其父那里得到了20马克银币、22拜占庭金币、一个金戒指、一匹马、一个头盔、一把剑和一件鲜红色的斗篷，最后的这件也许是路上用来换钱的。[28] 金的元素在北欧的物品中并不常见，但在十字军组织者的眼中却是非常有用的，他们对于十字军东征途中遇到的忽高忽低的汇率十分谨慎。13世纪60年代，内维尔的于格给自己仆从支付的酬劳是银，但给阿卡当地商人的是黄金。[29] 布永的戈弗雷于1096年出售自己在布永的地产时，只得到了很少量的黄金（可能是3马克），其余是1 300马克的银。隐士彼得的财宝车上运送的除了银，显然还有黄金。在路易七世从教会征收的税中，有一些是黄金，比如从弗勒里修道院（the abbey of Fleury）得到的500拜占庭金币。[30]

在军事修道院的国际银行设施尚未普及之前，西欧的十字军战士们主要靠得到金盘子的机会，或是靠金匠的服务。这些也是旅途中有用的伙伴。他们中有一位"金匠"杰弗里在1190年帮助带领着一支伦敦人军团前往圣地。[31] 地中海的战利品和贡品中的一大吸引力就是可以得到黄金。法国国王腓力二世从他在西西里得到的大量贡品中拿出黄金来支付给追随者。[32] 西西里的统治者，比如1194年后的德意志的亨利六世，以及他的儿子腓特烈二世，利用他们的领主地位，掌控着一个以黄金作为通货的经济制度。亨利于1195年支付给他的十字军战士的是黄金；腓特烈不仅承诺给他的十字军战士10万盎司黄金，还在13世纪20年代中期积极地积累了一个十字军黄金宝库，宗教机构和封地的税收也可以用黄金支付。[33]建立黄金储备成了任何一次发动十字军的决定的必备补充。英格兰国王亨利三世在1250年加入十字军后，每年积累的黄金相当于5 880马克银币，其中一部分用在了1253—1254年加斯科尼的战斗中。亨利早期的一位大臣温彻斯特主教彼得·德斯·罗什也在1227年十字军东征前的几年就开始购入黄金。[34]对展开第五次十字军东征来说非常重要的是，教皇特使伯拉纠（Pelagius）在达米埃塔收到的教会税中有相当一部分是黄金，超过了25 000盎司。[35]在许多这样的交易中，军事修道会，尤其是圣殿骑士团扮演了重要角色：收税人、监督人、承运人、银行家、记账员，可能还会负责钱币交换。

赎金和中央投资

在新的投资策略中，十字军战士可以赎回或完成他们的誓言，从而换取物质补偿，这种情况变得很普遍，但在一些地区也引发了争议。再加上官方鼓励捐赠和遗赠，这些加起来就构成了一整套拓展十字军战士精神特权的政策。现金赎回与捐赠最终演变成了一套复杂的直接出售十字军赦罪的复杂体系。誓言赎回的方式原先是为了解决十字军组织者长期面对的两大不满：不履行誓言，以及不合格的被招募者。第一个问题主要是第一次十字军的领导者提出的。逃兵会被逐出教会，还会引发社会的非难，这有助于激励1101年的第二波军队。[36]但是，纯粹的教会法惩罚

第八章　为十字军远征出资

无法适应人类行为的现实，人们许下誓言时或是出于热情的草率，或是出于坚定的信仰，但随后慢慢地后悔了，或是因为如贫穷这样的现实境遇而无法完成。健康欠佳或者像1150年以前的欧马勒伯爵威廉（Earl William of Aumale）那样过于肥胖，都可以被赦免，条件是要提供一种适当的信仰替代方案，以威廉的例子来说，他建造了一座修道院。[37] 逐出教会或是其他教会惩罚几乎无助于从不履行誓言的人那里得到捐赠。除了不完成誓言之外，同样麻烦的还有许多被招募者虽然真的参加了十字军，但并不适合，亲历了第一次和第二次十字军东征的编年史作者们对这一问题都有过毫不掩饰的评论。尽管乌尔班二世要求当地教士设立一个筛选体系，但很显然，即便此后一个世纪中都有对能力和资力的考核，但招募活动中的一些豪言壮语几乎无法阻止任何人志愿加入。[38]

到12世纪后期，无法完成誓言、不适合参军、寻找额外的资金，还有因为相信十字军东征是基督教生活的典范而衍生出的相信所有人都应享有十字军特权的信念，这一切凝聚成了允许赎回誓言和奖励捐赠的方法。这种守卫圣地的普遍责任在1187年后被不遗余力地推广开来，自然就引出了各种不同的贡献形式。无论有什么样的精神好处，物质报酬都不会少，也是得到认可的。热情过后无论会不会后悔，都可以被利用来换取除了积极服役以外的物质收益。在大众对第三次十字军东征的各种不同回应中，物质成了重中之重。1189年，为英格兰国王效命的大批有声望的王室官员和高级神职人员都在努力让教皇免除自己的誓言，不过有时似乎会有一些混乱，这到底是永久的免除，还是暂时的延后。其中有一位威廉·布鲁尔，他最后将钱给了侄子埃克塞特主教，让他代替自己来完成誓言。拉鲁尔夫·格兰维尔支付了赎金，但后来又履行了自己的誓言，于1190年在阿卡离世。鲁昂大主教和达勒姆主教（bishop of Durham）赎回自己誓言时向国王支付了大笔资金（后者支付了1 000马克）。显然，可以从如此有权有势的人那里榨取钱财。[39] 教皇克莱芒三世表达了更广泛的焦虑。在1188年2月的一篇通谕中，他鼓励主教将十字军赦罪的一部分权利延伸到那些提供援助或代理人来守卫圣地的人身上。[40] 被动的协助也可以像参军一样提供有益的帮助。

随着第三次十字军东征的落幕，可能有数千名谨慎的十字军战士感觉自己在理论上要面临被逐出教会了，尽管他们未能完成誓言是因为疾病或贫穷。教皇塞莱斯廷三世（1191—1198）是一位九十多岁的教廷资深人员，他采用了传统的逐出教会、延迟或代理的方式。因为教会法关于赦免十字军誓言的规定并不清楚，因而引发了许多尴尬的教牧问题。有教皇特赦，但需要一定代价。枢机主教和教皇似乎都在以此变现。教皇赦免的市场可能堕落成一个黑市，因为并不会仔细审查阻碍参加十字军的理由是否正当。不过，也很少有人能负担得起教廷的特赦，可能是因为腐败，也可能是其他原因，而在有条件的延迟和在被逐出教会的痛苦威胁下强制服役之间做出选择，满足不了不同的个人境遇或是军事需要。[41]

英诺森三世发展出了一套更有条理的政策。在筹备第四次十字军东征期间，除保留惯常的强迫、延迟和代理的方法外，他还允许当地主教给予那些有长期阻碍的人以特赦，允许他们根据自己的财力赎回誓言。除了疾病和贫穷外，没有战斗能力也成为一种可以接受的阻碍理由，此时最好是用钱代替服役。[42] 在

第八章 为十字军远征出资

十字军中,誓言赎金就相当于英格兰的兵役免除税,该税是用征缴的税款来取代领主或骑士对国王的服役。英诺森更进一步。在于1213年颁布的教皇诏书《事出紧急》中,他免去了适任性和财力的考核,邀请"任何有意者"加入十字军,这样一来誓言就可以进行交换、赎回或延期了。尽管这种激进的条款后来在1215年第四次拉特兰公会议的十字军教令《解放圣地》中被抛弃了,但英诺森的这种全面赦免的转变,以及创造出的包括誓言赎金在内的十字军公库的做法很快就成了十字军招募和集资过程中的组成部分。[43]

这在格列高利九世于1234年颁布的诏书《拉结看到》中终于有了结论。[44] 格列高利扫除了1215年时的犹豫不决以及法律上的类型差异,重申了《事出紧急》中向所有参加十字军的人发出的邀请,让他们用金钱赎回誓言。这些手段从一群不太富有的人那里榨取资金,为另一群不太富有的人提供参加十字军的资金,进而也通过物质贡献的方式让更广大的社会群体享受到了精神利益。这项行动由托钵修道会、方济各会和多明我会执行。他们要为十字军东征布道,并收集誓言赎金和捐赠(这种双重身份让他们经常被指责为虚伪、利益冲突和侵吞公款)。收集完毕后,这些钱款会被分配给加入十字军的大领主(这些人一点也不贫穷),实际用途几乎得不到监督,也无需记账。参加十字军的康沃尔伯爵理查就在1238年时被分配到了誓言赎金,还有来自英格兰的十字军税款和遗赠。他刚好自己也已经非常富有,这得益于他是国王亨利三世的弟弟,还有他从康沃尔的锡矿中的收益。收税和查账是很麻烦的事。总额当然是颇大的,但个人的单笔数额在理论上都是依据个人不同的支付能力来给予的,因而可能

255

有的只有几先令而已。相比之下，伯爵吕西尼昂的于格在 1248 年为了自己没完成的誓言上缴了 5 000 里弗尔。[45] 在理查伯爵的例子中，1244 年，一个英格兰主教区产生的十字军资金差不多是 90 镑；1247 年，一名副主教据说拿出了 600 马克。[46] 在这位伯爵的十字军东征结束近 20 年后，他依旧能收到钱款，这自然会引来指责，有人认为这钱没有用在原先的目的上。老人、病人、身心衰弱者、女人和孩子，这些人的捐赠还在不断为理查伯爵这位欧洲最富有的人之一提供固定的养老金，这段记忆是一些观察者们所无法容忍的。事实上，格列高利九世的计划常被人认为管理混乱且僵化，还被诟病为青睐内部人员，其资金一般会被同时分配给两名不同的十字军战士，或者是从一个人转向另一个人。后来的金钱分配也遇到了类似的问题。[47]

格列高利九世义无反顾地继续推行这套以十字架换现金的体系，并将其延伸到十字军中的其他领域中，例如他与腓特烈二世的对抗战争中。[48] 誓言赎金成了教会财政与教牧当局的惯常工具。适用十字军义务和赎回的行为与愿望远远超出了任何协助神圣事业的明显渴望，从暴力罪行或性犯罪到想改变朝圣的誓言等不一而足。批评者指责布道者勒索，以逐出教会来威胁弱者用离谱的价格赎回誓言。13 世纪 40—50 年代，就连最高层也害怕被迫缴付誓言赎金。英格兰修道士马修·帕里斯完全不喜欢这种教皇至上的行动，他怀疑有侵吞公款的行为，也怀疑教皇本身贪得无厌。[49] 将赎金交付给有钱有势的人也不会减少这种怀疑。方济各会修道士图尔奈（Tournai）的吉尔伯特在第二次里昂公会议（1274 年）上向格列高利十世报告称，誓言赎金的滥用在总体上损害了十字军布道的可信度："假如他们重新宣扬十字军的赦罪,不一定能取得进展;但可以肯定的是,他们会遭遇各种侮辱。"[50] 从这个角度来说,一次宗教民主的创新变成了一桩金融骗局。

不管怎么说,将遗产、捐赠和赎金保存在欧洲各地主教区的做法还是受到十字军战士的欢迎,尽管有些社会等级较低的人会感觉被欺骗了。誓言赎金对1239—1241年的十字军东征贡献巨大,也对13世纪40年代末路易九世及其权贵们的财务状况有所帮助。[51] 实践中依旧摆脱不了腐败,修道士们争相抢夺征收的权利,或是非法地假装成是征收者来中饱私囊。英诺森四世对大量廉价出售誓言赎回的现象有所警觉,于是建立了一种审计制度来加强问责。[52] 作为一种筹钱的手段,这套体系利润太大,也太受十字军领导者的欢迎了,实在难以抛弃。与其他的支持来源相比,其收益相当不错。1270年时有两名英格兰十字军战士收到了600马克,都是来自中央基金,与他们从王室收到的一样多。[53] 尽管会存在滥用和盘根错节的官僚贪污,但这套誓言赎回体系还是简洁、合理且有利可图的,其可以利用人们的热情,传播赦免的好处,让最广大的俗世信徒都可以参与一种深受欢迎的宗教活动,同时也解决了十字军费用这一财务短缺问题。这套体系太过成功,直到14世纪初还没有被抛弃,但该体系被简化,并被一套直接出售赎罪券的体系所取代,该体系可以根据买家的境况和财力进行调整。[54]

税　收

最明显也最有效的财政手段就是征税。[55] 税收与盗窃行为的不同之处在于对义务的主张或接受。纳税人的同意让征税变得容易，这在中世纪的西欧得到广泛承认，而义务都是由施加者定义的，相比之下，这就让征税在社会和道德方面更显得正当。其中或许存在异议，但即便是《大宪章》的第 12 和 14 条也承认国王有权向臣民征税，只是强调了要有一个双方同意的过程，确定这样做的必要性与合法性。无论是实践惯例，还是罗马法都强调臣民有义务支持保护他们的领主，尤其是在领主遭遇威胁或遇到紧急情况时。同时，正在萌生的社群的概念也暗示着个人有提供协助的公共义务。不夸张地说，对领主或社群的义务形成了为十字军税收正名的两大支柱。从第一次十字军东征最早的布道开始，就明确提出了基督教的手足情。除此以外还补充了所有基督徒要对危及圣地的罪行同心协力，这一点不仅明确出现在格列高利八世的《听闻重大的事》中，也出现在萨拉丁什一税的相关解释中。格列高利九世说圣地就是所有基督徒的祖国，这成了一个重要的宣传主题。[56] 如果所有基督徒都对耶路撒冷的命运负有责任，那所有人就都有义务加入十字军，或为那些参加十字军的人提供补贴，以此忏悔赎罪。

从第三次十字军东征开始的基督教中心修辞强调上帝的主上身份需要为其服务。基督既给予承诺，也树立威吓，身为主，基督的形象既奉献无限的仁爱，也施以无法逃避的审判。英诺森三世于 1198 年时就这么说：

> 在如此紧急的恶劣情势下，有谁会拒绝服从耶稣基督？当他走到基督的法庭面前接受审判之时，他能用什么样的回答为自己辩护？如果上帝自愿为人而赴死，那人还要犹豫是否要为上帝赴死吗？……领主赐予仆人永恒的财

富，而仆人难道要拒绝为他的领主奉献世俗财富吗？[57]

与紧急情况下服役的义务相对照的是无法帮助十字军的耻辱。在《事出紧急》中，英诺森直言不讳：

> 如果有的世俗国王被他的敌人夺去了他的王国，如果他的诸侯没有既奉献他们的财产，又牺牲他们个人，那等到他收复自己失去的王国后，难道不会谴责他们是不忠之人吗……因而，万王之王，我们的主耶稣基督，将自己的身体和灵魂，还有其他好处都带来给你们，也会谴责你们不知感恩的恶性以及缺少信仰的罪行，如果你们没有帮助他最终导致他失去用自己的血为代价获得的王国。[58]

这个世俗帝王的类比是十字军布道中的一个常见主题。1199年，面对他想要加以征税的教士，英诺森用他最爱的一段权威文本，描绘了此外其他的可能："因为即使服从神意应该是自愿的，但我们在福音书中读到过，那些被邀请参加主的婚宴的人是要被迫前往的。"[59]

英诺森三世于1199年的税收失败反映出抵抗是不可避免的。尽管一直谈论基督教徒的义务，但路易七世在1146—1147年对教会的征税还是遭遇阻碍，例如，弗勒里的修道士们强硬地要求减少国王最初所求的近三分之二。[60]法国和苏格兰的男爵都拒绝接受萨拉丁什一税。腓特烈·巴巴罗萨的公众魅力和威严没能让他从自己佃户以外的人那里收到税。[61]不愿缴纳强制税成了标准想法。13世纪20年代，腓特烈二世的十字军税在意大利南部和西西里遭到了强烈的反对。格列高利九世曾在1221年担任过收税员,也许正是这段经历帮助他在1234年转而决定选择榨取誓言赎金。路易九世只是通过一项协同一致的改革计划,让人们感觉王室管理变得更为公平了,以此为誓言赎回和十字军授予创造出一种正面的氛围。英格兰政府花了两年时间才在1270年说服各郡和市镇的议会代表同意一项十字军补贴。之后在14世纪初,历任法国君主都没能成功说服其臣民需要为十字军提供补贴。[62]

教士的反对不仅出现在1199年的革新时。《事出紧急》中的自愿赋税提议也同样被无视了。法国的神职人员对霍诺留斯三世为1226年阿尔比十字军远征所征收的教士什一税明显没什么兴趣。地方教会也会和他们的俗世邻居一样在意他们的自主权和地产。征税的目的和原则可能同时受到挑战,例如伯克郡的教区长们就反对1240年教皇为腓特烈二世发起的十字军东征所征收的赋税。[63]马修·帕里斯并不是唯一提出批评的人。1262年时有法国的主教提出过类似,甚至更为彻底的反对教皇十字军税的意见。这种反对十字军税的声音是1274年第二次里昂公会议议程上的重点,也出现在提交到会议上的多份报告中。[64]无论善意还是教皇勒令都不足以颠覆惯例,消除怀疑,或挑战私利。煽动征税的人不得不通过其他途径来展现积极的努力,有表现为十字军东征做准备的,也有像英诺森三世之后的多位教皇那样,将个人资金奉献给这项事业的。即便这样,收税员还是面临着一项艰难的任务。

十字军税收至少有两个矛盾之处:一边聚焦在钱的问题上,一边宣称贫穷的高尚必要性;为一项超验的宗教义务寻求赞同,

第八章 为十字军远征出资

以帮助基督、基督的圣地和基督的教会。人们对十字军税收的反应就和对其他任何事的一样；并且授权、说服或收集的技巧也都差不多。十字军税收在整个西欧的特别税收的总体发展中有重要的作用。最早对盈余收入进行征税的是在1166年、1185年和1188年由英格兰国王和法国国王以圣地的名义所征收的。前两次都被解释为是给圣地提供救济，而不是给十字军战士的资金。然而，这三次在宣传时都宣称是征求过王国显贵意见后达成的结果，表扬他们的创新性，而不是虔诚。萨拉丁什一税成了未来英格兰议会税收的一个榜样。[65] 1215年有一项重要的税收创新，对教士收入的1/20征税，这项税收能被接受是因为第四次拉特兰公会议上聚集的教士们都明确同意这项提议。为了强调这一点，寄给收税员的每一封信上都会写上一句惯用语："经圣公会同意"（sacro concilio approbante）。[66] 虽然其他的财政手段和更地方化的教会赋税仰赖的是教皇的特权，但全面的教会税收需要通过召开全体会议来得到普遍赞同的正式认可：1215年在拉特兰，1245年和1274年在里昂，1312年在维也纳。例外的是，1291年失去阿卡后，教皇尼古拉四世提出了一项全面教会税。要不是经过漫长而又激烈的谈判，老迈固执的教皇约翰二十二世不会同意法国在1333年征收一项新的全面税收的要求，但最后这一征税也流产了，因为其本来要资助的十字军东征在1336年被取消了。尽管到1274年时，管理已经得到了磨炼，将基督教王国分成了26个地区或者说征税区，并且有明晰的地方官僚机制，但这种终极的财政武器也只继续运作了不到半个世纪，1312年维也纳的税收是最后一次完整征收的，从1313年延续到1319年。税收带来的巨额收入注定了其消亡：对教会人员来说太繁重了；对俗世人员来说诱惑太大了。[67]

对世俗统治者来说，十字军东征为他们提供了新的可以动用臣民财富的机会，其中有许多人在传统意义上被认为是没有类似财政义务的。萨拉丁什一税同样适用于教士和俗世信徒，两者在法律和政治上如此差异巨大的地位都因为对基督遗产的共同责任而变得模糊了。到 14 世纪初时，甚至有人提议强迫没收教会的资金，将其用于十字军东征，以及让俗世信徒掌控教士的收益。第一笔俗世十字军税收是威廉二世向他的英格兰臣民征收的，是为了支付他的哥哥罗贝尔于 1096 年抵押诺曼底公国的 10 000 马克。根据已有一个世纪历史的英格兰传统，土地税同时适用于教士和俗世信徒，但国王的直属封臣的个人领地是豁免的（对作为监督收税的他们来说显然是个甜头）。后来的税收更为直接。国王批准对全体臣民征税，例如 1188 年；或者只对俗世信徒征税，例如 1201 年法国国王和英格兰国王批准的四十分之一赋税，1228 年腓特烈二世对西西里的每个封地征收 8 盎司黄金税，1270 年英格兰的议会税。[68] 在教皇的请求下也会有自愿的定期俗世捐赠。

全面征税可能会引发惯例、先例、权力、固有地产等敏感问题，不过君主们还可以利用他们的君主管辖权在他们的恩惠给予权、王室地产、犹太人和城镇中摆脱教会的控制。据说，法国国王路易七世在 1146 年进行了一次全民普查（*descriptio generalis*），但他的有效财政管辖范围可能只涉及接受王室赞助的教会、一些城镇，还有他自己的领地。[69] 腓特烈·巴巴罗萨在德国也受到类似的局限，他在 1188 年时在自己的土地上征收了 1 便士的壁炉税，这与英格兰和法国依据收入征收的萨拉丁什一税明显不同。70 城镇通常不在当地贵族控制中，有时甚至是与其对立的，因此更加依靠远方的王室或亲王的恩惠给予权来保障自身的自由，于是也就成了一种独特的目标，会在后续的教皇法令中被特别提到。在第五次十字军东征的筹资过程中，城镇和城市被要求在提供装备齐全的士兵和提供税收间二选一。卢卡征收了四十分之一税。1221 年，锡耶纳（Siera）为当地十字军战士提供 6 先令，但还是强调可以自由选择；佛罗伦萨征收的壁炉税为每名骑士 20 先令，每名步兵 10 先令。71 据计算，13 世纪 40 年代，路易九世进行第一次十字军时从城镇那里获得的名义上的"赠予"达到了 27 万 5 000 图尔里弗尔。72

个人领主可以从其佃户那里榨取资金。1188 年，奥地利公爵利奥波德五世主管他的家臣对土地的处理。同年，纳韦尔伯爵在自己的领地中对教会和俗世地产同时征收 12 便士的壁炉税，这在政治上或许比 1189 年时法国贵族迫使腓力二世取消的萨拉丁什一税更容易为人所接受。1202 年，佛兰德斯伯爵鲍德温九世试图在大地主同意的情况下要求他的臣民提供补助。1221 年阿尔比十字军远征的赋税中有一部分是代替年轻的香槟伯爵摄政的伯爵夫人从自己岁入中拿出的二十分之一税。路易九世的弟弟普瓦捷伯爵阿尔方斯于 1261 年时在他自己的土地上征收了一笔壁炉税，"以用于补贴圣地"。73 这些地方税收是领主权利的延伸，但既是对人也是对物的延伸。整个过程中都突显出灵活性和便利性。因此，1222—1223 年英格兰的一项圣地补贴被包装成了人头税，根据地位不同设定有弹性的最低支付门槛：一名伯爵 3 马克；一名男爵 1 马克；一名骑士 12 便士；一名自由农 1 便士。74

十字军税收的伟大财政创新在于引入盈余动产财富作为评

估的基础,这就是最早的收入税。一开始,在1166年和1185年,一致达成的税率是很低的:1166年,一年1/120,接下来四年是1/240;1185年,一年1/100,接下来三年是1/240。即便如此,有人认为筹集的总数可能依旧达到了数万马克。[75] 萨拉丁什一税是针对英格兰国王和法国国王以及佛兰德斯伯爵的土地,应该能产生大量收入,该税是根据非十字军战士的收入和动产的1/10来评估,但不包括所有珠宝和骑士的武器、马匹或衣物,还有教士的马匹、衣服、书籍和教会服装及家具。虽然英格兰没有留下完整的账目,但当时有一项估算认为产生的收入是70 000镑,这也未必全然不可信,这一时期类似的国家税收和捐税也是差不多水平。1188—1190年王室财政署至少应该是收到了一些钱,尽管税收是由设立在索尔兹伯里的一个独立部门处理的,因此未必在其他政府部门中留下记录;有2 700马克从索尔兹伯里送到了布里斯托(买船?)和格洛斯特(买铁和马蹄铁?)。1190年送给国王的25 000马克(合16 666镑)中可能也包括一部分什一税收入。[76] 无论税收如何,包括教士和俗世信徒在内的人们还是在城镇和乡村成群结队地加入十字军,一面是可以避免付钱,一面是还可以让自己——至少在理论上——获得他们非十字军战士邻居们的捐赠。[77] 萨拉丁什一税的模式预示着日后要在钱与服役之间进行选择。这还为英诺森在1199年征收的教士四十分之一税及教会的二十分之一税和十分之一税创立了先例。可以染指越来越多的动产财富,即利润的能力显然是有吸引力的,即便至少在12世纪,支付这些赋税的实际钱币还是持续短缺的。运用这样的机制,十字军筹划者们站上了财政和经济剥削的风口浪尖。他们或许狂热,但绝不盲目。

第八章 为十字军远征出资

得　失

　　税收可以让大规模的十字军东征持续下去。萨拉丁什一税虽然被浪费在了国内战争之上，但至少为1189—1190年理查一世的筹资盛宴提供了一个财政平台。第五次十字军东征的资金来源于1215年的教会税。由誓言赎金和遗产组成的中央基金提供了持续的资金，而税收可以满足跨越地中海的大规模水陆联合作战所需的越来越高的成本。1220年的教皇账目显示，1215年送给达米埃塔的枢机主教伯拉纠的税收收益包含35 000马克银币（仅这项就是法国国王私有领地的常规年收入的150%，也是法国国王和英格兰国王总岁入的一半）和25 000盎司黄金。1221年，枢机主教乌格里诺，也就是未来的教皇格列高利九世，一边征收了多达7 730马克的教会税，一边从中拿出部分补贴给约450名意大利北部的十字军战士。1245年，路易九世的教会税达到了95万图尔里弗尔，再加上他从城镇得到的25万图尔里弗尔"捐赠"、犹太人的充公资产以及政府财务管理的收紧，足以在很长一段时间内支撑他进行代价高昂的十字军东征的成本。从托斯卡纳的利润来判断，1274年的税收收益同样巨大。[78]包含俗世信徒和教士在内，税收的潜力使其可以被运用到1209年和1221年的阿尔比十字军远征以及13世纪30年代末对抗霍亨斯陶芬的战争中。[79]要判断13世纪初波罗的海的"圣战"情势，可以看看利沃尼亚的新殖民地教会为了让圣地支持第五次十字军东征而向十字军支付的二十分之一的税款，不过，里加主教一直努力地想让他在这一地区的战争被当作是和地中海东岸的战争一样的。[80]因为没有了这种财政武器，从13世纪中期开始，人们才更不得不将整个北方事业转交给条顿骑士团。

大量的教会收入,还有由誓言赎金、遗产和捐赠组成的中央财库,改变了十字军组织的运作力量。大领主们要竞争这些并不是所有人都可以取得的资金。1249年,普瓦捷伯爵阿尔方斯进行的十字军东征有各种财政来源,由此可见大权贵可以获得的资金数量:教会税、遗产、誓言赎金、充公的异教徒地产、不法暴利收益、壁炉税、犹太人的保护费以及从他的哥哥路易九世那里获得的借款。[81] 领主越大,可以获得的补助范围就越广,这鼓励着十字军战士选择有协调能力的领主或是集体指挥的军队。中央集权式的资金管理方式并不是否定十字军的热情,而是表达一种持续的,甚至可能是孤注一掷的严肃态度,目的是保证计划能取得成功。财政力量的强大巩固了俗世和教会领导者的权威、掌控和责任。而这又让十字军的招募和宣传变得复杂起来,普通的信徒似乎既得不到钱也没有选择权,而且无法积极参与十字军了。这种组织严密的现实越来越冲击着民主的说辞,而且如果失控就可能引发民怨,例如1251年法国的牧人十字军远征。[82] 教皇通谕毫不掩饰地明确聚焦在筹钱的问题上,布道者们也征求誓言赎金,教区教堂里摆放着接受捐赠的箱子,这些都在引发焦虑,尤其是这些资金的用途或是不清不楚,或是违背民愿,例如试图将圣地十字军资金改用到支持君士坦丁堡的拉丁帝国的战争中,或是对抗霍亨斯陶芬的战争中。

尽管如此,这些集资的方法还是表现出了对十字军东征中的实际问题的清醒认识,这样才可能激发更多进一步围绕金融而非信仰问题进行改革的提议。到1274年时,所谓的专家,甚至是修道士布道者们,例如图尔奈的吉尔伯特和罗曼斯的洪培德都认

第八章　为十字军远征出资

为十字军东征需要依靠西方的补贴来在圣地驻扎一支常备的受俸军，以作为专业基础。1234 年，格列高利十分明确地提出了建立一支靠家乡捐赠来维持的十字军的想法。[83] 因为有税收和中央基金，所以建立一支领酬劳的驻军是有可能的。法国国王和英格兰国王于 1250 年后就在阿卡雇佣过这样的驻军团。[84] 但这样的计划也会不可避免地让现存的军事修道会的常备战斗军的作用遭到质疑。在普鲁士和利沃尼亚的殖民地，条顿骑士团已经接管了整个"圣战"行动，包括招募西方十字军战士。[85] 但是，海外领土的政治几乎不会允许如此大规模的权力转移。于是，在 13 世纪末发展起来的一种正统做法是让这些军事修道会融合在一起，他们集合起来的资源可以用于建立计划中的职业常备十字军。还出现过一种更激进的形式，在 14 世纪初的法国宫廷中风行一时，就是征用这些军事修道会，可能还有一切其他宗教集团的资源，来支持一种新的全欧洲的十字军创新事业，由世俗而非教皇掌控，指挥者是世俗领袖，即国王武士（*Bellator Rex*）。[86]

从克莱芒一路走来，既漫长，又代价不菲，但这趟旅程也并非毫无算计、洞见与才智。十字军战士个人的财政手段，以及统治者和教会的财政创新，虽然很复杂，而且常常会引发混乱，但在多样性和复杂性方面可以与这一时期最有想象力、持续最久的行政、商业和经济发展相媲美。十字军的财政管理有助于解放土地市场，开放国际信贷市场，以及创造新的财政技巧。有些十字军筹划者和思想家，例如 14 世纪初的诺曼法学家彼得·杜布瓦（Peter Dubois）或是马里诺·萨努多甚至沉溺于人口统计与经济理论之中，其中一位专注于如何让善良的天主教徒迁居至黎凡特，另一位热切地希望展现如何以市场力量破坏埃及的商业力量:"因为正如水会自然流入河谷,商品也会被吸引到最需要它们的地方。"[87] 在国内,十字军成了财政开发的模范,被西欧统治者们竞相效仿。各地区的教会十字军基金库,以及始终存在的教会税收这一选项,不可避免地会在争议中吸引贪婪的俗世统治者趋之若鹜,同时为教会与国家之间的紧张关系火上浇油。更为普遍的是,十字军税收和俗世税收一样,都显示出在权利、义务、合法性和共识方面的紧张关系。西欧不同地区的各种财政经验预示着中央或国家税收在未来不同的历史走向。英格兰、法国和德国对萨拉丁什一税的三种完全不同的反应(征收、取消、未采纳)清楚反映出截然不同的政治形态。教会十字军税以及出售誓言赎回和赎罪券的做法有助于推动整个教会——尤其是教皇——发展成为中世纪后期常见的官僚财政的利维坦巨兽。财政的需要不仅改变了十字军东征,而且改变了东征的出资人。

然而,这些财政手段也让十字军东征(如果不包括十字军战士个人在内的话)可能变得更有偿还能力了。马里诺·萨努多的那些吓人数字的真实性或许令人怀疑,不过也可能是有意为之。[88] 但他同时代的人们还是继续在拟定预算,计算如何符合成本。他们有路易九世的前例。如果说路易九世的埃及十字军东征最让人震惊的事实是其彻底的惨败,那其次的就是,至这时为止他承担了自己的巨额成本,而且还有盈余。他不是唯一的例子。中世纪战争的事业在前提上就与现代商业不同。衡量收益与获利的不仅仅是赤裸的金钱盈余。国王、领主或骑士的财富就是要用来从事战争,这是人们期待的结果。钱就是要花在这件事上。吝啬的君主是得不到尊敬的。任何对十字军战士的财源状况的评价都必须承认,尽管花费巨大,但也达到了目的。十字军参加了战斗。而最要命的矛盾是，统治者获得的世俗资源越多（主要依靠十字军税收和财库），他们承担的国内责任就越严苛。英格兰国王爱德华一世因为自己的十字军东征而得到了当时一位颂词作者的赞美，说他耀眼得"像一位新理查"，他能获得的战争资源可能比他叔祖父的东征时要多，不过这些资源也让他在国内遇到了更大的政治限制。[89] 在克莱芒会议之后的几个世纪中，西欧政治随时发生的大型远征从来没有因为吓人的成本而终止。支出的多寡并不会简单地对应虔诚信仰的刻度，而是反映出一个尚武的社会在用其资产实现自己抱负的过程中的价值。十字军的财政管理是达成目标的一种手段，而且就算有再多缺点，至少是有效的。

第九章 协 调

在广泛的地理区域展开协同一致的行动，是让十字军东征从一开始就与众不同的特点。乌尔班于 1095 年在克莱芒展开布道之前，已经雇佣了勒皮主教担任他的特使，还有图卢兹伯爵雷蒙德四世担任指挥官。出发日期最初定在 1096 年 8 月 15 日，后来为了适应不同地区的收成时间而改动。主力部队基本是走商贸与朝圣常走的陆路，有极少数走水路，例如从巴里穿越亚德里亚海到都拉佐（Durazzo），教皇先后鼓励热那亚和比萨派舰队前往东征。大范围的动员让人们普遍意识到时间和方向的重要性。陆上部队的会师地点是君士坦丁堡，主力军队在 1096—1097 年的冬春抵达当地。从卢卡、热那亚和比萨出发的小型船队抵达黎凡特时刚好是 1097—1098 年陆上军队在围攻安条克，如果 1098 年安条克的一位卢卡的十字军战士所写的一封信可信的话，那也有海军参与其中，包括来自英格兰船只的海军。[1] 虽然想象有经过详细讨论的海陆同时进攻叙利亚的战略是一种不现实的想法，但西方军队汇集在安条克就足以表明军队对策略的重要性有普遍的意识，而且也证明了十字军在东征途中也始终保持着信息流通。正是在拜占庭的外交政策的影响下，第一次十字军东征的战士们才开始拟定所谓的战略政策与筹划。

乌尔班在 1095—1096 年的法国之行期间召开了一系列会议，与此同时，被招募的新兵也在四处咨询意见，这一点可见于他们权证的见证人。听取布道以及加入十字军的集会场合可以让人们

第九章 协调

更广泛地讨论计划与后勤。法国国王腓力于1096年2月在巴黎召开了一次集会，邀请了他领地上的十字军战士，诺让的吉伯特提到，在这次集会上，报名参加的人全神贯注地听着如何组织这次远征的细节。[2] 大家一致同意将各地区的召集点设立在传统的领地或商业中心，例如特鲁瓦（Troyes）、第戎（Dijon）、普瓦捷、圣吉勒（St Gilles）、里尔、兰斯、鲁昂、沙特尔。也可能事先就安排了集合地点，例如布永的戈弗雷就安排在了维也纳附近多瑙河畔的图尔恩（Tulln），他在那里评估过几个月前隐士彼得经过同一条路线的消息。[3] 这些计划显然都奏效了。法国、德国和意大利的军队与隐士彼得在1096年夏末同时抵达君士坦丁堡。紧随而来的军团汇集成更大的军力，这些军力又和其他部队结合成规模非常大的军队，最终在1097年春天集结成一支围攻尼西亚的由数万人组成的主力军。有一种模式被运用在了诺曼底的罗贝尔的军团合并上。他们可能先在鲁昂集合，然后与布洛瓦的斯蒂芬的军队会合，地点可能在沙特尔。他们再加入佛兰德斯的罗伯特，地点可能是在贝桑松（Besancon），接着一同穿越阿尔卑斯山进入意大利，之后在巴里又再度分开渡过亚德里亚海。[4]

如此大规模的军队移动会面对严重的补给问题。如果没有就市场准入问题事先进行协商，那任何一支长途跋涉的军队都可能遭遇性命之危。隐士彼得从匈牙利和保加利亚的统治者那里获得了贸易许可证，这才没有让商业矛盾和混乱演变成暴力冲突。亚琛的阿尔伯特详细描述了布永的戈弗雷为了确保军队的生存和安全通过而与匈牙利国王科尔曼（Coloman of Hungary）进行的市场协商，这正反映出这类协商的重要性，这样的事情如果完全靠运气就会引发灾难。[5] 尽管十字军领导者和拜占庭皇帝阿莱克修斯之间外交往来的细节可能已经基本看不到了，但在西方军队前进途中的关键时刻都会出现王室代理人，而且希腊人也能应对大量拥入的西方军队，这就表明事前他们就有紧密的联系，尽管当时的安排显然还不够充分，引发了一些争议。教皇和东方的皇帝在十字军东进的途中一直予以密切的关注，而且应当也在密切关注彼此。[6] 等到了君士坦丁堡，攻占尼西亚后，拜占庭的军事建议就有了用武之地。

第一次十字军东征及之后 1100—1101 年的多次远征，都在展现如何让数千项个人和团体的决定结合成一场团结一致的军事事业。沟通的渠道很广，有领主和亲族的网络，有同乡的联系和经济的交流。本地、跨地区、跨国贸易的拓展为大规模十字军东征提供了重要的基础，例如在第二次十字军东征中，1147 年 5 月集结在达特茅斯的北海舰队就是个典型例子。[7] 这些十字军战士主要来自布拉班特、佛兰德斯、莱茵兰、诺曼底、英格兰南部和东部，各地之间依靠贸易连接在一起：伦敦、布里斯托、南安普敦、黑斯廷斯、多佛、伊普斯维奇、布洛涅、科隆、鲁昂。北海与英吉利海峡形成了一个紧密交织在一起的贸易区，依靠渔业（主要是鲱鱼）和羊毛联系在一起。将贸易上的合作转变成战争中的协作也需要类似的技巧：海运技术、共同投资，还有达特茅斯公社的例子中表现出的社会组织。虽然留存下来的记录中歌颂的都是他们在里斯本战斗的英雄事迹，但军队的辩论、契约、食物供给和艰难的交易谈判中充斥的则是贸易的语言。与葡萄牙国王阿方索（Alfonso of Portugal）的协定中包含的免关税对象不仅包含十字军战士的船和货物，还包括他们后代的，这仿佛是在毫不掩饰地邀请他们在被攻克的里斯本建立一个特权贸易站，

第九章 协 调

类似黎凡特的意大利十字军战士同盟的那种。[8] 之后北海舰队又在 1189 年和 1217 年将这张贸易网进一步延伸，包括了丹麦人，还有像不来梅这样的港口以及莱茵兰的各个港口。类似的以贸易形式进行的战争的模式也出现在波罗的海东岸的十字军远征中，以及地中海的十字军远征中，前者主要是依靠吕贝克的商人，后者的贸易城市参与了 11 世纪初和 12 世纪初在巴利阿里群岛上的战斗、1087 年比萨突袭突尼斯，以及 12 世纪初开始的对伊比利亚西岸港口的攻击。[9]

　　远距离的十字军东征并不是随意展开的。要根据贸易、旅行和过去远征的先例来确定方向和持续时间的大致情况。不过还是有限制。1147 年，德国军队在多瑙河沿岸建造了新的桥梁以供几周后紧随而来的法国军队使用。[10] 但这些军队没有针对小亚细亚的一致的行动计划，更别提十字军战士在 1148 年抵达圣地后的军事目标了。根据杜伊尔的奥多的回忆，在见面商讨十字军事宜时，教皇尤金尼乌斯三世没有就如何对待分裂出的希腊教会向路易七世提出建议。[11] 在关于十字军围攻里斯本的记述中，最接近的当代记录将其描绘成一次机会主义的声东击西，很像是以前北欧私掠船对安达卢斯港口发动的侵略，也像是 1189 年和 1217 年经过的十字军战士发动的类似袭击。[12] 所有的十字军军队都对这种获得新资金的机会保持警惕，里斯本只是刚好提供了一笔横财。尽管如此，联合舰队集结在达特茅斯也绝非偶然。其位置是在进入大西洋前最后一个适合庇护的自然港口，也就理所当然地成为驶向地中海的北海舰队在 1189 年、1190 年和 1217 年的习惯性的集结港口。

　　第二次十字军东征突显了所谓的实用计划与战略计划之间的

差异。从表面上看，在经过精心计划之后，1146—1147 年在维泽莱、埃唐普（Etampes）、施派尔和法兰克福的大规模集会提供了最初的动力。[13] 虽然从广阔的区域招募到了大批士兵，他们在途中也有非常不同的经历，但大部分前往圣地的陆上和海上的士兵都是在 1147 年 4—6 月间出发，大约一年后抵达巴勒斯坦，这次的时间进度成了日后的标准。克莱尔沃的伯纳德在布道的同时，也在继续进行各种口头和书面的交流，还要完成招募两位欧洲君主的外交任务；1147 年 5 月，北海舰队在达特茅斯集结，德国军队在雷根斯堡集结，一个月后法国军队在梅茨（Metz）集结。后续迟到者的会合也都不是偶然发生的，如 1147 年 5 月或 6 月时斯泰里尔的奥托卡（Ottokar of Styria）与德国人在维也纳会合，6 月底盎格鲁—诺曼军队与法国军队在沃尔姆斯会合，10 月法国军队最后在君士坦丁堡会合（之前在沃尔姆斯分开走亚德里亚海和巴尔干的军队重新加入主力军）。[14] 这种组织的精确机制或许仍然讳莫如深，但集结军队的这种结果却足以令人难忘。不过，第二次十字军东征虽然经过协调，但还是缺乏务实的战略。

第三次十字军东征的准备也表现出类似的模式。1187 年 12 月—1188 年 3 月，在斯特拉斯堡、吉索尔、盖丁顿、美因茨和巴黎分别举行了地区集会，来确认承诺并就筹资与特权等细节进行讨论。对内和解、对外结盟的外交策略为招募、粮食供应、通行等提供了保障。布道主要依靠各地自行管理。如果腓特烈·巴巴罗萨的同伴，也就是身为英格兰公务人员和编年史作者的豪登的罗杰的话可信的话，那腓特烈的确依照惯例咨询过他身边最优秀的军事专家的意见。[15] 腓特烈参加过第二次十字军

第九章 协 调

东征，了解充分的准备工作与协调的行军计划的重要性。他通过试图让维尔茨堡主教打散队伍并走海路的方式来树立自己的权威。1188—1190 年，腓特烈的领导特点就是统一步调、掌控全局。他决定沿用熟悉的多瑙河陆路，派大使前往匈牙利、塞尔维亚、拜占庭，甚至前往面见当时与德国结盟的以哥念的苏丹，同时也接见了这些地区回访的大使。他甚至可能试图打开与萨拉丁之间的外交渠道，尽管用豪登的话来说，腓特烈是出了名地决意要"摧毁基督的十字架的敌人"。1189 年 4 月，在雷根斯堡集合是一年前在美因茨确定的，效果非常好，吸引了约 70 名大贵族，包括 12 名主教、2 名公爵、2 名侯爵和 26 名伯爵，他们并不都是皇帝的近臣。[16] 用一年时间准备一支大规模的陆军反映了 1147 年战斗的时机，而且允许军队再用一年的时间抵达圣地，这就是 1147—1148 年的情况。这也有更早的先例可循。第一次十字军东征的大多数领导者在 1096 年秋天就出发了，那是在克莱芒会议召开了 9—10 个月之后；他们在一年后的 1097 年 10 月达到安条克周边。在 1189—1190 年的行军过程中，腓特烈依旧全面掌控着整个远征，这十分难得，尤其是这位德意志皇帝在国内的政治权力并不均衡，也没有中央集权的行政部门。不过腓特烈的远征也在筹划方面表现出最极端的矛盾之处。虽然安排得井井有条、领导坚决果断，但 1190 年 6 月腓特烈在抵达西里西亚（Cilicia）后意外离世，这支德国十字军随即从内部瓦解。

　　第三次十字军东征的组织者们并不缺少信息。尽管留存下来的许多据称是 1187 年灾难亲历者报告的书信都可能为了配合招募宣传而进行过篡改，但对东方发生的事件的了解还是相当充分的，或许都有些过于充分了。巴佐什的居伊（Guy of Bazoches）

275

是马恩河畔沙隆的一名唱诗班领唱人，1190 年，他跟随香槟伯爵亨利和法国先锋军来到巴勒斯坦。在他出发前从马赛寄出的一封信中，居伊提醒他的侄子不要相信关于"基督教军队"和圣地的命运的谣传，除非有证言或证据能证明。[17] 正是这种怀疑论阻止了西方统治者在 1187 年以前派出有效的援军前往耶路撒冷王国。然而，十字军筹划者们会自己尝试从大使和代理人（或间谍）那里获取情报，例如维森巴赫的戈弗雷（Godfrey of Wiesenbach）和迪茨的亨利（Henry of Dietz）就是腓特烈·巴巴罗萨派到以哥念的基利杰·阿尔斯兰二世（Kilij Arslan II）和萨拉丁身边的，还有亨利二世的特使理查·巴雷（Richard Barre），他于 1188 年被派到东欧，四处侦查从陆上进攻安茹的可能性。[18]

信息是双向流动的。1188—1189 年，西方的援军终于抵达正遭受围困的法兰克人在海外领土的前哨站，这有助于决定后续援助的时间，以及 1189 年阿卡围城的开始时间。风向、天气和洋流，这些共同决定了每年两次与叙利亚和巴勒斯坦之间往来的节奏。尽管德国人没有希望在 1190 年前从陆路到达，而且安茹帝国的继位危机将英格兰和法国君主的远征至少推迟了一年，直到 1190 年，他们才到达，但海外领土的需求得到了更直接的回应。地中海沿岸的消息传播可能非常迅速，尤其是在夏天：1190 年巴佐什的居伊在离开马赛 35 天后就看到了叙利亚，坎特伯雷大主教鲍德温和拉鲁尔夫·格兰维尔在经历两个月的航行（也是从马赛出发）后于 1190 年 9 月 21 日在阿卡登陆，腓特烈·巴巴罗萨于 1189 年 5 月从德国出发的消息花了五个月时间才通过拜占庭和阿勒颇传到萨拉丁的宫廷。[19] 吕西尼昂的居伊（Guy of Lusignan）在 1189 年夏天决定围攻阿卡可能正是受到了一支比

第九章 协调

萨舰队带来的消息的鼓励,这支舰队在 4 月抵达提尔,带来了更多的援军。居伊于 1189 年 8 月 28 日在阿卡前扎营,不到一个月时间,来自丹麦、弗里西亚、德国、佛兰德斯和英格兰的大批舰队,还有一支由阿韦讷的詹姆士(他在 1188 年 1 月在吉索尔和法国国王与英格兰国王一起加入了十字军)指挥的法国军队,就加入进来了。这并不代表是居伊召唤的这些军队,每一支部队都有各自集结的动力。不过阿韦讷的詹姆士可能已经意识到了西方君主们的计划;其他到来的人也一定都意识了,例如腓力二世的两个堂兄弟,德勒的罗贝尔(Robert of Dreux)和好战的博韦主教腓力(Philip of Beauvais),还有腓特烈·巴巴罗萨的外甥图林根伯爵路易三世*。[20] 一旦确定后,阿卡围城就吸引了协同赶来的援军,这些援军虽然没有收到法国国王和英格兰国王的钱,但受到了他们的鼓励:两位国王的外甥,即香槟伯爵亨利带着法国北部最强大的一批领主于 1190 年 7 月抵达阿卡,而且据后来回忆,他还带来了一些腓力二世军械库中的武器。他在基督教军营中迅速被接纳成为十字军战士的指挥官。[21] 阿卡围城或许不是从远处计划的,但对其所进行的增援是。

第三次十字军东征还是 12 世纪十字军协作最显著的例子。理查一世的政府为十字军舰队中的船员和士兵准备了最晚从 1190 年 6 月开始的至少一年的酬劳;国王于 1191 年 6 月 8 日在阿卡登陆,虽然因攻占墨西拿而耽误,但还算是准时抵达,他在西西里过冬,4 月经历了一场严重的风暴,5 月攻占塞浦路斯,随后只能暂留西西里重新整装并获取更多资金。既有谋划,又不

---

* 此处原文为"Louis II",有误,应为"路易三世"。

缺运气。理查的陆军与海军的时间安排表明，他对当时的情况有充分的了解，这才制订了这项协同一致的计划。安茹舰队由三支分遣舰队组成。一支在 1190 年 3 月底—4 月离开达特茅斯；另一支于 6 月从卢瓦尔出发；第三支在 7 月时从更南边的奥莱龙岛（island of Oléron）出发。整支舰队由中央司令部指挥。6 月，理查在希农（Chinon）发布训诫命令，而且，至少对于其中的英格兰成员是采用国家支付酬劳的结构的。7 月底，整支舰队在塔霍河（Tagus）河口集结暂歇，结果只是要让船上人员饮酒狂欢，这让里斯本的犹太人、穆斯林和基督教居民苦不堪言。下一个集结地点是 8 月初与理查的陆军在马赛会合，然后再到西西里的墨西拿最终集合，这是早前理查和腓力二世就商量好的。

这两位国王仔细协调着各自的准备时间表。6 月 24 日是"施洗者"约翰的诞生节，他很适合作为收复基督遗产的预备代祷者，于是这一天被定为十字军启程的正式日期。在这一天，两位国王同时收到朝圣的票据与权杖，理查是在图尔，腓力二世是在圣丹尼斯。在举行精心安排的出发仪式后，他们依照安排在 7 月 2 日在维泽莱会面，接着在两天后的 7 月 4 日一同出发，那天是哈丁战役的三周年纪念日。腓力的目标是热那亚，那里有他雇佣的船队，而理查前往马赛，不过在 7 月底到达时，他发现他的舰队并没有到。在等待数周后，等不及要前往西西里的他雇佣了 20 艘帆船和 10 艘货船，在 8 月 7 日出发，但还有一些小分队是在一周多后登船的。不过，主力舰队只比他晚了几天，于 8 月 22 日抵达马赛，时间非常接近。就算没有事先达成一致，舰队也会在那里得知下一个目的地是墨西拿。一切安排照旧。主力舰队于 9 月 14 日抵达墨西拿。腓力二世于 16 日抵达。理查沿着

第九章 协调

意大利海岸不慌不忙地在23日才隆重地进入墨西拿。[22] 虽然表面上很有效率，但还是有一些意外事件。其中最著名的是1190年里昂的大桥因为不堪安茹和法国十字军的重量而坍塌。[23] 离开了国王和大领主的影响，十字军战士们就要自己安排东征的行程了，这个过程总是很复杂，也时常变得一团糟。

仔细设想好的计划未必能付诸有效的行动。第四次十字军东征就是一个经典的例子，在面对过大的抱负与不利的情势时，计划与领导的局限性暴露出来。这并不是因为缺乏准备，或对问题不够了解，而可能恰恰相反。第四次十字军东征的领导者非常清楚他们的计划是如何失败的，以及为什么。在国王不在场的情况下，指挥者们很快就自己组成了一个正式的集体领导团，举行定期会议，开放讨论，决定重要的战略问题，例如1200年夏天在苏瓦松和贡比涅的集会。这种团结得益于早期的领导者——香槟、佛兰德斯和布洛瓦的伯爵，他们来自相邻的地区，周围是政治与王朝交错的圈子，更不乏参加过十字军的老兵，沉浸在过去十字军英雄事迹的回忆中。事实证明，这种集体领导非常有助于团结，也非常灵活，但反过来用其批评者的话来说是愚钝、私欲熏心且执拗顽固的。

在苏瓦松的一次初期会议上，领导者们认定出席的十字军中的男爵太少，无法做出明智的战略决定。在贡比涅举行了一场出席人员更加完整的集会，会上就目标和运输问题进行了热烈的讨论，最终同意派一个使团去与一个意大利港口商谈契约。因为这个使团要商定的交易目标是埃及，所以目的地可能是在贡比涅选定的。虽然表面上是坦率而平易的集体领导，但重大的决定还是要依靠香槟、佛兰德斯和布洛瓦的伯爵。他们挑选了6名全权特使前往意大利，最后签订了《威尼斯协定》。1201 年香槟伯爵去世时，香槟军队中的维尔阿杜安的杰弗里和茹安维尔的杰弗里（Geoffrey of Joinville，路易九世伙伴的叔叔）在寻找新的领导人方面扮演了重要的幕后角色。包括了像圣波尔伯爵于格这种人物的内部圈子起到了很大的作用，尤其是在选择领导人方面，在勃艮第公爵和巴尔伯爵（count of Bar）拒绝后，他们选择了意大利的蒙费拉托侯爵博尼法斯（Boniface of Montferrat）来担任总指挥，不过他的权力与其说是绝对的，不如说是同行居首（*primus inter pares*）。1201 年夏天，在苏瓦松又举行了几场会议，批准了对博尼法斯的选择，接受他为领导者，另外又在西多的西多会年度全体大会上举行了一次正式集会。尽管在公开场合的辩论是开放的，但战略计划还是由内部小集团决定的。对于以埃及为目标的决定，大部分十字军战士是被蒙在鼓里的。这种行政权力的集中容易导致破坏性的矛盾，因为开放性都是虚假的，这就会与大部分军队的代表产生激烈的冲突。这些人必须要听取他们的意见，因为他们是军队战斗力的主体，而且之前在弥补欠威尼斯人的借款差额时还号召过他们提供补贴。威尼斯一事的失败暴露出领导层无力对除了他们随行人员以及《威尼斯协定》中规定的领取酬劳的军士以外的人施加自己的意愿。[24]

尽管如此，这位烦扰不断的高层领导还是带领着一支庞大的、多元的水路部队在 1203—1204 年间在君士坦丁堡接连取得了一系列令人惊讶的胜利。从维尔阿杜安的杰弗里、克拉里的罗贝尔和其他许多西方基督教国家的人的角度来看，这是一项光荣的成就。在君士坦丁堡主要战役的可怕收场之前，第四次十字军东征还是延续了前几次东征的榜样：加入十字军的过程经过精心

第九章 协调

安排，计划和参与的集会经过充分的宣传，安全的运输有明确的条款规定，准备阶段的外交工作范围广泛，终极目标——至少对高层领导来说——十分明确，沿路也不放过再次获得捐助的机会。但计划还是失败了。佛兰德斯伯爵是欧洲最富有的亲王之一。他的土地在十字军的历史上无出其右。但他的十字军舰队的命运和十多年前理查一世舰队的命运简直是天壤之别。1202年夏天，从佛兰德斯驶出的舰队是一个团结的联盟，部分是伯爵自己的船只和人员，部分是独立的盟友，例如布鲁日的地方官，他宣誓听从伯爵的命令，但并不领取他的酬劳，也不受他的控制。就算有过这个计划，他们也没能抵达威尼斯。于是他们只能在马赛过冬。他们从马赛向此时身在扎拉的伯爵求问要在哪里会面。鲍德温伯爵提议在位于伯罗奔尼撒半岛南端的莫顿（Modon）。无论是因为错过了目标，还是未能协调成功，或是更想要直接驶向圣地，又或许是对君士坦丁堡的行动战略完全不了解，总之鲍德温根本没有遇到他的舰队。[25]

筹划跨国事业的能力正是英诺森三世在时不时的自我膨胀情绪中认为自己所具有的能力。第四次十字军东征并不是唯一能证明他这种想法错误的事件。在阿尔比十字军远征取得初步成功后，他实际上失去了对蒙特福特的西蒙征战朗格多克的路线的掌控。虽然他拒绝承认里加主教、吕贝克商人和西多会借德国吞并利沃尼亚是圣地十字军行动，但这并不能阻止他们这样做。[26] 英诺森毫不屈服，他不仅重塑了这次十字军远征的理念、形象和资金体系，而且重新安排了计划。第四次十字军东征的经验似乎成功说服了英诺森夺回一些原先由世俗领导者承担的协调角色，包括拟定战略在内。许多世俗的大使、观察者和请愿者，还有数百名来自西欧各地的教士代表参加了一次全体教会会议，这次会议第一次将十字军的筹划聚焦在行政和政治之上，这个模式在 1245 年和 1274 年都相继被效仿。1215 年的第四次拉特兰公会议不仅讨论通过了十字军教会税，还确定了召集日期为 1217 年 6 月 1 日，以及登船地点为布林迪西和墨西拿以及邻近港口。教皇许诺他会参加并进行祝祷。对于那些决意要走陆路的人，英诺森会提供建议，并派遣一名教皇特使。[27] 这毫不含糊地表现出至高无上的教会领导权。帕德博恩的奥立弗甚至认为这次拉特兰公会议已经决定将埃及设定为十字军的目标。[28] 教皇的代理人包揽了布道、收税和招募，其系统性和涵盖范围之广是任何一个统治者的官员所无法比拟的。大人物依旧会加入十字军，并召集集会。人们就和从前一样应征从军，筹集私人资金，不过行政支持的天平已经倒向了教会一边。显然这也是因为得到了一定程度的世俗的支持，选择意大利南部和西西里的港口就表明了教皇与当时受他保护的西西里和德意志国王腓特烈二世之间的联盟关系，后者就和英格兰国王约翰一样于 1215 年在拉特兰公会议之前就加入了十字军。尽管在法国的布道活动不太顺利，但法国国王很可能还是参与了协商，允许他在会议前六个月公布对十字军战士特权使用的限制。为了突显其计划的起源，英诺森甚至厚着脸皮向威尼斯人表示，可能最终还是希望他们完成自己在 1202 年许下的十字军誓言。[29]

英诺森的伟大计划并没有随着他在 1216 年的去世而夭折。许多最初的召集点都符合确定的时间表，但出发地点有所不同。来自弗里西亚、荷兰和莱茵兰的舰队是 1217 年 5 月底和 6 月初出发的，帕德博恩的奥立弗是 6 月 1 日从马赛出发的，完全依照

第九章 协　调

安排，奥地利公爵利奥波德六世和匈牙利国王安德烈的军队于8月在斯普利特（Split）集合，其中匈牙利人更是在一个月前就集结完毕了。[30] 再一次的，组建一支十字军军队和海军的动力发挥了自己的节奏。不过，将行动的实用技巧与会议法令联系在一起反而可能无法发挥效用。1216年教皇的招募人员在法国就遇到了麻烦，贵族们无法在1217年6月的截止时间前完成任务。他们担心万一错过出发日期，会违背自己的誓言，并且被取消特权。类似的是，有人担心同样的处罚会适用在那些想参加，但因为缺少议会或骑士领导人允诺的充足额外资金而无法启程的较贫穷的十字军战士身上。[31] 越来越繁复的官僚机构以及精准的法律程序并不一定总能收获意料之内的好处。

从许多角度来看，第五次十字军东征都取得了成功：成功入侵了埃及，桥头堡维持了三年时间，在此期间，从西方基督教国家的大部分地区招募的新兵大量往来，尼罗河上重要的港口达米埃塔被占领了22个月，教会税和十字军捐赠而来的钱款不断涌向东方。第五次十字军东征的失败似乎并不是因为其准备工作，或是大后方的问题。不过正如法国的情况所表明的，教皇的监督可能会与当地的想法脱节，从而增加安排计划的复杂性。十字军东征越是融入教皇的直接政治策略之中，在运营上就越是可能造成劣势。在1239—1241年所谓的男爵十字军东征的准备阶段，教皇格列高利九世不仅没能与香槟伯爵和康沃尔伯爵在远征巴勒斯坦的问题上协调一致，而且还激怒了在役的和公认的十字军战士，并给他们造成了困惑，因为他试图将为圣地招募的十字军战士转移到教皇感兴趣的其他计划上，比如守卫拉丁的君士坦丁堡，或是守卫罗马以阻止腓特烈二世的攻击，虽然这些也被赋予了十字军东征的地位。[32] 虽然这在法律上能说得过去（格列高利是一名教会法学者），但这在政治或运作上缺少意义。教皇可以有助于外交工作，可以收集信息，可以提供必要的特权，还可以监督布道和筹资。然而，13 世纪上半叶的十字军东征证据表明，有效的十字军东征需要世俗权力的政治资本和物质影响力来带头。除非与地方派系结盟，例如在意大利和德国对抗霍亨斯陶芬时那样，不然教皇也是徒劳无益的。格列高利十世和尼古拉四世分别在 1274 年和 1291 年之后发现了这一点。远离圣地的十字军出征到了伊比利亚，1218 年后又去往了朗格多克，以对抗当地的基督教国王，去往波罗的海对抗条顿骑士团，或者在 1264—1265 年的英格兰内战中对抗当地教会和俗世政权，或是在 13 世纪 30 年代卑劣地迫害弗里西亚和荷兰的农民。1240 年之后，教会对海外十字军东征管理的限制更说明了有必要约束君主的物质和政治力量，最明显的就是法国国王，但并不仅限于他。

　　详细研究路易九世对十字军的管理，尤其是他进行第一次东征的，可以发现在记录留存、筹资、雇佣军队的技巧方面都有进步。不过和理查一世的准备工作一对比，就会让人不再想当然地认为这是质的创新。[33] 这两位国王都是通过集会，以及依靠财政补贴支持的亲族、领主、恩惠给予网络来达成政治共识的。两人都依靠税收，也常常利用带有掠夺性的帝王财政权力，包括敲诈犹太人社群。两人都雇佣了自己的舰队，也在取得及运送必要的战争物资上花费了大量资金。两人都在地中海设立了一个预先的召集点，理查在西西里的墨西拿，路易在塞浦路斯的利马索尔（Limassol）。在出发之前，两人都钟情于复杂的出发仪式，重点都聚焦在授予朝圣者勋章这件事上。两人都跟随着自己的军队，

第九章 协 调

这些军队都是由其他权贵筹组的，但他们都为了巩固自己的权威而在战斗中将这些权贵赶了出去。两人都没有用尽资金。理查带往阿卡的军队规模和路易带往达米埃塔的军队规模可能大致相当，都是一万多人。两人在准备阶段都十分慎重，理查在加入十字军三年半后才来到黎凡特的军营；路易则是在四年半后。

不过还是有明显的不同之处。13世纪40年代，教会在筹集和运送资金以及管理特权方面扮演着更核心的角色。在理查军队中的神职人员没有英诺森三世流传下来的那种共同的官僚与机构身份。也不应该过分夸大的一点是，法国的神职人员在13世纪40年代完全屈从于他们虔诚的君主，尤其是修道士为国王在十字军开始以前的国内改革计划提供了道德层面的支持。[34] 路易为了十字军东征而取得的大量额外收入来自经过1245年里昂会议授权的教会税，以及由教会管理的誓言赎金和捐赠，这样就无需照搬理查大手大脚的拍卖手法了。路易的宣传将他描绘成一位虔诚的忏悔者，这位国王穿上朝圣者的装束，向南前往地中海。路易向着耶稣受难的圣物祷告，而理查则举起了王者之剑。在更具体的方面，理查在自己的船上装满了必要的食物供给，后来又亲自运送攻城器械和一座预先造好的堡垒，而路易则在他到达的两年之前就开始在塞浦路斯储备了大量的食物和酒，并且准备攻克埃及后进行殖民，在他的船上除了战争装备还携带了农业设备。

关于自己的舰队，理查依靠的是征收和雇佣他自己王国中各港口的船只，通常是和本来的船主共同拥有。路易则是通过详细且明确的契约来雇佣船只，他是唯一的承租人，这些装备齐整的船只来自热那亚和马赛，这更像是1201年的《威尼斯协定》。理查为自己的船只支付的价格似乎低于市场价。路易的成本耗费可能巨大,或许还包括装备在内,不过与热那亚之间的关系还是对他有好处的,例如1250年,他因为被埃及俘虏需要以借贷来支付赎金的时候。最明显的一点是,理查的幸运之处在于他统治着不列颠南部和法国西部的沿岸地区,这让他在自己的王国内就拥有了港口、造船者、商船和海员。路易没有这种福分,因而,为了避免依赖其他大国或是自求私利的城市贵族,他开始建造自己的港口,就在罗讷河三角洲(Rhône delta)的艾格莫尔特(Aigues Mortes)。这成了他的第一个召集点(塞浦路斯是第二个),所有雇佣的船只都被送到那里。尽管其海港很浅,容易淤塞,通往地中海的通道也有些问题,但艾格莫尔特港口的建造象征着路易全面掌控准备工作各个方面的决心,这个政策源自往日的教训,也是在将对后勤的全面认识付诸实施。路易的安排是在努力减少因临时起意而耗费的昂贵成本,而这种临时起意正是理查那奢华的十字军生涯的特征。路易九世的十字军计划(他于1267—1270年进行的第二次东征在管理强度上不亚于第一次)是对过去的失败和眼下的困难做出的理性而又有创见的回应。人力、财力、物力都经过仔细顺畅的协调。路易的第一次十字军东征的准备工作十分彻底,是集资最充分、组织最熟练的大型十字军远征。路易展现了要如何筹划一场成功的十字军东征。而留给后世观察者们的千古谜团就是,这怎么又会变成一场灾难。

第十章 健康与安全

与军队名册、收支账目、高层政治、外交与战争用品同样重要的还有十字军战士的个人福利：家中的地产和家人的安全，军中行动的纪律与规则，还有他们在旅途中与行动中的身体健康。虽然认为一个快乐的十字军战士才能让十字军东征成功的说法显得太肤浅了，但这似乎与当时人的想象相差并不遥远。快乐并不意味着容易满足。有的故事会讲述十字军战士故意恋恋不舍地与他们的孩子道别，以此来强调离别的痛苦，还有的战士会刻意地拒绝最后再深情看一眼家乡那熟悉的风景，这些故事都是设计出来强调牺牲这一要素的。[1] 分离的痛苦作为一种热烈的宗教献身仪式，能产生其自身的精神内啡肽。这种情感与因为担心家中的人或地的安全而产生的焦虑不同，与对十字军战友的行为或健康的关心也不同。

1147 年，守卫里斯本的人显然嘲笑过十字军战士，他们的妻子在家可能拈花惹草，他们的财产可能被洗劫一空。[2] 尽管这种担心是文化中的陈词滥调，但却依然是有事实根据的。对故乡财产和家人的关心是写进十字军战士的权证中的，也是十字军战士特权的核心特点之一。乌尔班二世创新地提出由教会来保护十字军战士，一开始还引发了一些混乱。在受到来自教会和世俗法学家的压力后（无疑也反映出了焦虑又善辩的十字军战士的请求），1123 年的第一次拉特兰公会议肯定了十字军战士的房屋、家人和财产受到教皇和教会保护，胆敢对其造成威胁的人将被逐出教会。³ 即便通常不会用到，但这项特权解决了招募过程中的一个核心障碍。于是，为了在十字军战士不在或去世的情况下保护其地产的完整性，他们制订了精心的计划。这些规定基本上会经过亲属的明确参与和同意，即便只是作为见证人。亲戚通常就是对这类安排构成最主要威胁的人，例如关于遗孀土地的条款，这就解释了为什么许多十字军权证会得到十字军战士妻子的明确同意，她们中有一些人会在法律上（有时是在行政上）负责她们丈夫的地产。13世纪英格兰的法庭记录中不乏妻子试图保护自己遗孀权利的案例，还有家庭财产遭受更大侵蚀的辩护案例。所有权的变更经常会受到归来的十字军战士的挑战，或是如果他们去世的话，就会受到他们的继承人的挑战。⁴

在一个竞争越来越激烈的市场中，十字军东征增加了土地持有的不确定性。持有者会在物质与身体方面遭遇风险。他们可能在面对债主时没有充足的资金，甚至会变得穷困潦倒。1192年，英格兰政府出人意料地慷慨解囊，从格洛斯特郡保释出了两名十字军战士的妻子，分别花了100先令和130先令，以在她们丈夫不在时表达支持。⁵ 孀妇（有时也可能是假的，在她们自己也毫不知情的情况下，以为已经死亡的丈夫后来又会活着出现）和女性后嗣可能会被人看不起，或是被迫结婚。十字军战士的妻子可能会遭遇攻击，甚至遇到更糟糕的情况。有一些会被谋杀，可能更常是因为图谋她们的财产，而不是出于性动机。英格兰国王亨利三世在1252年承认了这个问题，他当时向教皇英诺森四世保证，重申教皇保护十字军战士的妻子免遭骚扰的特权。⁶ 有的编年史作者会记录悲伤的家人哭着与十字军战士道别的场景，如果说这显得太过多愁善感的话,那这些啜泣的人至少有哭泣的原因。尽管仇恨女性的布道者们总是在高傲地谴责构成障碍的妻子们,但这些女性在现实生活中可能会遭遇真实的困难,即使英诺森三世放宽了乌尔班二世坚持要求年轻已婚的十字军战士必须获得其配偶同意的规定,也无法改善她们的艰难处境。在那之前,法律上的婚姻权利一直都是相互的,她们的单方面拒绝得不到承认。[7] 然而,教会保护的有效程度取决于相关各方及俗世当局的配合。有时这些保护也会空前失败,例如理查一世被囚禁在德国时,他的土地就被他在法国的敌人吞并了。

即便可以确保大后方的供给充足,十字军战士还是要面对可能危及个人健康和整个事业团结的另一个威胁。聚集在十字军旗下的这个联盟可能是无法可依的,因为真的没有一个共同的法律体系,也没有单一的领主关系。十字军的筹划者们似乎对这个问题十分敏感。第一次十字军东征的集体领导制发展出了一种决策、集中资金、执行司法的合议程序,常常会向更广泛的十字军群体——一位十字军老兵将之称为"平民"(*populus*)——寻求意见。[8] 在安条克围城前的某个阶段,最高指挥任命了一名"引导者"(*ductor*)——布洛瓦的斯蒂芬,其相当于某种首席执行官。不过这些安排是根据战争的形势决定的。除了任命勒皮主教阿德马为教皇代表之外,几乎没有迹象表明会事先在不同军队间安排一位共同指挥官,或实行共同的行为规范。[9] 第一次十字军东征的经验可能激励了后续的十字军组织者们采取预先行动。有各种规定,涉及衣着、纪律、个人行为,甚至是分享战利品,这些规范成了圣地十字军东征的惯例,不仅仅适用于那些自认为是正式社群的多国部队,也适用于大领主和君主带领的军队。对于一项强调战斗者的行为及道德与军事胜利之间紧密联系的活动来说，这或许是意料之外的事。

在《吾等之前辈》中，尤金尼乌斯三世重申了教会对十字军战士的家人和财产的保护。他强调了十字军战士的精神要求，特别是禁止衣着或行为的奢侈。[10]1147 年在达特茅斯宣誓通过的公社管理规定中包含一条类似的禁奢令，但重心放在了解决争端和犯罪问题上，实行"最严格的法律"（leges severissimas）："以命偿命，以牙还牙。"[11] 军队中建立起了正式的和平条约（即一套协商一致的特定法律，如有违反则会遭受惩罚），伤害和犯罪都依据公社的协议进行惩罚。卖淫是违法的。禁止挖走水手和仆役。军队还建立起了一套公共会议制度；司法交由治安官掌握，他们会将案件交由选举出的法官（conjurati）——每千人选出两名。这些选举出的官员还负责钱款的分发，包含战利品和抢夺品的分配，这显然就是源源不绝的冲突的源头（例如在里斯本被攻陷后，来自佛兰德斯和科隆的十字军战士就无视了这条规定）。达特茅斯的条例针对的是对一支军队成败最重要的内部威胁：秩序、纪律、司法和战利品分配。在这趟行程中所发生的各种事件表明，这套解决冲突的体系的安全性，尤其是责任性以及一贯的达成决策的合议程序，的确阻止了这次远征的崩溃瓦解。路易七世没有施行类似的宣誓条例，即"针对和平与旅程中其他有用的必要之事的法律"，这可能是其军队在小亚细亚濒临解体的一个因素，幸好通过圣殿骑士团实施的军事纪律而得到挽救，根据一位亲历者的观点，这种强制的"精神统一"可以消解人的饥饿和低落的士气。[12]

无论路易七世的法规中包含什么，腓特烈·巴巴罗萨

第十章　健康与安全

于1189年5月28日在多瑙河上的威弗尔特平原*颁布的法规都是正好呼应了达特茅斯的法令。在编年史的描述中，腓特烈与他的权贵们达成一致意见，在整个军队中实行正式的和平条约，适用于所有人，无论是什么阶层的。特别关注的事项似乎包括偷窃、行骗、欺诈、暴力。惩罚非常严酷：人身攻击可以处罚砍断一只手，违反市场规定可以斩首。为了施行这些规则任命了专门的法官，军队中所有人都宣誓遵守这些规则，根据一份记录显示，"在每个帐内"都要宣誓。尽管随之而来的充满着近乎伊甸园式诚实的军队的幻想或许是太过乐观的，但直到腓特烈在奇里乞亚去世为止，德国的这支十字军在凝聚力和成效方面都十分引人注目。施行宣誓效忠的法律得到了远征领袖的支持，可以弥补德国军队内部松散的政治忠诚度，也能提供共同的安全、平等和公平对待的保障，不分阶级和地区出身。[13]

留存下来的第三次十字军东征中的安茹的条款非常详细，其作用也类似，既保护了十字军战士的安全，也为他们的指挥者提供了方便。这些条款与德国和达特茅斯法令有一些共同特点。1188年2月，在北安普敦郡的盖丁顿举行的一次会议上，亨利二世发布了萨拉丁什一税的法令，同时贯彻十字军战士的世俗特权，也规范其行为，禁止奢侈的穿着、宣誓、赌博以及非婚女性，但受人尊敬的（即上年纪的）洗衣妇（她们在巴勒斯坦的战斗中同时还负责除虱的工作）除外。这些法令可以被看作是为十字军东征做的道德准备，同时也是适当地升华了意图的表达，以配合同时展开的宣传活动。为了突出这一点，有一项法令规

---

*　威弗尔特平原（Virfelt plain），靠近今布拉迪斯拉发。

定,在远征中去世的十字军战士留下的钱财将在给军队的全体基金、给贫穷的十字军战士的救济金,以及对去世者自己的追随者的支持之间进行分析。这一条款完全背离了习惯的遗嘱传统,更加强调了参加十字军的战士的特殊的身份和独特的责任。[14]

还有更详细的法令在规范战争中的行为,其中有一些可能只是沿袭了当时的普遍军事传统,例如理查一世在1190年10月突袭墨西拿之前下令,普通逃兵要砍断一只脚,骑士则要被剥夺绶带,即失去骑士身份,而且理查还宣布这就是法律。[15]1190年夏天,安茹的十字军舰队中的法令也是经过神职和俗世权贵们明确同意而颁布的,目的是施行纪律规范。负责维持秩序的是治安官和典礼官,还会任命最高司法官来维持整支舰队的法治,包括"英格兰人、诺曼人、普瓦图人、布列塔尼人",最高司法官的判决高于任何地区的司法惯例。杀人者会被投入大海,或是就地活埋。伤人见血者会被处以砍去手足;打架而未见血者的处罚是投入水中施以拖刑。咒骂会被罚款。[16]

1190年10月在墨西拿,面对一支与原先想象不同的真实军队的行为时,盖丁顿法令在赌博、免除债务、遗产等方面都经过了修改。贵族阶级的习惯得到了承认,骑士和教士被允许赌博,但一天最多只能输20先令,同时也就限制了赢钱的数额;超过这个限额的负债会被罚款,每超过20先令,罚款100先令。值得一提的是,国王和权贵们此时没有任何限制,他们的家仆拥有和教士及骑士一样的许可,这样一来他们的主人就随时可以找人赌一把了。普通士兵和水手非法赌博所受到的惩罚很残酷:海员受拖刑,其余人鞭刑三日。所有的赌博债务和其他在东征期间欠下的债务都需要偿还,不适用十字军战士的一般豁免权。因打赌或赌博而引发的打斗明显会打击士气,尤其是集结在十字军中的这群陌生人可能还存在竞争关系。盖丁顿颁布的针对遗嘱的法令也经过调整,更有利于富有的十字军战士,一般认为他们的恩惠特权在其死亡后仍然会存续下去。现在,十字军战士可以根据他们的意愿自由处置武器、马匹、衣物,以及其他随身物品的一半,另一半则和以往一样留给全体使用。[17] 由此可见鲍德温大主教及其遗嘱执行者的正直,1190 年 11 月他在阿卡去世后,根据他的遗愿,他的钱被分给了服役中的骑士和军士,并用于帮助穷人,这基本上符合盖丁顿的法令。[18] 还有一些其他的限制与贵族们的习惯不同,涉及穿着、赌博及遗产分配方面,但都持续不久;在下一个世纪中,似乎就没有这样的限制来约束十字军战士了。在墨西拿还提出过更多的类似措施,命运也有好有坏。除了延续达特茅斯对于禁止挖走仆人的禁令外,对于另一些可能引发矛盾的问题,解决的方法是尝试规范内部市场中面包、酒和肉的价格、数量和利润。作为支持,还规定了安茹和英格兰货币之间的固定交换汇率。当然,这些法令都无法阻止囤积、谋取暴利、通货膨胀,因为在阿卡城外的军营中,多的是钱,缺的是补给。[19]

安茹的法令也有模式可循。尽管其中大多数规定没有保存下来,但类似的负责维持法治、正义及和平的法令都是十字军东征中普遍必须的要件。1217 年,莱茵兰、弗里西亚及荷兰的舰队又一次被荷兰伯爵召集到达特茅斯,他们也一致通过了"维系和平的法律与新规则"。其中包含取得和分享劫掠财物的程序。[20] 很少有十字军在分配战利品的过程中没有出现过争执或暴力的。其中甚至包含政治高层,例如在第三次十字军东征期间,理查一世、腓力二世和奥地利公爵利奥波德就有过激烈的争吵，1147年，在里斯本的国家与地方军团之间有过对抗和嫉妒，1217年，在塞维利亚王宫中，每个人都贪得无厌，克拉里的罗贝尔记录了一位善使手段的高层指挥官的背叛，并表达了对1204年洗劫君士坦丁堡的前途的担忧，这或许也代表了大多数十字军中普通士兵们感觉被他们指挥官欺骗时的心声。从第一次十字军东征开始，这就是军中常见的抱怨。[21] 施行纪律的法令表明颁布者意识到了联盟军队需要统一的纪律规范，缓解各种社会、娱乐、商业方面的长期摩擦以及犯罪的方式。惩罚的严厉程度取决于事先的共识以及群体意识，这些临时的法律体系的存在正仰赖这两大因素，这样拼凑起来的法律体系才能对鱼龙混杂的十字军军队的特定问题作出理性且有针对性的回应。其成效有时非常明显，例如1147年在里斯本的腓特烈·巴巴罗萨和理查一世的军队中；也有成效不佳的，例如1147—1148年在小亚细亚的法国军队中。杜伊尔的奥多在评论梅茨宣誓通过的法令——"和平之法"时刻薄地总结道："因为他们不遵循这些法令，我也就不记录它们了。"[22]

如果一支军队缺乏相应的身体健康，那这些法规所追求的整个群体的健全就变得毫无意义了。西欧中世纪时期的医疗实践通常被认为是在不同的学术和实践层面上进行的——有受过良好教育的内科医生，也有依靠手艺的外科医生——一般的假定是两者都不够理性，也不够有效。近年的研究对许多这样的假设提出了疑问，作为实践者的理论家观察到，并不是所有的医疗介入都是无用的或有害的。[23] 战争必然会非常需要有效的外科治疗、传染病的处理，以及护理。地中海的十字军东征中不仅有充分的经验证据，而且还能接触到其他的医疗传统。从西方的医疗论文中可以清楚发现，到14世纪时，理论已经在一定程度上将经验纳入其中了。要知道，19世纪以前的大多数非外科医学都是在缓解病痛，而非治愈疾病，因此中世纪内科医生的记录或许并不如人们的成见那般可怕。对于战场上的伤害，他们的处理还是有一定效果的。不过，大多数医疗处理依旧是以镇痛为主，重点是护理而非介入，不过，这两者可能互相交替或者融合在一起。

从一开始，十字军战士们就带上了他们的医生。其中至少有一位是一名俗世女性，即1248—1250年间路易九世的内科医生——埃尔桑德（Hersende），茹安维尔的约翰称她为"大师"（*Magistra*），她可能来自巴黎（*une bourjoise de Paris*），茹安维尔没有承认她的专业身份，只是记录称她在国王被俘虏期间安慰身患痢疾的他。路易前往埃及时带着一群医疗顾问，有内科医生也有外科医生。[24] 他的这种做法早有先例。1097年，布永的戈弗雷因在军队穿越小亚细亚时与一只熊打斗而严重受伤，当时在场的医生对他进行了治疗，医生所能做的当然也只是对看起来很严重的动脉伤进行烧酌治疗。[25] 从法兰克人定居海外领土的最早期开始就有西方医生的足迹，而且之后几乎所有的大型十字军东征中都有，这些医生通常是属于一位大领主，或是特定的地区军团，不过也有些内科医生和外科医生兼理发师可能会像自由的生意人一样跟随前往，希望他们的技能（几乎一定）可以有用武之地。战场上和行军途中的医疗支援并不限于大人物的个人医生。意大利的城市会雇佣医生来跟随他们的军队和海军。在第五次十字军东征中，博洛尼亚雇佣了卢卡的休（Hugh of Lucca）和一位大师罗伯特加入他们城市在达米埃塔的驻军。休一年的酬劳是 600 博洛尼亚里拉；罗伯特的契约规定是第一年 50 拜占庭金币，此后每年 100 金币。这两位显然都是聪明且经过学术培训的内科医生，是当时顶尖的顾问医生。休后来还参与了他的学生西奥多里克·博尔戈尼奥尼（Theodoric Borgognoni）的外科教科书《外科学》(Chirurgia)的编写，其中有针对武器伤的处理建议，这正是休在十字军东征中见到过的伤害类型。[26]

十字军中也有一些公共护理设施。非常典型的是，1189 年，腓特烈·巴巴罗萨的军队中准备了救护车辆（vehicula）"给病员，这样一来，体弱多病者的健康就不会被耽误了，生病的人和穷人也不至于在路上死去"。[27] 在阿卡围城中，来自吕贝克、汉堡和不来梅的十字军战士们用他们乘坐的船只拆下的木材和帆布建造了一座野战医院。这座临时的医疗中心被命名为圣玛丽，几年之后，它就发展成了条顿骑士团，与其榜样圣约翰医院骑士团一样融合了护理与军事的功能。[28] 来自英格兰（可能是伦敦）的十字军战士建造了另一座类似的野战医院，以托马斯·贝克特的名字命名，这很可能是受到了一位教士——圣保罗大教堂的教士威廉的启发。在东征途中，他遭遇了一场风暴，于是立誓，如果能安全抵达圣地，就要建造一座礼拜堂来纪念圣托马斯。（不习惯海上旅行的十字军战士在晕船时感到的害怕是非常严重的，维特里的雅各和茹安维尔的约翰都生动地记录下了自己的痛苦；威廉教士的祈求绝不是风暴引发的唯一一次恳求上天介入的请愿。）在阿卡，威廉帮助埋葬死者，照顾病患，他的礼拜堂很快就变成了一座正式的宗教医疗机构，后来也变得军事化了。[29] 这些一开始是专设的安排，与意大利的城市和世俗领主们更慎重的医疗准备是相当不同的。

十字军通常不会丢下伤者或弱者，因为这么做对士气不利，即便照顾这些伤者或弱者可能会拖慢战斗进程，也容易让照护队伍遭受敌人攻击。就和腓特烈·巴巴罗萨一样，理查一世也会照顾除他身边随行人员以外的伤者和病患，将这看作是身为指挥者的责任的一部分。1191—1192年在巴勒斯坦期间，他显然也在拉姆拉（Ramla）建立了某种形式的医院。在战斗中，他会将伤者安置在自己的"标准间"（Standard）中，这是一种加固过的马车，全副武装，且由一支精锐的军队守卫，车上的一根长杆上插着王室旗帜，方便辨认，旗杆可能是拆下的船桅。[30]这些措施都让人想起圣约翰医院骑士团的角色，他们在耶路撒冷的豪华医院是1187年前到访圣城的所有12世纪访客们都熟悉的。医院骑士团也为海外领地的法兰克人军队运营野战医院。有迹象表明在制度上有鼓励新来的十字军战士成立新的国家护理站的保护政策。[31]更有可能的情况是，人数之多已经超过了当地资源的承载能力。医院骑士团的主要医疗职能是护理，为病人和有需要的人——包括孕妇——提供庇护、住宿、食物和基本卫生设施。不过，他们和十字军的医生都在尝试一些积极的处理手段。

在漫长的十字军远征，比如第一次、第三次和第五次中，骑士的死亡率据估计在25%—35%，原因差不多是伤、病、营养不良，这三种平分秋色。下层阶级因伤患病的整体比例和人数可能都较高。[32]疾病是军营生活中的一个地方流行性问题，有些疾病——例如坏血病——是与饮食有关的；还有一些是与环境卫生条件差有关。茹安维尔对感染的原因非常感兴趣，他详细描述了1250年法国军队在尼罗河三角洲染病的情况，他认为其原因在于他们食用鳝鱼,而鳝鱼是以腐烂的尸体为食,这样就很合理了(实际上他们得的很可能是坏血病)。[33] 医生和护士对饮食格外在意,12 世纪医院骑士团的法规中有详细的禁令和配餐规定,包括建议食用大量水果,少吃豆类和奶酪。也常会有更积极的医疗介入。开颅,其存活率显然是可以接受的;取出箭头的基本手术;如取出断裂的骨骼碎片这种技巧更复杂的手术,不过当然是在认为有能力成功完成的情况下才进行;给撞伤的人放血;固定骨折的位置;用酒或醋清洗伤口,这些在基于医疗实践的轶闻或教科书中都有迹可循。有些以经验为基础的医疗实验是可行的。解剖一只被杀的跳舞表演熊可以帮助判定处理前十字军战士——耶路撒冷的鲍德温一世所受的重伤的最佳治疗方法。这说服了医生不用绷带包扎或覆盖住伤口,伤口感染的脓液就此流了出来。于是鲍德温活了下来。[34] 考古发现表明,中世纪的战士可以克服严重的骨折和其他伤痛;外科医生并不等同于杀手,不过 1199 年,理查一世是在被试图取出一支弩箭时失败而感染坏疽去世的,这让人很难对中世纪的手术能力有非常正面的看法。

十字军的组织者们非常重视医疗和护理。法国国王腓力六世在 14 世纪 30 年代准备一场最终流产的十字军东征的过程中,读到一部专著,其中谈论的是十字军战争中两件表面上不相关,但实际上联系紧密的事情。优秀的医生维杰瓦诺的居伊(Guy of Vigevano)在《致法兰西国王的文集》(*Texaurus Regis Francie*,1335)中给国王提出了诸多建议:如何保持最好的饮食,如何避免中毒,如何保持耳、眼、牙齿健康。此外,居伊还通过详细的图解描绘了一些复杂到令人不可置信的战争机器:预先造好的可移动攻城机器,运送马匹过海的装置,供沙漠中使用的风力车。[35] 十字军东征一直都是发明创造的源泉。居伊将医疗(他当时是法国王后的医生)与军事硬件相结合反映出了一个明显的事实。在十字军中,最有效的预防危害、损伤、疾病或死亡的方法就是食物和饮品,还有武器和军备。

第十一章 补　　给

巴约挂毯是英格兰历史上最著名的误称，因为它是刺绣而不是编织挂毯。其描绘的是 1066 年诺曼公爵威廉成功入侵英格兰的相关重大事件，是以史诗、传奇小说和布道为框架，从对高层政治与战争的叙事中构建起的一段个人传奇。在这个故事中，挂毯还揭示了入侵背后的技术原理。故事中常常穿插着信使、侦察员和间谍。在行动开始前，包括从诺曼底出发后及抵达英格兰后，故事中的威廉都在听取他身边顾问的建议。有大量的篇幅在描绘建造船只的细节，从伐木到木匠铺船板，再到用滑轮车拖着造好的船到岸边下水。在登船前，必要的给养和装备都详细地展示出来。可以看到，士兵和马车运送着盔甲、剑、头盔、矛（盾似乎是由骑兵自己拿），还有酒桶和酒囊。除了贯穿整个挂毯的各个事件之外，还有许多战争的细节：盔甲、剑、矛、长枪、锤矛、斧、弓、箭、马匹及马具，还有尤其重要的食物补给。从法国出发前的最后场景是与补给和运输的后勤保障有关的，而在佩文西（Pevensey）登陆后的最早画面描绘的是入侵者们在觅食、烹饪、烘焙、飨宴，然后才开始建造木质堡垒来保护自己，这清楚地预示着拿破仑那著名的老套名言。[1]

这些看似无聊的细节促成了激烈的戏剧紧张感，推向黑斯廷斯的最终对决。这些细节也能引起其贵族观众的共鸣，这些军事贵族们有俗世信徒也有神职人员。尽管有些地方并不准确，或是有经过艺术设计扭曲的地方，但这些画面的出现正突显了其重要

第十一章 补 给

性。巴约挂毯中的画面让人有机会看见一个世代之后的第一次十字军东征的世界，在这次冒险中，这幅挂毯的英雄主角之一，可能也是这幅挂毯创作的赞助者，即威廉的弟弟巴约主教奥多去世了。奥多被描绘成一位典型的军队传教士，他的这幅画像可能是保存下来最早的关于未来的十字军战士的视觉画像。[2] 这幅挂毯所表现的准备工作、后勤以及军队日常生活并非偶然出现的证据，在十字军战士权证中详细描述的准备和装备内容，以及编年史作者与诗人的叙述中也可以找到对应。无论对于思考战争的实际问题，还是对于理解战争本身，这些都是很重要的。三个世纪之后，在 14 世纪（1352）的那不勒斯绳结骑士团（the Neapolitan chivalric Order of the Knot）的手稿规章中那金光闪闪的插画里，十字军出发时的细节也同样占据着显著的位置。[3] 供应食品、军事装备和马匹再次出现在各种划桨船以及一艘货船旁边。十字军的筹备者们需要找一个理由，需要钱、人，需要信息和组织，以及一个行动计划。他们也需要补给：食物、武器、马匹、船只、堡垒、攻城机器。

组织者们尽量不碰运气，由于远距离东征的需要，收集战争物资的庞大体系都拉长了。在进行每一步之前都会仔细考虑技术细节。虽然并不清楚是否有理论手册可以参考。当时的一些文集，例如《世界的一把小钥匙》(*Mappae Clavicula*) 中，有一些看似相关的关于燃烧装置、火焰箭和防火破城槌的制作方法，不过仔细检验后就会发现这些方法并不科学，很模糊，也不实用。[4] 那些依据更扎实的专著，其实用性也各有差别。[5] 战争的实用面吸引了一些学者的注意，例如帕德博恩的奥立弗专精于古典学科中的数学。12 世纪的工程师、建筑师、木匠大师的身份足以让他们跃升到专业地位，可以收取专业费用。[6] 不过，这些技能还是建立在工匠的实用性上，是源自在行军、围城或战场上的直接需求，而不是在修道院书房里的冥思苦想。安茹伯爵若弗鲁瓦可能查阅过古罗马韦格蒂乌斯的战争手册，他在木工和工程方面都享有盛誉，甚至还设计过一个炸弹，但他只是作为指挥者而不是真正动手的人。英格兰国王亨利一世在1123年诺曼底的蓬托德梅尔（Pont Andemer）围城中对实际操作而非专业技能产生了热情，他鼓励他的木匠团队建造了一座24英尺高的可移动攻城塔。亨利和若弗鲁瓦可能都很聪明，很善于观察，也受过良好的教育，自然会对军事冒险的各个方面都产生兴趣，但这并不意味着他们是专业的技术工程师，同样的例子还有贝阿恩的加斯顿四世，他于1099年在耶路撒冷的一段城墙处领导围城行动，后来也在1118年萨拉戈萨（Zaragoza）围城中担任类似角色，据说当时有一群专家在为他工作。在尼西亚高价出售自己的技能的伦巴第工程师也是一个团队的总监督。[7]

在补给与物资的各个方面都需要即兴、专业、指挥和协作这些联合发挥作用。其中显然需要战略思考。木工与武器制造，再配合海运与海上贸易，是十字军战士们可以与近东的敌对方竞争的为数不多的领域，甚至还可能略胜一筹。木材和铁这些基本原材料理论上是会受到谨慎保护的。1179年的第三次拉特兰公会议认定与穆斯林政权进行这些货品的贸易是非法行为，会被逐出教会，剥夺财产，并被贬为奴隶身份。第四次拉特兰公会议及后续的教皇十字军号召中都延续了这一禁令，并且延伸到了武器制造、航海协助与军事情报方面。与此一脉相承的是，海盗以及与海盗进行贸易的人都会被反复指控为掠夺了通往地中海东岸的关键补给航线。[8]人们对经济战争已经相当了解，虽然基本上还没有能力有效实行，因为不太可能维持海上治安。相比之下，收集粮食和物资依靠的是长期的战争和后勤经验，更多的是以有效的实践为牢固基础的。

食 物

食物和饮品决定了十字军东征的路线，陆上军队需要市场、觅食或是劫掠，船只运送的军队则要参考准备好的补给物资的消耗速度。在这些后勤问题背后，需要了解国内各地农业生产的不同水平，还要有能力加以利用。依靠统计学是行不通的，但一般而言，十字军东征依靠的是不断扩大的欧洲农村生产力，以及因此而壮大的商业。据估计，在11世纪的欧洲，喂养一匹马一年需要九名工人，而两百年后只需要两到三名。[9]从最开始，充足的粮食供应就是最关键的问题。即便是在不充足的情况下，地方收成的时间也还是必然会决定陆上军队的出发时间，第一次、第二次和第三次十字军东征皆是如此。同样的，冬天的军营因为需要新装备和新储备，也就影响了后续的多次十字军东征：1096—1097年的君士坦丁堡、1147—1148年的德国人、1203—1204年的第四次十字军东征，1189—1190年腓特烈·巴巴罗萨攻占色雷斯，1190—1191年理查一世和腓力二世在西西里，1202—1203年佛兰德斯舰队在马赛，1217—1218年荷兰人和莱茵兰人在里斯本和西班牙王宫，弗里西亚人在奇维塔韦基亚（Civitavecchia），1217—1218年在阿卡以及1248—1249年在塞浦路斯集结的军队。因市场准入与公平价格等问题而产生的紧张关系是所有东征的十字军的一大主题，无论是在行进途中,还是在抵达圣地后。

对安全补给链的寻找一直在进行着:1096—1097年、1147—1148年、1189年多瑙河盆地和巴尔干北部的市场,1097—1098年安条克围城期间和结束之后的塞浦路斯或叙利亚北部的富饶地区,1147—1148年小亚细亚的拜占庭市场,1191年被理查一世攻占后的塞浦路斯。因为内陆地区抱有敌意,1189—1191年驻扎在阿卡的或1218—1221年驻扎在达米埃塔的数千人军队就需要从整个地中海东岸,甚至更遥远的地方寻找食物来源,除非当时彼此竞争的军队之间的商业交易比记载中的更普遍。至少关于第三次十字军东征的记载中唯一提到的只有性交易上的友善往来。[10] 有些主食,基本上很难在某些地区找到。路易九世的代理人在他的十字军于1248年抵达前的两年就已经开始在塞浦路斯活动,储存谷物和酒,后来他的弟弟普瓦捷伯爵阿尔方斯也以此为榜样,1269年时在阿普利亚和西西里囤积粮食。路易可能从法国带去了腌肉,理查一世于1190年从英格兰出发时也同样如此。[11] 在战争中,补给的迫切需要会在十字军队伍以外引发危险,甚至常常出现悲惨的劫掠,例如1098年在安条克外,或1220年在达米埃塔。[12] 在任何一支十字军队伍出发前,市场和补给都是外交工作的主轴,尤其是在前三次大型东征行动中,都会与匈牙利人和希腊人进行谈判,还签订了海运条约,如1190年与热那亚,1201年与威尼斯。即便是安排最完备的计划,如果没有基本的后勤保障,也会失败或变形:1147—1148年时德国和法国的远征军在小亚细亚没有找到足够的市场,1202年十字军在威尼斯消耗了本来留给未来行动的补给。[13]

携带食物储备的需要面临的最根本的困难在于其重量及体

积,无论是走陆路还是海路都无法回避。据现代的学者估计,十字军船上一个人一天的食物消耗(应当与陆上步兵的所需量相差不大)是 1.3 公斤,主要是谷物或面粉(重量较轻)制成的面包或饼干,少量奶酪;腌肉,还有干燥豆类。在喝的方面,不活跃的海上军队中,十字军战士的日常饮用量可能在每天 3—4 升之间,但对于没有战斗却依然有普通现行义务的人来说是 8 升。[14] 在地中海,喝的包括一定量的酒,可能每天在 1—2 升(看看巴约挂毯上的酒囊和大酒桶就知道,那不光是留给领袖们的)。有一个著名的例子,挪威人于 1110 年时低估了他们在君士坦丁堡喝的酒的量,结果引发了悲剧。[15] 此外,马匹即便是在陆上圈养,每匹也需要 5 公斤谷物、5 公斤干草和 32 升水,是每人每天饮食量的十倍。[16] 这让组织者面临着双重的难题:物资运送和储备补充。在陆地上,一支军队携带自身补给的能力受限于运粮车的数量以及会对行军速度造成的拖累。在海上,遇到的困难主要是空间需求的矛盾,液体体积大,但又离不开淡水,因为下厨需要,尤其是马匹显然喝不了酒。对于陆地上的十字军来说,解决这个矛盾的方法是经常寻找当地市场来进行补给,或者在敌对地区进行掠夺,在海上,经常需要靠岸补充水源。这种强制战略涉及外交谋略或军事风险,有时两者兼具。这些关于食物和饮品分量的计算大多是依据当时的估算:1190 年的《热那亚协定》;1201 年的《威尼斯协定》;1268 年路易九世与威尼斯人的契约,1318 年马赛人提供的十字军东征建议,马里诺·萨努多对十字军海上封锁的实际要求的详细分析。这些中没有包含非十字军的军需官的计算,但似乎还可以算上 1195 年德意志皇帝亨利六世给他的领薪十字军骑士和军士提供的谷物。[17] 契约中包含了人和马所需的详细和确切的粮食供应量。1201年的《威尼斯协定》详细说明了长达一年时间的粮食供应量,也就是在一年时间内,而未必是持续一整年。契约中明确设定了每个人的量:六塞塔里(sextaria,约合400公斤)面包、面粉、谷物和豆类(可能足够10个月)、半双耳瓶(amphora,约合340升)酒(分摊到10个月,大约每天一升多)。马匹的供应量是三摩狄乌(modia)谷物,约1立方米或约800公斤,这些足够一年,但其中没有列出必要的干草或牧草补充,而这实际上约占一匹马饮食量的3/4。这一省略意味着威尼斯或者在东征路途中有必不可少的采水点,可能有现成的干草或草场。同样,在协定的条款中只写了提供足量的水,但没有写明确数量。[18] 不仅《威尼斯协定》的条款事无巨细,一个多世纪后马里诺·萨努多的记录也同样详细。除了地理、战术、人员配置、运输(甚至包括最适合伐木的季节)、武器制造和薪酬等详尽的细节外,萨努多还特别精确地估算了饼干、酒、肉、奶酪和豆的消耗量:1天、30天、12个月、5¼天(一周工作日?);每人,然后每十人、每百人、每千人、每万人、每十万人。[19]

早先的远征中也同样重视食物供给问题。亚琛的阿尔伯特描绘了隐士彼得在沿多瑙河而下的行军途中携带着食物补给的马车,其经常贪婪地搜寻新的食物供给,还描写了他们在保加利亚遭遇的困难,"因为他们丢失了两千辆货车,上面载着谷物,大麦和肉"。彼得的军队只剩下(7月)刚成熟的玉米穗可以烤来吃,这是彼得的顾问给的建议。彼得的食物供给崩溃,陷入了绝望的抢光吃光的大混乱,这一例子使布永的戈弗雷在几个月后与匈牙利国王商谈签订了详细的贸易协议。[20] 在后来远征的老兵

第十一章 补 给

们的记述中,随处可见十字军口粮的重要性,生死攸关这个俗套的说法终于有一次是表达字面的意思了。这些问题对陆军来说是十分痛苦、漫长而危险的,但又是早有预料的,所以准备阶段的外交谈判才会旷日持久,必须保证市场和公平的贸易条件,例如在1096年、1146—1147年、1188—1189年这几次东征中。杜伊尔的奥多称,他记录1147年法国军队行军途中的大量地形细节,是为了给后继者建议和忠告,注意食物供给保障方面可能遇到的困难。他还描绘了缓慢前行的驮马以及堵在陆上的货车是如何严重阻碍了法国军队的行军进度的。[21] 抢劫食物既是纪律问题,也是组织问题。1189年7月末,德国军队经过保加利亚时,仆役和另一些年轻人被派去收集谷物、蜂蜜和蔬菜,结果他们却开始大肆偷窃。尽管他们和他们的骑士主人遭到了高层指挥的严厉责骂,但他们自发的盗窃行为提醒着我们其中的困难与诱惑,更重要的是,让我们看清了这些庞大事业中自然的人性因素,这是再多虔诚的光芒也无法完全掩盖的。[22]

走海路从某些角度来说让困难变得更可预见,也更可控,尤其是如果船舰是由十字军领导自己配备供给的话。腓力二世与理查一世之间的命运差异就很有启发性。理查的舰队是自己提供粮食供给的,而腓力则要与热那亚人协商补给问题,正如编年史作家里戈尔(Rigord)指出的,这些"不可或缺的食物"只能维持8个月。结果,1190—1191年冬天在墨西拿,为了要从理查大发一笔的西西里横财中分一杯羹,腓力不得不先四处为他的军队下一阶段的行程寻找补给。腓力显然是随意就选择了陆路,也许是他估计陆路花费更低,食物补给也更容易,但结果他却要与匈牙利的国王与王后交涉,请求提供食物补给援助,还要与拜占庭皇帝谈判,请求安全通过,同时希望被允许进入其市场。[23]

理查的处境就相当不同了。从一开始,他的官员就在一定程度上直接掌控着食物供给。他能保证为他的船舰上的骑士、步兵、水手和马匹提供一年的粮食,根据一位亲历者迪韦齐斯的理查(Richard of Devizes)提供的证据,可能有100艘船,每艘载着80个人和40匹马,另有14艘大船,每艘载着160个人和80匹马。[24]从这些数字看,理查要负责1万人和5 000匹马的食物。如果说他的准备工作的规模以及留存下的记录证据引人注目的话,那理查所面临的问题和他的解决方法在本质上其实正反映了十字军战士的一般处境,在这种情况下所需要的就是不易腐坏的食物和其他重要的必需品。至少这一次,证据并不仅仅依赖于对军事准备工作的令人钦佩的编年史描绘。英格兰财政署的财税卷宗中的账目记录了理查十字军舰队的食物补给的征收情况。从埃塞克斯和赫特福德郡送来了140块奶酪,每块约4先令6便士,相当可观,还有300块熏肉;从汉普郡送来了800块熏肉,100块奶酪(比埃塞克斯和赫特福德郡的便宜6便士),20单位豆子,每单位1先令,10 000只带钉子的马蹄铁;从剑桥郡和亨廷顿郡送来了100单位豆子,每单位1先令3便士;从林肯郡送来了300块熏肉,每块1先令5便士;从格洛斯特郡的迪恩森林的铁器工厂送来了50 000只带钉子的马蹄铁,再加上100磅的铁,还有276单位的干豆;从伦敦塔的首都兵工厂送来了弩弓和3 600支弩箭头。[25]

财税卷宗的账目中缺少了一些重要的物资:谷物、酒、马吃的干草、雇佣士兵的盔甲,这些都是通过海上运输的,或是跟随理查从陆路抵达马赛。似乎值得一提的是其中有一些次要必需品

第十一章 补　给

也由国王负责，包括马匹用品，在传统上，这是由领主和指挥者提供的，有时他们甚至会提供替换品。即便是财税卷宗中列出的这 60 000 只马蹄铁，也只够一支活跃的 5 000 人的骑兵队伍用大约 3 个月。[26] 盔甲可能是由每位士兵自己负责的；当然骑士和他们的队伍可能也会提供自己的。清单中有弩手的装备表明他们是受国王雇佣的；在阿卡，国王提出将所有十字军队伍中的弓箭手都招揽来为他服役。[27] 整体上而言，尽管财税卷宗中的证据是有指向性的，并不全面，其代表的只是理查全部食物和装备补给中的一部分，但理查的供给清单还是反映了十字军领导者和被领导者的标准需要。规模大小可能有不同，也会有或多或少的私人商业赞助，与集体领导相比，十字军战士个人的分配也会有所不同。不过，需要和准备的物资基本是差不多的。在事件背后必然有军需官的支持，但他们是十字军叙事中缺失的人物之一。

马

马是西欧军事战术与文化的核心。不必惊讶的是，巴约挂毯上有 2/3 的画幅中有马，而且并不都是战斗场景。军事成功与社会地位都离不开马。尽管大多数十字军战争都是围城战：尼西亚、安条克、耶路撒冷、里斯本、大马士革、阿卡、扎拉、君士坦丁堡、图卢兹、达米埃塔，但这丝毫不会减损马的重要性。提供马匹，并且在马匹损失的情况下提供替换或补偿，这些都是领主赞助骑士的形式之一。[28] 筹划者的一项核心任务是要保证补给不间断。陆上军队需要携带或获取谷物及干草，并固定地提供牧草，这可能就会要求他们改变路线，可能会让队伍分散或是耽误行军进度。因为要重新钉马蹄铁,就需要雇佣一支铁匠队伍,不过他们的专业技能也可以协助建造攻城机器或帮助修补、替换武器。马匹的伤亡以及补充库存的需要都可能会影响远征的进行,例如第一次十字军东征的情况。在战略上,马会限制十字军的计划。在技术和海运工程还不足以通过海上长途运输马匹之前的12世纪上半叶,战马只能走陆路或是非常短的海上航程,例如诺曼军队在1066年渡过英吉利海峡时,还有1061年渡过墨西拿海峡,以及更危险的一次,即在11世纪80年代诺曼人与拜占庭的战争中渡过亚德里亚海时;或者是1087年比萨人进攻马赫迪耶(Mahdia)时。[29] 第一次和第二次十字军东征中的骑兵军团因而都被迫走陆路,只有在跨越亚德里亚海和博斯普鲁斯海峡时才坐渡船。[30] 1147年集结在达特茅斯,并对里斯本发起进攻的北方大联盟舰队的船上并没有带马,船上的骑士应该是想在抵达圣地后得到马匹,这个政策是可行的,因为这时的巴勒斯坦和50年前不同,是会伸出友谊之手的。里斯本围城基本依靠的是步兵。[31] 一位耶路撒冷的居民评论说,新的法兰克人王国在1101年陷入危机,在一定程度上是因为海上来的援军无法随船携带马匹。[32] 这种情况发生了改变。首先是在南方。在1114—1115年的地中海西岸的远征中,用船将马匹运送到了很远的地方。据说,1122年的威尼斯十字军出发时载着15 000名战士和300匹马。[33] 地中海上的十字军远征历史从此彻底改变了。

通过海上来运输马匹会面临重大的挑战。马匹占的空间很大,它们的饲料也是。它们需要固定的淡水、干草或牧草,这就是威尼斯舰队在1122年8月—1123年5月从潟湖驶向黎凡特时进度缓慢且需要经常停靠的原因,在威尼斯人的海上航行记录中还有其他十字军舰队也是如此。每一天,一匹健康饲养的马会产生约 25 公斤排泄物和多达 36 升的尿液。[34] 通过海上成功地运输马匹需要使用经过修改、专门建造的船只,还需要专业的技能。必不可少的铁器的重量也要纳入考虑。一只马蹄铁重 280—425 克;于是理查的 6 万只马蹄铁就重 16—25.5 吨。每只马蹄铁需要一副六枚铁钉,这又要增加 84 克(每只 14 克),于是又增加了 5 吨;财税卷宗上的记录显示要备两副,也就是说铁钉是 10 吨。这样看来,腓特烈·巴巴罗萨打消了走海路的念头也就不太奇怪了,他的军队规模是 1 万—1.2 万人,3 000 名骑士,还有他们的马。[35] 无论迪韦齐斯的理查记录的 1190 年安茹舰队的数字,尤其是马匹的数量是否正确,随之而来的问题都很明显;但同样很明显的是他们成功解决了这些问题。理查携带的马匹可能远少于迪韦齐斯的理查的描述中的 5 000 匹。不过,腓力二世与热那亚订立的契约中详细说明了是 1 300 匹马(不过,还有一个退出条款规定,如果船运中不包含马匹就需要新的运输条件);1201 年的《威尼斯协定》中是 4 500 匹马。路易九世进行他的第一次十字军东征的海运契约中包含了有关马匹运输和成本的精确细节。[36] 到 1248 年时,人们已经普遍认为十字军战士是要和他们的马一起上船的,就和之前 1218 年攻击达米埃塔时,或是 1202—1204 年的十字军东征时一样。

船　运

相对于他们的敌人而言,十字军战士所拥有的为数不多的明显优势之一就是船运和远距离航行的能力。他们对这点有清楚的认识。十字军的航船从出发时就受到祝福；加入十字军的仪式上会为他们能够安全返航而进行祷告。[37] 在 11 和 12 世纪，航海技术让拉丁基督教徒主导着整个地中海的贸易；还夺取了伊比利亚沿岸的港口，入侵了巴利阿里群岛、西西里、巴尔干的亚德里亚海沿岸、突尼斯、塞浦路斯和波罗的海北部及东部沿岸；并且还向黎凡特的新殖民地输送殖民者、游客、原材料和商业。通过航运来运送马匹的能力大大增进了拉丁民族在政治扩张版图的各个前沿的实力。对于不习惯海上生活的人来说，这可能显得不可思议。茹安维尔的约翰的家族世代都参加过十字军，他还记得 1248 年 8 月时看到他的马被装上航船时的景象：

> 船的舱门［指船尾的一扇门］打开，我们要一起带去海外领土的马全都被装到里面，然后门又关上，堵严实，就像填塞一个酒桶一样，因为船在大海上航行时，整扇门都是在水下的。[38]

事实上，这些舱门可能只是船在大海的波涛汹涌中翻滚时偶然被完全盖住的。

路易九世及其追随者们与热那亚和马赛签订的契约中规定了许多细节，这表明筹划者们非常注意造船的精确细节，这样才能造出合适的船只。甚至有传言称（虽然可能经过了篡改），1248 年，圣波尔伯爵不得不远赴因弗内斯（Inverness）以寻找合适的船只。热那亚的契约详细列出了龙骨、甲板、船舷、船头楼、船尾楼和桅杆（船头和船中的两根）的确切尺寸。[39] 可以容纳马匹只是十字军用船类型迅速发展的一个方面：运货船、运送军队的船、登陆船、帆船、帆桨两用船。北欧与地中海之间的样式和建造技术存在不同的地区差异。两者都会使用桨和帆。单桅杆、开放、半甲板的划桨船，例如北欧的"克内里尔"船（*knerrir*）和比较大的"斯内克朱尔"船（*snekkjur*），或是开放的三角帆航行工具，很像是维京时代和巴约挂毯上的那种船，又或是地中海帆船（*naves*），这些都渐渐被热那亚契约中描绘的那种多甲板的帆船，以及改建的大货船所取代。北欧那种船身圆滑的远洋柯克船（*cogs*）出现在12世纪末的十字军东征中，然后在13世纪的地中海成为常见的运输船。双层桨的帆桨两用船的每个桨凳上有两个人（后来也有三个人）提供动力，而后又出现了三层桨的帆桨两用船；早在1189年，克莱芒三世就写道出发的三层桨船上有50名丹麦人和12名弗里西亚人。[40]

尺寸大小也有不同。理查一世至少指挥过一艘六十桨的"蛇"船（*esnecca*），从英格兰驶向叙利亚。[41]筹划者和租船的人会清楚区分不同船的类别，但其各自确切的特点如今已经很难分辨。1190年，迪韦齐斯的理查区分了帆船和容量是其两倍的大帆船（*busses*），他还提到，理查从西西里出发时所率领的大舰队包含156艘帆船、24艘大帆船、39艘帆桨两用船。在马赛，理查雇佣了10艘大帆船和20艘帆桨两用船。[42]他自己的账目中也记录了不同尺寸的船。他的官员在英格兰南部港口搜罗征用了全部船只，其募集的船只价格通常是它们完整价值的2/3，也就是平均每艘50镑。这些船的差异可以从不同的船员人数上来判断，在财税卷宗的记录中有21人至61人不等，跟迪韦齐斯的理查记录的30—60的数字相近。据估计，1202

年从威尼斯出发的舰队中有几艘载着高层指挥官的大帆船,还有150艘运马船和50艘帆桨两用船(来自威尼斯战舰队),每艘船的载客量是600人。还需要船员,可能人数并不比他们负责运送的士兵少太多。[43] 老兵们的记述中会区分各种船只,尽管他们使用的语言通常只是具有文学效果,而不存在技术差异,而且确切的特征也是难以捉摸的:平底载货船、柯克船、快速大帆船(一种划桨船)、有两排或单排桨的帆桨两用船、长船、小艇、划船,或是就用通称的船或帆船。船的选择并不是没有偏好的。在1201年威尼斯的契约中有专门运送马匹的帆桨两用船,这就表明这支舰队的目标不是港口,而是海滩:是埃及,而不是阿卡。[44]

船运契约中对船只的功能有更明确的表述。《威尼斯协定》中写明了"优思尔"船(*uissiers*)是专门用于运送马匹的帆桨两用船,帆船则是用于运送大批军队。这些运马的船也被称作"泰达尔"船(*taridae*),其船尾安装有舱门,用于马匹上下船,它在君士坦丁堡城墙外的战斗中发挥了有效的作用。[45] 13世纪20年代,腓特烈二世计划带50艘这样的船踏上东征,其中每一艘都能载40匹马。[46] 1246年,路易九世从热那亚订购了十二艘"泰达尔"船,每艘能载20匹马。他还在塞浦路斯订购了更多的运马船和登陆船。[47] 这些计划并没有全部如愿。尽管有一位海外领地的领主——雅法伯爵在1249年可能让他的登陆船在达米埃塔成功靠岸了,但大多数法国士兵都是从大船上下来,换坐小船,之后不得不在敌人的炮火下淌水上岸,包括国王;这又是证明计划有局限性的一个经典例子。[48]

每艘运马船上的马匹数量有限制,13世纪中期时常见的范

第十一章 补给

围是在 20—40 匹之间，这就增加了十字军的成本。这也反映出动物受到更好的照料，每匹马都可以在单独的隔间里直立，还有类似托架的结构可以防止它们在海浪或风暴中跌倒。马匹是军事装备中的高价值物品，需要仔细的照顾和保护，无论是在海上还是在陆地上。这种专门的船在市场上是最高端的，是奢侈的军事装备，在契约中的价格很高，例如 1201 年的契约（每艘"优思尔"船大约可以载 30 匹马）和 1246 年的契约。改装过的大型货船，例如柯克船可以载的马匹数量更多：理查一世的大帆船可以载 80 匹马，这是迪韦齐斯的理查的描述；1248 年，福雷伯爵为了去塞浦路斯而向马赛租用的一艘船，除了载客外，还能容纳 60 匹马；1268 年，路易九世在进行第二次十字军东征时，在与马赛的一份契约中，其船的最下层甲板可以载一百匹马。[49] 甲板下的条件可以说是相当简陋且艰苦：从马赛的契约中可以发现人和马是共处一室的。

　　船上的十字军战士的待遇并没有被忽视。船舱空间和舱面的增加让乘客不必暴露在风雨之中。船上的载客量各不相同。1250 年，从马赛起航的"圣卫道"号上，除了船员以外有 453 人。1254 年，在路易九世从阿卡返航时的旗舰船上，载着超过 500 人。13 世纪，马赛规定前往黎凡特的船上载员限额是 500—550 人。有的运输船的容量显然更大，1248 年的一艘热那亚船只的载客量超过 1 000 人。1190 年，理查一世的船上只能载 80—160 人，这是偏少的，而伦敦人雇佣的舰队中的一艘船的载客量也只有 80—100 人。英格兰编年史作者迪塞托的拉尔夫（Ralph of Diceto）与一些十字军战士有密切的联系，他估计 1189 年时来自英格兰、丹麦和佛兰德斯的 37 艘船上的载客量约为3 500人。[50] 有的船可能较小，至少在地中海航段上是这样。相比之下，北欧的大型柯克船和地中海的载客船中有许多（就算不是全部的话）都像理查一世的舰队一样，是从货船改装来的，鼓励着形成大规模的临时社群，接纳他们自己的主保圣人，比如1189—1190年时的伦敦人，或者是像1250年"圣卫道"号上的乘客那样，一起参加诉讼。海上漂浮的公社并不是十字军战士中特有的。据说，1197年秋天闯入塔尔苏斯（Tarsus）的北欧海盗船队就是宣誓联盟的组织。[51]

这样的安排并不会消除社会差异。像维特里的雅各这样的大人物还是可以比普通的矛兵得到更多的船舱空间。第四次十字军东征中，穿越亚德里亚海和爱琴海的大船上的领导者可以生活在宽敞的上层甲板，路易九世在前往地中海东岸时也有类似待遇，而较下层的阶级就只能挤在小船上。[52] 条件很有限，但并不是杂乱无序的。有某种军法管制。生活住宿都有相关规定。至少在13世纪的马赛船只上，每名普通乘客可能要支付25先令，他们可以得到一张羊皮纸票据，上面有自己的名字和编号，还会说明他可以与哪位船员打交道。书记员会抄录每位十字军战士的名字，并记录货物和马匹。这也是一桩生意，十字军战士就是急切而又常常容易被骗的客户。马赛有规定禁止船主与食物供应商做生意，后者必须随船出行，这也许可以有效防止欺诈。贿赂书记员是违法行为，这种行为可能是希望得到优待，或是得到更好的舱位。这种焦虑并不新鲜。1190年的热那亚契约中就包含了一项公平交易条款。[53] 十字军战士做生意的能力并不比和他们一同出海的企业家们差。

远距离的海运几乎是被拉丁基督教徒所垄断的，其直接原因就是整个欧洲的木工技术十分精湛。基督的职业就是木匠,因而木工这个行业享有一定的社会声誉,其中知名的木匠是有重要的社会和经济地位的。中世纪文化基本离不开木材:居所、停留处、展览、建筑、燃料、储藏、轮子、梯子、车、船、桥、桶、捕鱼业、家庭器皿、马鞍、箭、弩弓、矛柄。木料技术的灵活性与木工的技法相结合,在十字军东征中获得了极强的认可。船只经常扮演重要的角色,能适应各种用途。1204年对君士坦丁堡城墙的进攻获得了胜利,1218年夺取了达米埃塔的连锁塔,都得益于将运输船改造成漂浮在海上的攻城机器,这种方法从里斯本围城时就很常见。[54] 沙蒂永的雷纳德在1183年突袭红海时所使用的船只就是拆解后运过沙漠,再重新组装的。[55] 更常见的情况是将十字军船只的木料回收做其他用途。1192年,理查一世在巴勒斯坦南部海岸用破碎货船的木料建造了新的军队运输船。[56] 制作攻城机器需要现成的厚木板以及横梁,如果十字军没有携带现成的材料,就会拆解船只的木料。1099年,刚到达耶路撒冷的西方舰队的船只木料可能被用来建造攻城塔了;当然,绳子、锤子、钉子、斧子、锄子、手斧也可以从热那亚的船只上获得。[57] 近东相对缺乏干燥的木料,这是拆解船只再利用的原因之一,尤其是大型的投石机需要长横梁,因此船上的桅杆非常有用。

在黎凡特的十字军战争中,还有一个航海中的简单因素也在鼓励人们重新利用船上的木料。从1098年开始,就有来自北欧的舰队协助地中海东岸的远征,其中有些是从斯堪的纳维亚、德国北部和不列颠群岛远道而来的。但这些船都没有回去。大西洋从直布罗陀海峡一条长约45英里的通道流入地中海,海面有很强的从西到东的洋流，速度约为 6 节＊，因此小船几乎不可能成功逆流而返。海上的盛行风也是由西向东吹的。唯有沿着海岸航行才有可能从东向西行驶，但在 12 和 13 世纪，所有的南部海岸和大多数北部海岸都在敌对方手中。最终，增加额外的帆，并加固船侧，才能让小船克服这些障碍。但记录中第一次从地中海穿越海峡抵达北方水域的船要到 1277 年才出现。[58] 因此，走海路而来的北方十字军战士必须要找一条不同的返程路线，通常是到意大利和法国南部的港口，再走陆路。对十字军领导者来说，这增加了他们进行安排的复杂性。直布罗陀海峡的洋流，再加上举步维艰的外交谈判，迫使理查一世不得不冒险从巴勒斯坦经由奥地利返程，并且直接导致他被利奥波德公爵俘虏，囚禁在德国以索取赎金。

还有些没那么引人注意的因素，从北方来的许多柯克船和其他船只最终会成为冗余，而且船身和木料会自然腐坏，回程的人数也会因为伤亡而减少，这些因素都更加鼓励对这些材料进行再利用。几乎可以肯定，理查一世的"标准间"的旗杆就是船桅做的。理查和腓力二世抵达阿卡后建造起来的大型投石机器和其他攻城机器所用的木料和零件不太可能还有其他的出处，而且十字军战士自己就有带攻城机器过来。1190 年，从吕贝克、不来梅和汉堡来的十字军战士在阿卡城外建造的野战医院就是用了他们船上的木料和帆布，这些材料在他们的军营和其他类似的十字军军营中都很常见。[59] 同时期的英格兰人在阿卡的军营中建造的医疗院可能也是用同样的材料。因此，船只不只是一种运输工具。

＊ 节（knot），速度单位，1 节等同于每小时 1 海里，也就是每小时行驶约 1.85 千米。

船只可以储存重要的军事和生活原材料，可以提供多余的部件，甚至本身也可以作为攻城机器，对任何一支十字军来说都可以提供多种多样且源源不断的资源，不仅是在海上，也是在陆地上。

攻城机器

十字军的组织者们不太可能计划拆解他们的船只，尤其是在地中海雇佣的那些。不过他们确实为围城战做过准备。主要的围城装备包括爬墙的工具，通常是装有轮子或滚筒的木塔，还有梯子；破坏墙壁过程中需要头顶及侧面的保护；砸墙的有巨型投石机器，例如射石机或抛石机，或者用柱子撞破城门。1097—1098年在安条克使用了另一个选项，1190年在墨西拿以及1191年在阿卡也在一定程度上使用过，就是用扶垛（counter-forts）来防止敌人进入或退出。第一次十字军东征中最早的围城战是在尼西亚，当时需要就地建造攻城机器，其材料应该就是由拜占庭提供的。领导者们谨慎地储备机器和原材料，亚琛的阿尔伯特谈到过，王公们会在围城期间储存大堆木材，包括橡木横梁。[60] 在安条克使用扶垛和诡计等战略意味着十字军战士们出征时并没有随身带着这些原材料。在南向的军队中出现攻城机器，可能表示意大利和北欧的支援军队刚好同时到达了。每一支十字军中都有可能具有专业能力的工程师，其中一些担任多重角色，比如第一次十字军东征中的贝阿恩的加斯顿四世，或是朗格多克十字军远征中的巴黎副主教威廉（他也是一名负责招募的布道者）。[61] 在第三次十字军东征中，至少有一次，十字军战士招募了被俘的敌军围城专家。[62]

尽管为了满足当时的需要，大多数攻城机器一直都是就地建造的，但到第三次十字军东征时，指挥者们也会从西方运来攻城武器和建筑材料。1190年，香槟伯爵亨利抵达阿卡时带着法国的攻城机器，其中可能包括投石机。[63] 一年后，理查一世安排让他舰队中的船只运送专门用于制造攻城机器的材料，可能还一同运送了事先制造好的射石机，但应该是分解开运送的。出现了必要的技术。一年后，在围攻巴勒斯坦南部的达鲁姆（Darum）时，他将投石机分批从海上进行运输。[64] 拥有大型投石机器是地位和英勇的象征，阿卡的每一位主要领导者都有他们自己的投石机，有一位甚至还是用十字军的共同基金建造的。据称，抛石机甚至能够将马匹抛出去，能够将重90—135公斤的巨石猛力投向275米开外。在这些机器的力量和效果发展的过程中，似乎也伴随着一些并不总是很友好的竞争意识。它们也有一些名字："坏邻居"（*Malvoisine*）、上帝的投石机，等等。其中有多少是事先就造好的不得而知；可能只有一些，可能有很多。根据维尔阿杜安的杰弗里的回忆，1202年，从威尼斯出发前往扎拉的十字军舰队的船上"载着三百架抛射石头的机器［即各种类型和尺寸的投石机］和射石机"。[65]

或许在预料之内的是，在技术和计划方面同时有杰出表现的例子就是理查一世。1090—1091年冬天，他在墨西拿城外建造了一座木质城堡，既作为一个安全的大本营，也用来威吓当地人。（它有一个微妙的名字——Mattegriffon，意思是"杀死当地人"。）他将这座城堡拆开，分组打包，一同运往巴勒斯坦，然后在阿卡的城墙外再重新组装起来。这一技术可能并不是新出现的。12世纪中期的诺曼历史传奇小说作家韦斯（Wace）称，1066年时"征服者"威廉就将事先造好的堡垒一同带到了英格兰。理查的城堡不是只有虚张声势的外表。这座城堡既是攻城的要塞和安全的基地,也比常见的帐篷圆阵高级了许多。[66] 在传奇小说和虚构故事中,理查一直被描绘成是具有骑士精神的十字军战士和领导者的代表人物。在计划、谋略、后勤、管理和执行这些与魅力毫无关联,但却对十字军战争的运行至关重要的方面,这样的形象也经得起考验。

第十二章 战 略

　　十字军东征，既为十字军战士，也为他们的对手，打开了通向更广大世界的窗户。在西欧文化中的经济、社会、学术与意识形态等多方面发展的推动下，十字军战士们被贸易所吸引，同时也是为了争夺对自然资源和政治空间的控制权，而跨越了基督教国家原先的界限。这些力量不是由十字军战士创造出来的。第一次十字军东征有一个惊人的特点，就是军队在东征途中遇到的西方人的数量，其中有一些，比如拜占庭的诺曼移民，还是关系很亲近的。有一个故事讲述了一支在地中海上横行了八年的佛兰德斯和弗里西亚的海盗船队，1097 年 9 月它在塔尔苏斯偶遇了布洛涅的鲍德温。无论真假，这个故事至少是可信的。就连最臭名昭著的诺曼杀手于格·布内尔（Hugh Bunel）也试图到遥远的耶路撒冷寻找避难所，结果 1099 年 6 月他在那里遇到了诺曼公爵和一支诺曼军队，双方都惊讶不已。[1] 意大利港口与黎凡特的仓库和贸易路线之间从以前到现在的联手提供了额外的动力与重要的支援。远距离的圣地朝圣越来越多，人们了解得越来越多，具体的目标也越来越明确，比如隐士彼得的创建传奇，这位朝圣归来的"首创者"（primus auctor）一心要复仇。[2] 第一次十字军东征前往君士坦丁堡时所选择的路线表明他们对地理十分了解，甚至是在还没有找拜占庭的向导带路之前。从多瑙河到巴尔干北部的道路，再从巴里到都拉佐的渡口，以及埃格纳提亚大道（the Via Egnatia）都是朝圣者、商人和诺曼—意大利战士们所熟悉的路线。普罗旺斯军队穿过意大利北部,沿着达尔马提亚沿岸一路向下,不管是否与希腊皇帝有过协商,这条迂回曲折的路线都不是因为他们迷路了。[3]虽然多瑙河的路线会因为是沿着查理曼的足迹而染上荣耀的光彩,但这也还是符合实践知识的。[4]从一开始,十字军就知道他们要去哪里,要如何去。

知道去哪里

精确和实用的地理知识在11、12和13世纪时的竞争对手是对世界理论性、想象性和充满奇幻的描绘,是用地图表达故事、概念、精神愿望的虚拟地理,那指引的是通往天堂的路,而不是这大地上的方向。大多数经验知识都是地方性的,是局部性的,来自旅行者的记录是从商贸社群那继承而来的观察,或是源自宗教场所网络之间的互访。11和12世纪时欧洲内部的开放增加了人们移动的机会,促进了信息交流和对遥远地方的知识的分享。相比之下,虚拟地理的依据则是圣经与传统的权威。沙特尔的富尔彻在12世纪初描写他的新故乡巴勒斯坦的动物志时,借用了罗马作家索利努斯(Solinus)的《要事集》(*Collection of Memorable Things*),而后者又基本是以老普林尼的《自然史》为基础的。他在其中加入了一些对传奇生物的描述,例如摩羯、巴西利斯克(蛇尾鸡)、龙、奇美拉(喷火怪物)。而富尔彻对他在1100年的死海之行的见闻进行了细致入微的描述,包括亲自品尝死海的咸水,并推测其盐含量高的自然原因。[5]客观的个人观察与广为接受的人工智慧,是朝圣者的记述和老兵们的编年史里所包含的旅行见闻的特征。缺乏理性的印象叠加上了保存下来的地图描绘,尤其是所谓的"世界地图"(*mappae mundi*),这种地图反映的是圣经和寓言中的虚拟地理以及记忆中古典知识的碎片。

不过，缺乏理性的中世纪幻想，再加上对世界形态的无知，由此产生出来的形象是会造成误导的。对有些基本特征的理解是没有问题的。大家都知道世界是球体，描绘也是如此。博学的人还知道埃拉托斯特尼（Erastosthenes）计算的地球周长，也就是大约 25 000 英里。圣奥尔本斯的修道士马修·帕里斯（卒于 1259 年）知道有一个地方的太阳每年会两次直射头顶，那就是赤道。[6] 尽管在 13 和 14 世纪时对中亚和远东的现实了解只能通过与蒙古帝国和中国的外交、商贸和传教等接触，但将已知世界划分成欧洲、亚洲和非洲三个大陆却已经是一种标准做法，这种线性划分也许很形式化，但大体上是精确的。无论如何，大多数精英对自然世界的地理的描绘，其目的都不是为旅行提供建议。而是为了娱乐、教化、解释、启蒙、教导和引领心智、精神或想象，而非身体。其读者与听众能理解这点。否则这些作品就是毫无意义的，是冗余的。包含十字军的老兵在内，有些人想要描绘真实的旅程，他们选择用平实的文字，而不是图画来描述确切的线性路程，这种书面的形式相当于现代机动车内安装的卫星导航装置。随着地图制图在 13 世纪的发展，地图也能表达各种目标对象。尽管当时的大多数地图对于精确描绘自然世界图像这个目的而言都是没什么用处的，但还是有很多在图形方面很有指示性，就像伦敦的地铁图也是指示性大过精确性的。尽管宗教、理论和想象可能都为看待自然世界的方式设置了限制，但旅行者们还是对他们遇到的自然特征、风景和地点表现出警惕而又敏锐的洞察力。于是，对地理的感知一分为二，想象与观察互相补

第十二章　战　略

充，又不彼此矛盾，只为探寻一种有序世界的形象。十字军的筹划者们拥有资源，可以沿途将他们走过的路制成图表。

适合十字军行军的路线信息有三种形式：口头、文字、视觉。虽然和现代旅行非常不同的是，第三种可能是最不重要的，但这三种结合在一起能够提供关于路线、地点、距离、地形和风向等方面的有用信息，而不仅仅是抽象图形。第一次十字军东征中有商人和以前的朝圣者，后续的各次远征中也都有十字军老兵，比如康拉德三世或腓特烈·巴巴罗萨，他们都能提供大量现成的相关知识和经验。有些十字军战士在家书中传递了有用的信息，这与在老兵们的编年史中能找到的非常相似。1190年，巴佐什的居伊在给他侄子的信中就有详细的描绘，先谈到了他去往马赛的旅程，然后再从那里去往叙利亚（花了他35天时间，途经西西里、克里特和塞浦路斯），其叙述中充满了当地色彩，有趣闻也有历史背景，例如西西里的可怕历史就是一段自古典时代以来的暴政与叛乱的历史。居伊的写作也许是为了他的后代或亲戚。作为一本"关于世界各地区"的书的作者，他显然对地理有特别的兴趣。[7] 他不是唯一一个。12世纪末，一本比萨的海事手册《论海岸的存在与我们这片地中海的形成》（*On the existence of the coasts and form of our Mediterranean sea*）的作者查阅过航海地图，也咨询过水手，这样才准确地描绘出风向、港口以及港口间的距离，他的计算与当时其他拉丁和阿拉伯作家的估算惊人得相近。这本书有实用的目的，也有合理的方法，合理（*rationabiliter*）是其中的关键词。而且，这本书还呼应了一个自诩拥有遍布地中海和北非的永久贸易站的商业社会。[8] 在英诺森三世、格列高利十世、尼古拉四世这些十字军筹划者的紧急号召

325

中,能明显感觉到对这种精确信息的需求,在所有准备阶段的外交工作中也能感受到。直接来自东方的建议和信息在十字军的筹划中是很普遍的。教皇的十字军号召中充满了圣地发生的惊悚故事,通常都会带有一些细节。尽管只有一封信保存下来,也就是 1240 年从阿卡寄给香槟伯爵的,信中为一名即将出发的十字军战士提供了一条特别的路线建议(伯爵拒绝了这个建议),不过这不太可能是唯一一封这样的信。[9]

到 13 世纪末及 14 世纪初时,守卫或重新攻占圣地的计划变得十分紧迫,有大量关于路线和战略的详细建议留存下来,其中有些有用,有些没用,但大多数都隐藏着宗教、传教、政治或商业动机。作者包括阿拉贡、塞浦路斯和西西里的国王们,医院骑士团和圣殿骑士团成员,方济各会修士和多明我会修士,专业的辩论者,商人,主教,朝圣者,政治家,航海集团成员,还有一位亚美尼亚王子。信息来源包含地中海东岸的直接经历、敌后情报消息、被俘者的观察、一厢情愿的想法、私心,以及偏见。[10] 蒙古人入侵西亚的谣言最早是在第五次十字军东征期间开始出现的,随后他们在 13 世纪 40 年代入侵东欧,13 世纪 50 年代又入侵伊拉克和叙利亚,这打开了西方的眼睛,让他们看见了一幅更广大的全球画景。基本的地理信息虽然在涵盖范围及实用性方面差异巨大,但在大多数关于如何对近东的穆斯林统治者发起最有效进攻的建议中都是重要的依据。不过,在此之前很久,人们早就认识到这个更广大的世界了,两个世纪的十字军东征的经历只是在加强这种了解。

从最早的东征开始,参加者的文字记述中就使用了地理信息。行程图和地形志给读者或听众提供的不仅仅是一段易懂的叙

第十二章 战 略

事概要。将行动设置在生动且可识别的三维场景中,有助于增强可信度。亚琛的阿尔伯特在将第一次十字军东征中老兵们的故事编织在一起时用的就是这样的技巧。拥有强大的学术背景的沙特尔的富尔彻提供了确切的行程图,包括穿越亚德里亚海的时间、在去君士坦丁堡的沿途露营的时长,他还详细列出了从塞萨洛尼卡(Thessalonica)到帝国首都之间经过的地方。富尔彻在讲述他后续与布洛涅的鲍德温一同穿越安纳托利亚前往埃德萨的旅程时,也同样如此仔细地将注意力放在了地点、日期和时间方面。[11] 将旅行者的导引指南融入十字军历史中的这种做法就这样在传统之中牢牢地确立下来。杜伊尔的奥多希望给后来人留下一些信息指引,于是列出了从梅斯到勃兰尼茨(Branitz)之间的各个城镇,以及各城镇间需要的行程时间,并简述了穿越安纳托利亚到叙利亚的安条克的三条不同路线的各自优缺点。[12] 里斯本围城的主要记述的作者没有如此明显的提供建议的意图,但也同样一丝不苟地描绘了十字军舰队的全部进程:从达特茅斯出发,穿越风暴盛行的比斯开湾,沿着海岸南下,经大西洋来到波尔图,接着抵达里斯本。[13] 类似的海上行程图中通常都会带有一些关于地形和当地传说的题外话,在后来十字军老兵的报告中经常出现:1189年,攻打锡尔维什(Silves)的不来梅舰队的记述;1190年,豪登的罗杰绕过西班牙到马赛和墨西拿的行程的详细描述,包括与腓力二世在回程时从提尔和贝鲁特经由希腊群岛到达意大利;1217年,莱茵兰舰队的叙述。[14]

其中的一部分可能是根据书面的海事手册或海员的经历而写成的。据我们所知,大约在12世纪中期,游历丰富的热那亚贵族卡法罗可能根据回忆详细描绘了从安条克到雅法和阿斯卡隆的

327

黎凡特海岸线，还记录了确切且基本精确的距离信息。有趣的是，卡法罗的计算与比萨的《论海岸的存在与我们这片地中海的形成》中的数字十分接近，而后者又与北非和西西里地理学者伊德里西（al-Idrisi，卒于1165年）和安达卢斯旅行家伊本·朱巴伊尔（Ibn Jubayr）的非常相近，后者在1183—1185年前往麦加朝圣。[15] 豪登的罗杰不仅记录了他往返巴勒斯坦途中经过的地点，还提到了盛行风，并且对地中海的海上航道进行了概要综述：罗德岛在阿卡与布林迪西之间的1 600英里距离的1/3处，从马赛到西西里与从西西里到阿卡之间的距离都差不多是1 600英里，撒丁岛和克里特岛分别在两段路程的中间。这种对称表述从地图的图解上就能看出来。[16]

有人指出，豪登除了这些包含十字军行程的编年史外，在第三次十字军东征的回程途中还亲自编写了一部海上地理指南《海上旅程》（*De viis maris*）。这本指南写于1191—1193年之间，详细记录了从英格兰东部海岸渡过大西洋到地中海的航程细节，甚至还包含去往印度的行程，后者显然是参考了西西里的海军上将马格莱特（Margaret）的作品，用经验来丰富想象。豪登可能还根据塞尔维亚的依西多禄的百科全书编写了一本研究世界地图的专论，还有一本《船员之书》（*Liber nautarum*）。后一本违背了其学术出处，务实地提出任何一艘船的团队都需要雇用非常熟悉海上航路的指挥者。[17] 无论这些短文是否是豪登的罗杰所作，无论其灵感或来源是什么，无论这是个人观察、航海手册、地理专著还是所谓的"水手常识"，这些各异的文本都证明了筹划十字军东征的人们对于海岸和海洋的地理知识有多么详细的了解。可能具有重要意义的是，在12世纪末，比萨的地中海手册是在温彻斯特抄写的,那里是第三次十字军筹备工作的中心。[18]

到13世纪时,地中海东岸向西欧的定居者、十字军战士、商人和朝圣者开放,于是产生了越来越多关于到访或被占领的土地的各种详细记述。有些是毫无新鲜感的公式化朝圣手册,只是为了激发灵魂之旅。还有一些则会提供地形、社会、民族、文化,甚至是政治的细节。这类地理类的作品让视觉呈现发生了剧烈的变化。少数保存下来的12世纪末的地中海东岸地图都是沿袭自偏重想象的"世界地图"(*mappae mundi*),或者是高度概略的,精确度很低且有用的细节也很少,有时只能分辨出一些粗略的地理轮廓。这些都不是实用的地图,图上描绘的是圣经段落或历史。随着绘制世界的技术变得越来越精进,超越了这种描绘圣经中信息的愿望,可以满足贸易、旅行的需要,以及游客们的好奇心。视觉依旧是融入在文字中的一部分。圣地地图或世界地图——比如马修·帕里斯的那些——都配有文本。帕里斯还制作了一份详细的配插图的行程图,描绘了从伦敦到阿普利亚的朝圣路线,可以作为常见的书面行程图的视觉辅助。[19] 地图越来越常成为文本的辅助,反过来也是。其中最有影响力的可能是多明我会的修道士锡安山的伯查德(Burchard of Moun Sion)在1274—1285年间对圣地的详细描绘。伯查德的著作中有大量的地理信息,至少有一版中配有一幅地图,他将这送给了他在马格德堡的一位朋友:"为了更好地描绘一切,我随信寄给你一页羊皮纸,纸上将一切都用视觉呈现出来了。"[20] 伯查德非常有名的《圣地介绍》(*Descriptio*)为整个地图绘制的传统提供了灵感和基础,而这个传统似乎就是从这位作家本人开始的。

与这些辅助朝圣与宗教信仰的工具同时发展起来的还有海事

地图。主要的形式是"波特兰"海图（'portolan' charts），上面会描画海岸线、港口、海港，并标注彼此之间的距离，并且会从地图上的许多不同的固定点画出表示方向的格子线。虽然这类海图可能从 12 世纪就已经开始出现，但保留下来的最早的样本只能追溯到一个世纪之后的 14 世纪伊始，该图源自意大利沿海城市的商业世界。有些最早的海图是由一位在威尼斯工作的热那亚制图学者彼得罗·维斯孔特（Pietro Vesconte）在 1310 年到 14 世纪 30 年代早期所制作的。这些波特兰海图是根据区域地图和水手们的经历而绘制的实用工具，因为中世纪的海上航行倾向于沿着海岸线跳岛前行，以便保持淡水和其他补给的供应。这些海图并不一定是根据罗盘的方位绘制的，尽管西欧的水手和知识分子至少从 12 世纪晚期就已经知道罗盘，但似乎只有在太阳、月亮和星星都看不见的时候，他们才会使用。[21]

有了波特兰海图就能直接证明十字军筹划者们会使用地图了。在早期阶段确实可以这样认为。一般认为最早从第一次十字军东征开始，"世界地图"就在为十字军指挥者们提供最基本的地理知识了。[22] 随着书写和记录的文化的扩展，人们想到用视觉作为听觉的补充，于是开始出现了查阅地图的习惯，同时也会听取口头的专家意见和利用口述书面文本。第三次十字军东征时期保存下来的地图和相关书面地理著作的数量越来越多也许可以证明这个观点。不过有记录的最早的十字军领导者查阅地图的例子是在 1270 年，在描述中，在从艾格莫尔特去往撒丁岛的航程中遭遇风暴时，热那亚的海军指挥官向路易九世展示了一幅海图，不过这幅图被误导性地称作"世界地图"。这幅图上有关于卡利亚里（Cagliari）当地与港口的详细信息，几乎可以肯定是一张波特兰海图。路易极端虔诚的信仰让他对效率抱有强烈的渴望。[23] 一个世代之后,马里诺·萨努多努力的宣传工作展现出地理文化可以为一般的十字军筹划者提供帮助。他用地图来充实自己百科全书式的书面建议,这也表明这种媒介的性质有很强的适应性,既有预言性,也有实用性。

还有其他的十字军辩论家,比如 13 世纪末的帕多瓦的费登齐奥(Fidenzio of Padua)和莱万托的加奥瓦诺(Galvano of Levanto),为了证明其十字军提案,他们拿出了地中海东岸和圣地的地图,不过主要是作为装饰图案,而不是实用的地理信息。萨努多的目的有所不同。这位作家在 1291 年以前有过在威尼斯从商和身处海外领地的经历,所以萨努多将地图和海图视为武器,在行文中不断引用来加以解释,补充信息,提供图示。[24] 他向维斯孔特和其他人委托制作了一整套地图和海图。这些图在萨努多与法国和意大利的十字军筹划者们近距离接触的 20 多年间,一直都是他用来向他们展开说服和解释的一部分。1321 年,在阿维尼翁,萨努多将两份详尽的《十字军信徒的秘密》(*Secreta Fidelium Crucis*,以下简称《秘密》)呈交给教皇约翰二十二世,同时还附上了一部地图集,其中包含一幅世界地图、一些地中海东岸和亚洲的地图,以及巴勒斯坦地图、阿卡和耶路撒冷的街图,还有五幅地中海和黑海的波特兰海图。有一些还在《秘密》的文本中引用过。巴勒斯坦的地图上有网格打草稿,是根据比例尺绘制的,精确地展现了《秘密》中的相关段落描述。[25] 接下来,萨努多就拿着他的这本书和地图在法国和意大利计划重启圣地十字军东征的大人物中间奔走游说。有一些接受了他的劝说。1323 年,萨努多在巴黎"匆忙赶去克莱芒伯爵路易的住所,给他地图

331

和一切与这些事物相关的其他物品"。被任命为法国十字军计划负责人的伯爵路易已经拥有了一部《秘密》；他还在 1322 年自己买了一张海外的地图，花了 30 苏。十年之后，1332 年，萨努多也同样向腓力六世强调他的这些地图的实用性。[26]

但就像萨努多的其他事业一样，其中并非全部都是枯燥的实用信息。波特兰海图可能代表了最新的海图制作技术，但地图中表现的却是相对静态的、对世界更理想化的幻想。萨努多的这幅巴勒斯坦的网格地图是根据伯查德的《圣地介绍》绘制的，也参考了由他的说教游记衍生而绘制的大量地图，融合了圣经的历史与当下的实际领土情况。阿卡的地图回顾了 1291 年尚未被破坏毁灭前的样貌。耶路撒冷的地图绘制了这座城市的防御设施和水源，也标注了圣周、基督受难、上十字架和复活的地点。[27] 在这座 14 世纪已经荒废的犹太城市与神圣之地的纯洁形象的强烈对照之下，展现出的是十字军的灵感、矛盾与最终的徒劳无功。

有宏大的战略吗？

"这是一件伟大的事。强大的军队在很久以前就一次又一次去往那里。让我来告诉你这是什么样子；这就像是一只小狗在朝大狗吠叫，大狗完全不理它。"[28] 瓦勒里的埃拉尔（Erard de Valéry）就是这样总结两个世纪以来的圣地十字军东征的。作为路易九世的十字军和海外领地驻军团的老兵，他在 1274 年教皇格列高利十世召集的第二次里昂总会议上发表了讲话，该会议是为了考虑未来的十字军战略的。教皇已经收到了大量的书面陈述，这些材料提供了一系列相当令人沮丧的证据和意见。一种不均衡的正统观念正在形成。不应当再采用单一的大规模军事和海

第十二章 战　略

上进攻，应当利用基督教徒在海上实力的优势，来对埃及发动经济封锁，紧接着再由专业军队发起初步进攻，保护滩头阵地，随后才让十字军大举进入。在一贯的信仰复兴的修辞背后，里昂会议上的讨论氛围是与埃拉尔冷静的现实主义一致的。提交的证据以及会议的决议就算不能说完全是失败主义的，但也面临着任何要逆转巴勒斯坦弃城撤退和损失的潮流所遇到的无法避免的严峻挑战。里昂会议的视野从大西洋延伸到了中亚，这并不像某种虚构的"世界地图"，而更像是一幅展现所有问题的波特兰问题图。为了寻找到合适的答案，教皇和会议不得不从最广阔的背景上来考虑这场"圣战"：在基督教王国内推销十字军；国际经济与后勤保障；随着蒙古人挺进地中海和埃及的马穆鲁克帝国的巩固，近东出现了全新的政治环境；甚至还包括全球宗教冲突，例如伊斯兰教中爆裂的白日梦。最终，里昂会议传出来的大都像是空洞的蒸汽一样。

不过里昂会议也表明，十字军的筹划者们对他们周围的世界，以及他们的计划可能在国际上造成的影响，并非全然无知。会议也暴露出将精神目标转变成尘世事实的过程中所存在的根本问题。十字军东征的物质目标与政治目标有多大的局限性？战略目标应该比较远大还是比较近利？有些目标是由当下的地方情势决定的：攻占伊比利亚，德国吞并普鲁士和波罗的海东岸，镇压朗格多克和基督教国家其他地方的当地异教徒，争夺意大利或德国的权力，守卫东欧以对抗蒙古人和后来的奥斯曼人的入侵，维护希腊或爱琴海的西欧前哨站。尽管这可能也适用于在海外建立的领地，但巴勒斯坦的战争本质有所不同。耶路撒冷在物质方面是没有利益好处的。西欧的士兵和定居者争夺叙利亚和巴勒斯坦的权力和土地是没有明显或可信服的经济或政治原因的。宗教动机的偏离与物质动力的缺失会给他们持续的占领造成致命的危害吗?十字军的领导者们意识到他们的战略视野很狭隘吗?前往圣地的十字军有任何可靠的世俗战略吗?一项远大的战略应当包含以武力驱逐伊斯兰教徒或是让他们改信。相对缺乏野心的方案也应当着眼于比较平凡但一直都很紧迫的计划:重塑近东的政治地理。前者基本只能停留在宣传、理论和传奇文学之中;后者就交给安坐在扶椅上的将领、会议的讨论室,还有战场。

乌尔班二世和克莱芒会议都将援助东方教会和解放耶路撒冷混为一谈,这究竟是一项微妙的双边政策,还是不过是方便易用的混乱说辞,如今可能已无法分辨。乌尔班二世与近东的穆斯林观察者们有一个共通点,他们都理解基督教统治者进军西班牙和西西里的重要意义。他会从神意角度和实用角度来看待这一切,这既有机会恢复罗马晚期的基督教国家边界,又能复兴信仰。他和他的前几任教皇都协力支持对抗安达卢斯和西西里的伊斯兰教的战争。[29] 不过他的宣传还是聚焦在耶路撒冷,这可能也就排除了更大的消灭伊斯兰教的构想。后来有人回忆道,乌尔班和克莱芒会议的一项政策是摈除非基督教的宗教仪式,但只是在已占领的地区。[30] 第一次十字军东征及此后的移民定居所面临的一大现实就是目标被限制了。十字军东征是一场信仰的战争,但却未必是一场不同信仰间的毫无限制的战争。尽管如此,有些观察者还是难免会推演出更宏大的计划,因为可怕的故事会产生出无差别的仇恨伊斯兰教的情绪,而方言文学中普遍流传的一些态度又会为这种情绪火上浇油,例如《罗兰之歌》中这段著名的呼喊:"异教徒有错,基督徒有理。"尽管老兵们的编年史中在努力将他们的敌人们加以区分，甚至会对他们的战斗技巧加以赞美，但其中还是会提到强迫改信，有的还会将十字军战士比作基督使徒。住在耶路撒冷的沙特尔的富尔彻说有穆斯林女性改信后嫁给拉丁的移民。不过这应该不算是战争的目标。[31]

文明间冲突的主题从未完全扎根，一大原因是相互理解的不对称。在西欧，"撒拉逊人"几乎从未获得真正的自治权，通常只是被当作居住在某种误入歧途的基督教国家的人。直到13世纪，学者们的兴趣和修道士们的传教计划才开始让西方对伊斯兰教有一些比较准确的印象，不过还不是对穆斯林。十字军东征中有一个明显的矛盾，杜伊尔的奥多的总结是："我们要去圣墓……去用我们的血，或是用让异教徒改信的方式，抹除我们的罪。"[32] 有一个问题在于，教会法中认为强迫改信是非法的。不过，许多十字军的狂热分子，比如克吕尼修道院院长"尊者"彼得或维特里的雅各，还是在鼓吹改信。到13世纪，有一群有影响力的学者开始认为，十字军东征以及征服穆斯林的土地是改信的必要先决条件。不过还有一些人，例如修道士的黎波里的威廉或罗杰·培根的态度则比较温和，充满奇思异想，他们指望着伊斯兰教从内部堕落瓦解，认为基督教的进攻激发了穆斯林的抵抗，反而阻止了这一进程。[33]

除了这些学者的观点外，十字军的敌人一般会被描绘成野蛮的或是没有人性的，这样的观点反映在通俗的布道中以及方言文学中，他们是歌谣中可怕的鬼怪，而十字军东征是一场"天堂与地狱之间的比武"。[34] 这样的情绪有助于招募，但几乎不会影响筹划阶段的决定。在军事战略中，体系冲突的想法从本质上一直是难以实现的。十字军东征或许是利用了人们对末世的焦虑或对来世的热情的源泉，但这些都只是微弱的力量，无法维持一项世俗的战争计划。波罗的海战争可能是一个例外，在利沃尼亚和普鲁士，这被当作是针对原始人、背教者与恶魔的生存抗争。1147年，克莱尔沃的伯纳德轻率鼓吹的宗教灭绝在一个世纪后真的成了现实。[35] 在文化复杂而又多样的黎凡特，更难以维系如此大胆的民族歧视。无论如何，因为十字军东征在根本上将焦点放在了耶路撒冷和圣地，这就自然地将信仰间的竞逐定义在了非常狭义的层面上。13世纪的法学家拒绝全面接纳将并不属于基督教国家的非基督教土地吞并进来。[36] 要全面攻占伊斯兰世界，而不仅限于与圣地相邻的土地，这样的想法并不多见。1101年，君士坦丁堡有一些过分激动的十字军战士据说想过要进攻伊拉克和巴格达，但这种鲁莽的行动即便真的存在，也很快会在失败与死亡的残酷现实中结束。[37] 1099年的激动从来没有从西欧信徒们的想象中完全消散。但对指挥者来说，1101年在安纳托利亚或1107年在巴尔干失败的十字军，都不用提夺取和守卫叙利亚及巴勒斯坦港口和内陆所付出的艰辛，就会让他们放低目标，让雄心壮志缓和下来。以无所不在的上帝之名发动的战略计划也许只有靠临时起意的行动才可能实现。

虽然没有重塑欧亚大陆的计划，但这并不妨碍战略思考。虽然他们知道自己要去哪里，为什么去，但十字军战士们对1096年黎凡特的政治情势有多少预先的了解是很难说清的，不过可能非常少。但拜占庭的简报让这种情况发生了转变，报告中会提供路线建议，推荐可以在当地与之结盟的势力，并且促成西方领导者与埃及法蒂玛的磋商，因为他们有着共同的敌人——塞尔柱突厥人。从1097年夏天夺取尼西亚后，也就是自1098年年初就正

第十二章 战　略

式开始谈判了，这一直延续到了1099年6—7月耶路撒冷围城前的几周。[38] 与希腊人的商讨可能也影响了十字军战士攻城的计划。乌尔班二世未来的计划不得而知，只知道他似乎已经安排好了一位教皇特使的人选。可以预见的是，在攻占耶路撒冷并确立拉丁统治者后，就有人开始探讨重建犹太王国，对于这项严格按照圣经的解释来展开行动的冒险事业来说，虽然与圣经的时间不同，但却恰如其分又令人喜悦。据说，后来有一种不知真假的说法，早在1098年勒皮主教阿德马就提出将叙利亚和巴勒斯坦一分为二，分界线差不多就是一个世纪之前拜占庭与法蒂玛之间的边界。皇帝阿莱克修斯一世与博希蒙德在君士坦丁堡的商谈可能是关于在安条克周围重建1085年以前的拜占庭行省的。[39] 这种计划不太可能在十字军战士还没有离开西欧前就提出来，因为该计划的推动力和内容主要都取决于希腊帝国的政策，而他们的政策又从来都不会忽视最宏大的战略。不过，一旦在叙利亚和巴勒斯坦安顿下来，有些基本战略就是必不可少的：必须要攻占沿岸港口，以确保通往西方的生命线，并防止被埃及重新攻占；渴望将边界推进到周边的沙漠，这既是为了军事保护，也是为了商业主导权，正是因为这项政策才在12世纪20年代和1148年向大马士革发起了进攻，但都没有成功；或者，如果做不到的话，那就需要与当地统治者建立联盟，互惠互利，不管对方是不是穆斯林。[40] 第一次十字军东征的领导者们已经很善于根据情势发展来制订战略。他们的后继者们也一样。

在未来的三个世纪中，有两个问题萦绕不散：如何处理拜占庭和埃及。任何一项近东政策都离不开这两个恒定因素：一个是假定的但却态度暧昧不清的盟友；另一个是永远的威胁。虽然有些希腊学者总是在事后提出决定论,而且又神经质,但针对拜占庭的确没有什么一贯的十字军政策。双方的关系如此亲近,而且又互相依靠,因而各种回应总是摇摆不定,甚至常常互相矛盾。西方的指挥者们觊觎希腊的物资和后勤协助:准许进入市场,为陆军提供向导,为海上的远征提供军舰协助和资金,为陆军和海军提供额外人力。当合作受阻时,他们就常常会在背地里夺取希腊的资产或领土,美其名曰惩戒基督教的分裂者或是加强对罗马的服从。1096—1097年,第一次十字军东征在通往亚洲的途中因为食物补给而爆发冲突。1147年,在法国的高层指挥中显然就攻打君士坦丁堡这一争议性问题进行过严肃辩论。在1189—1190年冬天,腓特烈·巴巴罗萨占领了色雷斯以确保补给充足。第四次十字军东征更进一步,吞并了帝国的首都,表面的借口是要得到希腊承诺的财富与帮助。[41] 不过在这几次行动中,进攻拜占庭都不是一开始的战略目标,这与1107年或1185年诺曼人入侵巴尔干的情况是不同的。相比之下,1195年,当时已经是西西里的统治者的腓特烈·巴巴罗萨的儿子亨利六世,继承了诺曼人在地中海的野心,亨利在十字军计划中直言不讳地对拜占庭的帮助提出过分的要求,他要皇帝提供保护费,否则就威胁入侵。亨利傲慢的计划中还包括要赞助塞浦路斯和奇里乞亚的亚美尼亚的新王国。这些战略性的泛地中海政策由他的儿子腓特烈二世继续推行,他试图将耶路撒冷王国纳入他对德国和西西里的统治之下;同样继承了这些政策的还有霍亨斯陶芬的敌手——安茹的查理,他在1266年攻占西西里后开始产生了进行国际扩张的想法,想要恢复拜占庭帝国和海外领地。1204年后,拉丁系攻占了大片希腊的重要区域,这在西方战略思想中自有其脉络，不过守卫这些区域在十字军东征中并不受重视，由此可见西方对此的兴趣并不大。[42]

阿尔卑斯山以北的西欧人对地中海政治的长期投入（十字军东征也是其中的一部分）为扩张的想法提供了鼓励，而埃及是其中重要的一环。十字军战士们面临的是生活富饶、四通八达、人口众多且拥有城市文明的环境，在这里，各方力量竞逐激烈，他们争夺有限的自然资源和对利润丰厚的贸易的控制权，这些贸易包括高档纺织品、香料、稀有染料，还有粮食和奴隶。埃及成了来自更遥远的东方的货物的主要商业集散地，同时其自身又有丰富的农业基础。在经济上，埃及统治着新月沃土地带在地中海这一端的尽头，也就是从波斯湾到尼罗河的区域；在政治上也同样如此，只要其统治者能维持内部稳定与外部安全。主导黎凡特的力量也在埃及。十字军战士们立刻就意识到了这点，而且也发现如果埃及处于敌对方，就可能对任何一次拉丁攻打巴勒斯坦的行动构成威胁。有一位老兵回忆了1099年6月在拉姆拉的一场辩论，当时有人提出直接进攻埃及："假如是上帝的恩典让我们攻占埃及王国，那我们不仅能占领耶路撒冷，还能攻下亚历山大、开罗和许多王国。"反对方认为这次远征没有足够的人力入侵埃及，不可能连续取得成功；转攻埃及的计划被否决了。[43]拉姆拉的辩论预见性地为之后几个世纪中的战略思考与行动确立了基调。耶路撒冷的拉丁国王们与叙利亚的统治者们争夺着埃及的朝贡，之后又在12世纪60年代和70年代争夺起对埃及的控制权，这场冲突还在12世纪70年代吸引了拜占庭的加入。拉丁系最终失败，结果由萨拉丁统一了埃及和叙利亚，其中的意义吸引了无数的评论。提尔的威廉近距离地观察到了整个事情的发展，他记录下萨拉丁从埃及取走大量黄金,这使得他可以从自己的其他领土上招募大批军队。威廉所提出的借助埃及包围海外领地的模式很快成了西方战略的正统,这在很大程度上是因为他的作品被翻译成了不同的方言,还有许多的续篇,在后一个世纪中在西方广泛流传。[44]

理查一世也接受了埃及的军事挑战,1191—1192年的巴勒斯坦战争期间,他产生了入侵埃及的想法。他的计划是要(用50%的成本)雇佣一支热那亚舰队来加入他的军队,然后在1192年夏天攻进尼罗河。在当地老兵的支持下,理查似乎意识到了占领耶路撒冷要面临的战略和现实困难,他毫不避讳地向他那些对耶路撒冷念念不忘的追随者们指出了这一点,但在这场理性与信仰的对抗中,双方都没有取胜。理查的对手们也会同样理性地追问,他来圣地是为了什么,如果目标不是耶路撒冷的话,他为什么在1191年大费周章、辛苦跋涉,翻越犹太山脉并冒着生命危险来到这里。[45]在1192年之后,双方勉强暂时接受了在巴勒斯坦存在两个国家的解决方案,对于此时来说,入侵埃及已经不是无法直接进攻耶路撒冷的替补方案,而是越来越成为后者的先决条件。尼罗河必将成为第四次十字军东征的目的地,也是1218年和1249年入侵的目标。在1270年卡利亚里举行的一次战争会议上,路易九世甚至将他进攻突尼斯的计划描绘成是对埃及势力的迎头痛击。[46]在1270—1336年之间,十字军东征提案的作者们将大多数精力都花在了解释为什么打击埃及的经济和军事力量是攻占巴勒斯坦的关键,以及如何打击的方法这些问题上。如果埃及不是友方,或者至少保持中立,那占领圣地就无法保障。虽然这种观点明显是正确的,而且也有事实证明,但在

第十二章 战 略

意识到这点之后，还是会让人开始更广泛地思考拉丁殖民者在海外领地脆弱和失败的原因：人数不足，资源不够，主张扩张的彼得·杜布瓦的《收复圣地》(Recovery of the Holy Land, 约 1306 年）和看似实用的马里诺·萨努多的《秘密》等不同作品中都有力地指出了这些。[47]

不过，法学家的书房或商人的办公室里就算再怎么现实，也阻碍不了十字军战略中与生俱来的那种自我欺骗，这些作家们在其中串通一气。西欧人觊觎耶路撒冷在战略上是没有意义的。这只能被当作一种宗教实践。其中暴露出了政策的混乱。在第五次十字军东征中，为了让十字军战士撤出尼罗河三角洲，苏丹提出割让并归还耶路撒冷王国的失地。这项提议被拒绝了，因为这样依旧会让拉丁占领地区面临遭受攻击的风险。不过拒绝也意味着，只有埃及的政权发生改变才可能让耶路撒冷被安全归还，否则外交政策上就会发生转变。后一种情况短暂地发生过，当时腓特烈二世利用当地穆斯林统治者之间的政治对抗，在 1229 年协商归还耶路撒冷，当时的耶路撒冷被解除武装，共同占领，不过这项脆弱的安排在 1244 年就终结了。路易九世发现了这个问题的关键。他准备完全攻占、殖民埃及，并使其改信，这项政策决定了他于 1249—1250 年在尼罗河三角洲的攻势战术以及最终致命的失败。不过，他明显意识到了"他没有足够的人来守卫和定居在他在埃及已经攻占和即将夺取的领土"。十字军战士们的埃及战略充满幻想。[48] 他们从来没有足够的资源进行全面攻占，不管是黎凡特内陆的哪个地方。拉丁系在塞浦路斯进行长期统治是因为那是一座岛屿，而且有本地的基督教徒人口。有一些理论家，比如杜布瓦，指出了人口和经济方面的缺陷，但他提出的解决方法在现在和当时都很难让人信服,例如让受过良好教育的基督教女性作为"第五纵队"潜入穆斯林的后宫妻妾中。[49] 萨努多和其他人关于经济战争的蓝图都表明他们对战略问题的理解更深入,而且在评估国际环境和可能性方面也更务实。[50] 不过,尽管他们坚持一往无前的实用主义,但他们的理论还是对上帝的恩典抱有真心实意的乐观假设。

和1274年里昂会议上参加辩论的人一样,这些十字军东征提案的作者们也提出了大量让筹划者们忙于考量的理论上的宏大战略。但战略思考的主要动力还是来自实际的事件。这些事件可能让十字军战士和他们的计划一夕之间变得既不可信也不重要。1248年12月,路易九世正在塞浦路斯集结军力和战争物资,一位蒙古驻波斯的将军派大使前来,提出愿意协商帮助在黎凡特的东方基督教徒。拉丁的基督教国家与亚洲的非伊斯兰帝国甚至是基督教帝国结盟的空想从12世纪40年代以来就一直吸引着西方的战略家们,还有些混淆视听的故事传到欧洲,说来自撒马尔罕(Samarkand)附近的非穆斯林喀喇契丹可汗国(Kara-Khitan khanate)打败了塞尔柱人。关于一位基督教教士和君主——祭司王约翰(Prester John)的传说也广泛流传,其中既融合了由神秘的东方三博士故事演变而来的圣经传说,又加入了如今逐渐进入人们模糊视野中的从广袤的中亚传来的充满曲解的信息片段。这些故事似乎是可以证实的,在第五次十字军东征期间就有成吉思汗在中亚得胜的传闻流传到达米埃塔的十字军中。在东方有非穆斯林势力存在,他们不仅包容而且还会雇佣当地的基督教徒,这样的消息似乎让人感觉有机会开辟对抗近东的穆斯林统治的第二阵线。结果证明,这样的想法是错误而且危险的。此后的西方大使们都证明,蒙古人有顽固地坚持要统治世界的种族优越感。基本上从来没有蒙古人改信基督教的事例。相反,蒙古人还在1241—1242年入侵了基督教国家,横扫东欧,甚至来到了亚德里亚海。[51]

然而,让像匈牙利国王贝拉四世这样身处前线的人都震惊的是,基督教国家的官方外交政策的焦点虽然承认蒙古人的威胁,但却依旧牢牢困守在优先考虑圣地上。[52]13世纪后期蒙古帝国的瓦解,以及波斯的蒙古可汗国与埃及的马穆鲁克在叙利亚的持续征战,促成了可汗、教皇和法国与英格兰的国王之间的深入接触,并一直延续到14世纪初。1299—1300年,波斯的合赞(Ghazan)入侵叙利亚失败,让西方普遍产生了过分乐观的期望,虽然并不长久。对蒙古人在近东政治中的地位有准确又详细了解的作家,比如亚美尼亚亲王海屯或是游历广泛的多明我会修道士威廉·亚当(William Adam),依然用他们的证据来支持与可汗合作的政策,这项计划连萨努多也是支持的,不过到他完成《秘密》时,可汗与马穆鲁克已经快要谈和了。[53]讽刺的是,毫无变化的战略目标与对近东现况的全新理解之间形成的鲜明对比,亚当支持封锁波斯湾,萨努多和海屯支持与努比亚人建立反埃及联盟,海屯描述了蒙古人的历史,还列出了从中国到土耳其的亚洲国土上的各地地名。[54]蒙古人的出现拓展了十字军战略家们的现实眼界,但却没有移走他们观念上的目障,他们依旧无法接受他们注定失败的抱负就是不切实际的。

这并不是才智的失败,也不是信息的失败,甚至在其传统的自我中心界限内,都算不上理性的失败。攻克塞浦路斯、占领黎凡特内陆地区、入侵埃及,这些在客观上都是了不起的成就,但西欧人在那五百年里无法在这一地区故技重演。十字军战士们十分有效地利用了他们有限的资源，甚至将他们本身的愿望的危险性掩盖了两个多世纪；但还是无法永远掩盖下去。十字军战略中始终存在的缺陷是1099年留下的无解的遗产，这项文化上的当务之急最终还是没有充足的物质储备来维持，要成功只能依靠一种将必要的务实限制在当地条件之下的意识形态；瓦勒里的埃拉尔的宠物狗正朝着一只大獒犬狂吠。

结 论

这本书一开始强调的是十字军事业中的理性，结束时则在审视其目标中的不理性。这种矛盾是固有的，因为超验的信念寄望于在俗世的实践中寻找到表达方式。耶路撒冷战争的前提及其战争的代理人强调的是极端的身体力行的行动可以让负有义务的基督教徒得到救赎，也可以让因罪而陷入混乱的上帝所创造的世界恢复秩序。上帝的普遍存在是人们假设的前提，这不是由人善变的直觉决定的，而是要通过以经验为依据的理性思考来探索的，要去尝试理解的不仅仅是自然现象的样貌，还有为什么是这样的。在一些现代人眼中可能看似混乱的一系列经验，在十字军战士看来可能并非如此。信仰是明显实在的，而不是抽象地存在于一种被信仰的具体表达所主导的宗教文化中：信仰存在于石块中、玻璃中、礼拜中、仪典中、救济施舍中、慈善赞助中、修道院和修道会的克己生活中、斋戒中、禁欲中、朝圣中。发展出的一套通过忏悔来减罪的体系，让信徒们有机会提高自己获得救赎的可能性，只要通过一些可行也可接受的世俗实践：身受苦难、物质施舍、口头告解、领受圣餐、购买赎罪券。在这一整套精神义务、交易与得失的体系中，十字军东征具有标志性的地位。十字军东征的范围和抱负都是独一无二的，它被认为是宗教训诫的实体化。在21世纪，由宗教和世俗意识形态包装出的暴力政治事业也许并不陌生，也不难理解。

十字军东征可以被认为只是恃强凌弱、破坏、浪费、没必要、偏执、放纵，并且在大多数行动地区最终都是昙花一现，只在民众的记忆中留下了伤疤。十字军东征也可以被解释为理想主义、真诚的热爱和实用的智慧的表达方式，是物质财富越来越多、文化越来越自信的社会的产物。有多少人在看，就有多少种看法，而且所有这些观点都有可以佐证的证据。历史的评价并不一定需要道德的审判。十字军东征是成功的吗？或者换个很不一样的问题，十字军运动是成功的吗？要回答前一个问题，就要把论证中心放在政治上；而后一个需要思考的是神学、文化或心理学。

本书提供的是一种不同的审视视野。通过研究其筹备和实现过程，十字军东征的计划看起来是可以有效运作的，它是建立在务实的宣传、招募、计划和募资安排之上的，不像堂吉诃德，而更像德怀特·艾森豪威尔。无论结果如何，十字军东征的这些远距离征战所抵达的战场遍及欧洲、北非和西亚，从大马士革到阿尔加维（Algarve），从尼罗河到芬兰湾。这些计划主要诞生于从易北河到亚德里亚海一线以西的欧洲，却令人惊讶地成功重塑了那些他们入侵的领土。在普鲁士、利沃尼亚和安达卢斯，这些计划所产生的影响永久地改变了这些地方的社会和政治发展进程。尽管国内的十字军远征，例如法国、意大利或德国的，更多反映出的是明显带有地方色彩的组织和指挥战争的习惯，但其宣传和募资机制还是直接借用了以基督教国家为目标的十字军远征。计划中重塑地中海秩序的企图，即本书主要聚焦的主题，并没有完全实现，因为资源无法满足野心。而即便不把十字军东征看作一个密不透风的竞争的残酷模型，它也还是产生了长远的影响。在拓展商业市场、政治多样性、社会合作与文化交流的更广泛的过程中，十字军东征在输送西欧的利益、资源、人力和财富方面的贡献不容忽视。

实践成就有许多，甚至是在十字军战士的层面上。塞浦路斯被拖入西方基督教国家的轨道长达四个世纪。建立起威尼斯的殖民地之后，其延续的时间更久。拉丁基督教徒在爱琴海的存在延续到了16世纪，他们在对抗奥斯曼帝国推进的前线上获得了西方的投入，虽然投入并不多。十字军东征强行将地中海东岸和黎凡特的政治加入了西欧人的意识和行动之中。其中有些事可能必定会发生，无论有没有十字军东征。除了冲突，也有适应融入，在贸易、外交、共享空间各方面都有。关于遥远地方的那些不同的人和地点的信息在加速传播。这些都不应当被简单划分为"好"或"坏"，也不应该被认为是只有十字军东征才会带来的结果。十字军东征并没有创造出基督教征服西班牙或波罗的海的战争。西方商人在地中海东岸的商业渗透并不是因十字军东征而起的，但确实因其而变得更加成功。雅克·勒高夫（Jacques Le Goff）有一句名言，十字军东征给西欧带来的只有杏子，他这一论断的优点在于将这项事业置于交流与接触的背景之下，而不是只放在意识形态与战争的背景之下。

客观来看，西欧人占领巴勒斯坦及统治耶路撒冷的野心是违背政治、军事和财政常识的，是从一个想象出的世界中生出的梦想。不过还是奏效了。1098—1099年攻占安条克和耶路撒冷在很大程度上可能是因为运气,其实大多数军事行动的成功都源自运气。基督教军队的驻军和后续的巴勒斯坦及叙利亚征战没有成功。1148年、1191—1192年、1221年或1250年的失败辜负了复杂又精密的筹备阶段的努力,但并不代表这些努力是无效的。这些计划背后的理想主义也未必是缺乏理性的。要保持协调,意识形态就需要理性的论证,将意识形态付诸现实也需要理性的行为。战争会吸引来理想主义,有的是自发的,有的是生造出来的,有的是两者混合。不过要让战争打起来,就必须要通过理性来解决人力、财富、补给和战略等实际问题。这些努力又会激发从地理到收入税等各方面的创新和探究。

如果本书有提供任何启发的话,那就是筹划十字军东征的那些人知道他们希望达成什么样的目标,并且会运用实用的方法来达成其目标。居高临下地回看当时,十字军战士们也许像是盲目迷信的人,他们满不在乎地施暴,坚持精英主义,有排外性,自诩正义,这种价值体系可能看似陌生,但这种观点本身似乎就带有不止一点点的现代人的自满自足。不过,那些筹划十字军东征和参加战斗的人们既不无知,也不愚蠢。例如,第一次十字军东征的老兵威廉·格拉斯加尔(William Grassegals)就在1137年呈递给路易七世一套十字军编年史集,并请他认真研究,他们是"用理性之眼"在看待这场"圣战"。即便对十字军东征的构想或执行感到怀疑、不赞同或厌恶,也不应当迁怒称其缺乏理性。出现在这项研究中的"基督战士"中的狂热者、专业人士、做苦工的人,就算从其使命感来看,也不是特别缺乏理性、愚蠢、可笑、鲁莽、被误导或无知的。十字军的指挥者们和骑士们都是有

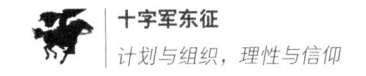

事业、有文化的人，或者身边环绕着在商业、法律、宗教、娱乐和武器行业有识字和计算能力的人。十字军战士的参照标准应该是属于其自身时代的，而不是我们这个时代的。无论是在公众或私人的战争中，还是在严酷的司法惩罚中，暴力都是作为一种文化标准和标志来发挥作用的。对信徒来说，上帝的战争可能比任何其他的战争都更具理性。十字军战士们在追求理想的过程中，哪怕只是简单地遵守命令，也表现出了才智与创造力，同时他们脚踏实地地掌握了政治、宣传、财务、后勤与战事等方面的实用要点。理性让宗教战争成为可能，这个结论或许值得21世纪的所有人重新思考。

注释

缩略词

MGH　Monumenta Germaniae Historica（日耳曼历史文献汇编）

MGHS　Monumenta Germaniae Historica Scriptores（《日耳曼历史文献汇编文本》），由G. H. 佩茨（G. H. Pertz）等编纂（汉诺威和莱比锡，1826-　）

ODNB　Oxford Dictionary of National Biography（《牛津国家人物传记词典》），由C.马修（C. Matthew）等编纂（牛津，2004—　）

RHC　Recueil des historiens des croisades（《十字军历史学家文集》）

RHC Occ.　Recueil des historiens des croisades. Historiens Occidentaux（《十字军历史学家文集·西方历史学家》）（巴黎，1844—1895）

RHF　Recueil des historiens des Gaules et de la France（《高卢和法国历史学家文集》），由M. 布凯（M. Bouquet）等编纂（巴黎，1738-1876）

引言

1. E. Barker, *The Crusades*（London，1923），p.104.
2. Raymond of Aguilers, *Historia Francorum qui ceperunt Iherusalem*, trans. J. H. Hill and L. L. Hill（Philadelphia，1968），Introduction, p.14.
3. William of Tyre, *Historia*, ed. R. B. C. Huygens（Turnhout，1986），bk XIX, ch.3, pp.867-868.
4. D. D'Avray, *Medieval Religious Rationalities*（Cambridge，2010），pp.37-42.
5. 公元前3世纪亚历山德里亚的图书馆馆长埃拉托斯特尼的计算——25000—30000英里——因老普林尼和萨克罗博斯科的约翰的教科书而广为人知，*De Spera*（*c*.1230-1245），参见P. Biller, *The Measure of Multitude*（Oxford，2000），p.218；L. Thorndyke, *The Sphere of Sacrobosco and its Commentators*（Chicago，1949）。这比亚历山德里亚的托勒密所提出的约20 000英里更为精确，该说法在15世纪广为流行，很可

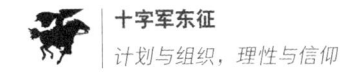

能影响了哥伦布。

6. M. Prestwich, *Armies and Warfare in the Middle Ages: The English Experience*(New Haven and London, 1996), pp.341-342; G. Parker, *The Military Revolution*(Cambridge, 1988), p.64.

7. *Itinerarium Ricardi Regis*, ed. W. Stubbs(London, 1864), pp.168, 172-173, 214, 353, trans. H. Nicholson, *The Chronicle of the Third Crusade*(Aldershot, 1997), pp.167, 171, 204, 316-317.

8. J. France, *Victory in the East*(Cambridge, 1994); J. M. Powell, *Anatomy of a Crusade 1213-1221*(Philadelphia, 1986); W. C. Jordan, *Louis IX and the Challenge of the Crusade*(Princeton, 1979); A. Murray, "The Army of Godfrey of Bouillon", *Revue belge de philologie et d'histoire*, 70(1992), pp.301-329; 出处同前, "Money and Logistics in the First Crusade", in *Logistics of Warfare in the Age of the Crusades*, ed. J. H. Pryor(Aldershot, 2006), pp.229-250及各处; J. H. Pryor, *Geography, Technology and War*(Cambridge, 1988); P. Mitchell, *Medicine in the Crusades*(Cambridge, 2004)。

9. A. Leopold, *How to Recover the Holy Land*(Aldershot, 2000).

10. J. Gillingham, "Roger of Howden on Crusade", *Medieval Historical Writing in the Christian and Islamic Worlds*, ed. D. O. Morgan(London, 1982), pp.60-75.

11. Geoffrey of Villehardouin, *La Conquête de Constantinople*, ed. and French trans. E. Faral(Paris, 1938-1939), trans. M. R. B. Shaw, *Chronicles of the Crusades*(London, 1963); Robert of Clari, *The Conquest of Constantinople*, ed. and trans. E. H. McNeal(repr. New York, 1966).

12. Archives Nationales de France, MS J 456 no.36; 修改见于folio 36-ii。

13. 关于加泰罗尼亚的财政记录, T. N. Bisson, *The Fiscal Accounts of Catalonia under the Early Count-Kings*(*1151-1213*)(Berkeley, Los Angeles, London, 1984)。

14. *The Bayeux Tapestry*, ed. F. M. Stenton(London, 1957), 尤其见于37—42整页插图, 以及前面的15—19整页插图。

15. Hayton, *La Flor des estoires de la Terre Sainte*, *RHC Documents Arméniens*(Paris, 1869-1906), vol.ii, p.220.

注　释

第一章　理性之貌

1. 总体上，可参见C. Tyerman, *The Debate on the Crusades*（Manchester, 2011）。
2. *Gesta Francorum at aliorum Hierosolimitanum*, ed. and trans. R. Hill （London, 1962），p.36，在书中，博希蒙德被赞扬为"智慧的和慎重的"。
3. E. Grant, *God and Reason in the Middle Ages*（Cambridge, 2001），p.364.
4. D. D'Avray, *Medieval Religious Rationalities*（Cambridge, 2010），esp. pp.17-30.
5. A. Murray, *Reason and Society in the Middle Ages*（Oxford, 1978）.关于理智且生动的流行性解释，参见J. Hannam, *God's Philosophers*（London, 2009）。
6. Grant, *God and Reason*, p.9.
7. R. Bartlett, *The Natural and the Supernatural in the Middle Ages*（Cambridge, 2008），pp.12-17；D'Avray, *Medieval Religious Rationalities*, pp.15, 36-41.
8. Anselm, *Prayers and Meditations of St Anselm with the Proslogion*, trans. B. Ward（London, 1973）.
9. Peter Abelard, *Sic et Non: A Critical Edition*, ed. B. B. Bryer and R. McKeon（Chicago, 1976-1977），pp.103, 113.总体上，可参见M. Clanchy, *Abelard: A Medieval Life*（Oxford, 1997）。
10. Murray, *Reason and Society*, pp.132-136，概括而言是pp.130-137。
11. C. Morris, "Policy and visions: the case of the holy lance at Antioch", in *War and Government in the Middle Ages*, ed. J. Gillingham and J. C. Holt（Woodbridge, 1984），pp.33-45；有关圣枪真实性最有利的偏袒性描述见于Raymond of Aguilers, *Historia Francorum qui ceperunt Iherusalem*, *RHC Occ.*, vol.iii, pp.253-261, 279-288；trans. J. H. Hill and L. L. Hill（Philadelphia, 1968），pp.51-64, 93-108；最具敌意的描述见于Ralph of Caen, *Gesta Tancredi in expeditione Hierosolymitana*, *RHC Occ.*, vol.iii, pp.676-679, 682-683, trans. B. Bachrach and D. S. Bachrach, *The Gesta Tancredi of Ralph of Caen*（Aldershot,

2005），pp.118-121，126-127。

12. M. Angold, *The Fourth Crusade*（Harlow，2003），pp.227-247；总体上，可参见P. J. Geary, *Furta Scara. Theft of Relics in the Central Middle Ages*（Princeton，1978）。关于诺让的吉伯特的《论圣人的圣物》（*On the Relics of Saints*，约1120）参见Guibert of Nogent, *Monodies and On the Relics of Saints*, trans. J. McAlhany and J. Rubinstein（London，2011）。

13. P. Riant, *Exuviae sacrae constantinopolitanae*（Geneva，1876-1877），pp.xcv，xcvii，127-140.

14. *Decrees of the Ecumenical Councils*, trans. N. P. Tanner（London and Washington，1990），Lateran IV，canon 62，pp.263-264.

15. M. Clanchy, *From Memory to Written Record*（London，1979），但还可查阅M. Carlin and D. Crouch, *Lost Letters of Medieval Life*（Philadelphia，2013）。

16. Richard FitzNeal, *The Dialogue of the Exchequer*, ed. C. Johnson（London，1950）.

17. 关于1227年，休伯特大师所保有的关于英国十字军战士的名单，参见Roger of Wendover, *Flores historiarum*, ed. H. G. Hewlett（London，1886-1889），vol.ii，p.323；关于1221年的意大利应征者的名单，参见*Registro del Cardinale Ugolino d'Ostia*, ed. G. Levi（Rome，1890），pp.128-133。

18. *Gesta Francorum*, p.75.描述了1098年秋天在安条克，博希蒙德是如何向其手下的将军们展示他的开支记录的。

19. 要了解耶路撒冷的鲍德温一世的事件和一只跳舞熊的解剖，可参见以下先锋派作品中的充分讨论，P. Mitchell, *Medicine in the Crusades*（Cambridge，2004），pp.159-163以及后面的pp.251-255。

20. Caesarius of Heisterbach, *Dialogus Miraculorum*, ed. J. Strange（Cologne，1851），vol.i，p.212：bk IV，ch.44；S. Flanagan, *Doubt in an Age of Faith*：*Uncertainty in the Long Twelfth Century*（Turnhout，2008），p.69.

21. Theophilus, *De Diversis Artibus*, ed. and trans. C. R. Dodwell（Oxford，1986），pp.64-65，71 and 142-158.

22. Albert of Aachen, *Historia Ierosolimitana*, ed. and trans. S. Edgington（Oxford, 2007）, pp.120-123.
23. *Lettres de Jacques de Vitry*, ed. R. B. C. Huygens（Leiden, 1960）, p.106；查阅Oliver of Paderborn, *The Capture of Damietta*, trans. E. Peters in *Christian Society and the Crusades 1198-1221*（Philadelphia, 1971）, p.265, 在这里, 奥利弗自己谦逊地隐藏起了他的身份。
24. Gervase of Canterbury, *Opera historica*, ed. W. Stubbs（London, 1879-1880）, vol.i, pp.6 and 19-21.
25. J. H. Harvey, *English Medieval Architects*（London, 1987）, p.202.
26. 例如, 经常被翻印的出自13世纪中期的National Library of Austria, Vienna, Cod. 2554, fol. iv, 参见J. H. Harvey, *The Master Builders: Architecture in the Middle Ages*（London, 1971）, p.49。
27. Anna Abulafia, *Christians and Jews in the Twelfth Century Renaissance*（London, 1995）; eadem, *Christians and Jews in Dispute 1000-1150*（Aldershot, 1998）.
28. Clanchy, *Abelard*, pp.288-321.
29. J. Thijssen, *Censure and Heresy at the University of Paris 1200-1400*（Philadelphia, 1998）.
30. C. Burnett, ed. *Adelard of Bath*（London, 1987）; 出处同前, "Adelard of Bath", *ODNB*。
31. Baldwin of Forde, *De commendatione fidei*, ed. D. H. Bell（Turnhout, 1991）, ch.lxxxv, pp.433-434; 查阅Flanagan, *Doubt*, p.45; 参见C. Holdsworth's *ODNB*的鲍德温条目。
32. Gerald of Wales, *Journey through Wales*, trans. L. Thorpe（London, 1978）, p.184.
33. Isidore of Seville, *Etymologia*, ed. W. M. Lindsay（Oxford, 1911）, bk X, ch.11; *Chanson de Roland*, ed. J. Dufornet（Paris, 1973）, v.1093; *Gesta Francorum*, pp.6, 10, 13, 14, 18, 19, 20, 21, 25, 28, 32, 35, 36, 61, 63 and p.xviii, 该书的译者R. Hill对这些词汇的含义并没有确切的说明。
34. Robert of Rheims, *Historia Iherosolimitana*, *RHC Occ.*, vol.iii, pp.741, 745, 760, 780, 799.

35. Baldric of Bourgueil, *Historia Jerosolimitana*, *RHC Occ.*, vol.iv, p.23; 关于时期，参见*The* Historia Jerosolimitana *of Baldric of Bourgueil*, ed. S. Biddlecombe（Woodbridge，2014），pp.xxiv-xxx。

36. 例子见于Albert of Aachen, *Historia*, pp.94-95（Bohemund），96-97（Warner of Grez）。

37. William of Tyre, *Historia*, p.453, trans. E. Babcock and A. Krey in *A History of the Deeds done beyond the Sea*（repr. New York，1976），vol.i，p.415.

38. P. van Luyn, "Les milites dans la France du XIe siècle", *Le Moyen Age*, 77（1971），pp.5-51，193-235，esp. tables pp.234-236.

39. Ralph of Caen, *Gesta Tancredi*, *RHC Occ.*, vol.iii, p.605; trans. p.22.

40. W. L. Warren, *Henry II*（London，1977），p.208 and n.3，可参考3位当时的评论者。

41. Murray, *Reason and Society*, pp.376-380.

42. 总体上，可参见M. Keen, *Chivalry*（New Haven，1984）; G. Duby, *The Chivalrous Society*（London，1977）; J. Flori, *L'Essor de Chevalerie xie—xiie siècles*（Geneva，1986）; D. Crouch, *The English Aristocracy 1070-1272. A Social Transformation*（New Haven，2011）。

43. Guibert of Nogent, *Gesta Dei per Francos*, *RHC Occ.*, vol.iv, p.219; Raymond of Aguilers, *Historia*, *RHC Occ.*, vol.iii, p.235; 关于安瑟伦的信的翻译，参见E. Peters, ed., *The First Crusade*（Philadelphia，1998），pp.284-287，289-291。

44. Eadmer, *Historia Novorum*, ed. M. Rule（London，1884），pp.179-181; Orderic Vitalis, *Ecclesiastical History*, ed. and trans. M. Chibnall（Oxford，1969-1980），vol.v, pp.170-173; J. Shepard, "When Greek meets Greek: Alexius Comnenus and Bohemund in 1097-1098", *Byzantine and Modern Greek Studies*, 12（1988），pp.185-277; *Canso d'Antioca*, ed. and trans. C. Sweetenham and L. M. Paterson（Aldershot，2003），pp.5-6; Walter Map, *De Nugis Curialium*, ed. and trans. M. R. James et al.（Oxford，1983），pp.476-477.

45. 总体上，可参见V. H. Galbraith, "The Literacy of Medieval English Kings", *Proceedings of the British Academy*, 21（1935），pp.201-

238；J. T. Rosenthal，"The Education of the Early Capetians"，*Traditio*，25（1969），pp.366-376；R. V. Turner，"The *Miles Literatus* in Twelfth and Thirteenth Century England: How Rare a Phenomenon?"，*American Historical Review*，83（1978），pp.928-945（p.931适合"务实的读者"）；J. W. Thompson，*The Literacy of the Laity in the Middle Ages*（New York，1960）；Clanchy，*From Memory to Written Record*；M. Aurell，*Le chevalier lettré：Savoir et conduit de l'aristocracie au xiie et xiiie siècle*（Paris，2011）。关于布洛瓦的斯蒂芬的母亲，可参见Guibert of Nogent，*Gesta*，*RHC Occ.*，vol.iv，p.147；关于他的妻子——令人敬畏的阿德拉，可参见L. Huneycutt's *ODNB* article；for the final comment，N. Orme，*Medieval Children*（New Haven，2001），p.240。

46. D. Crouch，*The Beaumont Twins*（Cambridge，1986），pp.7，207-211.
47. Riant，*Exuviae sacrae constantinopolitanae*，p.133.
48. Walter Map，*De Nugis Curialium*，pp.12-13.
49. 参考Galbraith，"Literacy"，pp.212-223等。
50. Otto of Freising，*The Deeds of Frederick Barbarossa*，trans. C. C. Mierow（New York，1966），p.333；Gerald of Wales，*De Invectionibus*，i，*Opera Omnia*，ed. J. Brewer et al.（London，1861-1891），vol.iii，p.30.
51. Fulk le Réchin，*Fragmentum historiae Andegavensis*，ed. L. Halphen and R. Poupardin，*Chroniques des comtes d'Anjou et des seigneurs d'Amboise*（Paris，1913），pp.206-245.
52. William of Tyre，*Historia*，p.631，trans. Babcock and Krey，*History*，vol.ii，p.47.
53. John of Marmoutier，*Historia Gaufredi*，*Chroniques des comtes d'Anjou*，pp.176，218；查阅以下类似的称赞评论，Stephen of Rouen，*Draco Normannicus*，ed. R. Howlett，*Chronicles of the Reigns of Stephen, Henry II and Richard I*，vol.ii（London，1885），pp.772-773。
54. Warren，*Henry II*，pp.38-39.
55. William of Tyre，*Historia*，pp.714-715，864-865，867-868；R. Huygens，"Guillaume de Tyre étudiant. Un chapître（xix.12）de son 'Historie' retrouvé"，*Latomus*，31（1962），pp.811-829；P. Edbury and J. G. Rowe，*William of Tyre*（Cambridge，1988），p.17 and

n.17及各处。

56. Warren, *Henry II*, p.208.
57. *Itinerarium Ricardi Regis*, p.143, trans. Nicholson, *Chronicle*, p.146（参考用于称赞另一位第三次十字军东征的指挥者阿韦讷的詹姆士的涅斯托尔式形容, *Itinerarium*, p.63, trans. Nicholson, *Chronicle*, p.74）; J. Gillingham, *Richard I*（New Haven and London, 1999）, pp.254-261。
58. D. M. Stenton, "King John and the Courts of Justice", *Proceedings of the British Academy*, 44（1958）, pp.103-128; M. Lovatt's *ODNB* article on Geoffrey.
59. France, *Victory in the East*, pp.45-46及各处。
60. Gerald of Wales, *De Principis Instructione*, *Opera*, vol.viii, pp.39-43; R. Bartlett, *Gerald of Wales*（Oxford, 1982）, pp.69-71.
61. 参见M. Gabriele, *An Empire of Memory. The Legend of Charlemagne, the Franks, and Jerusalem before the First Crusade*（Oxford, 2011）; 查阅 *Gesta Francorum*, p.2等。

第二章　战争有理

1. 关于乌尔班二世的演讲的作品有很多。作为起点，可参见J. Riley-Smith, *The First Crusade and the Idea of Crusading*（London, 1986）, esp. chs.1, 4 and 6; C. Tyerman, *God's War: A New History of the Crusades*（London, 2006）, chs. 1 and 2。
2. Guibert of Nogent, *Gesta Dei per Francos*, *RHC Occ.*, vol.iv, p.124.
3. Sigebert of Gembloux, *Chronica*, *MGHS*, vol.vi, p.367.
4. Robert of Rheims, *Historia Iherosolimitana*, *RHC Occ.*, vol.iii, p.729, trans. C. Sweetenham, *Robert the Monk's History of the First Crusade*（Farnham, 2006）, p.81; 关于十字军东征的旨意, R. Somerville, *The Councils of Urban II*, vol.i, *Decreta Claromontensia*, *Annuarium Historiae Conciliorum: Supplementum*, i（Amsterdam, 1972）, p.74。
5. W. Wiederhold, "Papsturkunden in Florenz", *Nachrichten von der Gesellschaft der Wissenschaften zu Göttingen*, Phil.-Hist. Kl（Göttingen, 1901）, p.313, trans. J. Riley-Smith and L. Riley-Smith, *The Crusades*:

Idea and Reality（London，1981），p.39。

6. *Gesta Francorum at aliorum Hierosolimitanum*，ed. and trans. R. Hill（London，1962），p.1；J. Riley-Smith，*The First Crusaders*（Cambridge，1997），pp.62-63；关于早期对"上帝的战士"（*pugnatores Dei*）的使用，参见Fulcher of Chartres，*Historia Hierosolymitana*，*RHC Occ.*，vol.iii，p.325；类似的表述可见于十字军战士自己的信件和当时的评论者的描述中。

7. Wiederhold，"Papsturkunden in Florenz"，p.313；H. Hagenmeyer，*Die Kreuzzugsbriefe aus den Jahren 1088-1100*（Innsbruck，1901），pp.137-138（1096年9月，在博洛尼亚，乌尔班对其支持者所说的话）；P. Kehr，*Papsturkunden in Spanien*，vol.i，*Katalonien*（Berlin，1926），pp.287-288，trans. Riley-Smith and Riley-Smith，*Crusades：Idea and Reality*，pp.39-40。关于将十字军东征表述为基督教的慈善事业，参见J. Riley-Smith，"Crusading as an Act of Love"，*History*，75（1980），pp.177-192。

8. Ralph Glaber，*Opera*，ed. J. France et al.（Oxford，1989），pp.200-201；总体上，可参见C. Morris，*The Holy Sepulchre and the Medieval West*（Oxford，2005）。

9. Albert of Aachen，*Historia Ierosolimitana*，ed. S. Edgington（Oxford，2007），pp.2-9；Guibert of Nogent，*Gesta Dei per Francos*，*RHC Occ.*，vol.iv，pp.142-143；E. O. Blake and C. Morris，"A Hermit Goes to War：Peter and the Origins of the First Crusade"，in *Monks*，*Hermits and the Ascetic Tradition*，ed. W. J. Shields，Studies in Church History，vol.22（Oxford，1985），pp.79-109；J. Flori，*Pierre L'Ermite et la première croisade*（Paris，1999）；Tyerman，*God's War*，pp.65-66，72-74。

10. 关于其起源，可参见C. Erdmann，*The Origin of the Idea of Crusade*，trans. M. W. Baldwin and W. Goffart（Princeton，1977）；关于评论，可参见C. Tyerman，*The Debate on the Crusades*（Manchester，2011），pp.183-192；查阅Tyerman，*God's War*，pp.27-57。

11. H. E. J. Cowdrey，"Pope Gregory VII's 'Crusading' Plans of 1074"，in *Outremer*，ed. B. Z. Kedar et al.（Jerusalem，1982），pp.27-40；

The Register of Pope Gregory VII 1072-1085, trans. H. E. J. Cowdrey（Oxford, 2002）, pp.50-51, 122-124, 127-128；关于拜占庭和西方的联系，参见P. Frankopan, *The First Crusade：The Call from the East*（London, 2012）, esp. pp.57-100。

12. Guibert of Nogent, *Gesta Dei per Francos*, *RHC Occ.*, vol.iv, p.124.
13. Hagenmeyer, *Kreuzzusbriefe*, p.136, trans. Riley-Smith and Riley-Smith, *Crusades：Idea and Reality*, p.38.
14. Bernold of St Blasien, *Chronicon*, *MGHS*, vol.v, p.462.
15. 例如，Raymond of Aguilers' *Historia Francorum*, *RHC Occ.*, vol.iii or the *Chanson d'Antioche*, ed. S. Duparc-Quioc（Paris, 1977）。
16. *Gesta Francorum*, p.1；查阅Guibert of Nogent, *Gesta Dei per Francos*, *RHC Occ.*, vol.iv, p.140。
17. 关于1064年朝圣，参见*Vita Altmanni episcopi Pataviensis*, *MGHS*, vol.xii, p.230。
18. 参见Tyerman, *God's War*, pp.607-611, 802-804, 875-881。
19. Ibid., pp.100-106 and 282-286；查阅Riley-Smith, *The First Crusade*, pp.50-57；R. Chazan, *European Jewry and the First Crusade*（London, 1987）, pp.50-136；S. Eidelberg, *The Jews and the Crusaders*（London, 1977）。
20. Hayton, *La Flor des estoires de la Terre Sainte*, *RHC Documents Arméniens*（Paris, 1869-1906）, vol.ii, p.220；above p.7.
21. 正如乌尔班写给佛罗伦萨附近的瓦隆布罗萨的修道士的信那样，Wiederhold, "Papstkurkunden in Florenz", p.313。
22. A. Wauters, *Table Chronologique des Chartes et Diplômes Imprimés concernant l'histoire de la Belgique*, vol.iii（Brussels, 1871）, p.74；M. Purcell, *Papal Crusading Policy 1244-1291*（Leiden, 1975）, pp.200-201.
23. H. E. J. Cowdrey, "Christianity and the Morality of Warfare During the First Century of Crusading", in *The Experience of Crusading*, vol.i, *Western Approaches*, ed. M. Bull and N. Housley（Cambridge, 2003）, pp.175-192；出处同前，"Pope Gregory VII and the Bearing of Arms", in *Montjoie*, ed. B. Z. Kedar et al.（Aldershot, 1997）, pp.21-35；总体

上，可参见F. H. Russell, *The Just War in the Middle Ages*（Cambridge, 1977）。

24. Bernard of Clairvaux, *Letters*, trans. B. S. James（Stroud, 1998）, no.394, p.467.

25. Gratian, *Decretum*, ed. A. Frieberg, *Corpus Iuris Canonici*, vol.i（Leipzig, 1879）, Causa XXIII; 查阅E.-D. Hehl, *Kirche und Krieg im 12 Jahrhundert*（Stuttgart, 1980）; J. A. Brundage, *Medieval Canon Law and the Crusade*（Madison, 1969）, pp.39-45; Russell, *Just War*, pp.55-85。

26. William of Tyre, *Chronicon*, ed. R. B. C. Huygens（Turnhout, 1986）; Russell, *Just War*, pp.86-126; Riley-Smith and Riley-Smith, *Crusades: Idea and Reality*, p.120.

27. *The Chronicle of Henry of Livonia*, trans. J. A. Brundage（New York, 2003）; C. Tyerman, "Henry of Livonia and the Ideology of Crusading", in *Crusading and Chronicle Writing on the Medieval Baltic Frontier*, ed. M. Tamm et al.（Farnham, 2011）, pp.23-44.

28. 关于后续, 可参见J. Muldoon, *Popes, Lawyers and Infidels*（Liverpool, 1979）, pp.1-71。

29. Tyerman, *God's War*, p.585.

30. Muldoon, *Popes, Lawyers and Infidels*, pp.6-7.

31. Ibid, esp. pp.15-17; M. Villey, *La Croisade: essai sur la formation d'une théorie juridique*（Paris, 1942）.

32. Sigebert of Gembloux, *Chronica*, p.367.

33. Riley-Smith and Riley-Smith, *Crusades: Idea and Reality*, p.120（*Quia Maior* 1213）; Albert of Aachen, *Historia*, pp.4-7; 总体上, 可参见S. Throop, *Crusading as an Act of Vengeance 1095-1216*（Farnham, 2011）。

34. Bernard of Clairvaux, *Letters*, no.391, p.462.查阅*Chanson d'Antioche*, ll. 39, 99, 173, 207, 总体上, 可参见pp.20-25; C. Morris, "Propaganda for War. The Dissemination of the Crusading Ideal in the Twelfth Century", in *Studies in Church History*, ed. W. Shields, vol.xx（Oxford, 1983）, esp. pp.94-101; W. Jordan, "The Representa-

tions of the Crusade in the Songs Attributed to Thibaud, Count Palatine of Champagne", *Journal of Medieval History*, 25（1999）, pp.27-34；关于M. Routledge的翻译，参见*An Eyewitness History of the Crusades*, ed. C. Tyerman（London, 2004）, vol.iv, pp.268-273；以及上面的注释27和下面的注释36。

35. 关于教皇诏书，Riley-Smith and Riley-Smith, *Crusades: Idea and Reality*, pp.57-59, 64-67。

36. J. P. Migne, *Patrologia Latina*（Paris, 1844-1864）, vol. cciv, cols.249-252, 350-361；*Actes des comtes de Namur 946-1196*, ed. F. Rousseau（Brussels, 1936）, no.28, pp.61-64（Othon de Trazegnies）.

37. Russell, *Just War*, pp.98, 100; Throop, *Crusading as an Act of Vengeance*, pp.76, 83, 131; Bernard of Clairvaux, *De laude novae militiae*, trans. M. Barber and K. Bate, *The Templars*（Manchester, 2002）, p.219. 关于教皇接受税收，参见格列高利十世的第二次里昂会议的章程《信仰的热情》, 1274, in N. P. Tanner, *Decrees of the Ecumenical Councils*（London and Washington, 1990）, vol.i, p.309。

38. Ralph of Caen, *Gesta Tancredi*, *RHC Occ.*, vol.iii, p.606, trans. B. Bachrach and D. S. Bachrach, *The Gesta Tancredi of Ralph of Caen*（Aldershot, 2005）, p.22.

39. Bonizo of Sutri, *Liver de Vita Christiana*, ed. E. Perels（Berlin, 1930）, pp.35, 56, 101, 248-249；关于骑士精神，总体上参见M. Keen, *Chivalry*（New Haven, 1984）。

40. Ralph of Caen, *Gesta Tancredi*, *RHC Occ.*, vol.iii, p.606, trans. Bachrach and Bachrach, p.22.

41. Bernard of Clairvaux, *De laude novae militia*, p.218.关于西方传统，参见Tyerman, *God's War*, pp.38-57；关于拜占庭在7世纪的"圣战"，参见P. Sarris, *Empires of Faith*（Oxford, 2011）, pp.250-253, 258, 266-267。

42. H. W. C. Davis, "Henry of Blois and Brian FitzCount", *English Historical Review*, 25（1910）, pp.301-303；查阅E. King, "The Memory of Brian FitzCount", *Haskins Society Journal*, 13（2004）, pp.89-90；Riley-Smith and Riley-Smith, *Crusade: Idea and Reality*, p.57.

43. Bernard of Clairvaux, *Letters*, pp.461-462, no.391.
44. Riley-Smith and Riley-Smith, *Crusade: Idea and Reality*, p.128; Keen, *Chivalry*, pp.96-98.
45. Robert of Rheims, *Historia*, *RHC Occ.*, vol.iii, p.728, trans. Sweetenham, *Robert the Monk's History*, p.80.
46. *Canso d'Antioca*, ed. and trans. L. M. Patterson and C. Sweetenham (Aldershot, 2003); Albert of Aachen, *Historia*, p.514 and books i-vii, 各处; William of Malmesbury, *De Gestis Regum Anglorum*, ed. W. Stubbs, Rolls Series (London, 1887-1889), vol.ii, pp.460-461; Geffrei Gaimar, *Estoire des Engleis*, ed. and trans. I. Short (Oxford, 2009), l. 5750, p.312; 查阅Tyerman, *Debate*, pp.12-15。
47. *De expugnatione Lyxbonensi*, ed. and trans. C. W. David (New York, 1976), pp.104-107.
48. *De profectione Danorum in Hierosolymam*, ed. M. C. Gertz, *Scriptores Minores Historie Danicae* (Copenhagen, 1970), vol.ii, pp.465-467.
49. *Chevalier, Mult Estes Guarez*, ed. J. Bédier, *Les chansons de croisade* (Paris, 1909), p.10; *Chronica regia Coloniensis*, ed. G. Waitz, *MGHS*, vol. xviii, pp.203-208, trans. A. J. Andrea, *Contemporary Sources for the Fourth Crusade* (Leiden, 2000), p.201.
50. Ambroise, *Estoire de la guerre sainte*, trans. as *The Crusade of Richard Lionheart* by M. J. Hubert (New York, 1941 repr. 1976), ll. 4, 665-666, p.198; *Itinerarium peregrinorum et gesta regis Ricardi*, ed. W. Stubbs (London, 1864), 各处, 关于罗兰和奥利弗, 参见pp.143, 216 and 422, trans. H. Nicholson, *The Chronicle of the Third Crusade* (Aldershot, 1997), pp.145, 206, 367。
51. Geoffrey of Villehardouin, *La Conquête de Constantinople*, ed. E. Faral (Paris, 1938-1939), trans. M. R. B. Shaw, *Chronicles of the Crusades* (London, 1963); Robert of Clari, *La Conquête de Constantinople*, ed. P. Lauer (Paris, 1924), trans. E. H. McNeal (New York, 1936 repr. 1966); John of Joinville, *Histoire de Saint Louis*, ed. N. de Wailly (Paris, 1874), trans. Shaw, *Chronicles of the Crusades*.
52. Trans. by M. Routledge, in ed. Tyerman, *Eyewitness History of the Cru-*

sades, vol.iii, pp.12-13.

53. *Itinerarium peregrinorum regis Ricardi*, p.33, trans. Nicholson, *Chronicle*, p.48.

54. Rutebeuf, *La desputizons dou croisié et dou descroisié*, *Onze poems concernant la croisade*, ed. J. Bastin and E. Faral（Paris, 1946）, pp.84-94; C. Tyerman, *The Invention of the Crusades*（Basingstoke, 1998）, p.53.

55. Archives nationales de France, JJ 59, no.76; re-registered JJ 60, no.100.

56. *Ordinatio de predicatione S. Crucis in Angliae*, *Quinti Belli Sacri Scriptores Minores*, ed. R. Röhricht, *Société de l'Orient Latin*, vol.ii（Geneva, 1879）, pp.1-26, esp. p.20.

57. J. B. Pitra, *Analecta Novissima*（Paris, 1885-1888）, vol.ii, Sermon XI, pp.328-331.

58. *Gesta Francorum*, p.20. 关于克莱芒教令, Somerville, *Councils of Urban II*, *Decreta Claromontensia*, p.74 and for *honor*, see *Mediae Latinitatis Lexicon Minus*, ed. J. F. Niermeyer et al.（Leiden, 1984）, cols. 495-498。

59. Fulcher of Chartres, *Historia*, *RHC Occ.*, vol.iii, p.324, trans. F. R. Ryan and H. Fink, *A History of the Expedition to Jerusalem*（Knoxville, 1969）, p.67; Baldric of Bourgueil, *Historia Jerosolimitana*, *RHC Occ.*, vol.iv, p.15, trans. Riley-Smith and Riley-Smith, *Crusades：Idea and Reality*, p.52; *Canso d'Antioca*, pp.5-6, 201, 217, 229; Robert of Rheims, *Historia*, *RHC Occ.*, vol.iii, p.728, trans. Sweetenham, *Robert the Monk's History*, p.81; 参见below ch.5, pp.138-149。

60. Ekkehard of Aura, *Hierosolymita*, *RHC Occ.*, vol.v, p.17.

61. Gunther of Pairis, *The Capture of Constantinople*, ed. and trans. A. Andrea（Philadelphia, 1997）, p.71.

62. 关于物质特权的整体情况, 参见Brundage, *Medieval Canon Law and the Crusader*, pp.159-190; 关于女性加入十字军, 最早是在1096年, Riley-Smith, *The First Crusade*, p.35, 查阅出处同前, *First Crusaders*, pp.198, 204, 205, 210 and 213。也可参见下面的ch.10, pp.245-247。

63. Riley-Smith and Riley-Smith, *Crusade：Idea and Reality*, pp.58-59.

64. Ibid, pp.121-122.
65. Tyerman，*Invention*，pp.55-62 对此进行过简单的整体调查。
66. Migne，*Patrologia Latina*，vol.clxxx，col. 1063；*Constitutiones Concilii quarti Lateranensis una cum Commentariis glossatorum*，ed. A. Garcià y Garcià（Vatican City，1981），p.113；关于更充分的讨论，参见以下，ch.8 pp.204-207。
67. In general，Brundage，*Medieval Canon Law and the Crusader*，pp.139-158.
68. Bernard of Clairvaux，*Letters*，pp.462，467，Fulcher of Chartres，*Historia*，*RHC Occ.*，vol.iii，p.325，trans. Ryan and Fink，*History of the Expedition*，p.68；Tyerman，*Invention*，pp.81-83.
69. Villehardouin，*La Conquête*，vol.i，p.4；Brundage，*Medieval Canon Law and the Crusader*，pp.146-150 and p.148 n.33.
70. 关于1198年的诏令，*Die Register Innocenz' III*，ed. O. Hageneder et al.（Graz，Cologne，Rome and Vatican City，1964- ），vol.i，no.336；Roger of Howden，*Chronica*，ed. W. Stubbs，Rolls Series（London，1868-1871），vol.iv，pp.70-75；参考Tyerman，*Invention*，p.58等；关于朗格多克，Peter of Les Vaux-de-Cernay，*Historia Albigensis*，trans. as *The History of the Albigensian Crusade* by W. A. Sibly and M. D. Sibly（Woodbridge，1998），p.97；关于1230年在波罗的海的一年就能满足条件，参见Gregory IX，*Registres*，ed. L. Auvray（Paris，1890-1955），no.493。
71. Brundage，*Medieval Canon Law*，pp.158-190；Tyerman，*Invention*，pp.55-62.
72. E. Christiansen，*The Northern Crusades*（London，1997），pp.79-80，98-100；Tyerman，"Henry of Livonia and the Ideology of Crusading".
73. R. C. Smail，"Latin Syria and the West，1149-1187"，*Transactions of the Royal Historical Society*，5th series，19（1969），pp.1-20.
74. *Register Innocenz' III*，vol.i，no.336；Riley-Smith and Riley-Smith，*Crusades: Idea and Reality*，pp.120-121.
75. D. E. Queller and T. F. Madden，*The Fourth Crusade*（Philadelphia，1997），p.16 and n.54及各处。回想起来，克拉里的罗贝尔清楚地阐

明了高层指挥对埃及策略的偏爱,参见 *La Conquête*, trans. McNeal, pp.36, 37。

76. Riley-Smith and Riley-Smith, *Crusades*: *Idea and Reality*, pp.64-67.
77. 例如,可参见Peter of Blois's *Passio Reginaldi*, in Migne, *Patrologia Latina*, vol.ccvii, cols. 957-976。
78. Baha al-Din Ibn Shaddad, *The Rare and Excellent History of Saladin*, trans. D. S. Richards(Aldershot, 2001), p.125.
79. 例如,在1215年的教会会议教令《解放圣地》中所使用的, Riley-Smith and Riley-Smith, *Crusades*: *Idea and Reality*, p.128。
80. Ibid, p.120.
81. Oliver of Paderborn, *Historia Damiatina*, trans. J. J. Gavigan, in *Christian Society and the Crusades 1198-1229*, ed. E. Peters(Philadelphia, 1971), pp.89-91, 112-114; James of Vitry, *Lettres*, ed. R. B. C. Huygens(Leiden, 1960), pp.141-153.
82. E. R. David, "Apocalyptic Conversion: The Joachite Alternative to the Crusades", *Traditio*, 125(1969), pp.127-154; B. Z. Kedar, *Crusade and Mission*(Princeton, 1984), pp.112-116, 219-223.
83. Riley-Smith and Riley-Smith, *Crusades*: *Idea and Reality*, p.122; Tyerman, *God's War*, pp.596-599.
84. 关于格列高利的十字军东征计划,参见M. Lower, *The Barons' Crusade*: *A Call to Arms and its Consequences*(Philadelphia, 2005)。
85. 参考Matthew Paris, *Chronica Majora*, ed. H. R. Luard, Rolls Series(London, 1872-1884), vol. iii, p.620; Tyerman, *God's War*, pp.762-763等。
86. T. Rymer, *Foedera*, 3rd edn(London, 1745), 1, i, pp.148-149, new edn(London, 1816), 1, i, pp.258-259.
87. Matthew Paris, *Chronica Majora*, vol.v, pp.521-522, 526, 532-533, 536; C. Tyerman, *England and the Crusades*(Chicago, 1988), pp.120-123.
88. 总体上,可参见W. Jordan, *Louis IX and the Challenge of the Crusade*(Princeton, 1979)。
89. 关于教皇政策的讨论,参考C. T. Maier, *Preaching the Crusades*(Cam-

bridge，1994），pp.52-56，58-59等。
90. 关于偏袒的范围，N. Housley, *The Italian Crusades*（Oxford，1982）；出处同前，*The Avignon Papacy and the Crusades 1305-1378*（Oxford，1986）。
91. J. F. O'Callaghan, *Reconquest and Crusade in Medieval Spain*（Philadelphia，2003），pp.62-64，88-89及各处。
92. 总体上，可参见Christiansen, *Northern Crusades*，各处。
93. Tyerman, "Henry of Livonia and Crusading Ideology"，pp.32-33；总体上，可参见I. Fonnesberg-Schmidt, *The Popes and the Baltic Crusades 1147-1254*（Leiden，2007）。
94. 参考Christiansen, *Northern Crusades*，p.152等。
95. 上面的注释90。
96. Innocent IV, *Registres*, ed. E. Berger（Paris，1884-1921），no.2945.
97. Ibid., nos. 1981, 1986, 1987, 2487, 2572, 2878, 2883, 2945, 2956, 3812, 3842, 4062, 4094, 4681, 5083, 5279, 5336, 5345.
98. Riley-Smith and Riley-Smith, *Crusade*：*Idea and Reality*, pp.86-89；cf. Urban IV, *Registres*, ed. J. Guiraud（Paris，1899-1958），nos. 809，817.
99. 上面的注释87；H. E. Mayer, *The Crusades*，2nd edn（Oxford，1988），pp.320-321。
100. P. Throop, *Criticism of the Crusade*（Amsterdam，1940），esp. pp.69-213，229-232；Tanner, *Decrees of the Ecumenical Councils*, vol.i, pp.304，309-314；and below pp.283-285.
101. *Albert von Beham und Regesten Innocenz IV*, ed. C. Hofler（Stuttgart，1847），pp.16-17；S. Lloyd, "Political Crusades in England"，in *Crusade and Settlement*, ed. P. Edbury（Cardiff，1985），pp.113-120；Tyerman, *England and the Crusades*, pp.133-151.
102. Kedar, *Crusade and Mission*, pp.177-183.

第三章　广而告之

1. 关于第一次十字军东征的作品有很多。关于计划，可参见C. Tyerman, *God's War*：*A New History of the Crusades*（London，2006），pp.58-

89；J. Riley-Smith, *The First Crusaders*（Cambridge，1997），pp.7-22，53-143。

2. R. Somerville，"The Council of Clermont"，in *Papacy, Councils and Canon Law*（London，1990），vol.vii, p.58及各处；Guibert of Nogent，*Gesta Dei per Francos*，*RHC Occ.*，vol.iv，p.149。

3. 关于简略的调查，T. Reuter，"Assembly Politics in Western Europe from the Eighth to the Twelfth Centuries"，in *The Medieval World*，ed. P. Linehan and J. Nelson（London，2001），pp.432-450。

4. 参考Tyerman，*God's War*，pp.276，278-281，286-288，377-378，381，387，392，394，499，502-504等；参考C. Tyerman，*England and the Crusades*（Chicago，1988），pp.59-61，75-76等；J. R. Sweeny，"Hungary in the Crusades 1169-1218"，*International History Review*，3（1981），pp.475-476；Geoffrey of Villehardouin，*La Conquête de Constantinople*，ed. E. Faral（Paris，1938-1939），trans. M. R. B. Shaw，*Chronicles of the Crusade*（London，1963），pp.29-31，37-39；A. Andrea，*Contemporary Sources for the Fourth Crusade*（Leiden，2000），pp.279-280。

5. *Ad Liberandam*，decree no.71 of Fourth Lateran Council，trans. N. P. Tanner，*Decrees of the Ecumenical Councils*（London and Washington，1990），pp.267-271；*Recueil des actes de Philippe Auguste*，ed. H.-F. Delaborde et al.（Paris，1916-1979），no.1360；C. T. Maier，*Preaching the Crusades. Mendicant Friars and the Cross in the Thirteenth Century*（Cambridge，1994），pp.32-95；参考Tyerman，*God's War*，pp.772-774，778-779，785，814-816等；参考N. Housley，*The Later Crusades. From Lyons to Alcazar*（Oxford，1992），pp.10-15，28-30等；J. Maddicott，"The Crusade Taxation of 1268-1270 and the Development of Parliament"，*Thirteenth Century England*，2（1988），pp.93-117；出处同前，*The Origins of the English Parliament 924-1327*（Oxford，2010），pp.266-272。

6. 参考Tyerman，*God's War*，pp.829-832，865-866，870等；关于1313年庆典的详细分析，参见E. A. R. Brown and N. F. Regalado，"*La grant feste*"，in *City and Spectacle in Medieval Europe*，eds. B. A. Hanawalt

and K. L. Reyerson（Minneapolis，1994），pp.56-86。

7. Humbert of Romans，*Treatise on Preaching*，trans. W. M. Conlon（London，1955），p.74；*Historical Papers and Letters from the Northern Registers*，ed. J. Raine，Rolls Series（London，1873），pp.93-96。

8. Landulph of St Paul，*Liber Hystoriarum Mediolanensis Urbis*，ed. C. Castiglioni（Bologna，1935），pp.4-5；总体上，可参见J. Richard，"La papauté et la direction de la première croisade"，*Journal des savants*（1960），pp.49-59。

9. Baldric of Bourgueil，*Historia Jerosolimitana*，*RHC Occ.*，vol.iv，p.15；乌尔班二世写给佛兰德斯人的信，1095年12月，H. Hagenmeyer，*Die Kreuzzugsbriefe aus den Jahren 1088-1100*（Innsbruck，1901），pp.136-137，trans. E. Peters，*The First Crusade*（Philadelphia，1998），p.42。

10. Richard，"La papauté et la direction"，pp.54-55，但是，沙特尔的富尔彻说得没有那么明确，*Historia Hierosolymitana*，*RHC Occ.*，vol. iii，p.329中关于乌尔班的认可："我们从之得到了祝福。"

11. 总体上，可参见J. Phillips，*The Second Crusade*（New Haven，2007），pp.37-38，39-41，97，其中有关于尤金尼乌斯的作用的积极观点；关于教皇使节和法国主教的流言，参见John of Salisbury，*Historia Pontificalis*（London，1962），pp.54-56。

12. Tyerman，*God's War*，p.282；Bernard of Clairvaux，*Letters*，trans. B. S. James（Stroud，1998），letter no.393，pp.465-466。

13. 相关例子，参见Maier，*Preaching the Crusades*，pp.51-52，88-89，137-141。

14. 关于第三次十字军东征的准备，参见Tyerman，*God's War*，pp.374-399；关于主教的作用，*Itinerarium Ricardi Regis*，trans. H. Nicholson，*The Chronicle of the Third Crusade*（Aldershot，1997），pp.48，142。

15. Gerald of Wales，*Journey through Wales*，trans. L. Thorpe（London，1978），p.200；参考M. C. Gaposchkin，"The Pilgrimage and Cross-blessings in the Roman Pontificals of the Twelfth and Thirteenth Centuries"，*Medieval Studies*，73（2011），pp.261-286，esp. p.279等；J. A. Brundage，"Cruce Signari：The Rite For Taking The Cross in England"，*Traditio*，22（1966），pp.289-310；K. Pennington，"The Rite

For Taking The Cross in the Twelfth Century", *Traditio*, 30（1974），pp.429-435；关于一个英国例子的翻译，参见J. Riley-Smith and L. Riley-Smith, *The Crusades：Idea and Reality 1095-1274*（London，1981），pp.137-139。

16. Andrea, *Contemporary Sources for the Fourth Crusade*, pp.10-19（十字军教令的纳博讷版本），20-21，其中有关于富尔克的任命；关于瓦卡留斯，参见1198年教令的约克版本, in Roger of Howden, *Chronica*, ed. W. Stubbs（London，1868-1871），vol.iv，pp.70-75。

17. Gunther of Pairis, *The Capture of Constantinople*, ed. and trans. A. Andrea（Philadelphia，1997），pp.68-71.

18. James of Vitry, *Historia Occidentalis*, ed. J. F. Hinnebusch（Freiburg，1972），p.101.

19. J. L. Cate, "The English Mission of Eustace of Flay", *Etudes d'histoire dédiées à la mémoire de Henri Pirenne*（Brussels，1937），pp.67-89；Roger of Howden, *Chronica*, vol.iv, pp.123-124，167-172.

20. *Pium et sanctum*, trans. J. Bird, E. Peters and J. M. Powell, in *Crusade and Christendom*（Philadelphia，2013），p.113；查阅Riley-Smith and Riley-Smith, *Crusades：Idea and Reality*, pp.130-131。

21. Humbert of Romans, *Treatise on Preaching*, p.38；Thomas of Chobham, *Summa de Arte Praedicandi*, ed. F. Morenzoni（Turnholt，1988），pp.69-70.

22. Andrea, *Contemporary Sources for the Fourth Crusade*, pp.39-52，72-73，128，152，163-168，171-176，250-251；Gunther of Pairis, *Capture of Constantinople*, pp.78-79.

23. G. Dickson, *The Children's Crusade*（Basingstoke，2008），esp. chs. 2-5.

24. J. M. Powell, *Anatomy of a Crusade 1213-1221*（Philadelphia，1986），pp.15-50；关于《事出紧急》的翻译和给布道者的指导，*Pium et sanctum*, Bird et al., *Crusade and Christendom*, pp.106-113；Riley-Smith and Riley-Smith, *Crusades：Idea and Reality*, pp.129-133。

25. *Registri dei Cardinali Ugolino d'Ostia e Ottaviano degli Ubaldini*, ed. G. Levi（Rome，1890）；关于知识背景，参见J. W. Baldwin, *Masters, Princes and Merchants：The Social Views of Peter the Chanter and His*

Circle（Princeton，1970）。

26. 对此的介绍，参见H. E. J. Cowdrey，"Christianity and the Morality of Warfare During the First Century of Crusading"，in *The Experience of Crusading*，ed. M. Bull and N. Housley（Cambridge，2003），vol.i，pp.175-192；J. Muldoon，*Popes, Lawyers and Infidels*（Liverpool，1979）。

27. Bird et al.，*Crusade and Christendom*，p.140；关于巴黎的学术界，参见同上，p.135，概括内容参见pp.119-120，135-141；关于后来的抱怨，参见Thomas of Chobham and Humbert of Romans的作品，上面的注释7和21。

28. E. Baratier，"Une prédication de la croisade à Marseille en 1224"，*Economies et sociétés au moyen âge*：*Mélanges offerts à Edouard Perroy*（Paris，1973），pp.690-699，trans. Bird et al.，*Crusade and Christendom*，pp.232-235；Powell，*Anatomy*，esp. ch.4.

29. 关于薪酬：Riley-Smith and Riley-Smith，*Crusades*：*Idea and Reality*，p.133（英诺森三世给雷根斯堡主教的，1213年9月10日）；关于1252、1254和1290年的英国例子，*Calendar of Patent Rolls 1247-1258*，pp.168，370；*Register of Archbishop J. Le Romeyn*，vol.ii，ed. W. Brown，Surtees Society（Durham，1916），p.93。关于印章：Maier，*Preaching the Crusades*，p.100 and n.23，p.106 and n.56。

30. 关于修道士通常扮演的角色，Maier，*Preaching the Crusades*，pp.8-19及各处。

31. Maier，*Preaching the Crusades*，esp. pp.20-31.

32. Matthew Paris，*Chronica Majora*，ed. H. R. Luard，Rolls Series（London，1872-1884），vol. iv，p.256.

33. *Calendar of Close Rolls 1251-1253*，pp.201-202.

34. *Historical Papers from Northern Registers*，pp.93-96；关于洪培德的专著，上面的注释7；关于1265年的美食，Borelli de Serres，"Compte d'une mission de prédication pour secours à la Terre Sainte"，*Mémoires de la Société de l'histoire de Paris et de l'île de France*，30（1903），pp.243-261，概括而言是pp.243-280。

35. Orderic Vitalis，*Ecclesiastical History*，ed. and trans. M. Chibnall

（Oxford，1969-1980），vol.vi，pp.68-73，esp. 68-71；M. Barber，*The New Knighthood*（Cambridge，1994），pp.12-18；*De profectione Danorum in Hierosoymam*，ed. M. C. Gertz，*Scriptores Minores Historiae Danicae*（Copenhagen，repr. 1970），vol.ii，pp.465-467.

36. Thomas of Chobham，*Summa de Arte Praedicandi*，p.54；Humbert of Romans，*Treatise on Preaching*，p.47；关于他坚持通过十字军布道者来扩充学识，参见K. Michel，*Das Opus Tripartitum des Humbertus de Romans OP*（Graz，1926），pp.14-16；A. Lecoy de la Marche，"La prédication de la croisade au treizième siècle"，*Revue des questions historiques*，48（1890），pp.15-18。

37. Orderic Vitalis，*Ecclesiastical History*，vol.v，p.324；关于官方的厌女（在这个例子中就是英诺森三世的），Bird et al.，*Crusade and Christendom*，p.120；关于简短的摘要和有用的参考书目，参见N. Hodgson，"Women"，in *The Crusades：An Encyclopedia*，ed. A. V. Murray（Santa Barbara，2006），pp.1285-1291。

38. 罗曼斯的洪培德的*De predicatione s. crucis*的第二十章，in Michel，*Opus Tripartitum*，pp.14-16；Lecoy de la Marche，"La prédication"，p.15；J. P. Migne，*Patrologia Latina*（Paris，1844-1864），vol.ccxvi，col. 1262；ibid，vol. cxcvii，cols. 187-188。关于各种各样的内容，参见S. Edgington and S. Lambert，*Gendering the Crusades*（New York，2002），esp. chs.1，3，6，11。

39. R. Somerville，*The Councils of Urban II. Decreta Claromontensia*（Amsterdam，1972），p.74及各处；Hagenmeyer，*Kreuzzugsbriefe*，pp.136-137（注意："relatum"意味着"已经记录下的"）；也可参见P. Frankopan，*The First Crusade：The Call from the East*（London，2012），pp.60-61，87-100等；总体上，可参见M. Aurell，*Le chevalier lettré：Savoir et conduit de l'aristocracie au xiie et xiiie siècle*（Paris，2011）；M. Clanchy，*From Memory to Written Record*（London，1979）and above pp.20-27。

40. Hagenmeyer，*Kreuzzugsbriefe*，pp.140，149.

41. Bohemund，*Gesta Francorum*，ed. and trans. R. Hill（London，1962），p.75.

42. E. van Houts, *The Normans in Europe*（Manchester，2000），pp.130-131；M. Hagger，"A Pipe Roll for 25 Henry I"，*English Historical Review*，122（2007），pp.133-140.
43. Albert of Aachen, *Historia Ierosolimitana*, ed. and trans. S. Edgington（Oxford，2007），pp.6-7；Hagenmeyer，*Kreuzzugsbriefe*，pp.144-146，155-156，175-176；Guibert of Nogent，*Gesta Dei per Francos*，*RHC Occ.*，vol.iv，p.219；Peters，*First Crusade*，pp.284-287，289-291，292-297.
44. *Chronicon S. Andreae in Castro Cameracesii*，ed. L. C. Bethmann（Hanover，1846），pp.544-546；总体上，可参见C. Tyerman，*The Debate on the Crusades*（Manchester，2011），esp. pp.7-25 and pp.32-33，nn.1-15。
45. Trans. Peters，*First Crusade*，pp.293-296.
46. N. L. Paul，"A Warlord's Wisdom：Literacy and Propaganda at the Time of the First Crusade"，*Speculum*，85（2010），pp.534-566；也可参见N. L. Paul，*To Follow in Their Footsteps*（Ithaca，2012）。
47. E.g. Robert of Rheims，*Historia Iherosolimitana*，ed. D. Kempf and M. G. Bull（Woodbridge，2013），pp.xlii-xlvii；查阅J. Flori，*Chroniqueurs et propagandists*：*Introduction critique aux sources de la première croisade*（Geneva，2010）。
48. *Monitum Willelmi Grassegals militis ad historias belli sacri*，*RHC Occ.*，vol.iii，pp.317-318，trans. J. Rubinstein，"Fitting History to Use：Three Crusade Chronicles in Context"，*Viator*，35（2004），pp.132-168，at p.134.
49. J. Phillips，"Odo of Deuil's *De profectione* as a source"，in *Experience of Crusading*，ed. Bull and Housley，vol.i，pp.83-84 and nn. 18 and 23.
50. Robert of Rheims，上面的注释47，引言各处，esp. pp.xlv-xlvi，其中有更华丽的插图手抄本；*Quantum praedecessores*，trans. Riley-Smith and Riley-Smith，*Crusades：Idea and Reality*，pp.57-59。
51. James of Vitry，*Lettres*，ed. R. B. C. Huygens（Leiden，1960），pp.135，139；cf. William of Tyre's *Historia*，ed. R. B. C. Huygens（Turnholt，1986），bk v ch.10.

52. Lecoy de la Marche, "La prédication", pp.15-18.
53. C. Tyerman, *The Invention of the Crusades*（Basingstoke, 1998）, pp.14, 36-37; Migne, *Patrologia Latina*, vol.cc, cols. 1294-1296, vol.ccxvi, col. 822.
54. Riley-Smith and Riley-Smith, *Crusades: Idea and Reality*, pp.131-133; F. Kempf, "Das Rommersdorfer Briefbuch des 13 Jahrhunderts", *Mitteilungen des Österreichischen Instituts für Geschichtsforschung*, *Erganzungsband*, 12（1933）, pp.502-571.
55. Maier, *Preaching the Crusades*, pp.101-103.
56. 上面的第一章的注释50。
57. 关于伊尔杰·比戈德, Orderic Vitalis, *Ecclesiastical History*, vol.v, pp.170-172; Eadmer, *Historia novorum*, ed. M. Rule, Rolls Series（London, 1884）, pp.179-181; 关于巴拉赞的庞斯, 参见above p.21 and *RHC Occ.*, vol.iii, p.235; 关于里贝蒙的安瑟伦, Hagenmeyer, *Kreuzzugsbriefe*, pp.144-146, 155-156。
58. Aurell, *Le chevalier lettré*, pp.28-29及各处。
59. D. Crouch, *Beaumont Twins*（Cambridge, 1986）, pp.7, 207-211; John Hudson, "Ranulf Glanvill", *ODNB*.
60. *Canso d'Antiocha*, ed. L. M. Paterson and C. Sweetenham（Aldershot, 2003）, pp.5-17, 34-40; Aurell, *Le chevalier lettré*, p.195.
61. William of Tyre, *Historia*, bk 14 ch. 21.
62. 参见伯纳德给波希米亚公爵的信件, 他希望摩拉维主教能解释这封信, Bernard of Clairvaux, *Opera*, vol.viii, *Epistolae*, ed. J. Leclerq and H. Rochais（Rome, 1977）, no.458, pp.436-437（B. S. James's trans., *Letters* n. 392, p.464极具误导性）; Otto of Freising, *The Deeds of Frederick Barbarossa*, trans. C. C. Mierow（New York, 1966）, p.75; 总体上, 可参见Phillips, *Second Crusade*, pp.69-77。
63. 关于讨论, 可参见J. H. Pryor, "Two *excitationes* for the Third Crusade", *Mediterranean Historical Review*, 25（2010）, pp.147-168, esp. pp.152-157, 163, n. 163。
64. 关于他的三本小册子, *De Hierosolymitana peregrinatione acceleranda*; 与其相关的是*Dialogus inter regem Henricum secundum et abbatem Bon-*

nevallensem；还有圣徒传记，*Passio Reginaldi*，参见Migne，*Patrologia Latina*, vol. ccvii cols. 957-975，976-988 and 1058-1070；Tyerman，*Invention*, pp.26-29；R. W. Southern，"Peter of Blois"，*ODNB*。

65. Gerald of Wales，*Opera*，ed. J. S. Brewer，Rolls Series（London，1861-1891），vol.i，p.79，trans. *The Autobiography of Giraldus Cambriensis*，ed. H. E. Butler（London，1937），p.104。

66. Ambroise，*Estoire de la guerre sainte*，trans. M. J. Hubert（New York，1976）；*Ordinatio de predicatione s. crucis in Angliae*，in ed. R. Röhricht，*Quinti Belli Sacri Scriptores Minores*，Société de l'Orient Latin，vol.ii（Geneva，1879），p.20；关于维尔阿杜安的方言版本，*La Conquête de Constantinople*，ed. E. Faral（Paris，1938-1939）；*La Chanson de la croisade albigeoise*，ed. E. Martin-Chabot（Paris，1931-1961）；Peter of les Vaux-de-Vernay，*Hystoria albigensis*，ed. P. Guébin and E. Lyon（Paris，1926-1939）；trans. of Oliver of Paderborn，by J. J. Gavigan，翻印于Bird et al.，*Crusade and Christendom*，pp.159-225。

67. U. Berlière，"A propos de Jacques de Vitry"，*Revue Bénédictine*，27（1910），pp.521-524；Riley-Smith and Riley-Smith，*Crusades: Idea and Reality*，pp.135-136；关于温多佛的罗杰和奥利弗的编年史版本，Bird et al.，*Crusade and Christendom*，pp.132，166；Caesarius of Heisterbach，*Dialogus miraculorum*，ed. J. Strange（Cologne，Bonn and Brussels，1851），vol. ii，p.245；关于奥利弗的文本，总体上参见 *Schriften*，ed. H. Hoogeweg（Tübingen，1894）。

68. *Regestri del Cardinale Ugolino*，pp.7-153；*Epistolae selectae saeculi XIII*，ed. C. Rodenberg（Berlin，1883-1894），vol. i，pp.89-91，no.124，于Powell，*Anatomy*，pp.100-101一节中制成表格。

69. *Gesta Francorum*，p.75。

70. Tyerman，*England and the Crusades*，pp.16-17，78-81；出处同前，*God's War*，pp.276-277，389-391。见下文pp.197-199。

71. *De expugnatione Lyxbonensi*，ed. and trans. C. W. David（New York，1976），pp.56-57。

72. Ilger Bigod，参见上面的注释57；关于法律的影响，参见Tyerman，*Invention*，pp.55-62。

73. Tyerman, *England and the Crusades*, pp.66, 70-71, 169-172.
74. Roger of Wendover, *Flores historiarum*, ed. H. G. Hewlett, Rolls Series（London, 1884-1889）, vol.ii, p.297; Berlière, "A propos", pp.522-524; Riley-Smith and Riley-Smith, *Crusades: Idea and Reality*, pp.135-136; *Testimonia Minora de Quinto Bello Sacro*, ed. R. Röhricht（Geneva, 1882）, p.177.
75. Tyerman, *England and the Crusades*, p.80以及后面的第十章。
76. *Ordinatio de predicationes. crucis in Angliae*, p.22; M. Purcell, *Papal Crusading Policy 1244-1291*（Leiden, 1975）, p.200.
77. S. Lloyd, *English Society and the Crusade 1216-1307*（Oxford, 1988）, pp.80, 81, 106-107, 115-123, 134-138, 144-145 and Appendix 5.
78. Cf. Maier, *Preaching the Crusades*, p.106.

第四章　劝导

1. Gerald of Wales, *Journey through Wales*, trans. L. Thorpe（London, 1978）, 各处; 出处同前, *Opera*, ed. J. S. Brewer, Rolls Series（London, 1861-1891）, vol.i, pp.75, 77-78; Caesarius of Heisterbach, *Dialogus miraculorum*, ed. J. Strange（Cologne, Bonn and Brussels, 1851）, vol. i, pp.70-72, vol.ii, pp.234-235, 332-335; *Testimonia Minora de Quinto Bello Sacro*, ed. R. Röhricht（Geneva, 1882）, p.178。
2. Oliver, above p.82; James of Vitry, *Lettres*, ed. R. B. C. Huygens（Leiden, 1960）, p.77; J. Bird, E. Peters and J. M. Powell, *Crusade and Christendom*（Philadelphia, 2013）, pp.232-235.
3. G. R. Owst, *Preaching in Medieval England*（Cambridge, 1926）, pp.56-57, 引用*Speculum Laicorum*。
4. Gerald of Wales, *Opera*, vol.i, p.75.
5. Caesarius of Heisterbach, *Dialogus*, vol. i, p.205; *Ordinatio de predicationes. Crucis in Angliae*, ed. R. Röhricht, *Quinti Belli Sacri Scriptores Minores*, Société de l'Orient Latin, vol.ii（Geneva, 1879）, p.24.
6. 关于英语的调查，参见P. Cole, *The Preaching of the Crusades to the Holy Land 1095-1291*（Cambridge, Mass., 1991）; S. Menache, *The Vox Dei: Communication in the Middle Ages*（Oxford, 1990）; C. T. Mai-

er, *Preaching the Crusades. Mendicant Friars and the Cross in the Thirteenth Century*（Cambridge, 1994）；出处同前, *Crusade Propaganda and Ideology: Model Sermons for the Preaching of the Cross*（Cambridge, 2000）, esp. ch.2; C. Muessig, ed., *Preacher, Sermon and Audience in the Middle Ages*（Leiden, 2002）, esp. B. M. Kienzle, "Medieval Sermons and their Performance", pp.110-145。

7. Thomas of Chobham in R. Copeland and I. Sluiter, *Medieval Grammar and Rhetoric. Language, Arts and Literary Theory AD 300-1475*（Oxford, 2009）, pp.628, 638; 查阅Thomas of Chobham, *Summa de Arte Praedicandi*, ed. F. Morenzoni（Turnholt, 1988）, p.303及各处; Humbert of Romans, *Treatise on Preaching*, trans. W. M. Conlon（London, 1955）, 各处。

8. Baldwin of Forde, "Sermo de Sancta Cruce", in *Opera: Sermones de Commendatione Fidei*, ed. D. N. Bell（Turnholt, 1991）, p.127, "军旗、胜利的奖品、凯旋的象征"（*in militia vexillum, in victorie tropheum et triumphi titulum*）。参考C. Tyerman, *The Invention of the Crusades*（Basingstoke, 1998）, p.73 and n.185手稿。

9. Humbert of Romans, *Treatise on Preaching*, pp.11-12.

10. A. Lecoy de la Marche, "La prédication de la croisade au treizième siècle", *Revue des questions historiques*, 48（1890）, pp.19-20及各处; Cole, *Preaching*, pp.202-217; Maier, *Preaching the Crusades*, p.115; 关于洪培德的布道, Maier, *Crusade Propaganda*, pp.210-229。

11. Lecoy de la Marche, "La prédication", p.25.

12. Lecoy de la Marche, "La prédication", pp.15-18.

13. 该文本由Röhricht编辑为*Ordinatio de predicatione S.Crucis*, 收录于*Quinti Belli Sacri Scriptores Minores*（Geneva, 1879）, pp.vii-x, 1-26; 查阅Cole, *Preaching*, pp.109-126; 关于背景, S. Lloyd, "Political Crusades in England", in *Crusade and Settlement*, ed. P. Edbury（Cardiff, 1985）, pp.113-120; 出处同前, *English Society and the Crusade 1216-1307*（Oxford, 1988）, pp.66-67 and pp.9-70, 其中有关于在英格兰宣传的一般情况。

14. *Ordinatio*, pp.22, 25, 概括而言是pp.18-26; 查阅T. F. Crane, *The Ex-*

empla of Jacques de Vitry（London，1890），p.41 no. lxxxix。

15. Matthew Paris，*Chronica Majora*，ed. H. R. Luard，Rolls Series（London，1872-1884），vol.v，p.101.

16. J. Riley-Smith and L. Riley-Smith，*The Crusades：Idea and Reality 1095-1274*（London，1981），p.136；*Testimonia Minora*，ed. Röhricht，p.145.

17. Tyerman，*Invention*，p.74.

18. Bird et al.，*Crusade and Christendom*，p.43 trans. from K. Pennington，"The Rite for Taking the Cross in the Twelfth Century"，*Traditio*，30（1974），pp.433-435；Bernard of Clairvaux，*Letters*，trans. B. S. James（Stroud，1998），no.391，p.461；Robert of Rheims，*Historia Iherososlimitana*，*RHC Occ.*，vol.iii，p.730；Otto of Freising，*The Deeds of Frederick Barbarossa*，trans. C. C. Mierow（New York，1966），p.75；Gilbert of Mons，*Chronicle of Hainault*，trans. L. Naplan（Woodbridge，2005），p.112；Gerald of Wales，*Journey through Wales*，pp.132，169，185，200；Riley-Smith and Riley-Smith，*Crusades：Idea and Reality*，pp.135-136.

19. Odo of Deuil，*De profectione Ludovici VII in orientem*，ed. V. G. Berry（New York，1948），pp.6-9.

20. Otto of Freising，*Deeds of Frederick*，p.75.

21. Gunther of Pairis，*The Capture of Constantinople*，ed. and trans. A. Andrea（Philadelphia，1997），p.68，pp.69-71，其中有关于布道的内容。

22. 布尔戈伊的鲍德里克所记录的乌尔班演讲的版本附在罗曼斯的洪培德所写的关于十字军布道的专著手稿中；Gerald of Wales，*Opera*，vol.i，p.76，查阅G. Constable，"The Language of Preaching in the Twelfth Century"，*Viator*，25（1994），pp.142-151。

23. E.g. Humbert of Romans，Maier，*Preaching the Crusades*，p.106 and n.60.

24. C. Tyerman，*God's War：A New History of the Crusades*（London，2006），pp.74-75，77-78，94-95；Guibert of Nogent，*Gesta Dei per Francos*，*RHC Occ.*，vol.iv，p.142.

25. 关于热那亚和马赛，above p.71；H. C. Scheeben，*Albert der Grosse：Zur Chronologie seines Lebens*（Leipzig，1931），ch.9，"Kruezzugspre-

digt in Deutschland（1263-1264）", pp.72-77; H. Wilms, *Albert the Great*（London, 1933）, pp.200, 203-205。

26. Gerald of Wales, *Journey through Wales*, p.114; Geoffrey of Villehardouin, *La Conquête de Constantinople*, ed. E. Faral（Paris, 1938-1939）, p.29（不过，其中并没有明确地提及布道）; Eudes of Rouen, *Register*, ed. S. Brown and J. O'Sullivan（New York and London, 1964）, p.687。

27. 克拉肯威尔（Clerkenwell）主办了耶路撒冷宗主教希拉克略的失败的布道, C. Tyerman, *England and the Crusades*（Chicago, 1988）, p.51。

28. Tyerman, *God's War*, p.74; Eudes of Rouen, *Register*, p.687。

29. Robert of Rheims, *Historia Iherosolimitana*, *RHC Occ.*, vol.iii, p.727。

30. *Historical Papers and Letters from the Northern Registers*, ed. J. Raine, Rolls Series（London, 1873）, pp.93-96; *Register of Archbishop J. Le Romeyn*, vol.ii, ed. W. Brown, Surtees Society（Durham, 1916）, pp.8-9（and p.90 n. 1）, 113。

31. Bird et al., *Crusade and Christendom*, pp.83-85（Spain 1212）and 111（Holy Land 1213）; *Register of Bishop John de Pontissara of Winchester*, Surrey Record Society（London, 1913-1924）, pp.191-194。

32. Riley-Smith and Riley-Smith, *Crusades: Idea and Reality*, pp.135-136; *Testimonia Minora*, ed. Röhricht, p.177; J. Hanska, "Reconstructing the Mental Calendar of Medieval Preaching", in *Preacher, Sermon and Audience*, ed. Muessig, p.293; Maier, *Preaching the Crusades*, p.107 n.62; 经验丰富的方济各会布道者雷根斯堡的贝托尔德会定期地就十字军进行布道，包括1263-1264年与大阿尔伯特一起; Humbert of Romans, *Treatise on Preaching*, pp.41-43。

33. G. Frenken, *Die Exempla des Jacob von Vitry*（Munich, 1914）, p.149。

34. J. Brundage, *Medieval Canon Law and the Crusader*（Madison, 1969）, pp.154-155; H. E. Mayer, *The Crusades*, 2nd edn（Oxford, 1988）, p.321; Bird et al., *Crusade and Christendom*, p.456。

35. Matthew Paris, *Chronica Majora*, vol. v, pp.73-74。

36. Arnold of Lübeck, *Chronica Slavorum*, ed. J. M. Lappenberg（Hanover, 1868）, p.215。

37. C. Tyerman,"Who Went on Crusade to the Holy Land",出处同前,*The Practices of Crusading: Image and Action from the Eleventh to the Sixteenth Centuries*(Farnham,2013),no. XIII,esp.p.17; Tyerman. *England and the Crusades*,pp.170-172。

38. *Ordinatio*,p.17;关于当时以网作为意象的类似布道,参见Bird et al.,*Crusade and Christendom*,p.118。

39. Alan of Lille,*Sermo de cruce domini*,in *Textes inédits*,ed. M. T. Alverny(Paris,1952),pp.281-282;查阅《吾等之先辈》中的高利贷条款,并参见Brundage,*Medieval Canon Law*,pp.179-183中的概况描述。

40. Caffaro,*De liberatione civitatum orientis*,RHC Occ.,vol.v,p.49("*de melioribus*"); James of Vitry,*Lettres*,p.77;关于职业的概况,Tyerman,"Who Went on Crusade to the Holy Land",各处;and下面的第六章。

41. *Anecdotes historiques legendes et apologues d'Etienne de Bourbon*,ed. A Lecoy de la Marche(Paris,1877),no.101,pp.91-92.

42. *Itinerarium Ricardi Regis*,ed. W. Stubbs,Rolls Series(London,1864),p.33,trans. H. Nicholson,*The Chronicle of the Third Crusade*(Aldershot,1997),p.48.

43. Gerald of Wales,*Journey through Wales*,p.172,查阅p.90关于杰拉尔德内在的厌女症; Caesarius of Heisterbach,*Dialogus*,vol.ii,p.234;查阅J. Brundage关于十字军战士的妻子的文章,*Studia Gratiana*,12(1967),pp.425-441 and 14(1967),pp.241-252;关于这一问题的英诺森三世,参见Bird et al.,*Crusade and Christendom*,pp.52,120;关于滥用的例子,Tyerman,*England and the Crusades*,pp.209-211; Brundage,*Medieval Canon Law*,p.154; Bird et al.,*Crusade and Christendom*,p.118 and n. 14。

44. Humbert of Romans,*Treatise on Preaching*,pp.29-33,107-108.

45. Mayer,*Crusades*,pp.320-321.

46. Bird et al.,*Crusade and Christendom*,p.233; James of Vitry,*Lettres*,p.86; Humbert of Romans,*Treatise on Preaching*,pp.74,128-130.

47. J.-L. Bataillon,"Approaches to the Study of Medieval Sermons",*La prédication au xiiie siècle en France et Italie*(Aldershot,1993),pp.21-

24; Maier, *Crusade Propaganda*, pp.18-21; 相关例子，参见Cole, *Preaching*, pp.222-226; Bird et al., *Crusade and Christendom*, pp.115-119。

48. Gerald of Wales, *Journey through Wales*, p.75.
49. Robert of Rheims, *Historia Iherosolimitana*, *RHC Occ.*, vol.iii, p.729, trans. C. Sweetenham, *Robert the Monk's History of the First Crusade*（Farnham, 2006）, p.81; Maier, *Crusade Propaganda*, pp.64-67.
50. 关于1212年西班牙十字军远征的抗议游行，参见Bird et al., *Crusade and Christendom*, pp.82-85; G. Dickson, *The Children's Crusade*（Basingstoke, 2008）, pp.51-58。
51. 参考Tyerman, *God's War*, pp.802-804, 880-881等; *Annales Paulini*, *Chronicles of the Reigns of Edward I and II*, ed. W. Stubbs, Rolls Series（London, 1882-1883）, vol.i, pp.156, 266; T. Guard, *Chivalry, Kingship and Crusade: The English Experience in the Fourteenth Century*（Woodbridge, 2013）, pp.23-24, 137-138。
52. Sigebert of Gembloux, *Chronica*, *MGHS*, vol.vi, p.367.
53. Geoffrey of Auxerre, *S. Bernardi Vita Prima*, bk iii, in J. P. Migne, *Patrologia Latina*（Paris, 1844-1864）, vol.clxxxv, p.307; Gerald of Wales, *Opera*, vol.i, p.76; Constable, "Language of Preaching", p.150, 概括而言就是pp.131-152。
54. Humbert of Romans, *Treatise on Preaching*, p.32.
55. *De expugnatione Lyxbonensi*, ed. and trans. C. W. David（New York, 1976）, pp.70-71. Gerald of Wales, *Journey through Wales*, p.126.
56. Orderic Vitalis, *Ecclesiastical History*, ed. and trans. M. Chibnall（Oxford, 1969-1980）, vol.vi, pp.68-73; *De profectione Danorum in Hierosoymam*, ed. M. C. Gertz, *Scriptores Minores Historiae Danicae*（Copenhagen, repr. 1970）, pp.466-467.
57. Humbert of Romans, *Treatise on Preaching*, pp.34-35.
58. *Chronicle of Jocelin of Brakelond*, ed. and trans. H. E. Butler（London, 1949）, p.40.
59. Humbert of Romans, *Treatise on Preaching*, p.42; 查阅克莱芒五世在1309年坚持用方言宣传十字军, *Regestum*（Rome, 1885-1992）, nos.

2989，2990。

60. 关于一些一般性评论，Maier, *Preaching the Crusades*，pp.96-97 and pp.102-103，其中有翻译过来的教皇诏书。

61. Gerald of Wales, *Journey through Wales*, p.75；上面的注释53；*History of the Expedition of the Emperor Frederick*, trans. G. A. Loud, *The Crusade of Frederick Barbarossa*（Farnham, 2010），p.41。

62. *Barling's Chronicle*, *Chronicles of the Reigns of Edward I and II*, vol.ii, p.cxvi。

63. 现在关于整体情况，可参见N. Paul, *To Follow in Their Footsteps: The Crusades and Family Memory in the High Middle Ages*（Cornell, 2012），pp.1-203；关于例子，E. A. R. Brown and M. W. Cothren, "The Twelfth-Century Crusading Window of the Abbey of St Denis", *Journal of the Warburg and Courtauld Institutes*, 49（1986），pp.1-40；Tyerman, *England and the Crusades*, p.117；F. Cardini, "Crusade and 'Presence of Jerusalem' in Medieval Florence", in *Outremer*, ed. B. Kedar et al.（Jerusalem, 1982），pp.332-346；C. Morris, *The Sepulchre of Christ and the Medieval West*（Oxford, 2005），esp. ch.7；D. F. Glass, *Portals, Pilgrimage and Crusade in Western Tuscany*（Princeton, 1997）；A. Linder, *Raising Arms: Liturgy in the Struggle to Liberate Jerusalem in the Late Middle Ages*（Turnhout, 2003）；查阅C. Morris, "Propaganda for War. The Dissemination of the Crusading Ideal in the Twelfth Century", *Studies in Church History*, 10（1983），pp.79-101；出处同前，"Picturing the Crusades: The Uses of Visual Propaganda", in *The Crusades and their Sources*, ed. J. France and W. G. Zajac（Aldershot, 1998），pp.196-216。

64. 相关例子，参见Bird et al., *Crusade and Christendom*, pp.43-47；Riley-Smith and Riley-Smith, *Crusades: Idea and Reality*, pp.137-139；M. Purcell, *Papal Crusading Policy 1244-1291*（Leiden, 1975），pp.200-201。总体上，可参见Kienzle, "Medieval Sermons and their Performance"。

65. 参考Odo of Deuil, *De profectione*, p.9 n.14；Thomas of Chobham, *Summa de Arte Praedicandi*, pp.269-303，参见trans. in Copeland and Sluiter,

Medieval Grammar, esp.pp.628-638; *Testimonia Minora*, ed. Röhricht, p.146。

66. Gerald of Wales, *Opera*, vol.i. p.75 (a hand-held cross, *crucem portatilem*); *Westminster Chronicle 1381-1394*, ed. L. C. Hector and B. F. Harvey (Oxford, 1982), pp.32-33; H. E. J. Cowdrey, "Pope Urban II and the Idea of the Crusade", *Studi Medievali*, 3rd ser., 36 (1995), pp.737-738; *De expugnatione Lyxbonensi*, pp.146-147.

67. *Winchester Annals*, *Annales Monastici*, ed. H. R. Luard, Rolls Series (London, 1864-1869), vol.ii, p.38; 关于文身和反应, 见*RHC Occ.*, vol.iv, pp.182-183, 251, vol.v, p.255; Fulcher of Chartres, *A History of the Expedition to Jerusalem*, ed. H. Finke (Knoxville, 1969), p.76.

68. Odo of Deuil, *De profectione*, pp.8-9; Tyerman, *God's War*, p.71.

69. Gerald of Wales, *Opera*, vol.i, p.75; Lecoy de la Marche, "La prédication", p.25; Cole, *Preaching*, p.203; Landulph of St Paul, *Liber Hystoriarum Mediolanensis Urbis*, ed. C. Castiglioni (Bologna, 1935), p.5.

70. Mayer, *Crusades*, pp.320-321.

71. Baha al-Din Ibn Shaddad, *The Rare and Excellent History of Saladin*, trans. D. S. Richards (Aldershot, 2002), p.125; Ibn al-Athir, *Chronicle for the Crusading Period*, trans. D. S. Richards, vol.ii (Aldershot, 2007), p.363; 总体情况, 参见Morris, "Picturing the Crusades", esp. p.197。

72. P. Edbury, ed. and trans., *The Old French Translation of William of Tyre*, *The Conquest of Jerusalem and the Third Crusade* (Aldershot, 1998), p.73.

73. Orderic Vitalis, *Ecclesiastical History*, vol.vi, pp.68-73; Migne, *Patrologia Latina*, vol.ccxv, cols. 1070-1071; cf. J. W. Harris, *Medieval Theatre in Context* (London, 1992), pp.45-46.

74. *The Chronicle of Henry of Livonia*, trans. J. Brundage (New York, 2003), p.53; N. H. Petersen, "The Notion of a Missionary Theatre: The *ludus magnus* of Henry of Livonia's Chronicle", in *Crusading and*

  Chronicle Writing on the Medieval Baltic Frontier, ed. M. Tamm, L. Kaljundi and C. Selch Jensen（Farnham, 2011）, pp.229-243.

75. Migne, *Patrologia Latina*, vol.clxxx, cols. 381-386.
76. 关于相关段落的翻译，见于Salimbene's *Chronica*, see Bird et al., *Crusade and Christendom*, pp.414-417。
77. Gerald of Wales, *Journey through Wales*, p.141; Otto of Freising, *Deeds of Frederick*, p.75; Odo of Deuil, *De profectione*, pp.8-11; 参考J. Phillips, *The Second Crusade*（New Haven, 2007）, pp.81, 83, 94, 97等。
78. Matthew Paris, *Chronica Majora*, vol.v, p.191; 出处同前, *Historia Anglorum*, ed. F. Madden, Rolls Series（London, 1886-1889）, vol.ii, p.297; 查阅第三次十字军东征布道期间，豪登的罗杰于1188年8月所述的基督被钉死在十字架上和十字架出现在邓斯特布尔的故事，"Benedict of Peterborough"（sic）, *Gesta Regis Henrici Secundi*, ed. W. Stubbs, Rolls Series（London, 1867）, vol.ii, p.47。
79. *Chartes et documents pour server à l'histoire de l'abbaye de Saint-Maixent*, ed. A. Richard, *Archives historiques de Poitou*, vol. xvi（Poitiers, 1886）, p.222, no.190.
80. Guibert of Nogent, *Gesta Dei per Francos*, *RHC Occ.*, vol.iv, pp.250-251.
81. Peter of les Vaux-de-Cernay, *Historia Albigensis*, trans. W. A. Sibly and M. D. Sibly, *The History of the Albigensian Crusade*（Woodbridge, 1998）, p.147.
82. *Chronica regia Colonensis*, ed. G. Waitz（Hanover, 1880）, p.281; *Anecdotes historiques d'Etienne de Bourbon*, p.90.
83. Roger of Wendover, *Flores historiarum*, ed. H. S. Hewlett, Rolls Series（London, 1884-1889）, vol.ii, pp.323-324, trans. Bird et al., *Crusade and Christendom*, pp.239-240.
84. 总体上，可参见Y. Congar, "Henri de Marcy", *Analecta Monastica*, vol.v（*Studia Anselmiana*, fasc. 43, Rome, 1958）, pp.1-90; Cole, *Preaching*, pp.65-71; Loud, *Crusade of Frederick Barbarossa*, pp.41-

45，143-144；Migne，*Patrologia Latina*，vol.cciv, cols. 249-252；Gilbert of Mons，*Chronicle of Hainault*，pp.110，112-113。
85. 英国编年史家纽堡的威廉和豪登的罗杰以及德国的匿名作者所写的 *Historia de Expeditione Friderici Imperatoris*，trans. Loud，*Crusade of Frederick Barbarossa*，pp.37-41，141中有关于布道和写作的内容；J. H. Pryor，"Two *excitationes* for the Third Crusade"，*Mediterranean Historical Review*，25（2010），p.163，n.163；*De profectione Danorum*，pp.464-465。
86. Roger of Howden，*Gesta Regis Henrici Secundi*，vol.ii，pp.26-28；J. Bédier and P. Aubry，*Les Chansons de croisade*（Paris，1909），vol.iii，pp.32-35。
87. Loud，*Crusade of Frederick Barbarossa*，pp.37-43。
88. Migne，*Patrologia Latina*，vol.cciv, cols. 251-402，cols. 350-361 for Tract 13。
89. Tyerman，*God's War*，pp.296，381；Gerald of Wales，*Journey through Wales*，p.178。
90. Peter of Blois，*De Hierosolymitana Peregrinatione Acceleranda*，Migne，*Patrologia Latina*，vol.ccvii, col. 1063；查阅Henry of Albano，*De peregrinante*，Migne，*Patrologia Latina*，vol.cciv, col. 352，and above p.81。
91. Henry of Albano，*De peregrinante*，col. 355；上面的注释71。
92. Gilbert of Mons，*Chronicle of Hainault*，p.112。
93. *Epistolae Cantuariensis*，ed. W. Stubbs，*Chronicles and Memorials of Richard I*，Rolls Series，vol.ii（London，1865），nos. 158，167；F. Opll，*Das Itinerar Kaiser Friederich Barbarossas*（*1152-1190*）（Cologne-Graz，1978），p.93。
94. Gerald of Wales，*Journey through Wales*，p.200及各处；Tyerman，*England and the Crusades*，pp.61，76，156以及下列等；P. Edbury，"Preaching the Crusade in Wales"，in *England and Germany in the High Middle Ages*，ed. A. Haverkamp and H. Vollrath（Oxford，1996），pp.221-234；K. Hurlock，*Wales and the Crusades c.1095-1291*（Cardiff，2011），esp.ch.2。

95. Gerald of Wales, *Journey through Wales*, p.76.
96. Maelgwn ap Cadwallon, prince of Maelienydd, Gerald of Wales, *Journey through Wales*, p.77.
97. Gerald of Wales, *Journey through Wales*, p.185；查阅p.164中关于鲍德温决定在每间威尔士的大教堂做弥撒的内容。
98. Gerald of Wales, *Journey through Wales*, p.75.关于杰拉尔德及其作品的情况，参见R. Barlett, *Gerald of Wales*（Oxford，1982）。
99. Gerald of Wales, *Opera*, vol.i, p.74.
100. Gerald of Wales, *Opera*, vol.i, pp.75-76；出处同前，*Journey through Wales*，p.141。
101. Above p.104.
102. Gerald of Wales, *Opera*, vol.i, p.77.
103. Gerald of Wales, *Journey through Wales*, p.172.
104. Gerald of Wales, *Opera*, vol.i, p.79.其他真正参与了有关十字军东征的回忆录或历史的撰写的人包括帕绍的院长塔格诺、英国人豪登的罗杰和诺曼人昂布鲁瓦，他们创作了韵文记述，但并不只有这些人。参见Loud, *Crusade of Frederick Barbarossa*, pp.3-5；J. Gillingham, "Roger of Howden on Crusade", in *Medieval Historical Writing in the Christian and Islamic Worlds*, ed. D. O. Morgan（London，1982），reprinted in J. Gillingham, *Richard Coeur de Lion*（London，1994），pp.141-153；P. Damian-Grint, "Ambroise", *ODNB*。

第五章　招募与奖赏

1. *Histoire générale de Languedoc*, ed. C. de Vic and J. Vaisete（Toulouse，1872-1905），vol.viii, cols. 1402-1403，查阅col. 1258以及其他关于1248年十字军东征的契约的例子，cols. 1221，1223，1276-1277。
2. *Gesta Francorum*, trans. R. Hill（London，1962），p.75.
3. Trans. J. Riley-Smith and L. Riley-Smith, *The Crusades：Idea and Reality*（London，1981），pp.119-124 at p.121.
4. C. Tyerman, *The Practices of Crusading：Image and Action from the Eleventh to the Sixteenth Centuries*（Farnham，2013），no. XIII，"Who went on Crusades to the Holy Land" and no. XIV，"Paid Crusaders".

5. E. Siberry, "The Crusading Counts of Nevers", *Nottingham Medieval Studies*, 34（1990）, p.65 and n.5; *Querimoniae Normannorum*, *RHF*, vol.xxiv, p.61, n.464.

6. Trans. A. J. Andrea, *Contemporary Sources for the Fourth Crusade*（Leiden, 2000）, p.188.

7. Trans. Riley-Smith and Riley-Smith, *Crusades: Idea and Reality*, p.39, 乌尔班二世致瓦拉布鲁萨（Vallambrosa）会众, 1096年10月7日。

8. Ralph of Caen, *Gesta Tancredi*, *RHC Occ.*, vol.iii, p.701, cf. trans. B. S. Bachrach and D. S. Bachrach, *The Gesta Tancredi of Ralph of Caen*（Aldershot, 2005）, p.152.

9. 关于总体概述, P. Spufford, *Money and its Use in Medieval Europe*（Cambridge, 1988）, and esp. chs. 4-6。

10. Raymond of Aguilers, *Historia Francorum qui ceperunt Iherusalem*, *RHC Occ.*, vol.iii, p.278; 查阅Albert of Aachen, *Historia Ierosolimitana*, ed. and trans. S. Edgington（Oxford, 2007）, pp.220-221, 300-301; A. V. Murray, "Money and Logistics in the Forces of the First Crusade", in *Logistics of Warfare in the Age of the Crusades*, ed. J. H. Pryor（Aldershot, 2006）, esp. pp.235-241; Tyerman, "Paid Crusaders", in *Practices of Crusading*, pp.32-33。

11. Spufford, *Money*, pp.99, 161.

12. *Select Charters*, ed. W. Stubbs, 9th edn（ed. H. W. C. Davis）（Oxford, 1921）, p.299.

13. 参考Tyerman, "Paid Crusaders", pp.8-10等, esp. n.26。

14. John of Salisbury, *Policraticus*, ed. C. C. I. Webb（Oxford, 1909）, vol.ii, p.26（bk VI, ch.X）; ibid., p.25中引用《路加福音》3∶14; 查阅S. Brown, "Military Service and Monetary Reward in the 11th and 12th Centuries", *History*, 74（1989）, pp.22-23。

15. Orderic Vitalis, *Ecclesiastical History*, ed. and trans. M. Chibnall（Oxford, 1969-1980）, vol.vi, pp.348-351.

16. Galbert of Bruges, *Histoire du meutre de Charles le Bon, comte de Flandre*, ed. H. Pirenne（Paris, 1891）, p.20, trans. J. Ross, *The Murder of Charles the Good of Flanders*（New York, 1967）, p.111; E. Oksanen,

"The Anglo-Flemish Treaties and Flemish Soldiers in England 1101-1163", in *Mercenaries and Paid Men*, ed. J. France (Leiden, 2000), pp.261-263.

17. William of Malmesbury, *Gesta Regum Anglorum*, ed. W. Stubbs (London, 1887-1889), vol.ii, p.320.
18. J. Bumke, *The Concept of Knighthood in the Middle Ages* (New York, 1982), pp.52-53, 总体上可参见pp.33-34, 41-43, 47-54。
19. *Benzonis Episcopi Albanesis ad Henricum IV Imperatorem Libri VII*, MGHS, vol.xi, pp.600-601; J. C. Andressohn, *The Ancestry and Life of Godfrey de Bouillon* (Bloomington, 1947), pp.38-39 and nn. 51-53; Tyerman, "Paid Crusaders", pp.10-11.
20. Bumke, *Concept of Knighthood*, p.52, 总体上可参见pp.41-42, 48-49; 关于12世纪中期的例子, *Constitutio Domus Regis*, ed. C. Johnson, *Dialogus de Scaccario* (London, 1950), pp.133-134, 总体上可参见pp.128-135; J. O. Prestwich, "The Military Household of the Norman Kings", *English Historical Review*, 96 (1981), pp.1-35。
21. H.-F. Delaborde, *Recueil des Actes de Philippe Auguste*, vol.i (Paris, 1916), no.292; *Codice diplomatica della republica de Genova*, ed. C. Imperiale de Saint'Angelo (Genoa, 1936-1942), vol.ii, pp.366-368; *Chronica Regis Coloniensis cont. a 1195*, ed. G. Waitz (Hanover, 1880), p.157; J. F. Böhmer, *Regesta Imperii IV, Die Regesten des Kaiserreiches unter Heinrich VI*, ed. G. Baaken (Cologne and Vienna, 1972), p.173 no.425.
22. B. Arnold, *German Knighthood 1050-1300* (Oxford, 1985), p.101.
23. Richard of San Germano, *Chronica*, MGHS, vol.xix, pp.343-344, 347-349; C. Tyerman, *God's War* (London, 2006), pp.742-743; *Chronica regia Colonensis*, ed. G. Waitz (Hanover, 1880), p.157; Otto of St Blasien, *Chronica*, MGHS, vol.xliv, p.45, trans. G. Loud, *The Crusade of Frederick Barbarossa* (Farnham, 2010), p.176; A. V. Murray, "Finance and Logistics of the Crusade of Frederick Barbarossa", in *In Laudem Hierosolymitani*, ed. I. Shagrir et al. (Aldershot, 2007), pp.357-368, esp. pp.358-361.

24. L. Paterson, *The World of the Troubadours*（Cambridge, 1993）, pp.40-89; K. Bosl, *Die Reichsministerialitäder Salier und Staufer*（Stuttgart, 1950）, vol.ii, p.90 cited by J. Prestwich, *The Place of War in English History 1066-1214*（Woodbridge, 2004）, p.97 n. 83; Orderic Vitalis, *Ecclesiastical History*, vol.ii, p.58.
25. *Dialogus de Scaccario*, pp.40-41; William of Poitiers, *Gesta Guillelmi*, eds. R. H. C. Davis and M. Chibnall（Oxford, 1998）, p.102.
26. *RHF*, vol.x, p.599中有关于1016年的证据, 出自博韦西的科尔比（Corbie）, vol.xxiii, pp.699-700中有关于40天服务期的内容; 关于其他的参考和讨论, 参见P. Guilhiermoz, *Essai sur l'origine de la noblesse en France au moyen âge*（Paris, 1902）, pp.273-285, esp.pp.273 n.51, 274-275; H. A. Haskins, *Norman Institutions*（New York, 1918）, pp.20-22; M. Chibnall, "Military Service in Normandy before 1066", *Anglo-Norman Studies*, 5（1982）, pp.65-77。
27. *Select Charters*, pp.173-174, 175-178; *English Historical Documents*, vol.ii, ed. D. C. Douglas（London, 1953）, pp.447, 912 n.228, 总体上, 可参见pp.438-448, 903-915; *Liber Eliensis*, ed. E. O. Blake, Camden 3rd Series（London, 1962）, pp.216-217.关于"自由"（*liberatio*）意味着薪酬, 参见J. O. Prestwich, "Mistranslations and Misinterpretations in Medieval English History", *Peritia*, 10（1996）, pp.324-325。
28. "*Great Domesday*", fol. 56v, in *Select Charters*, p.107; *Domesday Book*, trans. A. Williams and G. H. Martin（London, 1992）, p.136.
29. Suger, *Vie de Louis VI le Gros*, ed. H. Waquet（Paris, 1964）, p.8.
30. Suger, *Vie de Louis VI*, p.8; *Sugerii Vita*, Suger, *Oeuvres*, ed. F. Gaspari（Paris, 1996-2001）, vol.ii, p.337.
31. C. Erdmann, *Die Enstehung des Kreuzzusgedankens*（Stuttgart, 1935）, pp.251-252, trans. M. W. Baldwin and W. Goffart, *The Origin of the Idea of the Crusade*（Princeton, 1977）, pp.270-271.
32. 关于13世纪早期的例子, 参见*Ordinacio de predicatione S. Crucis in Angliae*, ed. R. Röhricht, *Quinti Belli Scari Scriptores Minores*, *Société de l'Orient Latin*, vol.ii（Geneva, 1879）, pp.22-23; C. Maier, *Crusade*

Propaganda and Ideology: *Model Sermons for the Preaching of the Cross*（Cambridge，2000），pp.87，89，93，111-113（James of Vitry）；查阅Bibliothèque nationale de France MS Lat. 14525, fols. 105vb-106vb，其中有杰斯莱恩·博德博士（Dr Jesslaynn Bird）对"条顿人"约翰（John the Teuton）的布道所做的评论，他慷慨地提供了这一参考。

33. *The Letters of St Bernard*，trans. B. S. James（Stroud，1998），p.462；Gunther of Pairis, *Historia Constantinopolitana*，ed. P. Riant，*Exuviae Sacrae Constantinopolitanae*，vol.i（Geneva，1877），p.64，trans. A. Andrea，*The Capture of Constantinople*（Philadelphia，1997），p.71.

34. *Curia Regis Rolls Preserved in the Public Record Office*（London，1922-），vol.viii，p.324；总体上，可参见J. Brundage，*Medieval Canon Law and the Crusader*（Madison，1969），pp.159-190。

35. Riley-Smith and Riley-Smith，*Crusades*：*Idea and Reality*，pp.39，58；Gunther of Pairis，*Historia*，p.64，trans. Andrea，*Capture*，p.71.

36. R. Somerville，*The Councils of Urban II*，vol.i，*Decreta Claromontensia*（Amsterdam，1972），p.74；关于"荣耀"的大概含义，参见*Mediae Latinitatis Lexicon Minus*，ed. J. F. Niermeyer et al.（Leiden，1984），cols. 495-498；*Dictionary of Medieval Latin from British Sources*，ed. D. R. Howlett et al. Fascicule IV（Oxford，1989），p.1169。

37. *Historia Peregrinorum*，ed. A. Chroust，*Quellen zur Geschichte des Kreuzzuges Kaiser Friedrichs I*，MGH（Berlin，1928），p.9；Riley-Smith and Riley-Smith，*Crusades*：*Idea and Reality*，p.66.

38. Guibert of Nogent，*Gesta Dei per Francos*，*RHC Occ.*，vol.iv，p.124；Ralph of Caen，*Gesta Tancredi*，*RHC Occ.*，vol.iii，p.606；trans. Bachrach and Bachrach，*Gesta Tancredi*，p.22.

39. Trans. and ed. E. Peters，*The First Crusade*（Philadelphia，1998），pp.293-296.

40. Bernard of Clairvaux，*De laude novae militiae*，trans. M. Barber and K. Bate，*The Templars*（Manchester，2002），p.218.

41. 参考上面的pp.45-47等；Fulcher of Chartres，*Historia Hierosolymitana*，*RHC Occ.*，vol.iii，p.324，trans. F. R. Ryan and H. Fink，*A History of the Expedition to Jerusalem*（Knoxville，1969），p.67；Robert of Rheims，

Historia Iherosolimitana, *RHC Occ.*, vol.iii, p.728, trans. C. Sweetenham, *Robert the Monk's History of the First Crusade*（Aldershot, 2005）, p.81; Baldric of Bourgueil, *Historia Jerosolimitana*, *RHC Occ.*, vol.iv, p.15; cf. Riley-Smith and Riley-Smith, *Crusades：Idea and Reality*, p.52。

42. 最近关于这些和纪念仪式的讨论，参见N. I. Paul, *To Follow in their Footsteps：The Crusades and Family Memory in the High Middle Ages*（Ithaca, 2012）, pp.90-134, esp.pp.90-95; *History of William Marshal*, ed. A. J. Holden（London, 2002-2006）, vol.ii, ll. 18184-5, 18216-26。

43. M. G. Bull, "The Capetian Monarchy and the Early Crusading Movement", *Nottingham Medieval Studies*, 40（1996）, pp.25-46.

44. Orderic Vitalis, *Ecclesiastical History*, vol.vi, p.287; 总体上，可参见Tyerman, *God's War*, ch.8, pp.243-267。

45. P. Edbury, *The Kingdom of Cyprus and the Crusades 1191-1374*（Cambridge, 1991）, pp.22-25; J. Riley-Smith, *The First Crusaders 1095-1131*（Cambridge, 1997）, pp.169-188; G. Perry, *John of Brienne*（Cambridge, 2013）.

46. Odo of Deuil, *De profectione Ludovici VII in Orientem*, ed. V. G. Berry（New York, 1948）, pp.20-21; Otto of Freising, *The Deeds of Frederick Barbarossa*, trans. C. C. Mierow（New York, 1953）, pp.74-79.

47. C. Tyerman, *England and the Crusades*（Chicago, 1988）, pp.36-56; T. Guard, *Chivalry, Kingship and Crusade：The English Experience in the Fourteenth Century*（Woodbridge, 2013）, p.139 and n. 57.

48. 关于地方上的例子，参见Tyerman, *England and the Crusades*, pp.208-228; 更广泛的例子，参见C. Tyerman, *The Invention of the Crusades*（Basingstoke, 1998）, esp. pp.55-62, "Secular Law and the Crusader"; Brundage, *Medieval Canon Law*, pp.115-190.

49. *The Book of the Foundation of Walden Monastery*, eds. D. Greenway and L. Watkiss（Oxford, 1999）, pp.54-55.

50. *Gesta Francorum*, pp.73-74, 83, 87-89.

51. Ralph of Caen, *Gesta Tancredi*, *RHC Occ.*, vol.iii, p.644, trans. Bach-

rach and Bachrach, *Gesta Tancredi*, p.77；总体情况, Tyerman, "Paid Crusaders", esp. pp.29-30, 38-40。

52. *De expugnatione Lyxbonensis*, ed. C. W. David（New York, 1976）, pp.84-85, 98-101, 110-113; *Die Urkunden Konrads III*, ed. F. Hausmann, MGH *Diplomatum Regum*, vol.ix（Vienna, 1969）, p.355; Otto of Freising, *Deeds of Frederick*, p.102.

53. Roger of Howden, 又名"Benedict of Peterborough", *Gesta Regis Henrici Secundi*, ed. W. Stubbs（London, 1867）, vol.ii, pp.112, 186（豪登自己是这次远征中的一名十字军战士）; Ralph of Diceto, *Ymagines Historiarum*, *Opera Historica*, ed. W. Stubbs（London, 1876）, vol. ii, p.88; *Itinerarium Regis Ricardi*, ed. W. Stubbs（London, 1864）, pp.213-214, 225-226, trans. H. J. Nicholson, *The Chronicle of the Third Crusade*（Aldershot, 1997）, pp.204, 214。

54. *Chronica Coloniensis*, p.157; Tyerman, "Paid Crusaders", pp.17-18；关于数据，参见W. Jordan, *Louis IX and the Challenge of the Crusade*（Princeton, 1979）, pp.65-104, esp. p.102。

55. Orderic Vitalis, *Ecclesiastical History*, vol.v, pp.170-172; Eadmer, *Historia novorum*, ed. M. Rule（London, 1884）, pp.179-181；以及上面的p.21。

56. *Regesta Chartarum Pistoriensium. Canonica di S. Zenone Secolo XI*, ed. N. Rauty, *Fonti Storiche Pistoiesi*, 7（Pistoia, 1985）, nos. 297 and 298, pp.241-243；查阅Tyerman, "Paid Crusaders", pp.37-38 and n.163。

57. John of Joinville, *Histoire de Saint Louis*, ed. N. de Wailly（Paris, 1868）, p.48，概括而言就是pp.40-48, trans. M. R. B. Shaw, *Chronicles of the Crusades*（London, 1963）, pp.191-192, 194-198。

58. *Gesta Francorum*, pp.19-20 and above, for material rewards, ch.2 pp.45-48.

59. H. Hagenmeyer, *Die Kreuzzugsbriefe aus den Jahren 1088-1100*（Innsbruck, 1902）, p.149, trans. Peters, *First Crusade*, p.287；关于第一次十字军东征的战争的细节，J. France, *Victory in the East*（Cambridge, 1994）.

60. A. Andrea, *Contemporary Sources for the Fourth Crusade*（Leiden, 2000）, p.253 and n.57; 关于其他的例子, France, *Victory in the East*, pp.165, 315; *Urkunden Konrads III*, p.355; 参考Tyerman, *God's War*, pp.423-427, 442-446等。

61. E. Christiansen, *The Northern Crusades*（London, 1997）, esp. chs. 3-5.

62. 关于概述, Tyerman, *God's War*, pp.563-605; D. Power, "Who Went on the Albigensian Crusade?", *English Historical Review*, 128（2013）, pp.1047-1085。

63. Orderic Vitalis, *Ecclesiastical History*, vol.vi, pp.100-101; N. L. Paul, "A Warlord's Wisdom: Literacy and Propaganda at the Time of the First Crusade", *Speculum*, 85（2010）, pp.534-566; Tyerman, *God's War*, pp.261-263.

64. Ralph Niger, *De Re Militari et Triplici Via Peregrinationis*, ed. L. Schmugge（Berlin, 1977）, pp.193-194.

65. 上面的注释21; G. L. Tafel and G. M. Thomas, *Urkunden zur alteren Handels- und Staatsgeschichte der Republik Venedig*（Vienna, 1856-1857）, vol.i, pp.362-373; A. Jal, *Pacta Naulorum, Collection de documents inédits sur l'histoire de France*（Paris, 1841-1848）, vol.i, pp.605-609, esp. p.606 "retinere si voluerit", vol.ii, pp.51-67; cf. *RHF*, vol.xxii, pp.404, 513-515。

66. Caffaro, *De liberatione civitatum Orientis*, ed. L. Belgrano, *Fonti per la storia d'Italia*（Rome, 1887-1993）, vol.xi, p.111, trans. M. Hall and J. Phillips, *Caffaro, Genoa and the Twelfth Century Crusades*（Farnham, 2013）, p.117.

67. Caffaro, *De liberatione*, p.120, trans. Hall and Phillips, *Caffaro*, p.122; 参考Tyerman, *God's War*, pp.265-266 and n.54等。

68. *Chronica Coloniensis*, pp.143, 144.

69. Ambroise, *Estoire de la guerre sainte* ed. G. Paris（Paris, 1877）, trans. M. J. Hubert, *The Crusade of Richard the Lion-Heart*（New York, 1976）, p.44, ll. 365-370; 查阅J. Gillingham, *Richard I*（New Haven and London, 1999）, p.128 and n.13中的讨论; Tyerman, *God's War*,

esp.pp.118-122；*De expugnatione Lyxbonensis*，pp.56-57。

70. William of Tyre，*Historia*，trans. E. A. Babcock and A. C. Krey，*A History of Deeds Done Beyond the Sea*（New York，1976），pp.193-194.

71. 英诺森三世致坎特伯雷大主教，in J. P.Migne，*Patrologia Latina*（Paris，1844-1864），vol.ccxvi, col. 1261；A. Leopold，*How to Recover the Holy Land：The Crusade Proposals of the Late Thirteenth and Early Fourteenth Centuries*（Aldershot，2000）；Matthew Paris，*Chronica Majora*，ed. H. R. Luard（London，1872-1884），vol.v，p.107，vol.vi，p.163.

第六章　参加十字军的人

1. Fulcher of Chartres，*Historia Hierosolymitana*，*RHC Occ.*，vol.iii，p.333，trans. F. R. Ryan and H. Hink，*A History of the Expedition to Jerusalem*（Knoxville，1969），p.81；John of Tubia（or Tolve），*De Iohanne Rege Ierusalem*，ed. R. Röhricht，*Quinti Belli Sacri Scriptores Minores*（Geneva，1879），p.139；Roger of Howden，又名 "Benedict of Peterborough"，*Gesta Regis Henrici Secundi*，ed. W. Stubbs（London，1867），vol.ii，pp.30-32。

2. 乌尔班二世致在博洛尼亚的支持者，1096年9月19日，trans. J. Riley-Smith and L. Riley-Smith，*The Crusades：Idea and Reality*（London，1981），p.39。

3. *Recueil des actes de Philippe Auguste*，ed. H.-F. Delaborde et al.（Paris，1916-1979），no.1360.

4. J. Riley-Smith，*The First Crusaders*（Cambridge，1997），pp.197-226.

5. 上面的第三章，pp.83-84；C. Tyerman，*England and the Crusades*（Chicago，1988），pp.168-172。

6. C. Tyerman，"Who Went on Crusade to the Holy Land?"，no. XIII in *The Practices of Crusading：Image and Action from the Eleventh to the Sixteenth Centuries*（Farnham，2013），p.17及各处。

7. 参考Tyerman，*England and the Crusades*，pp.70-72等；总体上，可参见Tyerman，*Practices of Crusading*，nos. XIII passim and XIV（"领薪十字军战士"），pp.15-40。

注　释

8. William of Tyre，*Chronicon*，ed. R. B. C. Huygens（Turnhout，1986），vol.i，p.137，trans. E. A. Babcock and A. C. Krey，*A History of Deeds Done Beyond the Sea*（New York，1976），vol.i，p.94.
9. *Itinerarium Ricardi Regis*，ed. W. Stubbs，Rolls Series（London，1864），pp.212-213，trans. H. Nicholson，*The Chronicle of the Third Crusade*（Aldershot，1997），p.203.
10. *Historia Peregrinorum*，ed. A. Chroust，*Quellen zur Geschichte des Kreuzzuges Kaiser Friedrichs I*（Berlin，1928），p.123，trans. G. Loud，*The Crusade of Frederick Barbarossa*（Farnham，2010），p 141；查阅*Historia de Expeditione Friderici*，ed. Chroust，*Quellen*，pp.13，14-15，trans. Loud，*Crusade of Frederick Barbarossa*，pp.43，45。
11. 参考C. Tyerman，*God's War*（London，2006），pp.66，276-280，281-282，286-287，288，377-378，417-419，489-491，615，740-741等。
12. Tyerman，*God's War*，pp.502-503，618-628，757-764，770-783，807-811；查阅J. M. Powell，*Anatomy of a Crusade 1213-1221*（Philadelphia，1986），esp.pp.67-87；M. Lower，*The Barons' Crusade*（Philadelphia，2005）；W. Jordan，*Louis IX and the Challenge of the Crusade*（Princeton，1979），pp.3-34。
13. 参见上面的第三章和第四章。
14. *De expugnatione Lyxbonensi*，ed. C. W. David（New York，1976），pp.160-161，查阅pp.54-57，100-105。
15. Caffaro，*De liberatione civitatum Orientis*，ed. L. Belgrano，*Fonti per la storia d'Italia*（Rome，1887-1993），vol.xi，p.102，trans. M. Hall and J. Phillips，*Caffaro, Genoa and the Twelfth Century Crusades*（Farnham，2013），p.110.
16. 参考Tyerman，*England and the Crusades*，pp.73-74，329等；A. Forey，"The Military Order of St Thomas of Acre"，*English Historical Review*，92（1977），pp.481-503；and below p.253。
17. *Historia de Expeditione Friderici*，pp.18-24，trans. Loud，*Crusade of Frederick Barbarossa*，pp.47-57.
18. *Itinerarium Ricardi Regis*，pp.217-218；trans. Nicholson，*Chronicle*，pp.207-208 and notes；查阅Ambroise，*L'Estoire de la Guerre Sainte*，ed.

G. Paris（Paris, 1877）, ll. 4705-4736, trans. M. J. Hubert, *The Crusade of Richard the Lion-Heart*（New York, 1976）, pp.199-201。

19. Robert of Clari, *La Conquête de Constantinople*, ed. P. Lauer（Paris, 1924）, pp.1-4, trans. E. H. McNeal, *The Conquest of Constantinople*（New York, 1966）, pp.31-34.
20. Robert of Clari, *La Conquête*, p.4.
21. Robert of Clari, *La Conquête*, p.10, trans. McNeal, *Conquest*, p.40.
22. Tyerman, *Practices of Crusading*, nos. XIII and XIV, esp. pp.16-20, 29-40; S. Lloyd, *English Society and the Crusade 1216-1307*（Oxford, 1988）, esp.chs. 3 and 4; Jordan, *Louis IX and the Challenge of the Crusade*, pp.14-34, 100-104.
23. William of Newburgh, *Historia rerum Anglicarum*, ed. R. Howlett（London, 1884-1885）, vol.i, pp.360, 383; Ralph of Diceto, *Ymagines Historiarum*, *Opera Historica*, ed. W. Stubbs（London, 1876）, vol.ii, p.88; *Itinerarium Ricardi Regis*, pp.213-214, 225-226, trans. Nicholson, *Chronicle*, pp.204, 214; Roger of Howden, *Gesta Henrici Secundi*, vol.ii, p.186.
24. Matthew Paris, *Chronica Majora*, ed. H. R. Luard（London, 1872-1884）, vol.iv, pp.43-45 and esp.p.44 n.6; Lloyd, *English Society*, p.136.
25. Lloyd, *English Society*, p.281: Appendix 5.
26. 关于爱德华所做准备的细节的权威描述，参见Lloyd, *English Society*, pp.113-153, esp. pp.137-145。
27. Jordan, *Louis IX and the Challenge of the Crusade*, p.71; Lloyd, *English Society*, pp.135-136.
28. Tyerman, "Paid Crusaders", *Practices of Crusading*, no. XIV, pp.20, 21-25, 29-40; A. V. Murray, "Finance and Logistics of the Crusade of Frederick Barbarossa", in *In Laudem Hierosolymitani*, eds. I. Shagrir et al.（Aldershot, 2007）, pp.357-368.
29. Odo of Deuil, *De profectione Ludovici VII in Orientem*, ed. V. G. Berry（New York, 1948）, pp.10-15; Tyerman, *England and the Crusades*, pp.66, 80-83; Geoffrey of Villehardouin, *La Conquête de Constantino-*

ple, ed. E. Faral (Paris, 1938-1939), vol.i, pp.51-52, trans. M. R. B. Shaw, *Chronicles of the Crusades* (London, 1963), pp.40-41; Richard of San Germano, *Chronica*, *MGHS*, vol.xix, pp.343-344, 347-349; Tyerman, *God's War*, pp.742-743.

30. 参考Tyerman, *England and the Crusades*, p.67等。
31. B. Arnold, *German Knighthood 1050-1300* (Oxford, 1985), pp.100-101; 参考A. V. Murray, "The Army of Godfrey de Bouillon 1096-99", *Revue belge de philologie et d'histoire*, 70 (1992), esp. pp.302-303, 311等。
32. *Historia de expeditione Friderici*, ed. Chroust, *Quellen*, pp.96-97, trans. Loud, *Crusade of Frederick Barbarossa*, pp.120-121.
33. *Titres de la maison ducale de Bourbon*, ed. A. Huillard-Bréholles (Paris, 1867-1874), vol.i, pp.46-47, no.221.
34. Riley-Smith and Riley-Smith, *Crusades: Idea and Reality*, pp.174-175.
35. M. S. Giuseppi, "On the Testament of Sir Hugh de Nevill", *Archaeologia*, 56 (1899), pp.352-354; Matthew Paris, *Historia Anglorum*, ed. F. Madden (London, 1866-1869), vol.iii, p.55.
36. Roger of Howden, *Gesta Henrici Secundi*, vol.ii, pp.30-32.
37. F. M. Stenton, "Early Manumissions at Staunton", *English Historical Review*, 26 (1911), pp.95-96.
38. Royal Commission on Historical Manuscripts, *Report on Various Collections*, vol.i (London, 1901), pp.235-236; Tyerman, *England and the Crusades*, p.171.
39. J. P. Migne, *Patrologia Latina* (Paris, 1844-1864), vol.ccxvi, col. 1261.
40. J. Brundage, *Medieval Canon Law and the Crusader* (Madison, 1969), pp.176-177.
41. Tyerman, "Who Went on Crusade?", p.17 and n.12.
42. Ibid, pp.17-18 and nn.13-14; Tyerman, *England and the Crusades*, esp. pp.168-172.
43. Robert of Clari, *La Conquête*, p.46, trans. McNeal, *Conquest*, p.72; John of Joinville, *Histoire de Saint Louis*, ed. N. de Wailly (Paris,

1868), trans. M. R. B. Shaw, *Chronicles of the Crusades* (London, 1963), p.233.

44. *Councils and Synods with other documents relating to the English Church*, ed. F. M. Powicke et al., vol.i (Oxford, 1961), pt 2, pp.1025-1029; Ambroise, *L'Estoire*, ll. 5695-5698, trans. Hubert, *Crusade*, p.233; Tyerman, *England and the Crusades*, pp.61, 63.

45. Powell, *Anatomy of a Crusade*, pp.208-246; Tyerman, "Who Went on Crusade?",各处；关于医护人员，参见下面的pp.251-255。

46. Albert of Aachen, *Historia Ierosolimitana*, ed. and trans. S. Edgington (Oxford, 2007), pp.120-121.

47. Raymond of Aguilers, *Historia Francorum*, *RHC Occ.*, vol.iii, p.297, trans. J. H. Hill and L. L. Hill (Philadelphia, 1968), p.124.

48. Ambroise, *L'Estoire*, ll. 4475-4476, 4498-4512, trans. Hubert, *Crusade*, pp.189-191; *Itinerarium Ricardi Regis*, pp.136-137; trans. Nicholson, *Chronicle*, pp.136-137.

49. Innocent IV, *Registres*, ed. E. Berger (Paris, 1884-1921), no.2644.

50. *A Cartulary of the Hospital of St John the Baptist*, ed. H. E. Salter, Oxford Historical Society, 68 (1915), ii, pp.134-135; *Cartulary of St Frideswide's*, Oxford, ed. S. R. Wigram, Oxford Historical Society, 28 and 31 (1894/1896), i, p.418, no.594; *Eynsham Cartulary*, ed. H. E. Salter, Oxford Historical Society, 49 (1906-1907), i, p.37, no.7; *Cartulary of Oseney Abbey*, ed. H. E. Salter, Oxford Historical Society, 89 (1929), i, p.319 no.363.

51. Albert of Aachen, *Historia*, pp.22-23; *De expugnatione Lyxbonensi*, pp.160-161; William of Newburgh, *Historia*, vol.i, pp.308-324.

52. *Pleas before the King or his Justices 1198-1202*, ed. D. M. Stenton (London, 1948-1949), vol.i, pp.135-136; vol.ii, p.49, no.248; *Cartulary of Oseney Abbey*, i, p.319, no.363; Giuseppi, "Testament of Sir Hugh de Nevill", p.353.

53. Tyerman, "Who Went on Crusade?", pp.18-19 and n. 16.

54. Riley-Smith and Riley-Smith, *Crusades: Idea and Reality*, p.39; Tyerman, *God's War*, pp.277, 282, 296, 381, 499, 503-504, 588; Tyer-

man，*England and the Crusades*，p.68.
55. Brundage，*Medieval Canon Law*，pp.177-179.
56. *Layettes du Trésor des Chartes*，vol.iii，ed. J. De Laborde（Paris，1875），p.104a.
57. Ralph of Diceto，*Ymagines*，vol.ii，p.88；*Itinerarium Ricardi Regis*，pp.91，116，192-193，trans. Nicholson，*Chronicle*，pp.96，119，186；Ambroise，*L'Estoire*，ll. 1607-1616，trans. Hubert，*Crusade*，p.90；Robert of Clari，*La Conquête*，pp.97-98，trans. McNeal，*Conquest*，pp.117-118.
58. *The Chronicle of Henry of Livonia*，trans. J. Brundage（New York，2003），pp.33，42，91-92，127-131及各处。
59. 参考H. Kümper，"Oliver of Paderborn"，*Encyclopaedia of the Medieval Chronicle*，ed. G. Dunphy（Leiden，2010）等；J. Bird，E. Peters and J. M. Powell，*Crusade and Christendom*（Philadelphia，2013），pp.158-159，169-171；维特里的雅各确认了奥利弗作为设计师的身份，*Lettres*，ed. R. B. C. Huygens（Leiden，1960），p.106；Matthew Paris，*Chronica Majora*，Corpus Christi College，Cambridge MS 16，fol. 55 v；参见卷头插画。
60. Roger of Howden，*Gesta Henrici Secundi*，vol.ii，pp.47-48.
61. See J. Schenk，*Templar Families*（Cambridge，2012）.
62. Otto of Freising，*The Deeds of Frederick Barbarossa*，trans. C. C. Mierow（New York，1953），p.76.
63. James of Vitry，*Lettres*，pp.86-88；Matthew Paris，*Chronica Majora*，vol.v，p.1；F. Barlow，*Thomas Becket*（London，1986），pp.258-259；Tyerman，*England and the Crusades*，pp.26，69，98，158，220-221，315，419 n. 155.
64. Brundage，*Medieval Canon Law*，pp.126 n.42，174；参考C. T. Maier，*Preaching the Crusades. Mendicant Friars and the Cross in the Thirteenth Century*（Cambridge，1994），pp.69-70等。
65. Brundage，*Medieval Canon Law*，pp.32，44，77；出处同前，"The Crusader's Wife"，*Studia Gratiana*，12（1967），pp.425-442；出处同前，"The Crusader's Wife Revisited"，*Studia Gratiana*，14（1967），

pp.241-252; N. Hodgson, *Women, Crusading and the Holy Land in Historical Narrative*（Woodbridge, 2007）; S. Edgington and S. Lambert, *Gendering the Crusades*（Cardiff, 2001）; 关于对女性的保护，参见下面的, p.246。

66. John of Tubia, *De Iohanne*, p.139.
67. Migne, *Patrologia Latina*, vol.ccxvi, col. 1262; James of Vitry, *Lettres*, p.77, 这尤其是典型的布道者的厌女症；出处同前, *Sermones Vulgares*, ed. T. F. Crane（London, 1890）, p.56。
68. *De expugatione Lyxbonensi*, p.57; Royal Commission on Historical Manuscripts, *Fifth Report*, Appendix（London, 1872）, p.462; *Layettes du Trésor des Chartes*, vol.iii, pp.103a-106a, 770; B. Kedar, "The Passenger List of a Crusader Ship", *Studi Medievali*, 13（1972）, pp.267-279; Bird et al., *Crusade and Christendom*, p.234.
69. Anna Komnene, *The Alexiad*, trans. E. R. A. Sewter and P. Frankopan（London, 2003）, p.275.
70. *Itinerarium Ricardi Regis*, pp.101-102, trans. Nicholson, *Chronicle*, p.106.
71. Albert of Aachen, *Historia*, pp.126-129.
72. *Archives de l'Hôtel Dieu de Paris*, ed. L. Briele（Paris, 1894）, no.203, pp.87-88.
73. Joinville, *Histoire de Saint Louis*, trans. Shaw, *Chronicles*, pp.241, 262-263; and below p.252.
74. 参考Kedar, "Passenger List", pp.273-274等。
75. D. M. Stenton, "Roger of Howden and Benedict", *English Historical Review*, 68（1953）, pp.576-577; Roger of Howden, *Gesta Henrici Secundi*, vol.ii, p.149.
76. Robert of Clari, *La Conquête*, pp.3-4, trans. McNeal, *Conquest*, pp.33-34.
77. Tyerman, "Who Went on Crusade?", p.18, n.15; P. Riant, *Exuviae Sacrae Constantinopolitana*（Geneva, 1876-1877）, vol.i, p.135.
78. M. Quantin, *Cartulaire générale de l'Yonne*（Auxerre, 1854-1860）, vol.i, p.437, no.283; William of Newburgh, *Historia*, vol.i, pp.308-

324.

79. Ralph of Diceto, *Ymagines*, vol.ii, p.88; *Itinerarium Ricardi Regis*, pp.134-135, trans. Nicholson, *Chronicle*, pp.135-136; Riley-Smith and Riley-Smith, *Crusades: Idea and Reality*, p.175.
80. 关于背景, 参见J. Maddicott, *The Origins of the English Parliament 924-1327*（Oxford, 2010）, esp.pp.139-147, 228-232; 总体上, 可参见S. Reynolds, *Kingdoms and Communities in Western Europe 900-1300*（Oxford, 1997）。
81. Odo of Deuil, *De profectione*, pp.20-21; *Historia de expeditione Friderici*, ed. Chroust, *Quellen*, pp.24-25, trans. Loud, *Crusade of Frederick Barbarossa*, pp.57-58; Roger of Howden, *Gesta Henrici Secundi*, vol.ii, pp.110-111; 出处同前, *Chronica*, ed. W. Stubbs（London, 1868-1871）, vol.iii, p.8; *De expugnatione Lyxbonensi*, pp.56-57, 104-105.
82. *De expugnatione Lyxbonensi*, pp.56-57, 100-111.
83. Ralph of Diceto, *Ymagines*, vol.ii, pp.65-66; Roger of Howden, *Gesta Henrici Secundi*, vol.ii, pp.116, 117-119; *Narratio de Itinere Navali Peregrinorum*, ed. Chroust, *Quellen*, pp.188, 189, 195, 查阅trans. Loud, *Crusade of Frederick Barbarosa*, pp.198, 201, 204, 207; *Gesta Crucigerorum Rhenanorum* and *De Itinere Frisonum*, ed. R. Röhricht, *Quinti Belli Sacri Scriptores Minores*, Société de l'Orient Latin, vol.ii（Geneva, 1879）, pp.29-56, 59-70; Oliver of Paderborn, *Capture of Damietta*, Bird et al., *Crusade and Christendom*, p.165; and below pp.247-248.
84. Innocent IV, *Registres*, no.2644; F. Cardini, "Crusade and 'Presence of Jerusalem' in Medieval Florence", in *Outremer*, ed. B. Z. Kedar et al.（Jerusalem, 1982）, p.337 n.36; C. Tyerman, "Court, Crusade and City: The Cultural Milieu of Louis I, Duke of Bourbon", *Practices of Crusading: Image and Action from the Eleventh to the Sixteenth Centuries*（Farnham, 2013）, no. IV, pp.53-56.
85. L. W. Marvin, "The White and Black Confraternities of Toulouse and the Albigensian Crusade 1210-1211", *Viator*, 40（2009）, pp.133-150.
86. C. Tyerman, "'Principes et Populus': Civil Society and the First Cru-

sade", *Practices of Crusading: Image and Action from the Eleventh to the Sixteenth Centuries*（Farnham，2013），no. XII，pp.1-23.

87. 参考Tyerman，*God's War*，pp.467，469，510，530-531，547等。
88. *RHF*，vol.xxi，pp.262-263；Kedar，"Passenger List"，pp.271-272.
89. Riley-Smith，*First Crusaders*，p.112.
90. Migne，*Patrologia Latina*，vol.ccxvi，col. 1261.
91. Guillaume de Nangis，*Gesta Ludovici*，*RHF*，vol.xx，pp.440-442.
92. Stubbs，*Select Charters*，pp.183-184；trans. *English Historical Documents*，vol.ii，ed. D. C. Douglas（London，1953），pp.416-417；Roger of Howden，*Gesta Henrici Secundi*，vol.i，pp.279-280.
93. D. Carpenter，"English Peasants in Politics 1258-1267"，*Past and Present*，136（1992），pp.3-42；finerollshenry3.org.uk/content/month/fm-09-2010.html，accessed 31/5/2014.
94. H. S. Bennett，*Life on the English Manor*（Cambridge，1956），pp.118-125；关于将"大众"十字军东征政治化，参见Tyerman，*God's War*，pp.607-611，802-804，879-881；T. Guard，*Chivalry，Kingship and Crusade*（Woodbridge，2013），pp.23-29 and nn.5 and 6。
95. Matthew Paris，*Chronica Majora*，vol.v，p.107，vol.vi，p.163.
96. *Registro del Cardinale Ugolino d'Ostia*，ed. G. Levi（Rome，1890），*Fonti per la storia d'Italia*，vol.viii，pp.128-133，no. cv；Marino Sanudo Torsello，*Liber Secretorum Fidelium Crucis*，ed. J. Bongars，*Gesta Dei per Francos*（Hanau，1611），esp.bk II，pt. I，pp.34-37.
97. E.g. P. Alphandéry，*La chrétienté et l'idée de croisade*，ed. A. Dupront（Paris，1954-1959）；M. Mollat，*The Poor in the Middle Ages*（London，1986），esp. p.72；现在可查阅J. Rubinstein，*Armies of Heaven：The First Crusade and the Quest for the Apocalypse*（New York，2011）。
98. Guibert of Nogent，*Gesta Dei per Francos*，*RHC Occ.*，vol.iv，p.251.
99. William of Puylaurens，*Chronicle*，trans. W. A. Sibly and M. D. Sibly（Woodbridge，2003），pp.33 n.6，128.
100. Fulcher of Chartres，*Historia*，*RHC Occ.*，vol.iii，p.329；trans. Ryan and Fink，*History*，pp.75-76.
101. Tyerman，*God's War*，pp.607-611.

102. Tyerman, *God's War*, pp.78-81, 94-106.
103. Brundage, *Medieval Canon Law*, pp.132-138; *Quia Maior*, 1213, trans. Riley-Smith and Riley-Smith, *Crusades: Idea and Reality*, esp. pp.121-122; 总体上, 可参考Bird et al., *Crusade and Christendom*, p.508中的"誓言、十字军东征和救赎"。
104. Tyerman, "Who Went on Crusade?", p.25 and nn. 40, 41, 42.
105. Henry of Huntingdon, *Historia Anglorum*, ed. D. Greenway (Oxford, 1996), pp.752-753.
106. Royal Commission on Historical Manuscripts, *Report on Various Collections*, vol.i, pp.235-236.
107. Alan of Lille, *Sermo de cruce domini*, *Textes inédits*, ed. M. T. d'Alverny, *Etudes de philosophie médiéval*, vol.52 (Paris, 1965), pp.281-282; and above pp.100-101.
108. 上面的注释94。

第七章 十字军远征的成本

1. Peter of Blois, *De Hierosolymitana peregrinatione acceleranda*, J. P. Migne, *Patrologia Latina* (Paris, 1844-1864), vol.ccvii, col. 1068.
2. Odo of Châteauroux, Sermon XIV, *Analecta Novissima Spicilegii Solesmensis* (Paris, 1885-1888), vol.ii, p.332.
3. *RHC Documents Arméniens* (Paris, 1869-1906), vol.ii, pp.340 (Hetoum), 371, 402-407 (the *Directorium*); 关于萨努多, 参见J. Bongars, *Gesta Dei per Francos* (Hanau, 1611), vol.ii, esp.pp.30-31; Humbert of Romans, *Opusculum tripartitum*, trans. J. Bird, E. Peters and J. M. Powell, *Crusade and Christendom* (Philadelphia, 2013), pp.462-463。
4. *RHF*, vol.xv, p.508.
5. Fulcher of Chartres, *Historia Hierosolymitana*, *RHC Occ.*, vol.iii, p.328 n.19 (参考两份12世纪的手稿); 查阅H. Hagenmeyer's edition (Heidelberg, 1913), p.163 n.1; 关于十字军战士的物资, 参见J. Riley-Smith, *The First Crusaders* (Cambridge, 1997), pp.109-114。
6. Albert of Aachen, *Historia Ierosolimitana*, ed. and trans. S. Edgington

（Oxford，2007），pp.24-25；Richard of Devizes，*Chronicle*，ed. J. T. Appleby（London，1963），p.15；A. V. Murray，"Money and Logistics in the Forces of the First Crusade"，in *Logistics of Warfare in the Age of the Crusades*，ed. J. H. Pryor（Aldershot，2006），pp.240-241.

7. Matthew Paris，*Historia Anglorum*，ed. F. Madden（London，1866-1869），vol.iii，p.55；Clement V，*Regestum*（Rome，1885-1892），no.8205（毫不意外的是，奥托被打劫了）；*Calendar of Close Rolls 1227-1231*，pp.34-35.

8. Trans. E. Peters，*The First Crusade*（Philadelphia，1998），p.293.

9. 关于这些计划，参见A. Leopold，*How to Recover the Holy Land*（Aldershot，2000）。

10. J. Phillips，*The Second Crusade*（New Haven，2007），pp.115-122；C. Tyerman，*England and the Crusades*（Chicago，1988），p.60；出处同前，*God's War*（London，2006），p.434。

11. Tyerman，*England and the Crusades*，pp.80-81 and n.121.

12. *Recueil des actes de Philippe Auguste*，ed. H.-F. Delaborde et al.（Paris，1916-1979），vol.i，no.252；Otto of St Blasien，*Chronica*，ed. A Hofmeister（Hanover，1912），p.4，trans. G. Loud，*The Crusade of Frederick Barbarossa*（Farnham，2010），p.176；*Chronica Regis Coloniensis cont. a 1195*，ed. G. Waitz（Hanover，1880），p.157；Robert of Clari，*La Conquête de Constantinople*，pp.4，6，8，trans. E. H. McNeal，*The Conquest of Constantinople*（New York，1966），pp.34，36，38.

13. G. L. Tafel and G. M. Thomas，*Urkunden zur alteren Handels- und Staatgeschichte der Republik Venedig*（Vienna，1856-1857），vol.i，pp.362-373；Tyerman，*God's War*，pp.510-514，525-527；*The Deeds of the Bishops of Halberstadt*，trans. A. Andrea，*Contemporary Sources for the Fourth Crusade*（Leiden，2000），p.247.

14. *Querimoniae Normannorum*，RHF，vol.xxiv，p.22，no.157，p.40 no.301；参考C Tyerman，"Paid Crusaders"，*Practices of Crusading：Image and Action from the Eleventh to the Sixteenth Centuries*（Farnham，2013），no. XIV，pp.17-18等。

15. Trans. P. Jackson，*The Seventh Crusade*，*1244-1254*（Aldershot，

2007）, pp.34-35.
16. *Histoire générale de Languedoc*, ed. C. de Vic and J. Vaisete（Toulouse, 1872-1905）, vol.viii, cols. 706-707.
17. S. Lloyd, *English Society and the Crusade 1216-1307*（Oxford, 1988）, pp.116-119; N. Housley, "Costing the Crusade", in *The Experience of Crusading*, vol.i, *Western Approaches*, eds. M. Bull and N. Housley（Cambridge, 2003）, pp.50-51; C. Tyerman, "Philip VI and the Recovery of the Holy Land", *English Historical Review*, 100（1985）, pp.42-43, p.43 n. 1.
18. Raymond of Aguilers, *Historia Francorum qui ceperunt Iherusalem*, *RHC Occ.*, vol.iii, p.245; Albert of Aachen, *Historia*, pp.220-223; 总体上，可参见上面的pp.151-158。
19. H. Hagenmeyer, *Die Kreuzzugsbriefe aus den Jahren 1088-1100*（Innsbruck, 1902）, pp.138, 140; Albert of Aachen, *Historia*, pp.86-87, 查阅pp.72-73。
20. Ralph of Caen, *Gesta Tancredi*, *RHC Occ.*, vol.iii, pp.680-681, trans. B. Bachrach and D. S. Bachrach, *The* Gesta Tancredi *of Ralph of Caen*（Aldershot, 2005）, pp.124-125.
21. 关于这些的讨论，参见Tyerman, "Paid Crusaders", pp.38-40, 查阅pp.6, 29-30, 31, 34。
22. Albert of Aachen, *Historia*, pp.120-123; Tyerman, "Paid Crusaders", p.7 n.24.
23. *Gesta Francorum*, trans. R. Hill（London, 1962）, pp.43, 72-73, 91; Peter Tudebode, *Historia de Hierosolymitana Itinere*, *RHC Occ.*, vol.iii, p.50; Raymond of Aguilers, *Historia Francorum*, *RHC Occ.*, vol.iii, p.297; Albert of Aachen, *Historia*, pp.356-357.
24. Raymond of Aguilers, *Historia Francorum*, *RHC Occ.*, vol.iii, p.271; Tyerman, "Paid Crusaders", pp.10-11.
25. Baldric of Bourgueil, *Historia Jerosolimitana*, *RHC Occ.*, vol.iv, p.17; Robert of Rheims, *Historia Iherosolimitana*, *RHC Occ.*, vol.iii, pp.741, 744, trans. C. Sweetenham, *Robert the Monk's History of the First Crusade*（Aldershot, 2005）, pp.92, 93.

26. Odo of Deuil, *De profectione Ludovici VII in Orientem*, ed. V. G. Berry (New York, 1948), pp.122-125, 136-137, 142-143.
27. *RHF*, vol.xv, pp.487, 488, 495-497, 499, 500-502, 508-510, nos. xii, xiii, xxxvi, xxxvii, xxxviii, xxxix, xlv, xlviii, lii, lxvii, lxviii, lxix.
28. Ralph of Diceto, *Abbreviationes Chronicorum*, *Opera Historica*, ed. W. Stubbs (London, 1876), vol.i, pp.256-257; Phillips, *Second Crusade*, pp.107-112; Tyerman, "Paid Crusaders", p.27 and n. 116.
29. Otto of Freising, *Gesta Friderici*, p.89, trans. C. C. Mierow, *The Deeds of Frederick Barbarossa* (New York, 1953), p.102; Phillips, *Second Crusade*, p.184.
30. *De expugnatione Lyxbonensi*, ed. C. W. David (New York, 1976), pp.56-57, 84-85, 98-101, 104-113.
31. Rigord, *Oeuvres*, ed. H. F. Delaborde (Paris, 1882-1885), vol.i, p.106.
32. Tyerman, *England and the Crusades*, pp.66, 80-81; Roger of Howden, 又名 "Benedict of Peterborough", *Gesta Regis Henrici Secundi*, ed. W. Stubbs (London, 1867), vol.ii, pp.112, 186; *Itinerarium Ricardi Regis*, ed. W. Stubbs, Rolls Series (London, 1864), pp.213-214, 225-226, trans. H. Nicholson, *The Chronicle of the Third Crusade* (Aldershot, 1997), pp.204, 214; Ralph of Diceto, *Ymagines Historiarum*, *Opera Historica*, ed. W. Stubbs (London, 1876), vol.ii, p.88。
33. *Episcopal Acts and Cognate Documents Relating to Welsh Dioceses 1066-1272*, ed. J. Conway Davies (Cardiff, 1946), vol.i, p.326.
34. *Itinerarium Ricardi Regis*, p.116, trans. Nicholson, *Chronicle*, p.118.
35. Roger of Howden, *Chronica*, ed. W. Stubbs (London, 1868-1871), vol.iv, p.111; Tyerman, *England and the Crusades*, pp.96, 190; James of Vitry, *Historia Occidentalis*, ed. J. F. Hinnebusch (Freiburg, 1972); Robert of Clari, *La Conquête*, pp.4, 6, 8, trans. McNeal, *Conquest*, pp.34, 36, 38; Geoffrey of Villehardouin, *La Conquête de Constantinople*, ed. E. Faral (Paris, 1938-1939), vol.i, pp.51-53, 103-104, vol.ii, pp.28-29; A. Wauters, ed., *Table chronologique des*

  chartes et diplômes imprimés concernant l'histoire de la Belgique（Brussels，1866-1965），vol.iii，p.174；*Cartulaire de Montier-le-Celle*，ed. C. Lalone（Paris-Troyes，1882），pp.10-11，no.9.

36. 总体上，J. M. Powell，*Anatomy of a Crusade 1213-1221*（Philadelphia，1986），esp. pp.51-106。
37. Leopold，*How to Recover the Holy Land*，各处。
38. *Secreta Fidelium Crucis*，Bongars，*Gesta Dei per Francos*，bks 1 and 2.
39. 现在可参见M. Carlin and D. Crouch，*Lost Letters of Medieval Life*（Philadelphia，2013），esp. pp.1-23；查阅M. Aurell，*Le chevalier lettré*（Paris，2011）。
40. *Gesta Francorum*，p.75.
41. Raymond of Aguilers，*Historia Francorum*，*RHC Occ.*，vol.iii，p.271；Albert of Aachen，*Historia*，pp.384-385.
42. 上面的第一章。
43. 参见以下评论，Aurell，*Chevalier Lettré*，pp.8-9，19-20，34，39，62-63，64，80-86，195；关于有读写能力的平信徒和信件，参见Peters，*First Crusade*，pp.42-44，284-289；关于诺曼底的罗贝尔，参见W. M. Aird，*Robert Curthose*（Woodbridge，2008）；Raymond of Aguilers，*Historia Francorum*，*RHC Occ.*，vol.iii，235，275。
44. Gerald of Wales，*De rebus a se gestis*，*Opera Omnia*，ed. J. S. Brewer，Rolls Series（London，1861-1891），vol.i，p.79.
45. Wace，*Roman de Rou*，ed. A. J. Holden（Paris，1970-1973），ll. 2003-2008，trans. G. Burgess，*History of the Norman People*（Woodbridge，2004），pp.113-114，其中有关于哲学家伯纳德和公爵理查二世主持估算其账目的故事；查阅资源，*Gesta Normannnorum Ducum*，ed. E. M. C. Van Houts（Oxford，1992-1995），pp.30-31，其中关于公爵的管理没有那么具体。
46. D. Crouch，*The Beaumont Twins*（Cambridge，1986），esp.pp.163-166；R. Mortimer，"The Family of Ranulf de Glanville"，*Bulletin of the Institute of Historical Research*，54（1981），pp.1-16.
47. 例如，*Constitutio Domus Regis*，c. 1135-1139，ed. with the *Dialogus de Scaccario* by C. Johnson（London，1950），pp.129-135；由于教会教庭

可能包含平信徒或由平信徒运营，所以平信徒/教牧人员的区别可能是人为的。
48. *English Lawsuits from William I to Richard I*，ed. R. C. Van Caenegem（London，1990-1991），vol.ii，pp.397-404，no.408.
49. 关于一份1071年的加泰罗尼亚地产协议，T. Bisson，ed.，*Fiscal Accounts of Catalonia under the Early Count-Kings*（Berkeley and Los Angeles，1984），vol.ii，pp.255-256，no.139。
50. *History of William Marshal*，ed. A. J. Holden（London，2002-2006），pp.230-231，ll. 4538-4540，其中有关于1179年拉尼骑士比武的书面记录，可供13世纪20年代的马歇尔的传记作家使用（full list ll. 4457-4780）and pp.174-175，ll. 3414-3424，其中有关于账目的内容，包括马歇尔和茹伊的罗杰（Roger of Jouy）的"厨房职员"威格南特（Wignant）的账户，也保存下来以供马歇尔的传记作家查阅。Gerald of Wales，*De Principis Instructione*，*Opera*，vol.viii，pp.316-318.
51. "*Ad sustentaculum militantium deo in loco prescripti martyris*"，*Die Traditionem des Klosters Tegernsee 1003-1242*，ed. P. Acht（Munich，1952），p.189，no.250.
52. Odo of Deuil，*De profectione*，pp.10-11，14-15是关于这些协商的唯一来源。
53. *Crònica de Ramon Muntaner*，ed. F. Soldevila（Barcelona，2011），chs. 225，233；我将此归功于戴维·雅各比教授即将发表的文章。
54. *RHF*，vol.xxii，pp.404，513-515；查阅W. Jordan，*Louis IX and the Challenge of the Crusade*（Princeton，1979），pp.78-79 and nn. 94，95。
55. Housley，"Costing the Crusade"，pp.47-52；F. Cardini，"I costi della crociata"，*Studi in memoria di Federigo Melis*（Naples，1978），vol.iii，pp.179-210；J. B. Henneman，*Royal Taxation in Fourteenth Century France：The Development of War Financing 1322-1356*（Princeton，1971），pp.348-349，Table 2.
56. Henneman，*Royal Taxation*，pp.349-351，其中有关于腓力六世的收入。
57. B. Kedar，"The Passenger List of a Crusader Ship"，*Studi Medievali*，13（1972），pp.271-272；*RHF*，vol.xxi，pp.262-263；above p.171.

注　释

58. Riley-Smith, *First Crusaders*, p.112, 概括而言就是pp.109-135; Murray, "Money and Logistics", pp.230-232。
59. 数据引自Murray, "Money and Logistics", p.234, 他是以便士来测算的, 便士除以12, 可换算为先令; Ralph of Caen, *Gesta Tancredi*, *RHC Occ.*, vol.iii, pp.630, 703, trans. Bachrach and Bachrach, *Gesta Tancredi*, pp.56, 155; *Gesta Francorum*, p.59。
60. Riley-Smith, *First Crusaders*, p.109。
61. Murray, "Money and Logistics", pp.240-241 (便士除以240, 可换算为英镑); 要转换罗贝尔的10 000马克的话, 1马克斯特林等于1英镑斯特林的0.66%; Raymond of Aguilers, *Historia Francorum*, *RHC Occ.*, vol.iii, p.271。
62. Raymond of Aguilers, *Historia Francorum*, *RHC Occ.*, vol.iii, p.278.
63. *RHF*, vol.xv, pp.499, 500-502, 508-509, nos. xlv, xlviii, lii, lxviii; J. M. Baldwin, *The Government of Philip Augustus* (Berkeley and Los Angeles, 1986), pp.44-58.
64. *RHF*, vol.xv, p.487, no. xii; 最近关于法国远征的描述, 参见Phillips, *Second Crusade*, pp.184-206。
65. Tyerman, *England and the Crusades*, pp.80-81, 概括而言就是pp.57-85。
66. Roger of Howden, *Gesta Henrici Secundi*, vol.ii, pp.89-90; *Pipe Roll 2 Richard I*, pp.8-9.
67. Tyerman, *England and the Crusades*, p.82; Villehardouin, *La Conquête*, vol.i, pp.50-53; Richard of Devizes, *Chronicle*, p.15, 不过, 驯马和驮马被运送到大陆可能是为了加入理查的扈从和在马赛的桨帆船舰队; 参见下面的p.265。
68. *Pipe Roll 2 Richard I*, p.131, 查阅pp.1, 53, 104, 112; *Pipe Roll 3 Richard I*, pp.11, 128; 关于铁的供应, *Pipe Roll 35 Henry II*, p.106。
69. Richard of Devizes, *Chronicle*, p.42; *Chronica Coloniensis*, p.157.
70. D. Carpenter, *The Struggle for Mastery. Britain 1066-1284* (London, 2003), pp.220, 246; R. Bartlett, *England under the Angevin and Norman Kings* (Oxford, 2000), pp.175-177; Baldwin, *Government of Philip Augustus*, pp.50-51; Tyerman, *England and the Crusades*, p.79.
71. Rigord, *Oeuvres*, vol.i, p.106; *Recueil des actes de Philippe Auguste*,

vol.i, no.252.

72. Thomas of Split, *Historia pontificum Spalatensis*, ed. L. von Heineman, MGH *Scriptores in Folio et Charto*(Hanover and Leipzig, 1826-1934), vol.xxix, pp.578-579.

73. Baldwin, *Government of Philip Augustus*, p.173.

74. J. H. Pryor, "The Venetian Fleet for the Fourth Crusade", in *Experience of Crusading*, vol.i, eds. Bull and Housley, pp.103-123.

75. Robert of Clari, *La Conquête*, pp.8, 9, 10, trans. McNeal, *Conquest*, pp.38, 39, 40.

76. Kedar, "Passenger List".

77. *Registro del Cardinale Ugolino d'Ostia*, ed. G. Levi (Rome, 1890), *Fonti per la storia d'Italia*, vol.viii, pp.128-133, no. cv; Powell, *Anatomy of Crusade*, pp.97-102, esp.Table 5: 1.

78. Baldwin, *Government of Philip Augustus*, p.353 and n. 94; MGH *Constitutiones et Acta Publica Imperatorum et Regum*, ed. L. Weiland (Hanover, 1896), IV-ii, pp.129-131, no.102.

79. *RHF*, vol.xxi, pp.404, 513-515; A. Jal, *Pacta Naulorum*, *Collection de documents inédits sur l'histoire de France*(Paris, 1841-1848), vol.i, pp.605-609, vol.ii, pp.51-67; Jordan, *Louis IX and the Challenge of Crusade*, esp.pp.70-79, 103-104.

80. Jordan, *Louis IX and the Challenge of Crusade*, p.71.

81. 参见如下的讨论, Lloyd, *English Society*, pp.115-119; J. R. Strayer, "The Crusades of Louis IX", in *A History of the Crusades*, gen. ed. K. Setton (Madison, 1969), vol.ii, pp.510-512。

82. William of Newburgh, *Historia rerum Anglicarum*, ed. R. Howlett (London, 1884-1885), vol.i, pp.360, 383.

83. N. Vincent, *Peter des Roches*(Cambridge, 1996), esp.pp.235-236.

84. Baldwin, *Government of Philip Augustus*, p.173.

85. Carpenter, *Struggle for Mastery*, p.262.

86. M. Prestwich, *Edward I*(London, 1988), pp.200(在威尔士是120 000英镑) and 400(在法兰西和苏格兰,1294-1298年间用在战争上

的是750 000英镑）；查阅Lloyd, *English Society*, pp.144-148。
87. Jordan, *Louis IX and the Challenge of Crusade*, p.67 and n. 22.
88. E. Boutaric, "Documents relatives à l'histoire de Philippe le Bel", *Notices et Extraits*, 20（1865）, pp.112-118, no. v; William of Poitiers, *Gesta Guillelmi*, eds. R. H. C. Davies and M. Chibnall（Oxford, 1998）, p.102.

第八章 为十字军远征出资

1. J. Brundage, *Medieval Canon Law and the Crusader*（Madison, 1969）, esp. pp.159-190.
2. Brundage, *Medieval Canon Law*, pp.183-184; Roger of Howden, 又名"Benedict of Peterborough", *Gesta Regis Henrici Secundi*, ed. W. Stubbs（London, 1867）, vol.ii, p.31; C. Tyerman, *England and the Crusades*（Chicago, 1988）, p.70, 其中有关于英国豁免的内容。
3. Rigord, *Oeuvres*, ed. H. F. Delaborde（Paris, 1882-1885）, vol.i, pp.84-85; *Recueil des actes de Philippe Auguste*, ed. H.-F. Delaborde et al.（Paris, 1916-1979）, no.1360; Tyerman, *England and the Crusades*, pp.71, 135, 204, 219, 221.
4. Tyerman, *England and the Crusades*, p.219 and n.146; 查阅1145或1146年、1198年、1213年、1215年、1234年等关于犹太高利贷的教皇通谕。
5. J. Riley-Smith, *The First Crusaders*（Cambridge, 1997）, pp.123-125.
6. *Cartulaires de l'abbaye de Moslesme 916-1250*, ed. J. Laurent（Paris, 1907-1911）, pp.83-84, no.78.
7. Tyerman, *England and the Crusades*, pp.199, 206-207.
8. 正如以下尖锐指出的, Corliss Slack, *Crusade Charters*（Tempe, 2001）, pp.xxix-xxx, 以及《吾等之前辈》所说明的, 其中禁止任何对十字军战士所承诺的财产所有权进行挑战。
9. Trans. J. Riley-Smith and L. Riley-Smith, *The Crusades: Idea and Reality*（London, 1981）, pp.58-59.
10. Riley-Smith, *First Crusaders*, pp.109-135.
11. Tyerman, *England and the Crusades*, pp.16-17.
12. Tyerman, *England and the Crusades*, pp.75-80.

13. Roger of Howden, *Chronica*, ed. W. Stubbs（London, 1868-1871）, vol.iii, p.8.
14. Roger of Howden, *Gesta Henrici Secundi*, vol.ii, p.90.
15. Richard of Devizes, *Chronicle*, ed. J. T. Appleby（London, 1963）, p.9.
16. C. Tyerman, *God's War*（London, 2006）, pp.442, 444 and n. 82.
17. *Register of St. Benet of Holme*, ed. J. R. West, Norfolk Record Society, 2 and 3（1932）, i, 87, no.155；查阅G. Constable, "The Financing of the Crusades", *Crusaders and Crusading in the Twelfth Century*（Farnham, 2008）, esp. p.126，其中有类似的评论。
18. Orderic Vitalis, *Ecclesiastical History*, ed. and trans. M. Chibnall（Oxford, 1969-1980）, vol.vi, pp.18-19.
19. 参考Tyerman, *England and the Crusades*, pp.46, 47等。
20. W. Jordan, *Louis IX and the Challenge of Crusade*（Princeton, 1979）, p.103；S. Lloyd, *English Society and the Crusade 1216-1307*（Oxford, 1988）, p.145 and n. 150.
21. In general, C. Maier, *Preaching the Crusades：Mendicant Friars and the Cross in the Thirteenth Century*（Cambridge, 1994）.
22. Peter the Venerable, *Letters*, ed. G. Constable（Cambridge, Mass., 1967）, vol.i, pp.327-330.
23. Tyerman, *England and the Crusades*, pp.192-193.
24. Jordan, *Louis IX and the Challenge of Crusade*, pp.84-86, 98-99.
25. *RHF*, vol.xv, pp.496, 501-502, 508, nos. xxxvii, lii, lxvii；Roger of Howden, *Gesta Henrici Secundi*, vol.ii, p.31；J. Bird, E. Peters and J. M. Powell, *Crusade and Christendom*（Philadelphia, 2013）, pp.126, 139；J. M. Powell, *Anatomy of a Crusade 1213-1221*（Philadelphia, 1986）, pp.92-93；"Ernoul", trans. P. Edbury, *The Conquest of Jerusalem and the Third Crusade*（London, 1996）, pp.35-36；MGH *Constitutiones et Acta Publica Imperatorum et Regum*, ed. L. Weiland（Hanover, 1896）, IV-ii, no.102.
26. Tyerman, *England and the Crusades*, pp.109, 127, 129；Lloyd, *English Society*, p.145.
27. *Calendar of Patent Rolls 1225-1232*, pp.89-90；Richard of Devizes,

Chronicle, p.6.

28. *Pleas before the King or his Justices, 1198-1202*, ed. D. M. Stenton（London, 1948-1949）, vol.i, pp.135-136, vol.ii, p.49, no.248；关于金的供应，总体上，可参见P. Spufford, *Money and its Use in Medieval Europe*（Cambridge, 1988）。

29. M. S. Giuseppi, "On the Testament of Sir Hugh de Nevill", *Archaeologia*, 56（1899）, pp.352-354.

30. A. V. Murray, "Money and Logistics in the Forces of the First Crusade", in *Logistics of Warfare in the Age of the Crusades*, ed. J. H. Pryor（Aldershot, 2006）, p.239 n. 30, 其中有完整的引用；Albert of Aachen, *Historia Ierosolimitana*, ed. and trans. S. Edgington（Oxford, 2007）, pp.24-25; Constable, "Financing the Crusades", pp.117-118 and n. 3。

31. Roger of Howden, *Gesta Henrici Secundi*, vol.ii, p.116; idem, *Chronica*, vol.iv, pp.5-6.

32. Rigord, *Oeuvres*, vol.i, p.106.

33. *Chronica Regis Coloniensis cont. a 1195*, ed. G. Waitz（Hanover, 1880）, p.157; Richard of San Germano, *Chronica*, *MGHS*, vol.xix, pp.348-349; D. Abulafia, *Frederick II*（London, 1988）, pp.220-223.

34. D. Carpenter, "The Gold Treasure of King Henry III", *The Reign of Henry III*（London, 1996）, pp.107-136; N. Vincent, *Peter des Roches*（Cambridge, 1996）, pp.238-239 and n. 53.

35. Powell, *Anatomy of a Crusade*, pp.100-101.

36. 例如，参见以下信件，trans. E. Peters, *The First Crusade*（Philadelphia, 1998）, pp.283-284, 296-297; J. Riley-Smith, *The First Crusade and the Idea of Crusading*（London, 1986）, pp.23, 40-41, 72, 123-125, 162; Brundage, *Medieval Canon Law*, pp.127-138。

37. *Chronica Monasterii de Melsa*, ed. E. A. Bond（London, 1866-1868）, vol.i, p.76.

38. 乌尔班二世致其在博洛尼亚的支持者，1096年9月19日，trans. Peters, *First Crusade*, p.44; 在1188年继续，Tyerman, *England and the Crusades*, p.61; 查阅《事出紧急》（1213）和《拉结看到》（1234）中免

除适用性考核的内容，Bird et al.，*Crusade and Christendom*，pp.110，274-275。

39. 参考Tyerman，*England and the Crusades*，pp.64-65等。
40. Gerald of Wales，*De principis instructione*，*Opera omnia*，ed. J. S. Brewer，Rolls Series（London，1861-1891），vol.viii，pp.236-239，trans W. Lunt，*Papal Revenues in the Middle Ages*（New York，1965），vol.ii，pp.485-487 and，总的来说，关于赎回遗产和捐赠，vol.i，p.125，vol.ii，pp.485-497，512-528；Maier，*Preaching the Crusades*，pp.135-160。
41. 参考Bird et al.，*Crusade and Christendom*，pp.47-52等。p.49有说明文献和一个简要的总结。
42. A. Andrea，*Contemporary Sources for the Fourth Crusade*（Leiden，2000），pp.30-31（Innocent III，31 Dec. 1199）；Bird et al.，*Crusade and Christendom*，pp.49-50（Innocent III，1200）。
43. Bird et al.，*Crusade and Christendom*，pp.110，129，and pp.119，135-141，其中有关于随行人员的混乱情况。
44. Bird et al.，*Crusade and Christendom*，pp.270-276；总体上，M. Lower，*The Barons' Crusade*（Philadelphia，2005）。
45. Tyerman，*England and the Crusades*，pp.193-194 and refs.；Lloyd，*English Society*，pp.22，149，151，178；Jordan，*Louis IX and the Challenge of Crusade*，pp.67-68。
46. Lunt，*Papal Revenues*，vol.ii，pp.488-490.
47. Matthew Paris，*Chronica Majora*，ed. H. R. Luard（London，1872-1884），vol.iv，pp.133-134；Tyerman，*England and the Crusades*，pp.194-195.
48. Bird et al.，*Crusade and Christendom*，p.398.
49. Tyerman，*England and the Crusades*，p.162；参考Maier，*Preaching the Crusades*，pp.139-143等。
50. Bird et al.，*Crusade and Christendom*，p.455.
51. Lloyd，*English Society*，p.149；Jordan，*Louis IX and the Challenge of Crusade*，p.100 and n. 214.
52. Innocent IV，*Registres*，ed. E. Berger（Paris，1884-1921），no.3708.

注　释

53. *Calendar of Papal Registers*, ed. W. T. Bliss et al.（London, 1893-1960）, vol.i, 444, 445; Tyerman, *England and the Crusades*, p.195 and n. 38; Lloyd, *English Society*, p.146 and n. 157.
54. Lunt, *Papal Revenues*, vol.i, pp.111-125, vol.ii, pp.448-485; *Historical Papers and Letters from Northern Registers*, ed. J. Raine（London, 1873）, pp.200-201, 在约克大主教管区为1308年的医院骑士团远征筹集的500英镑中, 赎回金额仅为25英镑14先令8便士; 其中大部分的条款都来自售卖赎罪券。
55. Lunt, *Papal Revenues*, vol.i, pp.71-77, vol.ii, pp.82-152; 查阅Constable, "Financing the Crusades", pp.117-123。
56. Bird et al., *Crusade and Christendom*, p.271.
57. Ibid, p.34.
58. Ibid, p.108.
59. Andrea, *Contemporary Sources*, p.29.
60. *Recueil des chartes de l'abbaye de Saint-Benoît-sur-Loire*, ed. M. Prou et al.（Paris, 1900-1907）, vol.i, pp.340-343, no.150; Constable, "Financing the Crusades", pp.116-117.
61. *Actes de Philippe Auguste*, vol.i, no.252; Roger of Howden, *Gesta Henrici Secundi*, vol.ii, pp.44-45; Ralph Niger, *Chronica*, ed. H. Krause（Frankfurt, 1985）, p.288.
62. Richard of San Germano, *Chronica*, *MGHS*, vol.xix, pp.348-349; *Registro del Cardinale Ugolino d'Ostia*, ed. G. Levi（Rome, 1890）, *Fonti per la storia d'Italia*, vol.viii, pp.7-9, 11-13, 19-24, 101, 109-110, 113-114, 121-123, 128-133, 138-140, 152-153; Bird et al., *Crusade and Christendom*, pp.274-275; Jordan, *Louis IX and the Challenge of Crusade*, pp.35-64; J. R. Maddicott, "The Crusade Taxation of 1268-1270", *Thirteenth Century England*, 2（1988）, pp.93-117; 出处同前, *The Origins of the English Parliament 924-1327*（Oxford, 2010）, pp.266-272; C. Tyerman, "Philip V of France, the Assemblies of 1319-1320 and the Crusade", *Practices of Crusading: Image and Action from the Eleventh to the Sixteenth Centuries*（Farnham, 2013）, no. II, pp.15-34。
63. Lloyd, *English Society*, p.77; Tyerman, *England and the Crusades*,

pp.91-92，121.

64. Bird et al., *Crusade and Christendom*, pp.387-388，翻译来自鲁昂大主教厄德斯（Eudes）的登记员，and pp.454-465，其中有一些关于第二次里昂公会议的材料；关于第二次里昂公会议的报告参见P. Throop, *Criticism of the Crusade*（Amsterdam，1940）；M. Aurell, *Des chrétiens contre les croisades*（Paris，2013），pp.310-327。

65. 参考Tyerman, *England and the Crusades*, pp.45-46 and nn. 37，38等，pp.75-80。

66. *Decrees of the Ecumenical Councils*, ed. N. P. Tanner, vol.i（Washington, DC，1990），pp.227-271；Powell, *Anatomy of a Crusade*, p.50 n. 46.

67. Lunt, *Papal Revenues*, vol.i, pp.71-77；Tyerman, *God's War*, pp.616-617，778-779，815-816，829-831.

68. Tyerman, *England and the Crusades*, p.17 and nn. 37，45，96；Riley-Smith and Riley-Smith, *Crusades：Idea and Reality*, p.144和上面的注释62。

69. 讨论参见Constable, "Financing the Crusades", pp.118-120；查阅Tyerman, "Paid Crusaders", *Practices of Crusading*, no. XIV, p.27 and n. 116。

70. Ralph Niger, *Chronica*, p.288.

71. Bird et al., *Crusade and Christendom*, pp.110，126；Powell, *Anatomy of a Crusade*, p.94；*Registro Ugolino*, p.7, no. iv, pp.11-12, no. ix（viii（sic）in text）.

72. Jordan, *Louis IX and the Challenge of Crusade*, pp.94-99.

73. G. Loud, *The Crusade of Frederick Barbarossa*（Farnham，2010），p.121；*Actes de Philippe Auguste*, vol.i, no.237, vol.iv, no.1708；Tyerman, *God's War*, p.508 and n.20；*Histoire générale de Languedoc*, ed. C. de Vic and J. Vaisete（Toulouse，1872-1905），vol.viii, cols. 1489-1490（查阅Jordan, *Louis IX and the Challenge of Crusade*, p.100，其中有关于较早的、有限的阿尔方斯的壁炉税）。

74. Tyerman, *England and the Crusades*, pp.101，191，不过，认为彼得·德斯·罗什在十字军东征中挪用了部分税款的说法是不公正的，Vincent, *Peter des Roches*, p.238, n. 51.

75. 参考Tyerman, *England and the Crusades*, p.45等, n. 37 and p.47, n. 48。

76. Gervase of Canterbury, *Historical Works*, ed. W. Stubbs（London, 1879-1880）, vol.i, pp.422-423; Tyerman, *England and the Crusades*, esp. pp.75-80; 关于财税卷宗34"亨利二世"的详细内容, pp.11, 106, 216; *1 Richard I*, pp.1, 5, 12, 53, 104, 112, 131; *2 Richard I*, p.112。

77. Roger of Howden, *Gesta Henrici Secundi*, vol.i, pp.336-337, vol.ii, p.32; 出处同前, *Chronica*, vol.ii, p.302。

78. Powell, *Anatomy of a Crusade*, pp.100-101; *Regestro Ugolino*, pp.128-133; Jordan, *Louis IX and the Challenge of Crusade*, pp.82, 98; P. Guido, *Rationes decimarum Italiae nei secoli XIIIe: Tuscia: la decima degli anni 1274-1290*, *Studi e Testi*, vol.lviii（Vatican City, 1932）, pp.xlixliii.

79. Tyerman, *God's War*, pp.586, 600-601.

80. R. Bartlett, *The Making of Europe*（London, 1993）, p.268.

81. Jordan, *Louis IX and the Challenge of Crusade*, p.100.

82. 参考Tyerman, *God's War*, pp.802-804等。

83. Bird et al., *Crusade and Christendom*, pp.274-275, 455, 462.

84. Strayer, "Crusades of Louis IX", p.508; William Rishanger, *Chronica*, ed. H. T. Riley（London, 1865）, p.78.

85. E. Christiansen, *The Northern Crusades*（London, 1997）, esp.pp.82-92, 123-138.

86. 关于这些和其他计划, 参见A. Leopold, *How to Recover the Holy Land*（Aldershot, 2000）and S. Schein, *Fideles Crucis*（Oxford, 1991）。

87. P. Dubois, *The Recovery of the Holy Land*, ed. W. I. Brandt（New York, 1956）and comments in P. Biller, *The Measure of Multitude*（Oxford, 2000）, pp.242-244; J. Bongars, *Gesta Dei per Francos*（Hanau, 1611）, vol.ii, p.23.

88. N. Housley, "Costing the Crusade", in *The Experience of Crusading*, vol.i, *Western Approaches*, eds. M. Bull and N. Housley（Cambridge, 2003）, p.49; F. Cardini, "I costi della crociata", *Studi in memoria di*

Federigo Melis（Naples，1978），vol.iii，p.188.

89. *Political Songs of England*，ed. T. Wright（London，1839），p.128.

第九章　协调

1. H. Hagenmeyer，*Die Kreuzzugsbriefe aus den Jahren 1088-1100*（Innsbruck，1902），pp.165-167 and p.136，其中有关于出发日期，trans. E. Peters，*The First Crusade*（Philadelphia，1998），pp.42，291-292；关于英国的参与，C. Tyerman，*England and the Crusades*（Chicago，1988），pp.19-21；Fulcher of Chartres，*Historia Hierosolymitana*，*RHC Occ.*，vol.iii，p.327，trans. F. R. Ryan and H. Fink，*A History of the Expedition to Jerusalem*（Knoxville，1969），pp.71-72，其中有关于成果的内容；总体上，C. Tyerman，*God's War*（London，2006），chs. 2-3；J. Riley-Smith，*The First Crusade and the Idea of Crusading*（London，1986），chs. 1-2；J. France，*Victory in the East*（Cambridge，1994），ch.4。

2. *RHC Occ.*，vol.iv，p.149，trans. R. Levine，*The Deeds of God Through the Franks*（Woodbridge，1997），p.251.

3. Albert of Aachen，*Historia Ierosolimitana*，ed. and trans. S. Edgington（Oxford，2007），pp.60-63.

4. J. Riley-Smith，*The First Crusaders*（Cambridge，1997），pp.139-143.

5. Albert of Aachen，*Historia*，pp.12-13，18-21，62-71.

6. 关于这种拜占庭—十字军战士之间关系的强烈观点，P. Frankopan，*The First Crusade：The Call from the East*（London，2012），esp. chs. 6-8。

7. 现在可参见C. West，"All in the Same Boat：East Anglia, the North Sea World and the 1147 Expedition to Lisbon"，in *East Anglia and its North Sea World in the Middle Ages*，ed. D. Bates and R. Liddiard（Woodbridge，2013），pp.286-300。

8. *De expugnatione Lyxbonensi*，ed. C. W. David（New York，1976），pp.112-113.

9. For general accounts of these，see Tyerman，*God's War*，pp.54-55，398，413-414，627-628，664-665，685，689-692.

10. Odo of Deuil，*De profectione Ludovici VII in Orientem*，ed. V. G. Berry

（New York，1948），pp.32-33.
11. Odo of Deuil，*De profectione*，pp.70-71.
12. The *De expugnatione Lyxbonensi*.
13. 关于总体信息，J. Phillips，*The Second Crusade*（New Haven，2007），esp.chs. 4，5，7；关于缺乏总体战略的关键评估，A. Forey，"The Second Crusade：Scope and Objectives"，*Durham University Journal*，86（1994），pp.165-175。
14. 关于这些，Phillips，*Second Crusade*，p.169；Odo of Deuil，*De profectione*，pp.22-23，66-69，78-79。
15. Roger of Howden，又名"Benedict of Peterborough"，*Gesta Regis Henrici Secundi*，ed. W. Stubbs（London，1867），vol.ii，p.56；in general，Tyerman，*God's War*，chs. 12-13。
16. 参考G. Loud，*The Crusade of Frederick Barbarossa*（Farnham，2010），pp.15-18等，43-44，47-55；Roger of Howden，*Gesta Henrici Secundi*，vol.ii，p.56。
17. Guy of Bazoches，*Liber Epistularum*，ed. H. Adolfsson（Stockholm，1969），no. xxxiv，p.148.
18. Loud，*Crusade of Frederick Barbarossa*，pp.92，145；Ralph of Diceto，*Ymagines Historiarum*，*Opera Historica*，ed. W. Stubbs（London，1876），vol.ii，pp.51-54.
19. Guy of Bazoches，*Liber Epistolarum*，no. xxxv，pp.152-153；Tyerman，*God's War*，pp.440-441；*The Chronicle of Ibn al-Athir for the Crusading Period*，trans. D. S. Richards（Aldershot，2007），vol.ii，p.374；Baha al-Din Ibn Shaddad，*The Rare and Excellent History of Saladin*，trans. D. S. Richards（Aldershot，2002），p.106.
20. *Itinerarium Ricardi Regis*，ed. W. Stubbs，Rolls Series（London，1864），pp.64-68，trans. H. Nicholson，*The Chronicle of the Third Crusade*（Aldershot，1997），pp.73-77；Tyerman，*God's War*，pp.402-417.
21. *Itinerarium Ricardi Regis*，pp.92-94，trans. Nicholson，*Chronicle*，pp.97-99；*The Old French Continuation of William of Tyre 1184-1197*，trans. P. Edbury（Aldershot，1998），p.94.
22. Roger of Howden，*Gesta Henrici Secundi*，vol.ii，pp.112-126；Tyer-

man, *England and the Crusades*, pp.80-82; Tyerman, *God's War*, pp.431-441.

23. Roger of Howden, *Gesta Henrici Secundi*, vol.ii, p.112; Ambroise, *L'Estoire de la Guerre Sainte*, ed. G. Paris（Paris, 1877）, ll. 449-490, trans. M. J. Hubert, *The Crusade of Richard the Lion-Heart*（New York, 1976）, pp.46-47; *Itinerarium Ricardi Regis*, p.152, trans. Nicholson, *Chronicle*, p.153.

24. Geoffrey of Villehardouin, *La Conquête de Constantinople*, ed. E. Faral（Paris, 1938-1939）, esp. vol.i, pp.1-57, trans. M. R. B. Shaw, *Chronicles of the Crusades*（London, 1963）, pp.29-39; Robert of Clari, *La Conquête de Constantinople*, pp.1-8, trans. E. H. McNeal, *The Conquest of Constantinople*（New York, 1966）, pp.31-39; J. Riley-Smith, "Towards an Understanding of the Fourth Crusade as an Institution", in *Urba Capta*, ed. A. Laiou（Paris, 2005）, pp.71-88; 总体上, 可参考Tyerman, *God's War*, pp.501-560等。

25. Villehardouin, *La Conquête*, vol.i, pp.50-53, 102-105, vol.ii, pp.28-29.

26. I. Fonnesberg-Schmidt, *The Popes and the Baltic Crusades 1147-1254*（Leiden, 2007）, pp.79-131; C. Tyerman, "Henry of Livonia and the Ideology of Crusading", *Practices of Crusading: Image and Action from the Eleventh to the Sixteenth Centuries*（Farnham, 2013）, no. VII, pp.32-37; Tyerman, *God's War*, pp.596-599.

27. *Ad Liberandam*, trans. J. Bird, E. Peters and J. M. Powell, *Crusade and Christendom*（Philadelphia, 2013）, pp.124-129.

28. Oliver of Paderborn, *Historia Damiatina*, trans. Bird et al., *Crusade and Christendom*, pp.166-167.

29. J. P. Migne, *Patrologia Latina*（Paris, 1844-1864）, vol.ccxvi, col. 830, no. xxxv.

30. Tyerman, *God's War*, pp.626-627; Bird et al., *Crusade and Christendom*, p.158.

31. 关于一些相关的翻译文件, 参见Bird et al., *Crusade and Christendom*, pp.133-141。

32. M. Lower, *The Barons' Crusade*（Philadelphia, 2005）, 各处; Tyer-

man, *God's War*, pp.755-769.
33. W. Jordan, *Louis IX and the Challenge of Crusade*（Princeton, 1979）, esp. pp.65-104是最佳研究；关于理查，参见Tyerman, *England and the Crusades*, pp.57-85 and above pp.197-199 and below pp.262-263。
34. Jordan, *Louis IX and the Challenge of Crusade*, pp.3-64.

第十章 健康与安全

1. T. F. Crane, *The Exempla of Jacques de Vitry*（London, 1890）, p.57, no. cxxiv; John of Joinville, *Histoire de Saint Louis*, ed. N. de Wailly （Paris, 1868）, trans. M. R. B. Shaw, *Chronicles of the Crusades* （London, 1963）, p.191；查阅Fulcher of Chartres, *Historia Hierosolymitana*, *RHC Occ.*, vol.iii, p.328, trans. F. R. Ryan and H. Fink, *A History of the Expedition to Jerusalem*（Knoxville, 1969）, p.74。
2. *De expugnatione Lyxbonensi*, ed. C. W. David（New York, 1976）, pp.130-131.
3. J. Brundage, *Medieval Canon Law and the Crusader*（Madison, 1969）, pp.139-190; C. Tyerman, *The Invention of the Crusades*（Basingstoke, 1998）, pp.14-28, 30-41, 55-62.
4. 查阅J. Riley-Smith, *The First Crusaders*（Cambridge, 1997）, pp.81-143; C. Tyerman, *England and the Crusades*（Chicago, 1988）, pp.195-228.
5. *Pipe Rolls 3 and 4 Richard I*, p.285.
6. *Calendar of Close Rolls 1251-1253*, p.210; Tyerman, *England and the Crusades*, pp.209-211.
7. J. Brundage, "The Crusader's Wife: A Canonistic Quandary" and "The Crusader's Wife Revisited", *Studia Gratiana*, 12（1967）, ii, pp.425-441, iv, pp.241-252；查阅*Quia Maior*, trans. J. Bird, E. Peters and J. M. Powell, *Crusade and Christendom*（Philadelphia, 2013）, p.110。
8. Raymond of Aguilers；查阅C. Tyerman, "'Principes et Populus': Civil Society and the First Crusade", *Practices of Crusading: Image and Action from the Eleventh to the Sixteenth Centuries*（Farnham, 2013）, no. XII, pp.1-23。

9. 乌尔班二世致佛兰德斯人，H. Hagenmeyer, *Die Kreuzzugsbriefe aus den Jahren 1088-1100*（Innsbruck，1902），p.136，trans. E. Peters, *The First Crusade*（Philadelphia，1998），p.42；Riley-Smith, *First Crusaders*，pp.106-109。

10. Trans. J. Riley-Smith and L. Riley-Smith, *The Crusades: Idea and Reality*（London，1981），pp.57-59.

11. *De expugnatione Lyxbonensi*，pp.56-57，176-177（就打破与葡萄牙国王之间的第二协议达成一致）。

12. Odo of Deuil, *De profectione Ludovici VII in Orientem*，ed. V. G. Berry（New York，1948），pp.124-125.

13. 参见trans. of *Historia de expeditione Friderici Imperatoris*，in G. Loud, *The Crusade of Frederick Barbarossa*（Farnham，2010），pp.47，57-58，64-65。

14. Roger of Howden，又名"Benedict of Peterborough"，*Gesta Regis Henrici Secundi*，ed. W. Stubbs（London，1867），vol.ii，pp.30-33；Gervase of Canterbury, *Historical Works*，ed. W. Stubbs（London，1879-1880），vol.i，pp.409-410；*Councils and Synods with other documents relating to the English Church*，ed. F. M. Powicke et al.，vol.i（Oxford，1961），pt. 2，pp.1025-1029；Tyerman, *England and the Crusades*，pp.61-64。

15. Richard of Devizes, *Chronicle*，ed. J. T. Appleby（London，1963），p.22；查阅M. Strickland, *War and Chivalry*（Cambridge，1996），p.37。

16. Roger of Howden, *Gesta Henrici Secundi*，vol.ii，pp.110-111.

17. Roger of Howden, *Gesta Henrici Secundi*，vol.ii，pp.129-132；出处同前，*Chronica*，ed. W. Stubbs（London，1868-1871），vol.iii，pp.58-60。

18. Ralph of Diceto, *Ymagines Historiarum*, *Opera Historica*，ed. W. Stubbs（London，1876），vol.ii，p.88.

19. Roger of Howden, *Gesta Henrici Secundi*，vol.ii，p.132；*Itinerarium Ricardi Regis*，ed. W. Stubbs, Rolls Series（London，1864），trans. H. Nicholson, *The Chronicle of the Third Crusade*（Aldershot，1997），

pp.136-137.
20. R. Röhricht, ed., *Quinti Belli Sacri Scriptores Minores*（Geneva, 1879）, *Gesta crucigerorum Rhenanorum*, pp.29, 31-34, *De intinere Frisonum*, p.59.
21. 关于塞维利亚王宫, *Gesta crucegerorum Rhenanorum*, in Röhricht, ed., *Quinti Belli Sacri Scriptores Minores*, pp.31-34; Robert of Clari, *La Conquête de Constantinople*, trans. E. H. McNeal, *The Conquest of Constantinople*（New York, 1966）, pp.100-102; Raymond of Aguilers, *Historia Francorum*, *RHC Occ.*, vol.iii, p.270, 其中有关于马阿拉特·阿尔-努曼（Ma'arrat al-Numan）围困之后, 他们觉得被欺骗的不满。
22. Odo of Deuil, *De profectione*, pp.20-21.
23. 接下来依赖于如下的研究, Piers Mitchell, *Medicine in the Crusades*（Cambridge, 2004）; 查阅S. Edgington, "Medical Knowledge of the Crusading Armies", in *The Military Orders*, ed. M. Barber, vol.i（Aldershot, 1994）, pp.320-326。
24. Joinville, *Histoire de Saint Louis*, p.109, trans. Shaw, *Chronicles*, p.241.
25. Albert of Aachen, *Historia Ierosolimitana*, ed. and trans. S. Edgington（Oxford, 2007）, pp.142-145; Mitchell, *Medicine*, pp.149-150.
26. Mitchell, *Medicine*, pp.26-27.
27. *Itinerarium Ricardi Regis*, p.43, trans. Nicholson, *Chronicle*, p.55.
28. H. E. Mayer, *The Crusades*, 2nd edn（Oxford, 1988）, p.142; *Continuation of William of Tyre*, trans. P. Edbury, *The Conquest of Jerusalem and the Third Crusade*（Aldershot, 1998）, p.90; Mitchell, *Medicine*, pp.90-91.
29. Ralph of Diceto, *Ymagines*, *Opera*, vol.ii, pp.80-81; Roger of Howden, *Gesta Henrici Secundi*, vol.ii, pp.89-90, 116-118; A. Forey, "The Military Order of St. Thomas of Acre", *English Historical Review*, 92（1977）, pp.481-503; Joinville, *Histoire de Saint Louis*, trans. Shaw, *Chronicles*, pp.196-197; James of Vitry, *Lettres*, ed. R. B. C. Huygens（Leiden, 1960）, no. II, pp.80-83.

30. *Itinerarium Ricardi Regis*, pp.249-250, 272, trans. Nicholson, *Chronicle*, pp.237, 255.

31. *Continuation of William of Tyre*, trans. Edbury, *Conquest of Jerusalem*, p.90.

32. Mitchell, *Medicine*, pp.143-145, 176-177.

33. Discussed by Mitchell, *Medicine*, pp.185-186.

34. Albert of Aachen, *Historia*, pp.664-667; Guibert of Nogent, *Gesta Dei per Francos*, *RHC Occ.*, vol.iv, p.231; Mitchell, *Medicine*, pp.159-163进行了讨论; and above pp.14-15。

35. Bibliothèque nationale de France MS Latin 11015, fols. 32-41; 查阅A. Leopold, *How to Recover the Holy Land*（Aldershot, 2000）, pp.42-43。

第十一章　补给

1. *The Bayeux Tapestry*, ed. F. Stenton（London, 1957）, esp. scenes 37-42, 46-51; 拿破仑的评论"军队靠胃走路"也被认为是普鲁士的腓特烈大帝所说的。

2. *Bayeux Tapestry*, scenes 37, 49, 50 and 68, 是关于好斗的奥多。

3. C. Tyerman, *God's War*（London, 2006）, plate 10.

4. *Mappae Clavicula: A Little Key to the World of Medieval Techniques*, ed. C. S. Smith and J. G. Hawthorne, *Transactions of the American Philosophical Society*, 64（1974）, pt. 4, esp. pp.68-69.

5. 参见上面的p.15, 例如, Theophilus, *De Diversis Artibus*, ed. C. R. Dodwell（Oxford, 1986）, pp.ix-x, xix, xxxiii-xxxix, 20, 64-65, 71, 142-158。

6. R. Rogers, *Latin Siege Warfare in the Twelfth Century*（Oxford, 1984）, pp.3, 21-22, 238-243; J. Harvey, *The Medieval Architect*（London, 1972）, pp.87-100; 关于在12世纪70年代一位国际建筑师参加重建坎特伯雷大教堂的竞争, Gervase of Canterbury, *Historical Works*, ed. W. Stubbs（London, 1879-1880）, vol.i, p.6。

7. 关于讨论, Rogers, *Siege Warfare*, pp.237-239; 关于若弗鲁瓦和十字军运动的工程师们, above pp.15, 23-24; 关于亨利, Orderic Vitalis, *Ecclesiastical History*, ed. and trans. M. Chibnall（Oxford, 1969-1980）,

vol.vi，pp.340-343。
8. N. Tanner，*Decrees of the Ecumenical Councils*（Washington，DC，1990），pp.223，267-271；现在参见S. Stantchev，*Spiritual Rationality: Papal Embargo as Cultural Practice*（Oxford，2014），esp. pp.17-89。
9. B. Bachrach，"*Caballus et caballarius* in Medieval Warfare"，*Warfare and Military Organisation in pre-Crusade Europe*（Aldershot，2002），ch.12，p.183.
10. F. Gabrieli，*Arab Historians of the Crusades*（London，1984），pp.204-206.
11. John of Joinville，*Histoire de Saint Louis*，ed. N. de Wailly（Paris，1868），trans. M. R. B. Shaw，*Chronicles of the Crusades*（London，1963），p.197；W. Jordan，*Louis IX and the Challenge of Crusade*（Princeton，1979），pp.76-77；参考S. Lloyd，*English Society and Crusade 1216-1307*（Oxford，1988），p.140，n.122等。
12. Albert of Aachen，*Historia Ierosolimitana*，ed. and trans. S. Edgington（Oxford，2007），pp.220-223；Oliver of Paderborn，*Historia Damiatina*，trans. J. Bird，E. Peters and J. M. Powell，*Crusade and Christendom*（Philadelphia，2013），p.200.
13. 关于后者，T. Madden，"Food and the Fourth Crusade"，in *Logistics of Warfare in the Age of the Crusades*，ed. J. H. Pryor（Aldershot，2006），pp.209-228。
14. 参考J. H. Pryor，"Modelling Bohemond's March to Thessalonica"，in *Logistics of Warfare in the Age of the Crusades*，ed. J. H. Pryor（Aldershot，2006），pp.9-15等；R. W. Unger，"The Northern Crusaders"，in *Logistics of Warfare*，ed. Pryor，p.262。
15. 参考Tyerman，*God's War*，p.251等。
16. Pryor，"Modelling Bohemond's March"，pp.15-20.
17. 上面的p.136；Pryor，"Modelling Bohemond's March"，pp.10-11 and nn.24-27。
18. Madden，"Food"，pp.211-219.
19. *Secreta Fidelium Crucis*，ed. J. Bongars，*Gesta Dei per Francos*（Hanau，1611），vol.ii，pp.60-64（bk II，pt IV，ch.10），trans. P. Lock（Farn-

ham，2011），pp.108-113（in general，bk II，pt IV）.

20. Albert of Aachen，*Historia*，pp.26-27（查阅pp.24-25，彼得军队中的大量马车），62-71。

21. Odo of Deuil，*De profectione Ludovici VII in Orientem*，ed. V. G. Berry（New York，1948），pp.24-25.

22. G. Loud，*The Crusade of Frederick Barbarossa*（Farnham，2010），pp.64-65.

23. Rigord，*Oeuvres*，ed. H. F. Delaborde（Paris，1882-1885），vol.i，pp.99，107.

24. Richard of Devizes，*Chronicle*，ed. J. T. Appleby（London，1963），p.15；查阅Roger of Howden，又名"Benedict of Peterborough"，*Gesta Regis Henrici Secundi*，ed. W. Stubbs（London，1867），vol.ii，p.117；C. Tyerman，*England and the Crusades*（Chicago，1988），pp.67，80-84。

25. *Pipe Rolls 2 Richard I*，pp.1，8-9，53，104，112，131-132，178；*3 Richard I*，p.11.

26. 估算结果见Bachrach，"*Caballus et caballarius*"，pp.198-199。

27. Roger of Howden，*Gesta Henrici Secundi*，vol.ii，p.186.

28. 关于十字军东征的体系的例子，比如在朗格多克的案例，以及该体系是如何失败的，*Querimoniae Normannorum 1247*，*RHF*，vol.xxiv，pp.22，23，29，38，nos. 157，168，230，282。

29. 总体上，J. H. Pryor，"Transportation of Horses by Sea During the Era of the Crusades"，*The Mariner's Mirror*，68（1982），pp.9-30，103-125，389-390；出处同前，"The Naval Architecture of Crusader Transport Ships"，*The Mariner's Mirror*，70（1984），pp.171-219，275-292，363-386；查阅C. D. Stanton，*Norman Naval Operations in the Mediterranean*（Woodbridge，2011）；Unger，"Northern Crusaders"，pp.253-273。

30. Fulcher of Chartres，*Historia Hierosolymitana*，*RHC Occ.*，vol.iii，p.330，trans. F. R. Ryan and H. Fink，*A History of the Expedition to Jerusalem*（Knoxville，1969），p.76，其中有关于1097年马匹横渡亚得里亚海时遭遇不幸的内容。

31. *De expugnatione Lyxbonensi*，ed. C. W. David（New York，1976），各

处；查阅M. Bennett,"Military Aspects of the Conquest of Lisbon", in *The Second Crusade*, ed. J. Phillips and M. Hoch（Manchester, 2001）, pp.71-89。

32. Fulcher of Chartres, *Historia*, *RHC Occ.*, vol.iii, p.384, trans. Ryan and Fink, *History*, p.150.

33. Fulcher of Chartres, *Historia*, *RHC Occ.*, vol.iii, p.449, trans. Ryan and Fink, *History*, p.239.

34. 从Bachrach,"*Caballus et caballarius*", p.182及各种可从网上获得的现代估测数据可推测；查阅Pryor,"Modelling Bohemond's March", pp.15-23, 其中关于马饲料的内容。

35. *Pipe Roll 2 Richard I*, pp.53, 131; Bachrach,"*Caballus et caballarius*", pp.198-199; Loud, *Crusade of Frederick Barbarossa*, p.19.

36. 参见1190年热那亚交易的翻译, in M. Hall and J. Phillips, *Caffaro, Genoa and the Twelfth Century Crusades*（Farnham, 2013）, pp.218-220 and n. 150; 关于《威尼斯协定》和路易的契约, 上面的pp.200-202。

37. 参见1274年第二次里昂公会议的讨论, P. Throop, *Criticism of the Crusade*（Amsterdam, 1940）, pp.231-232; 关于来自兰布雷希特（Lambrecht）仪式的祈祷者, 参见Bird et al., *Crusade and Christendom*, p.45; 关于祈祷, Joinville, *Histoire de Saint Louis*, trans. Shaw, *Chronicles*, p.196。

38. Trans. J. H. Pryor,"Ships", in *The Crusades: An Encyclopedia*, ed. A. V. Murray（Santa Barbara, 2006）, p.1102 and generally, pp.1096-1103.

39. Matthew Paris, *Chronica Majora*, ed. H. R. Luard（London, 1872-1884）, vol.v, p.93; Pryor,"Ships", p.1102; 查阅关于十字军东征的海上力量, J. Prestwich, *The Place of War in English History 1066-1214*（Woodbridge, 2004）, esp. pp.33-40。

40. P. Jaffé, *Regesta pontificum Romananorum ad 1198*（Leipzig, 1885-1888）, no.16373.

41. Unger,"Northern Crusaders", p.264 and n. 39.

42. Richard of Devizes, *Chronicle*, pp.15, 28; Roger of Howden, *Gesta Henrici Secundi*, vol.ii, p.112.

43. *Pipe Roll 2 Richard I*，pp.8-9；J. H. Pryor，"The Venetian Fleet for the Fourth Crusade"，in *The Experience of Crusading*，vol.i，*Western Approaches*，eds. M. Bull and N. Housley（Cambridge，2003），pp.115-123。

44. Pryor，"Venetian Fleet"，pp.102，121-123；关于各种船舰，可参见，例如，尼克尔森的*Itinerarium Ricardi Regis*一书的译本中的"ships"：H. Nicholson，*The Chronicle of the Third Crusade*（Aldershot，1997）。

45. Robert of Clari，*La Conquête de Constantinople*，p.43，trans. E. H. McNeal，*The Conquest of Constantinople*（New York，1966），p.68。

46. Discussed Pryor，"Transportation of Horses"，pp.23-24。

47. Jordan，*Louis IX and the Challenge of Crusade*，pp.70-71，76；Pryor，"Transportation of Horses"，pp.103-106；出处同前，"Ships"，p.1101。

48. Joinville，*Histoire de Saint Louis*，trans. Shaw，*Chronicles*，pp.164，203-204。

49. Richard of Devizes，*Chronicle*，p.15；J. H. Pryor，*Business Contracts of Medieval Provence. Selected Notulae from the Cartulary of Giraud Amalric of Marseilles 1248*（Toronto，1981），pp.194-196，*Notula* 72；Pryor，"Ships"，p.1102。

50. B. Kedar，"The Passenger List of a Crusader Ship"，*Studi Medievali*，13（1972）；茹安维尔在赞美的前言中称是800人，但是在*Histoire de Saint Louis*一书中称超过500人，参见pp.5，224，trans. Shaw，*Chronicles*，pp.165，321；Pryor，"Ships"，p.1102；Richard of Devizes，*Chronicle*，p.15；Roger of Howden，*Gesta Henrici Secundi*，vol.ii，p.117（其中称伦敦的船上有80名随行者）；查阅出处同前，*Chronica*，ed. W. Stubbs（London，1868-1871），vol.iii，p.43（其中将人数改为100人，也许包括了全体船员）；Ralph of Diceto，*Ymagines Historiarum*，*Opera Historica*，ed. W. Stubbs（London，1876），vol.ii，pp.65-66。

51. Albert of Aachen，*Historia*，pp.158-161［"在这个海军社团中"（"in hoc navali collegio"）就是"所有伙伴们的船长"（"magister universorum consodalium"）］。

52. Geoffrey of Villehardouin, *La Conquête de Constantinople*, ed. E. Faral (Paris, 1938-1939), vol.ii, pp.44-45, trans. M. R. B. Shaw, *Chronicles of the Crusades* (London, 1963), p.90; Pryor, "Venetian Fleet", pp.116-117.
53. Pryor, *Business Contracts*, pp.77-81; 出处同前, "Ships", p.1102。
54. Villehardouin, *La Conquête*, vol.ii, pp.44-45, trans. Shaw, *Chonicles*, p.90; Robert of Clari, *La Conquête*, p.44, trans. McNeal, *Conquest*, pp.70-71; Oliver of Paderborn, *Historia Damiatina*, trans. Bird et al., pp.169-170; Phillips, *Second Crusade*, p.157.
55. *The Chronicle of Ibn al-Athir for the Crusading Period*, trans. D. S. Richards (Aldershot, 2007), vol.ii, p.289.
56. *Itinerarium Ricardi Regis*, ed. W. Stubbs, Rolls Series (London, 1864), p.313, trans. H. Nicholson, *The Chronicle of the Third Crusade* (Aldershot, 1997), p.287.
57. Raymond of Aguilers, *Historia Francorum*, *RHC Occ.*, vol.iii, p.298.
58. Unger, "Northern Crusaders", p.270.
59. *Itinerarium Ricardi Regis*, pp.218-219, trans. Nicholson, *Chronicle*, pp.208-209; above p.253.
60. Albert of Aachen, *Historia*, pp.112-113.
61. Rogers, *Siege Warfare*, pp.25, 237-238; Tyerman, *God's War*, pp.586, 595, 608.
62. *Itinerarium Ricardi Regis*, p.209, trans. Nicholson, *Chronicle*, p.199.
63. *Continuation of William of Tyre*, trans. P. Edbury, *The Conquest of Jerusalem and the Third Crusade* (London, 1996), p.94.
64. *Itinerarium Ricardi Regis*, pp.215, 352, trans. Nicholson, *Chronicle*, pp.205, 316.
65. *Itinerarium Ricardi Regis*, pp.218-219, trans. Nicholson, *Chronicle*, pp.208-209; Villehardouin, *La Conquête*, vol.i, pp.76-77, trans. Shaw, *Chronicles*, p.46.关于, R. L. Toms, *Catapult Design* (San Antonio, 2006), pp.27-30。
66. *Itinerarium Ricardi Regis*, pp.168, 172-173, 214, trans. Nicholson, *Chronicle*, pp.167, 171, 204; Wace, *Roman de Rou*, ed. H. Andresen

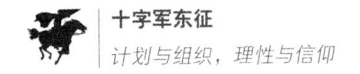

（Heilbronn，1877-1879），ll. 6509 ff.

第十二章 战略

1. Albert of Aachen，*Historia Ierosolimitana*，ed. and trans. S. Edgington（Oxford，2007），pp.158-161；Orderic Vitalis，*Ecclesiastical History*，ed. and trans. M. Chibnall（Oxford，1969-1980），vol.iii，pp.134-136，vol.v，pp.156-159；C. Tyerman，*God's War*（London，2006），pp.82-83.
2. 正如在Albert of Aachen，*Historia*，pp.2-45［pp.4-5中有关于"第一作者"（*primus auctor*）的内容］。
3. 参见*The First Crusade：The Call from the East*（London，2012），pp.115-116中P. Frankopan的建议。
4. *Gesta Francorum*，trans. R. Hill（London，1962），p.2.
5. Fulcher of Chartres，*Historia Hierosolymitana*，*RHC Occ.*，vol.iii，pp.380-381，475-476，trans. F. R. Ryan and H. Fink，*A History of the Expedition to Jerusalem*（Knoxville，1969），pp.41，44等，145-146，284-288；关于朝圣的描述，J. Wilkinson，*Jerusalem Pilgrimage 1099-1185*（London，1988）；D. Pringle，*Pilgrimage to Jerusalem and the Holy Land 1187-1291*（Farnham，2012）。
6. Matthew Paris，"Itinerary from London to Jerusalem（1250-1259）"，Pringle，*Pilgrimage*，p.207；总体上，可参见R. Allen，ed.，*Eastward Bound：Travel and Travellers 1050-1550*（Manchester，2004），esp.B. Hamilton，"The Impact of the Crusades on Western Geographical Knowledge"，pp.15-34，不过，他认可亚当的编年史中关于大西洋的信息的较早日期（第15页）是不必听从的，因为这一段内容很可能是12世纪篡改的。关于更旧的观点，J. K. Wright，*Geographical Lore of the Time of the Crusades*，2nd edn（New York，1965）；P. D. A. Harvey，*Medieval Maps*（London，1991）；出处同前，*Medieval Maps of the Holy Land*（London，2012）；J. B. Harley et al.，*The History of Cartography*，vol.i（Chicago，1987）。
7. Guy of Bazoches，*Liber Epistularum*，ed. H. Adolfsson（Stockholm，1969），pp.145-156.

注　释

8. P. Gautier Dalché, *Carte marine et portulan au xiie siècle*（Rome, 1995）, esp. pp.xi, 6-7, 15-16, 20-21, 36-82, 183-203, 304-305; 查阅D. Jacoby, "An Unpublished Portolan of the Mediterranean in Minneapolis", *Shipping, Trade and Crusade in the Medieval Mediterranean*（Farnham, 2013）, esp. pp.65, 71-72。
9. R. Röhricht, *Regesta regni hierosolymitani*（Innsbruck, 1893-1904）, no.1083; 总体上, 可参见A. Leopold, *How to Recover the Holy Land*（Aldershot, 2000）, pp.8-51; 查阅J. Riley-Smith在*The First Crusaders*（Cambridge, 1997）, p.143的夸张说法, "据十字军战士们的亲戚所说, 这些战士们几乎要踏上月亮了。"
10. Leopold, *How to Recover the Holy Land*, passim, esp.re William Adam, Hetoum and Roger Stanegrave.
11. 参见esp. Fulcher of Chartres, *Historia*, RHC Occ., vol.iii, pp.329-339, trans. Ryan and Fink, *History*, pp.74-78 and 79-92。
12. Odo of Deuil, *De profectione Ludovici VII in Orientem*, ed. V. G. Berry（New York, 1948）, pp.28-33, 88-89.
13. *De expugatione Lyxbonensi*, ed. C. W. David（New York, 1976）, pp.58-69, 86-93; 查阅所谓的杜德钦（Duodechin）的信件, *MGHS*, vol.xvii, pp.27-28。
14. G. Loud, *The Crusade of Frederick Barbarossa*（Farnham, 2010）, pp.193-196; Roger of Howden, 又名"Benedict of Peterborough", *Gesta Regis Henrici Secundi*, ed. W. Stubbs（London, 1867）, vol.ii, pp.112-126, 192-206; R. Röhricht, ed., *Quinti Belli Sacri Scriptores Minores*（Geneva, 1879）, *Gesta crucigerorum Rhenanorum*, pp.29-34, *De intinere Frisonum*, pp.59-62。
15. Caffaro, *De liberatione civitatum Orientis*, ed. L. Belgrano, *Fonti per la storia d'Italia*（Rome, 1887-1993）, vol.xi, pp.114-116, trans. M. Hall and J. Phillips, *Caffaro, Genoa and the Twelfth Century Crusades*（Farnham, 2013）, pp.118-120; Gautier Dalché, *Carte marine*, pp.62-63.
16. Roger of Howden, *Gesta Henrici Secundi*, vol.ii, p.198.
17. P. Gautier Dalché, *De Yorkshire à l'Inde. Une "Géographie" urbaine et maritime de la fin di xiie siècle*（*Roger de Howden?*）（Geneva, 2005）,

esp. pp.24-30, 172, 其中有关于"指挥"的内容; 查阅J. Gillingham, "Roger of Howden on Crusade", in *Medieval Historical Writing*, ed. D. O. Morgan (London, 1983), pp.60-75; 出处同前, "The Travels of Roger of Howden", *Anglo-Norman Studies*, 20 (1997), pp.151-169。

18. Gautier Dalché, *Carte marine*, pp.6, 63.
19. Harvey, *Medieval Maps of the Holy Land*, pp.60-93, plates 35, 40-44; 查阅L. Donkin and H. Vorholt, *Imagining Jerusalem in the Medieval West* (Oxford, 2012)。
20. Harvey, *Medieval Maps of the Holy Land*, pp.94-154, p.99, 其中有关于引用的内容; 关于伯查德的文本, *Peregrinatores medii aevi quatuor*, ed. J. C. M. Laurent (Leipzig, 1893), pp.19-94, trans. Pringle, *Pilgrimage*, pp.241-320。
21. 总体上, R. J. Pujades i Bataller, *Les cartes portolanes* (Barcelona, 2007); E. Edson, "Reviving the Crusade: Sanudo's Scheme and Vesconte's Maps", in *Eastward Bound*, ed. Allen, pp.131-155, esp. p.137; Harvey, *Medieval Maps of the Holy Land*, pp.29-30, 112-113, plates 7, 20; 查阅1972年在耶路撒冷重印的邦加尔(Bongars)版的萨努多的《十字军信徒的秘密》一书中由J. Prawer所做的引言, plate p.XII; 关于罗盘, Gautier Dalché, *Carte marine*, pp.76-78。
22. B. Z. Kedar, "Reflections on Maps, Crusading and Logistics", in *Logistics of Warfare in the Age of the Crusades*, ed. J. H. Pryor (Aldershot, 2006), pp.159-183.
23. Guillaume de Nangis, *Gesta Sancti Ludovici*, *RHF*, vol.xx, pp.444-445.
24. Sanudo, *Secreta Fidelium Crucis*, ed. J. Bongars, *Gesta Dei per Francos* (Hanau, 1611), vol.ii, pp.5, trans. P. Lock (Farnham, 2011), p.25; Harvey, *Medieval Maps of the Holy Land*, p.107, n.1 and 107-127.
25. Sanudo, *Secreta*, bk III, pt. 14, ch.3, ed. Bongars, *Gesta Dei per Francos*, vol.ii, pp.246-249, trans. Lock, pp.392-398; 关于插图, 参见Prawer's edn of *Secreta*, plate IX, and above, plate 29。
26. Bongars, *Gesta Dei per Francos*, vol.ii, p.296; C. Tyerman, "Court, Crusade and City: The Cultural Milieu of Louis I Duke of Bourbon",

Practices of Crusading: Image and Action from the Eleventh to the Sixteenth Centuries（Farnham, 2013）, no. IV, p.59, n. 52; F. Kunstmann, "Studien über Marin Sanudo", *Königliche Bayerische Akademie der Wissenschaften. Abhanglungen Phil-Historische Classe*, 7（1855）, p.794.

27. E. Edson, "Jerusalem under Siege: Marino Sanudo's Map of the Water Supply, 1320", in Donkin and Vorholt, *Imagining Jerusalem*, esp. pp.211-217; Harvey, *Medieval Maps of the Holy Land*, pp.107-127; 关于阿卡和耶路撒冷地图, Prawer, *Secreta*, pls. X and XI。
28. P. Throop, *Criticism of the Crusade*（Amsterdam, 1940）, p.232; 关于1274年后的讨论, S. Schein, *Fideles Crucis*（Oxford, 1991）; Leopold, *How to Recover the Holy Land*; 关于1274年的十字军诏书《信仰的热情》, trans. J. Bird, E. Peters and J. M. Powell, *Crusade and Christendom*（Philadelphia, 2013）, pp.466-473。
29. 关于综述, Tyerman, *God's War*, pp.45-51, 54-57, 66-71; 查阅关于教皇策略的不同观点, P. Chevedden, "The Islamic View and the Christian View of the Crusades", *History*, 93（2008）, pp.181-200; 出处同前, "The View of the Crusades from Rome and Damascus", *Oriens* 39/2（2011）, pp.257-329。
30. E. de Rozière, *Cartulaire de l'église du saint Sépulchre de Jérusalem*（Paris, 1849）, p.8 no.9; 我很感激Dr Kevin Lewis对此文件的讨论。
31. *Gesta Francorum*, pp.20-21, 73; Fulcher of Chartres, *Historia*, *RHC Occ.*, vol.iii, p.468, trans. Ryan and Fink, *History*, p.271; B. Z. Kedar, *Crusade and Mission*（Princeton, 1984）, esp. pp.57-74, 108.
32. Odo of Deuil, *De profectione*, pp.70-71; J. Tolan, *Saracens: Islam in the Medieval Imagination*（New York, 2002）.
33. Kedar, *Crusade and Mission*, esp. chs. 3-5.
34. J. Bédier, *Les chansons de croisade*（Paris, 1909）, pp.8-11.
35. 上面的p.35。
36. J. Muldoon, *Popes, Lawyers and Infidels*（Liverpool, 1979）.
37. Albert of Aachen, *Historia*, pp.594-597, 也可参见注释28。
38. M. A. Köhler, *Allianzen und Verträge zwischen frankischen und islamischen Herrschern im Vorderren Orient*（Berlin, 1991）, pp.1-72; C. Hillen-

brand, *The Crusades: Islamic Perspectives*（Edinburgh, 1999）, pp.44-47; J. France, *Victory in the East*（Cambridge, 1994）, pp.165-166, 211, 252-254, 302, 304, 317, 325-326, 334, 358, 368.

39. 乌尔班二世致佛兰德斯人的信, trans. E. Peters, *The First Crusade*（Philadelphia, 1998）, p.42; Raymond of Aguilers, *Historia Francorum*, *RHC Occ.*, vol.iii. pp.301, 302; de Rozière, *Cartulaire de l'église du saint Sépulchre*, p.8, no.9; J. Shepherd, "When Greek meets Greek: Alexius Comnenus and Bohemund in 1097-1098", *Byzantine and Modern Greek Studies*, 12（1988）, pp.185-277。查阅对协调计划持怀疑态度的人, J. H. Pryor, "A View From a Masthead: The First Crusade at Sea", *Crusades*, 7（2008）, esp. pp.125-143。

40. 关于对海外领地战略的深思熟虑的观点, M. Barber, *The Crusader States*（New Haven and London, 2012）。

41. 这是Tyerman, *God's War*的观点; 查阅J. Harris, *Byzantium and the Crusades*（London, 2003）; M. Angold, *The Fourth Crusade*（London, 2003）, pp.3-108。

42. *God's War*, pp.488-496, 736-755, 761-763.

43. Raymond of Aguilers, *Historia Francorum*, *RHC Occ.*, vol.iii, p.292, trans. J. H. Hill and L. L. Hill（Philadelphia, 1968）, p.115.

44. William of Tyre, *Historia*, bk 21, ch.7, trans. E. A. Babcock and A. C. Krey, *A History of Deeds Done Beyond the Sea*（New York, 1976）, p.408; P. Edbury, *The Conquest of Jerusalem and the Third Crusade*（London, 1996）, pp.3-7.

45. 理查一世致热那亚人, trans. Edbury, *Conquest of Jerusalem*, pp.181-182; 关于理查在巴勒斯坦的策略, Tyerman, *God's War*, pp.448-474; 查阅J. Gillingham, *Richard I*（New Haven and London, 1999）, pp.172-221。

46. Guillaume de Nangis, *Gesta Sancti Ludovici*, *RHF*, vol.xx, pp.446-449.

47. Pierre Dubois, *The Recovery of the Holy Land*, trans. W. I. Brandt（New York, 1956）; Sanudo, *Secreta*, 上面的注释24。

48. Matthew Paris, *Chronica Majora*, ed. H. R. Luard（London, 1872-1884）, vol.v, p.107, vol.vi, p.163; Tyerman, *God's War*, pp.799-

802，查阅pp.638-641，739-755，770-771。
49. Dubois，*Recovery*，pp.124，138-139.
50. Sanudo，*Secreta*，bks I and II；Leopold，*How to Recover the Holy Land*，chs. 2 and 4；S. Stantchev，*Spiritual Rationality：Papal Embargo as Cultural Practice*（Oxford，2014）；S. Menache，"Papal Attempts at a Commercial Boycott of the Muslims in the Crusader Period"，*Journal of Ecclesiastical History*，63（2012），pp.236-259.
51. John of Joinville，*Histoire de Saint Louis*，ed. N. de Wailly（Paris，1868），trans. M. R. B. Shaw，*Chronicles of the Crusades*（London，1963），pp.197-198；P. Jackson，*The Mongols and the West*（Harlow，2005），pp.1-195，其中有最近可获得的最佳描述；Tyerman，*God's War*，esp. pp.784-786。
52. Jackson，*Mongols and West*，p.104.
53. Sanudo，*Secreta*，ed. Bongars，*Gesta Dei per Francos*，vol.ii，p.36，trans. Lock，pp.71-72；总体上可参考Leopold，*How to Recover the Holy Land*，esp. pp.111-119。
54. Leopold，*How to Rercover the Holy Land*，p.118；关于海屯的亚洲地名表和蒙古历史，*La Flor des estoires de la terre d'Orient*，*RHC Documents Arméniens*（Paris，1869-1906），vol.ii，pp.113-219，and pp.521-555，其中有威廉·亚当的同样见多识广的《前往毁灭撒拉逊人之路》（*De Modo Saraceni Extirpandi*）。

参考文献

缩略词

MGH　Monumenta Germaniae Historica（日耳曼历史文献汇编）

MGHS　Monumenta Germaniae Historica Scriptores（《日耳曼历史文献汇编文本》），由G.H.佩茨（G. H. Pertz）等编纂（汉诺威和莱比锡，1826— ）

RHC　*Recueil des historiens des croisades*（《十字军历史学家文集》）

RHC Occ.　*Recueil des historiens des croisades. Historiens Occidentaux*（《十字军历史学家文集·西方历史学家》）（巴黎，1844—1895）

RHF　*Recueil des historiens des Gaules et de la France*（《高卢和法国历史学家文集》），由M.布凯（M. Bouquet）等编纂（巴黎，1738—1876）

一手资料

Abelard, Peter, *Sic et Non*: *A Critical Edition*, ed. B. B. Bryer and R. McKeon(Chicago, 1976-7)

Actes des comtes de Namur 946-1196, ed. F. Rousseau(Brussels, 1936)

Adam, William, *De modo Saraceni extirpandi*, *RHC Documents Arméniens*(Paris, 1869-1906), vol. ii

Alan of Lille, *Sermo de cruce domini*, *Textes inédits*, ed. M. T. Alverny(Paris, 1965)

Albert of Aachen, *Historia Ierosolimitana*, ed. and trans. S. Edgington (Oxford, 2007)

Albert von Beham und Regesten Innocenz IV, ed. C. Hofler(Stuttgart, 1847)

Ambroise, *Estoire de la guerre sainte*, ed. G. Paris(Paris, 1877), trans. M. J. Hubert, *The Crusade of Richard Lionheart*(New York, 1941, 1976)

Analecta Novissima, ed. J. B. Pitra(Paris, 1885-8)

Anna Komnene, *The Alexiad*, trans. E. R. A. Sewter and P. Frankopan(London, 2003)

Annales Paulini, *Chronicles of the Reigns of Edward I and II*, ed. W. Stubbs(London,

1882-3)

Anselm, *Prayers and Meditations with the Proslogion*, trans. B. Ward(London, 1973)

Arab Historians of the Crusades, ed. F. Gabrieli(London, 1984)

Archives de l'Hôtel Dieu de Paris, ed. L. Briele(Paris, 1894)

Arnold of Lübeck, *Chronica Slavorum*, ed. J. M. Lappenberg(Hanover, 1868)

Baha al-Din Ibn Shaddad, *The Rare and Excellent History of Saladin*, trans. D. S. Richards(Aldershot, 2001)

Baldric of Bourgueil, *Historia Jerosolimitana, RHC Occ.*, vol. iv

Baldwin of Forde, *De commendatione fidei, Opera*, ed. D. H. Bell(Turnhout, 1991)

Bayeux Tapestry, ed. F. M. Stenton(London, 1957)

Benedict of Peterborough(Roger of Howden), *Gesta Regis Henrici Secundi*, ed. W. Stubbs(London, 1867)

Benzonis Episcopi Albanesis ad Henricum IV Imperatorem Libri VII, ed. K. Pertz, *MGHS*, vol. xi

Bernard of Clairvaux, *Opera*, vol. viii, *Epistolae*, ed. J. Leclerq and H. Rochais(Rome, 1977)

—*Letters*, trans. B. S. James(London, 1953, 1998)

—*De laude novae militiae*, trans. M. Barber and K. Bate, *The Templars* (Manchester, 2002)

Bernold of St Blasien, *Chronicon, MGHS*, vol. v

Bonizo of Sutri, *Liber de Vita Christiana*, ed. E. Perels(Berlin, 1950)

Book of the Foundation of Walden Monastery, eds. D. Greenway and L. Watkiss(Oxford, 1999)

Burchard of Mount Sion, *Descriptio Terrae Sanctae*, ed. J. C. M. Laurent, *Peregrinationes medii aevi quatuor*(Leipzig, 1893), trans., *Pilgrimage to Jerusalem*, ed. Pringle

Caesarius of Heisterbach, *Dialogus Miraculorum*, ed. J. Strange(Cologne, 1851)

Caffaro, *De liberatione civitatum orientis, RHC Occ.*, vol. v and ed. L. Belgrano, *Fonti per la storia d'Italia*(Rome, 1887-1993), vol. xii, trans. Hall and Phillips, *Caffaro*

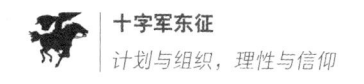

Caffaro, Genoa and the Twelfth Century Crusades, ed. M. Hall and J. Phillips(Farnham, 2013)

Calendar of Close Rolls

Calendar of Papal Registers, ed. W. T. Bliss et al.(London, 1893-1960)

Calendar of Patent Rolls

Canso d'Antioca, ed. and trans. C. Sweetenham and L. M. Paterson(Aldershot, 2007)

Cartulaire générale de l'Yonne, ed. M. Quantin(Auxerre, 1854-60)

Cartulaire de l'église de Saint Sépulchre de Jérusalem, ed. E. de Rozière (Paris, 1849)

Cartulaire de Montier-le-Celle, ed. C. Lalone(Paris-Troyes, 1882)

Cartulaires de l'abbaye de Moslesme 916-1250, ed. J. Laurent(Paris, 1907-11)

Cartulary of Oseney Abbey, ed. H. E. Salter, *Oxford Historical Society*, 89(1929)

Cartulary of St Frideswide's, Oxford, ed. S. R. Wigram, *Oxford Historical Society*, 28 and 31(1894, 1896)

Cartulary of the Hospital of St John the Baptist, ed. H. E. Salter, *Oxford Historical Society*, 68(1915)

Chanson d'Antioche, ed. S. Duparc-Quioc(Paris, 1977)

Chanson de la croisade albigeoise, ed. E. Martin-Chabot(Paris, 1931-61)

Chanson de Roland, ed. J. Dufornet(Paris, 1973)

Chansons de croisade, ed. J. Bédier and P. Aubry(Paris, 1909)

Chartes et documents pour server à l'histoire de l'abbaye de Saint-Maixent, ed. A. Richard, *Archives historiques de Poitou*, 16(Poitiers, 1886)

Chronica Monasterii de Melsa, ed. E. A. Bond(London, 1866-8)

Chronica regia Coloniensis, ed. G. Waitz, *MGHS*, vol. xviii

Chronicon S. Andreae in Castro Cameracesii, ed. L. C. Bethmann(Hanover, 1846)

Chroniques des comtes d'Anjou et des seigneurs d'Amboise, ed. L. Halphen et al.(Paris, 1913)

Clement V, *Regestum*(Rome, 1885-92)

Codice diplomatico della republica de Genova, ed. C. Imperiale de Saint'Angelo(Genoa, 1936-42)

Conquest of Jerusalem and the Third Crusade, The, trans. P. Edbury(Aldershot, 1998)

Constitutio Domus Regis, ed. Johnson, *Dialogus de Scaccario*

Constitutiones Concilii quarti Lateranensis una cum Commentariis glossatorum, ed. A. Garcià y Garcià(Vatican City, 1981)

Contemporary Sources for the Fourth Crusade, trans. A. J. Andrea(Leiden, 2000)

Councils and Synods with Other Documents Relating to the English Church, ed. F. M. Powicke et al., vol. i(Oxford, 1961)

Crusade Charters, ed. C. Slack(Tempe, 2001)

Crusade and Christendom, ed. and trans. J. Bird, E. Peters and J. M. Powell(Philadelphia, 2013)

Crusade of Frederick Barbarossa, The, ed. and trans. G. Loud(Farnham, 2010)

Crusades, Idea and Reality, The, ed. and trans. J. Riley-Smith and L. Riley-Smith(London, 1981)

Curia Regis Rolls

Decrees of the Ecumenical Councils, trans. N. P. Tanner(London and Washington, DC, 1990)

De expugnatione Lyxbonensi, ed. and trans. C. W. David(New York, 1976)

De itinere Frisonum, *Quinti Belli Sacri Scriptores Minores*, ed. Röhricht

De profectione Danorum in Hierosolymam, ed. M. C. Gertz, *Scriptores Minores Historiae Danicae*(Copenhagen, 1970)

Dialogus de Scaccario, see under Richard FitzNeal

Directorium, *RHC Documents Arméniens*(Paris, 1869-1906), vol. ii

'Documents relatives à l'histoire de Philippe le Bel', ed. E. Boutaric, *Notices et Extraits*, 20(1865)

Domesday Book, trans. A. Williams and G. H. Martin(London, 1992)

Dubois, Pierre, *The Recovery of the Holy Land*, ed. W. I. Brandt(New York, 1956)

Eadmer, *Historia novorum*, ed. M. Rule(London, 1884)

Ekkehard of Aura, *Hierosolymita*, *RHC Occ.*, vol. v

English Historical Documents, vol. ii, ed. D. C. Douglas(London, 1953)

English Lawsuits from William I to Richard I, ed. R. C. van Caenegem(London,

1990-91)

Episcopal Acts and Cognate Documents Relating to Welsh Dioceses 1066-1272, ed. J. Conway Davies(Cardiff, 1946)

Epistolae Cantuariensis, ed. W. Stubbs, *Chronicles and Memorials of Richard I*, vol. ii(London, 1865)

Epistolae selectae saeculi XIII, ed. C. Rodenberg(Berlin, 1883-94)

Eudes of Rouen, *Register*, ed. S. Brown and J. O'Sullivan(New York and London, 1964)

Exuviae Sacrae Constantinopolitanae, ed. P. Riant(Geneva, 1876-7)

First Crusade, The, ed. E. Peters(Philadelphia, 1998)

Fiscal Accounts of Catalonia under the Early Count-Kings(1151-1213), ed. T. N. Bisson(Berkeley, 1984)

Foedera, ed. T. Rymer, 3rd edn(London, 1745)

Fulcher of Chartres, *Historia Hierosolymitana*, RHC Occ., vol. iii, ed. H. Hagenmeyer(Heidelberg, 1913), trans. F. R. Ryan and H. Fink, *A History of the Expedition to Jerusalem*(Knoxville, 1969)

Fulk le Réchin, *Fragmentum historiae Andegavensis*, *Chroniques des comtes d'Anjou*

Galbert of Bruges, *Histoire du meutre de Charles le Bon, comte de Flandre*, ed. H. Pirenne(Paris, 1891), trans. J. Ross, *The Murder of Charles the Good of Flanders*(New York, 1967)

Geffrei Gaimar, *Estoire des Engleis*, ed. and trans. I. Short(Oxford, 2009)

Geoffrey of Auxerre, *S. Bernardi Vita Prima*, *Patrologia Latina*, ed. Migne, vol. clxxxv

Geoffrey of Villehardouin, *La Conquête de Constantinople*, ed. E. Faral (Paris, 1938-9), trans. M. R. B. Shaw, *The Conquest of Constantinople*, *Chronicles of the Crusades*(London, 1963)Gerald of Wales, *Opera Omnia*, ed. J. Brewer et al.(London, 1861-91)

—— *Autobiography of Giraldus Cambrensis*, trans. H. E. Butler(London, 1937)

—— *Journey Through Wales*, trans. L. Thorpe(London, 1978)

Gervase of Canterbury, *Opera historica*, ed. W. Stubbs(London, 1879-80)

Gesta crucigerorum Rhenanorum, Quinti Belli Sacri Scriptores Minores, ed.

Röhricht

Gesta Francorum, ed. and trans. R. Hill(London, 1962)

Gesta Normannorum Ducum, ed. E. M. C. Van Houts(Oxford, 1992-5)

Gilbert of Mons, *Chronicle of Hainault*, trans. L. Naplan(Woodbridge, 2005)

Gratian of Bologna, *Decretum*, ed. A. Frieberg, *Corpus Iuris Canonici*, vol. i(Leipzig, 1879)

Great Rolls of the Pipe(Pipe Roll Society, London, 1884-)

Gregory VII, *Register*, trans. H. E. J. Cowdrey(Oxford, 2002)

Gregory IX, *Registres*, ed. L. Auvray et al.(Paris, 1890-1955)

Guibert of Nogent, *Gesta Dei per Francos*, RHC Occ., vol. iv

— *Monodies and On the Relics of Saints*, trans. J. McAlhany and J. Rubinstein(London, 2011)

Guillaume de Nangis, *Gesta Sancti Ludovici*, RHF, vol. xx

Gunther of Pairis, *Historia Constantinopolitana*, ed. P. Riant, *Exuviae Sacrae Constantinopolitanae*, vol. i(Geneva, 1877), trans. A. J. Andrea(Philadelphia, 1997)

Guy of Bazoches, *Liber Epistolarum*, ed. H. Adolfsson(Stockholm, 1969)

Hayton(or Hethoum/Hetoum), *La Flor des estoires de la Terre Sainte*, RHC Documents Arméniens(Paris, 1869-1906), vol. ii

Henry of Huntingdon, *Historia Anglorum*, ed. D. Greenway(Oxford, 1996)

Henry of Livonia, *Chronicle*, trans. J. A. Brundage(New York, 2003)

Henry of Marcy, cardinal bishop of Albano, *De peregrinante, Patrologia Latina*, ed. Migne, vol. cciv

Histoire générale de Languedoc, ed. C. de Vic and J. Vaisete(Toulouse, 1872-1905)

Historia de Expeditione Friderici, Quellen, ed. Chroust

Historia peregrinorum, Quellen, ed. Chroust

Historical Papers and Letters from the Northern Registers, ed. J. Raine(London, 1873)

History of William Marshal, ed. A. J. Holden(London, 2001-6)

Humbert of Romans, *Treatise on Preaching*, trans. W. M. Conlon(London, 1955)

Ibn al-Athir, *Chronicle for the Crusading Period*, trans. D. Richards(Aldershot,

2007)

Innocent III, *Die Register*, ed. O. Hageneder et al.(Cologne, Rome and Vatican City, 1964-)

—— *Epistolae, Patrologia Latina*, ed. Migne, vol. ccxvi

Innocent IV, *Registres*, ed. E. Berger et al.(Paris, 1884-1921)

Isidore of Seville, *Etymologia*, ed. W. M. Lindsay(Oxford, 1911)

Itinerarium Ricardi Regis, ed. W. Stubbs(London, 1864), trans. H. Nicholson, *The Chronicle of the Third Crusade*(Aldershot, 1997)

James of Vitry, *Lettres*, ed. R. B. C. Huygens(Leiden, 1960)

—— *Historia Occidentalis*, ed. J. F. Hinnebusch(Freiburg, 1972)

—— *Exempla. Sermones Vulgares*, ed. T. F. Crane(London, 1890)

—— *Die Exempla*, ed. G. Frenken(Munich, 1914)

Jerusalem Pilgrimage 1099-1185, ed. J. Wilkinson(London, 1988)

Jews and the Crusaders, Hebrew Chronicles of the First and Second Crusades, The, ed. and trans. S. Eidelberg(Madison, 1977)

Jocelin of Brakelond, *Chronicle*, ed. and trans. H. E. Butler(London, 1949)

John of Joinville, *Histoire de Saint Louis*, ed. N. Wailly(Paris, 1874), trans. M. R. B. Shaw, *Chronicles of the Crusades*(London, 1963)

John of Marmoutier, *Historia Gaufredi, Chroniques des comtes d'Anjou*

John of Salisbury, *Historia Pontificalis*, ed. M. Chibnall(London, 1962)

—— *Policraticus*, ed. C. C. I. Webb(Oxford, 1909)

John of Tubia(Tolve), *De Iohanne Rege Ierusalem, Quinti Belli Sacri Scriptores Minores*, ed. Röhricht

Kreuzzugsbriefe aus den Jahren 1088-1100, Die, ed. H. Hagenmeyer(Innsbruck, 1901)

Landulph of St Paul, *Liber Hystoriarum Mediolanensis Urbis*, ed. C. Castiglioni(Bologna, 1935)

Layettes du Trésor des Chartes, vol. iii, ed. J. Delaborde(Paris, 1875)

Liber Eliensis, ed. E. O. Blake(London, 1962)

Lost Letters of Medieval Life, ed. and trans. M. Carlin and D. Crouch(Philadelphia, 2013)

Mappae Clavicula: A Little Key to the World of Medieval Techniques, ed. C. S.

Smith and J. G. Hawthorne, *Transactions of the American Philosophical Society*, 64(1974)

Matthew Paris, *Chronica Majora*, ed. H. R. Luard(London, 1872-84)

— *Historia Anglorum*, ed. F. Madden(London, 1886-9)

Monitum Willelmi Grassegals militis ad historias belli sacri, *RHC Occ.*, vol. iii

Narratio de itinere navali peregrinorum, *Quellen*, ed. Chroust

Odo of Deuil, *De profectione Ludovici VII in orientem*, ed. V. G. Berry(New York, 1948)

Oliver of Paderborn, *Schriften*, ed. H. Hoogeweg(Tübingen, 1894)

— *The Capture of Damietta*, trans. E. Peters, *Christian Society and the Crusades 1198-1221*(Philadelphia, 1971)

Orderic Vitalis, *Historia Ecclesiastica*, ed. and trans. M. Chibnall(Oxford, 1969-80)

Ordinatio de predicatione S. Crucis in Angliae, *Quinti Belli Sacri Scriptores Minores*, ed. Röhricht

Otto of Freising, *The Deeds of Frederick Barbarossa*, trans. C. C. Mierow(New York, 1966)

Otto of St Blasien, *Chronica*, ed. H. Hofmeister(Hanover, 1912)

Pacta Naulorum, ed. A. Jal, *Collection de documents inédits sur l'histoire de France*, ed. A. Champollion-Figeac(Paris, 1841-8), vol. i

Patrologia Latina, ed. J. P. Migne(Paris, 1841-65)

Peter of Blois, *Opera*, *Patrologia Latina*, ed. Migne, vol. ccvii

Peter of Les Vaux-de-Cernay, *Historia Albigensis*, ed. P. Guébin and E. Lyon(Paris, 1926-39), trans. *The History of the Albigensian Crusade* by W. A. Sibly and M. D. Sibly(Woodbridge, 1998)

Peter Tudebode, *Historia de Hierosolymitana Itinere*, *RHC Occ.*, vol. iv

Peter the Venerable, *Letters*, ed. G. Constable(Cambridge, Mass., 1967)

Pilgrimage to Jerusalem and the Holy Land 1187-1291, ed. D. Pringle(Farnham, 2012)

Pleas before the King or his Justices 1198-1202, ed. D. M. Stenton(London, 1948-9)

Political Songs of England, ed. T. Wright(London, 1839)

Querimonium Normannorum, *RHF*, vol. xxiv

Quellen zur Geschichte des Kruzzuges Kaiser Freidrichs I, MGH, ed. A Chroust(Berlin, 1928)

Quinti Belli Sacri Scriptores Minores, ed. R. Röhricht, *Société de l'Orient Latin*, vol. ii(Geneva, 1879)

Ralph of Caen, *Gesta Tancredi*, *RHC Occ.*, vol. iii, trans. B. Bachrach and D. S. Bachrach, *The* Gesta Tancredi *of Ralph of Caen*(Aldershot, 2005)

Ralph of Diceto, *Opera Historica*, ed. W. Stubbs(London, 1876)

Ralph Glaber, *Opera*, ed. J. France et al.(Oxford, 1989)

Ralph Niger, *De Re Militari et Triplici Via Peregrinationis*, ed. L. Schmugge(Berlin, 1977)

—— *Chronica*, ed. H. Krause(Frankfurt, 1985)

Ramon Muntaner, *Crònica*, ed. F. Soldevila(Barcelona, 2011)

Raymond of Aguilers, *Historia Francorum qui ceperunt Iherusalem*, *RHC Occ.*, vol. iii, trans. J. H. Hill and L. L. Hill(Philadelphia, 1968)

Recueil des actes de Philippe Auguste, ed. H.-F. Delaborde et al.(Paris, 1916-79)

Recueil des chartes de l'abbaye de Saint-Benoît-sur-Loire, ed. M. Prou et al.(Paris, 1900-1907)

Regesta Chartarum Pistoriensium. Canonica di S. Zenone Secolo XI, ed. N. Rauty, *Fonti Storiche Pistoiesi*, 7(Pistoia, 1985)

Regesta pontificum Romanorum ad 1198(Leipzig, 1885-8)

Regesta regni hierosolymitani, ed. R. Röhricht(Innsbruck, 1893-1904)

Regesten des Kaiserreiches unter Heinrich VI, ed. G. Baaken(Cologne, Vienna, 1972)

Register of Archbishop J. Le Romeyn, ed. W. Brown(Durham, 1913-16)

Register of Bishop John de Pontissara of Winchester, Surrey Record Society(London, 1913-24)

Register of St Benet Holme, ed. J. R. West, Norfolk Record Society(Norwich, 1932)

Registri dei Cardinale Ugolino d'Ostia e Ottaviano degli Ubaldini, ed. G. Levi (Rome, 1890)

Richard of Devizes, *Chronicle*, ed. J. T. Appleby(London, 1963)

Richard FitzNeal, *Dialogus de Scaccario: The Dialogue of the Exchequer*, ed. C. Johnson(London, 1950)

Richard of San Germano, *Chronica*, ed. G. H. Pertz(Hanover, 1866)

Robert of Clari, *La Conquête de Constantinople*, ed. P. Lauer(Paris, 1924), trans. E. H. McNeal, *The Conquest of Constantinople*(New York, 1966)

Robert of Rheims, *Historia Iherosolimitana*, *RHC Occ.*, vol. iii, trans. C. Sweetenham, *Robert the Monk's History of the First Crusade*(Farnham, 2006)

—— *Historia Iherosolimitana*, ed. D. Kempf and M. G. Bull(Woodbridge, 2013)

Roger of Howden, *Chronica*, ed. W. Stubbs(London, 1868-71)

—— *Gesta Regis Henrici Secundi*, 参见上面的'Benedict of Peterborough'

Roger of Wendover, *Flores historiarum*, ed. H. G. Hewlett(London, 1886-9)

Royal Commission on Historical Manuscripts, *Report on Various Collections*, vol. i(1901)

—— *Fifth Report*, Appendix(London, 1972)

Rutebeuf, *La desputizons dou croisié et dou descroisié: Onze poems concernant la croisade*, ed. J. Bastin and E. Faral(Paris, 1946)

Sanudo, Marino Torsello, *Liber Secretorum Fidelium Crucis*, ed. J. Bongars, *Gesta Dei per Francos*(Hanau, 1611, reprint ed. J. Prawer, Jerusalem, 1972), trans. P. Lock(Farnham, 2011)

Select Charters, ed. W. Stubbs, 9th edn ed. H. W. C. Davies(Oxford, 1921)

Seventh Crusade 1244-54, The, ed. P. Jackson(Aldershot, 2007)

Sigebert of Gembloux, *Chronica*, *MGHS*, vol. vi

Stephen of Bourbon, *Anecdotes historiques et apologues d'Etienne de Bourbon*, ed. A. Lecoy de la Marche(Paris, 1877)

Stephen of Rouen, *Draco Normannicus*, ed. R. Howlett, *Chronicles of the Reigns of Stephen, Henry II and Richard I*, vol. ii(London, 1885)

Suger, *Vie de Louis VI le Gros*, ed. H. Waquet(Paris, 1964)

—— *Oeuvres*, ed. F. Gaspari(Paris, 1996-2001)

Table chronologiques des chartes et diplômes imprimés concernant l'histoire de la Belgique, ed. A. Wauters(Brussels, 1866-1971)

Theophilus, *De Diversis Artibus*, ed. and trans. C. R. Dodwell(Oxford, 1986)

Thomas of Chobham, *Summa de Arte Praedicandi*, ed. F. Mornezoni(Turnholt, 1988)

Thomas of Split, *Historia pontificum Spalatensis*, ed. L. von Heinemann, *MGHS*, vol. xxix

Titres de la maison ducale de Bourbon, ed. A. Huillard-Bréholles(Paris, 1867-74)

Traditionem des Klosters Tegernsee 1003-1242, ed. P. Acht(Munich, 1952)

Urban IV, *Registres*, ed. J. Guiraud(Paris, 1899-1958)

Urkunden Konrads III, ed. F. Hausmann(Vienna, 1969)

Urkunden zur alteren Handels- und Staatsgeschichte der Republik Venedig, ed. G. L. Tafel and G. M. Thomas(Vienna, 1856-7)

Vita Altmanni episcopi Pataviensis, MGHS, vol. xii

Wace, *Roman de Rou*, ed. A. J. Holden(Paris, 1970-73), trans. G. Burgess, *History of the Norman People*(Woodbridge, 2004)

Walter Map, *De Nugis Curialium*, ed. and trans. M. R. James et al.(Oxford, 1983)

Westminster Chronicle, The, ed. L. C. Hector and B. F. Harvey(Oxford, 1982)

William of Malmesbury, *De gestis regum Anglorum*, ed. W. Stubbs(London, 1887-9)

William of Newburgh, *Historia rerum Anglicarum*, ed. R. Howlett(London, 1884-5)

William of Poitiers, *Gesta Guillelmi*, eds. R. H. C. Davies and M. Chibnall (Oxford, 1998)

William of Puylaurens, *Chronicle*, trans. W. A. Sibly and M. D. Sibly (Woodbridge, 2003)

William Rishanger, *Chronica*, ed. H. T. Riley(London, 1865)

William of Tyre, *Historia*, ed. R. B. C. Huygens(Turnhout, 1986); trans. in E. Babcock and A. Krey, *A History of Deeds done beyond the Sea*(New York, repr. 1976)

二手资料

Abulafia, A., *Christians and Jews in the Twelfth Century Renaissance*(London, 1995)

—— *Christians and Jews in Dispute 1000-1150*(Aldershot, 1998)

Abulafia, D., *Frederick II*(London, 1988)

Aird, W. M., *Robert Curthose*(Woodbridge, 2004)

Allen, R., ed., *Eastward Bound: Travel and Travellers 1050-1550*(Manchester, 2004)

Alphandéry, P., *La chrétienté et l'idée de croisade*, ed. A. Dupront(Paris, 1954-9)

Andressohn, J. C., *The Ancestry and Life of Godfrey de Bouillon*(Bloomington, 1947)

Angold, M., *The Fourth Crusade*(Harlow, 2003)

Arnold, B., *German Knighthood 1050-1300*(Oxford, 1985)

Aurell, M., *Le chevalier lettré*(Paris, 2011)

—— *Des chrétiens contre les croisades*(Paris, 2013)

Bachrach, B, '*Caballus et caballarius* in Medieval Warfare', *Warfare and Military Organisation in Pre-Crusade Europe*(Aldershot, 2002)

Baldwin, J. M., *The Government of Philip Augustus*(Berkeley and Los Angeles, 1986)

Baldwin, J. W., *Masters, Princes and Merchants: The Social Views of Peter the Chanter and His Circle*(Princeton, 1970)

Baratier, E., 'Une prédication de la croisade à Marseille en 1224', *Economies et sociétés au moyen âge: Mélanges offerts à Edouard Perroy*(Paris, 1973)

Barber, M., *The New Knighthood*(Cambridge, 1994)

—— *The Crusader States*(New Haven and London, 2012)

Barker, E., *The Crusades*(London, 1923)

Barlow, F., *Thomas Becket*(London, 1986)

Bartlett, R., *Gerald of Wales*(Oxford, 1982)

—— *The Making of Europe*(London, 1993)

—— *England under the Angevin and Norman Kings*(Oxford, 2000)

—— *The Natural and Supernatural in the Middle Ages*(Cambridge, 2008)

Bataillon, J.-L., 'Approaches to the study of medieval sermons', *La prédication au xiiie siècle en France et Italie*(Aldershot, 1993)

Bennett, H. S., *Life on the English Manor*(Cambridge, 1956)

Bennett, M., 'Military aspects of the conquest of Lisbon', in *The Second Crusade*, ed. Phillips and Hoch

Berlière, U., 'A propos de Jacques de Vitry', *Revue Bénédictine*, 27(1910)

Biller, P., *The Measure of Multitude*(Oxford, 2000)

Blake, E. O. and Morris, C., 'A Hermit Goes to War: Peter and the Origins of the First Crusade', in *Monks, Hermits and the Ascetic Tradition*, ed. W. J. Shields, Studies in Church History, vol. xxii(Oxford, 1985)

Borelli de Serres, C., 'Compte d'une mission de prédication pour secours à la Terre Sainte', *Mémoires de la Société de l'histoire de Paris et de l'île de France*, 30(1903)

Brown, E. A. R. and Cothren, M.W., 'The Twelfth-Century Crusading Window of the Abbey of St Denis', *Journal of the Warburg and Courtauld Institutes*, 49(1986)

Brown, E. A. R. and Regalado, N. F., '*La grant feste*', in *City and Spectacle in Medieval Europe*, eds. B. A. Hanawalt and K. L. Reyerson(Minneapolis, 1994)

Brown, S., 'Military Service and Monetary Reward in the 11th and 12th Centuries', *History*, 74(1989)

Brundage, J. A., 'Crucesignari: The Rite for Taking the Cross in England', *Traditio*, 22(1966)

— 'The Crusader's Wife. A Canonistic Quandary', *Studia Gratiana*, 12(1967)

— 'The Crusader's Wife Revisited', *Studia Gratiana*, 14(1967)

— *Medieval Canon Law and the Crusader*(Madison, 1969)

Bull, M., 'The Capetian Monarchy and the Early Crusading Movement', *Nottingham Medieval Studies*, 40(1996)

Bull, M. and Housley, N., *The Experience of Crusading*, vol. i, *Western Approaches*(Cambridge, 2003)

Bumke, J., *The Concept of Knighthood in the Middle Ages*(New York, 1982)

Burnett, C., ed., *Adelard of Bath*(London, 1987)

— 'Adelard of Bath', *Oxford Dictionary of National Biography*, ed. C. Mathew et al.(Oxford, 2004-)

Cardini, F., 'I costi della crociata', *Studi in Memoria di Federigo Melis*(Naples, 1978)

— 'Crusade and "Presence of Jerusalem" in Medieval Florence', in *Outremer*, ed. B. Z. Kedar et al.(Jerusalem, 1982)

Carpenter, D., 'English Peasants in Politics 1258-1267', *Past and Present*, 136(1992)

— 'The Gold Treasure of King Henry III', *The Reign of Henry III*(London, 1996)

— *The Struggle for Mastery. Britain 1066-1284*(London, 2003)

Cate, J. L., 'The English mission of Eustace of Flay', *Etudes d'histoire dédiées à la mémoire de Henri Pirenne*(Brussels, 1937)

Cazel, F. A., 'The Tax of 1185 and the Holy Land', *Speculum*, 30(1955)

Chazan, R., *European Jewry and the First Crusade*(London, 1987)

Chevedden, P., 'The Islamic View and the Christian View of the Crusades', *History*, 93(2008)

— 'The View of the Crusades from Rome and Damascus', *Oriens*, 39/2(2011)

Chibnall, M., 'Military Service in Normandy before 1066', *Anglo-Norman Studies*, 5(1982)

Christiansen, E., *The Northern Crusades*(London, 1997)

Clanchy, M., *From Memory to Written Record*(London, 1979)

— *Peter Abelard: A Medieval Life*(Oxford, 1997)

Cole, P., *The Preaching of the Crusades to the Holy Land 1095-1291*(Cambridge, Mass., 1991)

Congar, Y., 'Henri de Marcy', *Analecta Monastica*, v(*Studia Anselmiana*, fasc. 43, Rome, 1958)

Constable, G., 'The Language of Preaching in the Twelfth Century', *Viator*, 25(1994)

— 'The Financing of the Crusades', *Crusaders and Crusading in the Twelfth Century*(Farnham, 2008)

Copeland. R. and Sluiter, I., *Medieval Grammar and Rhetoric. Language, Arts and Literary Theory* AD 300-1475(Oxford, 2009)

Cowdrey, H. E. J., 'Pope Gregory VII's "Crusading" Plans of 1074', in *Outremer*, ed. B. Z. Kedar et al.(Jerusalem, 1982)

— 'Pope Urban II and the Idea of the Crusade', *Studi Medievali*, 3rd ser., 36(1995)

— 'Pope Gregory VII and the Bearing of Arms', in *Montjoie*, ed. B. Z. Kedar et al.(Aldershot, 1997)

— 'Christianity and the Morality of War', in *Experience of Crusading*, vol. i, ed. Bull and Housley

Crouch, D., *The Beaumont Twins*(Cambridge, 1986)

— *The English Aristocracy 1070-1272: A Social Transformation*(New Haven, 2011)

Crusades, The: An Encyclopedia, ed. A. V. Murray(Santa Barbara, 2006)

David, E. R., 'Apocalyptic Conversion: The Joachite Alternative to the Crusades', *Traditio*, 125(1969)

Davis, H. W. C., 'Henry of Blois and Brian FitzCount', *English Historical Review*, 25(1910)

D'Avray, D., *Medieval Religious Rationalities*(Cambridge, 2010)

Dickson, G., *The Children's Crusade*(Basingstoke, 2008)

Donkin, L. and Vorholt, H., *Imagining Jerusalem in the Medieval West*(Oxford, 2012)

Duby, G., *The Chivalrous Society*(London, 1977)

Edbury, P., *The Kingdom of Cyprus and the Crusades 1191-1374*(Cambridge, 1991)

— 'Preaching the Crusade in Wales', in *England and Germany in the High Middle Ages*, ed. A. Haverkamp et al.(Oxford, 1996)

Edbury, P. and Rowe, J., *William of Tyre*(Cambridge, 1988)

Edgington, S., 'Medical Knowledge of the Crusading Armies', in *The Military Orders*, ed. M. Barber, vol. i(Aldershot, 1994)

Edgington, S. and Lambert, S., *Gendering the Crusades*(New York, 2002)

Edson, E., 'Reviving the Crusade: Sanudo's Scheme and Vesconte's Maps', in *Eastward Bound*, ed. Allen

— 'Jerusalem under Siege: Marino Sanudo's Map of the Water Supply, 1320', in *Imagining Jerusalem*, ed. Donkin and Vorholt

Erdmann, C., *Die Entstehung des Kreuzzugsgedanken*(Stuttgart, 1935), trans. M. W. Baldwin and W. Goffart, *The Origins of the Idea of Crusade*(Princeton, 1977)

Flanagan, S., *Doubt in an Age of Faith: Uncertainty in the Long Twelfth Century*(Turnhout, 2008)

Flori, J., *L'Essor de Chevalerie xie-xiie siècle*(Geneva, 1986)
— *Pierre l'Ermite et la première croisade*(Paris, 1999)
— *Chroniqueurs et propagandistes*(Geneva, 2010)
Fonnesberg-Schmidt, I., *The Popes and the Baltic Crusades 1147-1254*(Leiden, 2007)
Forey, A., 'The Military Order of St Thomas of Acre', *English Historical Review*, 92(1977)
— 'The Second Crusade: Scope and Objectives', *Durham University Journal*, 86(1994)
France, J., *Victory in the East*(Cambridge, 1994)
— ed., *Mercenaries and Paid Men*(Leiden, 2000)
Frankopan, P., *The First Crusade: The Call from the East*(London, 2012)
Gabriele, M., *An Empire of Memory. The Legend of Charlemagne, the Franks and Jerusalem before the First Crusade*(Oxford, 2011)
Galbraith, V. H., 'The Literacy of Medieval English Kings', *Proceedings of the British Academy*, 21(1935)
Gaposchkin, M. C., 'The Pilgrimage and Cross Blessings in the Roman Pontificals of the Twelfth and Thirteenth Centuries', *Medieval Studies*, 73(2011)
Gautier Dalché, P., *Carte marine et portulan au xiie siècle*(Rome, 1995)
— *De Yorkshire à l'Inde. Une 'Géographie'urbaine et maritime de la fin de xiie siècle(Roger de Howden?)*(Geneva, 2005)
Geary, P. J., *Furta Scara: Theft of Relics in the Central Middle Ages*(Princeton, 1978)
Gillingham, J., 'Roger of Howden on Crusade', in *Medieval Historical Writing in the Christian and Islamic Worlds*, ed. D. O. Morgan(London, 1982)
— 'The Travels of Roger of Howden', *Anglo-Norman Studies*, 20(1997)
— *Richard I*(New Haven and London, 1999)
Giuseppi, M. S., 'On the Testament of Sir Hugh de Nevill', *Archaeologia*, 56(1899)
Glass, D. F., *Portals, Pilgrimages and Crusade in Western Tuscany*(Princeton, 1997)
Grant, E., *God and Reason in the Middle Ages*(Cambridge, 2001)

Guard, T., *Chivalry, Kingship and Crusade. The English Experience in the Fourteenth Century*(Woodbridge, 2013)

Guido, P., *Rationes decimarum Italiae nei secoli XIIIe: Tuscia: la Decoma degli anni 1274-90, Studi e Testi*, vol. lvii(Vatican City, 1932)

Guilhiermoz, P., *Essai sur l'origine de la noblesse en France au moyen âge*(Paris, 1902)

Hagger, M., 'A Pipe Roll for 25 Henry I', *English Historical Review*, 122(2007)

Hamilton, B., 'The Impact of the Crusaders on Western Geographical Knowledge', in *Eastward Bound*, ed. Allen

Hannam, J., *God's Philosophers*(London, 2009)

Hanska, J., 'Reconstructing the Mental Calendar of Medieval Preaching' in *Preacher, Sermon and Audience*, ed. Muessig

Harley, J. B. et al., *The History of Cartography*, vol. i(Chicago, 1987)

Harris, J., *Byzantium and the Crusades*(London, 2003)

Harris, J. W., *Medieval Theatre in Context*(London, 1992)

Harvey, J. H., *The Master Builders: Architecture in the Middle Ages*(London, 1971)

— *The Medieval Architect*(London, 1972)

— *English Medieval Architects*(London, 1987)

Harvey, P. D. A., *Medieval Maps*(London, 1991)

— *Medieval Maps of the Holy Land*(London, 2012)

Haskins, H. A., *Norman Institutions*(New York, 1918)

Hehl, E.-D., *Kirche und Krieg im 12 Jahrhundert*(Stuttgart, 1980)

Henneman, J. B., *Royal Taxation in Fourteenth Century France: The Development of War Finance 1322-1356*(Princeton, 1971)

Hillenbrand, C., *The Crusades. Islamic Perspectives*(Edinburgh, 1999)

Hodgson, N., *Women, Crusading and the Holy Land in Historical Narrative*(Woodbridge, 2007)

Housley, N., *The Italian Crusades*(Oxford, 1982)

— *The Avignon Papacy and the Crusades 1305-78*(Oxford, 1986)

— *The Later Crusades. From Lyons to Alcazar*(Oxford, 1992)

— 'Costing the Crusade', in *Experience of Crusading*, vol. i, ed. Bull and Hous-

ley
Houts, E. Van, *The Normans in Europe*(Manchester, 2000)
Hurlock, K., *Wales and the Crusades c.1095-1291*(Cardiff, 2011)
Huygens, R., 'Guillaume de Tyre étudiant', *Latomus*, 31(1962)
Jackson, P., *The Mongols and the West*(Harlow, 2005)
Jacoby, D., 'An Unpublished Portolan of the Mediterranean in Minneapolis', *Shipping, Trade and Crusade in the Medieval Mediterranean*(Farnham, 2013)
Jordan, W. C., *Louis IX and the Challenge of the Crusade*(Princeton, 1979)
— 'The Representation of the Crusade in the Songs Attributed to Thibaud, Count Palatine of Champagne', *Journal of Medieval History*, 25(1999)
Kedar, B. Z., 'The Passenger List of a Crusader Ship', *Studi Medievali*, 13(1972)
— *Crusade and Mission*(Princeton, 1984)
— 'Reflections on Maps, Crusading and Logistics', in *Logistics of Warfare*, ed. Pryor
Keen, M., *Chivalry*(New Haven, 1984)
Kempf, F., 'Das Rommersdorfer Briefbuch des 13 Jahrhunderts', *Mitteilungen des Österreischen Instituts für Geschichtsforschung. Erganzungsband*, 12(1933)
Kienzle, B. M., 'Medieval Sermons and their Performance', in *Preacher, Sermon and Audience*, ed. Muessig
King, E., 'The Memory of Brian FitzCount', *Haskins Society Journal*, 13(2004)
Köhler, M. A., *Allianzen und Verträge zwischen frankischen und islamischen Herrschern in Vorderren Orient*(Berlin, 1991)
Kümper, H., 'Oliver of Paderborn', in *Encyclopaedia of the Medieval Chronicle*, ed. G. Dunphy(Leiden, 2010)
Kunstmann, F., 'Studien über Marin Sanudo', *Königliche Bayerische Akademie der Wissenschaften. Abhandlungen Phil-Historische Classe*, 7(1855)
Lecoy de la Marche, A., 'La prédication de la croisade au treizième siècle', *Revue des questions historiques*, 48(1890)
Leopold, A., *How to Recover the Holy Land*(Aldershot, 2000)
Linder, A., *Raising Arms. Liturgy in the Struggle to Liberate Jerusalem in the Late Middle Ages*(Turnhout, 2003)

451

Lloyd, S., 'Political Crusades in England', in *Crusade and Settlement*, ed. P. Edbury(Cardiff, 1985)

—— *English Society and the Crusade 1216-1307*(Oxford, 1988)

Lower, M., *The Barons' Crusade*(Philadelphia, 2005)

Lun, P. van, 'Les milites dans la France du XIe siècle', *Le Moyen Age*, 77(1971)

Lunt, W., *Papal Revenues in the Middle Ages*(New York, 1965)

Madden, T., 'Food and the Fourth Crusade', in *Logistics of Warfare*, ed. Pryor

Maddicott, J., 'The Crusade Taxation of 1268-70 and the Development of Parliament', *Thirteenth Century England*, 2(1988)

—— *The Origins of the English Parliament 924-1327*(Oxford, 2010)

Maier, C. T., *Preaching the Crusades*(Cambridge, 1994)

—— *Crusade Propaganda and Ideology: Model Sermons for the Preaching of the Cross*(Cambridge, 2000)

Marvin, L. W., 'The White and Black Confraternities of Toulouse and the Albigensian Crusade 1210-11', *Viator*, 40(2009)

Mayer, H. E., *The Crusades*, 2nd edn(Oxford, 1988)

Menache, S., *The Vox Dei: Communication in the Middle Ages*(Oxford, 1990)

—— 'Papal Attempts at a Commercial Boycott of the Muslims in the Crusader Period', *Journal of Ecclesiastical History*, 63(2012)

Michel, K., *Das Opus Tripartitum des Humbertus de Romans OP*(Graz, 1926)

Mitchell, P., *Medicine in the Crusades*(Cambridge, 2004)

Mollat, M., *The Poor in the Middle Ages*(London, 1986)

Morris, C., 'Propaganda for War. The Dissemination of the Crusading Ideal in the Twelfth Century', in *Studies in Church History*, ed. W. Shields, vol. xx(Oxford, 1983)

—— 'Policy and Visions: The Case of the Holy Lance', in *War and Government in the Middle Ages*, ed. J. Gillingham and J. C. Holt(Woodbridge, 1984)

—— 'Picturing the Crusades: The Uses of Visual Propaganda', in *The Crusades and their Sources*, ed. J. France et al.(Aldershot, 1998)

—— *The Sepulchre of Christ and the Medieval West*(Oxford, 2005)

Mortimer, R., 'The Family of Ranulf de Glanville', *Bulletin of the Institute of Historical Research*, 54(1981)

Muessig, C., ed., *Preacher, Sermon and Audience in the Middle Ages*(Leiden, 2002)

Muldoon, P., *Popes, Lawyers and Infidels*(Liverpool, 1979)

Murray, A., *Reason and Society in the Middle Ages*(Oxford, 1978)

Murray, A. V., 'The Army of Godfrey de Bouillon', *Revue belge de philologie et d'histoire*, 70(1992)

— 'Money and Logistics in the First Crusade', in *Logistics of Warfare*, ed. Pryor

— 'Finance and Logistics of the Crusade of Frederick Barbarossa', in *In Laudem Hierosolymitani*, ed. I. Shagrir et al.(Aldershot, 2007)

O'Callaghan, J. F., *Reconquest and Crusade in Medieval Spain* (Philadelphia, 2003)

Oksanen, E., 'The Anglo-Flemish Treaties and Flemish Soldiers in England 1101-1163', in *Mercenaries and Paid Men*, ed. France

Opll, F., *Das Itinerar Kaiser Friedrich Barbarossas(1152-1190)*, (Cologne-Graz, 1978)

Orme, N., *Medieval Children*(New Haven, 2001)

Owst, G. R., *Preaching in Medieval England*(Cambridge, 1926)

Oxford Dictionary of National Biography, ed. C. Mathew et al.(Oxford, 2004-)

Paterson, L., *The World of the Troubadours*(Cambridge, 1993)

Paul, N. L., 'A Warlord's Wisdom: Literacy and Propaganda at the Time of the First Crusade', *Speculum*, 85(2010)

— *To Follow in Their Footsteps*(Ithaca, 2012)

Pennington, K., 'The Rite for Taking the Cross in the Twelfth Century', *Traditio*, 30(1974)

Perry, G., *John of Brienne*(Cambridge, 2013)

Petersen, N. H., 'The Notion of a Missionary Theatre: The *ludus magnus* of Henry of Livonia's Chronicle', in *Crusading and Chronicle Writing on the Medieval Baltic Frontier*, ed. M. Tamm et al.(Farnham, 2011)

Phillips, J., 'Odo of Deuil's *De profectione* as a source', in *Experience of Crusading*, vol. i, ed. Bull and Housley

— *The Second Crusade*(New Haven, 2007)

Phillips, J. and Hoch, M., eds., *The Second Crusade*(Manchester, 2001)

Powell, J., *Anatomy of a Crusade 1213-1221*(Philadelphia, 1986)

Power, D., 'Who Went on the Albigensian Crusade?', *English Historical Review*, 128(2013)

Prestwich, J. O., 'The Military Household of the Norman Kings', *English Historical Review*, 96(1981)

— 'Mistranslations and Misinterpretations in Medieval English History', *Peritia*, 10(1996)

— *The Place of War in English History 1066-1214*(Woodbridge, 2004)

Prestwich, M., *Edward I*(London, 1988)

— *Armies and Warfare in the Middle Ages: The English Experience*(New Haven and London, 1996)

Pryor, J. H., *Business Contracts of Medieval Provence*(Toronto, 1981)

— 'Transportation of Horses by Sea During the Era of the Crusades', *The Mariner's Mirror*, 68(1982)

— 'The Naval Architecture of Crusader Transport Ships', *The Mariner's Mirror*, 70(1984)

— *Geography, Technology and War*(Cambridge, 1988)

— 'Modelling Bohemund's March to Thessalonica', in *Logistics of Warfare*, ed. Pryor

— 'The Venetian Fleet for the Fourth Crusade', in *Experience of Crusading*, vol. i, ed. Bull and Housley

— ed., *The Logistics of Warfare in the Age of the Crusades*(Aldershot, 2006)

— 'A View From a Masthead: The First Crusade at Sea', *Crusades*, 7(2008)

— 'Two *excitationes* for the Third Crusade', *Mediterranean Historical Review*, 25(2010)

Pujades i Bataller, R. J., *Les cartes portolanes*(Barcelona, 2007)

Purcell, M., *Papal Crusading Policy 1244-91*(Leiden, 1975)

Queller, D. E. and Madden, T. F., *The Fourth Crusade*(Philadelphia, 1997)

Reuter, T., 'Assembly Politics in Western Europe from the Eighth to the Twelfth Centuries', in *The Medieval World*, ed. P. Linehan and J. Nelson(London, 2001)

Reynolds, S., *Kingdoms and Communities in Western Europe 900-1300*(Oxford,

1997)

Richard, J., 'La papauté et la direction de la première croisade', *Journal des savants*(1960)

Riley-Smith, J., 'Crusading as an Act of Love', *History*, 65(1980)

— *The First Crusade and the Idea of Crusading*(London, 1986)

— *The First Crusaders*(Cambridge, 1997)

— 'Towards an Understanding of the Fourth Crusade as an Institution', in *Urbs Capta*, ed. A. Laiou(Paris, 2005)

Rogers, R., *Latin Siege Warfare in the Twelfth Century*(Oxford, 1992)

Rosenthal, J. T., 'The Education of the Early Capetians', *Traditio*, 25(1969)

Rubinstein, J., 'Fitting History to Use: Three Crusade Chronicles in Context', *Viator*, 35(2004)

— *Armies of Heaven. The First Crusade and the Quest for the Apocalypse*(New York, 2011)

Russell, F. H., *The Just War in the Middle Ages*(Cambridge, 1977)

Sarris, P., *Empires of Faith*(Oxford, 2011)

Scheeben, H. C., *Albert der Grosse*(Leipzig, 1931)

Schein, S., *Fideles Crucis*(Oxford, 1991)

Schenk, J., *Templar Families*(Cambridge, 2012)

Shepard, J., 'When Greek meets Greek', *Byzantine and Modern Greek Studies*, 12(1988)

Siberry, E., 'The Crusading Counts of Nevers', *Nottingham Medieval Studies*, 34(1990)

Smail, R. C., 'Latin Syria and the West, 1149-87', *Transactions of the Royal Historical Society*, 5th ser., 19(1969)

Somerville, R., *The Councils of Urban II*, i, *Decreta Claromontensia, Annuarium Historiae Conciliorum: Supplementum*, vol. i(Amsterdam, 1972)

— 'The Council of Clermont', in *Papacy, Councils and Canon Law*(London, 1990)

Spufford, P., *Money and its Use in Medieval Europe*(Cambridge, 1988)

Stantchev, S., *Spiritual Rationality: Papal Embargo as Cultural Practice*(Oxford, 2014)

Stanton, C. D., *Norman Naval Operations in the Mediterranean*(Woodbridge, 2011)

Stenton, D. M., 'Roger of Howden and Benedict', *English Historical Review*, 68(1953)

— 'King John and the Courts of Justice', *Proceedings of the British Academy*, 44(1958)

Stenton, F. M., 'Early Manumissions at Staunton', *English Historical Review*, 26(1911)

Strayer, J. R., 'The Crusades of Louis IX', in *A History of the Crusades*, ed. K. Setton et al.(Madison, 1969-)

Strickland, M., *War and Chivalry*(Cambridge, 1996)

Sweeney, J. R., 'Hungary in the Crusades 1169-1218', *International History Review*, 3(1981)

Thijssen, J., *Censure and Heresy at the University of Paris 1200-1400*(Philadelphia, 1998)

Thorndyke, L., *The Sphere of Sacrobosco and its Commentators*(Chicago, 1949)

Throop, P., *Criticism of the Crusade*(Amsterdam, 1940)

Throop, S., *Crusading as an Act of Vengeance 1095-1216*(Farnham, 2011)

Tolan, J., *Saracens: Islam in the Medieval Imagination*(New York, 2002)

Turner, R. V., 'The *Miles Literatus* in Twelfth and Thirteenth Century England', *American Historical Review*, 83(1978)

Tyerman, C. J., *England and the Crusades*(Chicago, 1988)

— *The Invention of the Crusades*(London, 1998)

— *God's War. A New History of the Crusades*(London, 2006)

— *The Debate on the Crusades*(Manchester, 2011)

— *The Practices of Crusading*(Farnham, 2013)

— 'Henry of Livonia and the Ideology of Crusading', in *Practices of Crusading*, VII

— 'Who Went on Crusade to the Holy Land?', in *Practices of Crusading*, XIII

— 'Paid Crusaders', in *Practices of Crusading*, XIV

— 'Court, Crusade and City: The Cultural Milieu of Louis I, Duke of Bourbon', in *Practices of Crusading*, IV

—— ' "Principes et Populus": Civil Society and the First Crusade', in *Practices of Crusading*, XII
—— 'Philip VI and the Recovery of the Holy Land', in *Practices of Crusading*, V
—— 'Philip V of France, the Assemblies of 1319-20 and the Crusade', in *Practices of Crusading*, II

Unger, R. W., 'The Northern Crusaders', in *Logistics of Warfare*, ed. Pryor

Villey, M., *La Croisade: essai sur la formation d'une théorie juridique* (Paris, 1942)

Vincent, N., *Peter des Roches*(Cambridge, 1996)

Warren, W. L., *Henry II*(London, 1977)

West, C., 'All in the Same Boat: East Anglia, the North Sea World and the 1147 Expedition to Lisbon', in *East Anglia and its North Sea World in the Middle Ages*, ed. D. Bates and R. Liddiard(Woodbridge, 2013)

Wilms, H., *Albert the Great*(London, 1933)

Wright, J. K., *Geographical Lore of the Time of the Crusades*, 2nd edn(New York, 1965)

图书在版编目(CIP)数据

十字军东征：计划与组织，理性与信仰 /（美）克里斯托弗·蒂尔曼著；林盛译. — 上海：上海社会科学院出版社，2023
书名原文：HOW TO PLAN A SUCCESSFUL CRUSADE: Reason and Religious War in the High Middle Ages
ISBN 978 - 7 - 5520 - 3924 - 5

Ⅰ.①十… Ⅱ.①克… ②林… Ⅲ.①十字军东侵—史料 Ⅳ.①K560.6

中国版本图书馆 CIP 数据核字(2022)第 153067 号

HOW TO PLAN A SUCCESSFUL CRUSADE: Reason and Religious War in the High Middle Ages
Text Copyright © Christopher Tyerman, 2015
First Published 2015
Simplified Chinese edition copyright © 2022 by Shanghai Academy of Social Sciences Press
First published in Great Britain in the English language by Penguin Books Ltd.
The author has asserted his moral rights
All rights reserved.
Copies of this translated edition sold without a Penguin sticker on the cover are unauthorized and illegal.
封底凡无企鹅防伪标识者均属未经授权之非法版本。

上海市版权局著作权合同登记号：图字 09 - 2017 - 127

十字军东征：计划与组织，理性与信仰

著　　者：[美]克里斯托弗·蒂尔曼
译　　者：林　盛
责任编辑：张　晶
封面设计：扬州市最设手创艺设计有限公司
出版发行：上海社会科学院出版社
　　　　　上海顺昌路 622 号　邮编 200025
　　　　　电话总机 021 - 63315947　销售热线 021 - 53063535
　　　　　http://www.sassp.cn　E-mail：sassp@sassp.cn
照　　排：南京理工出版信息技术有限公司
印　　刷：上海颛辉印刷厂有限公司
开　　本：890 毫米×1240 毫米　1/32
印　　张：15.25
字　　数：349 千
版　　次：2023 年 3 月第 1 版　2023 年 3 月第 1 次印刷
审 图 号：GS(2022)5767 号

ISBN 978 - 7 - 5520 - 3924 - 5/K·658　　　　　定价：88.00 元

版权所有　　翻印必究